プリント形式のリアル過去問で本番の臨場感！

東京都

豊島岡女子学園中学校

2025年春受験用

解答集

本書は，実物をなるべくそのままに，プリント形式で年度ごとに収録しています。
問題用紙を教科別に分けて使うことができるので，本番さながらの演習ができます。

■ 収録内容

・解答集（この冊子です）

書籍ＩＤ番号，この問題集の使い方，最新年度実物データ，リアル過去問の活用，
解答例と解説，ご使用にあたってのお願い・ご注意，お問い合わせ

・2024（令和６）年度 ～ 2020（令和２）年度　学力検査問題

JN132579

○は収録あり　年度	'24	'23	'22	'21	'20	
■ 問題（1回）	○	○	○	○	○	
■ 解答用紙	○	○	○	○	○	
■ 配点	○	※1	○	○	※2	

全教科に解説
があります

※1, 2…2023年度と2020年度算数の配点は非公表

☆問題文等の非掲載はありません

教英出版

■ 書籍ＩＤ番号

入試に役立つダウンロード付録や学校情報などを随時更新して掲載しています。
教英出版ウェブサイトの「ご購入者様のページ」画面で，書籍ＩＤ番号を入力してご利用ください。

書籍ＩＤ番号　117113

（有効期限：2025年9月30日まで）

【入試に役立つダウンロード付録】
「要点のまとめ(国語／算数)」
「課題作文演習」ほか

■ この問題集の使い方

年度ごとにプリント形式で収録しています。針を外して教科ごとに分けて使用します。①片側，②中央のどちらかでとじてありますので，下図を参考に，問題用紙と解答用紙に分けて準備をしましょう（解答用紙がない場合もあります)。

針を外すときは，けがをしないように十分注意してください。また，針を外すと紛失しやすくなりますので気をつけましょう。

① 片側でとじてあるもの

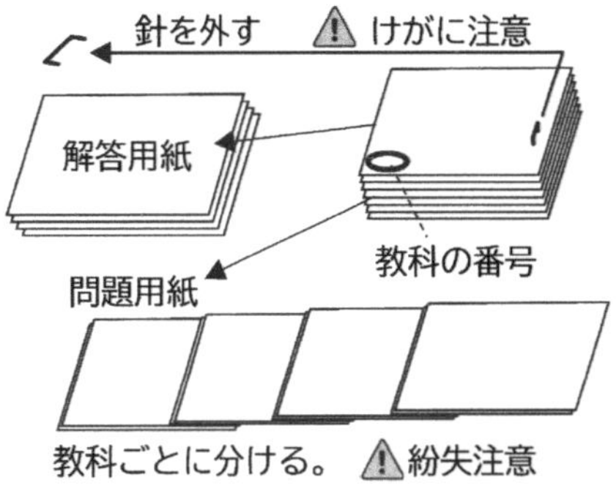

② 中央でとじてあるもの

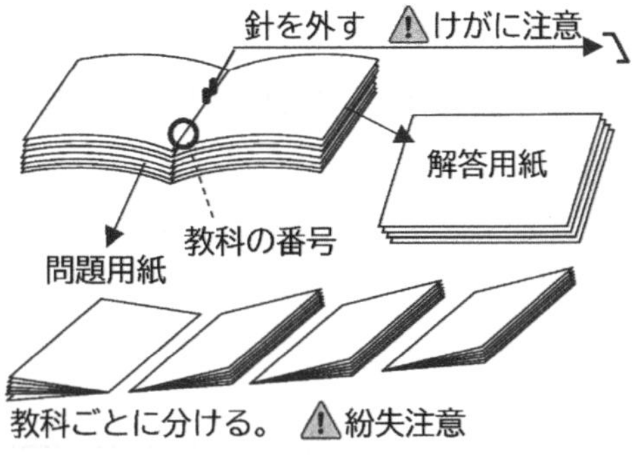

※教科数が上図と異なる場合があります。
　解答用紙がない場合や，問題と一体になっている場合があります。
　教科の番号は，教科ごとに分けるときの参考にしてください。

■ 最新年度 実物データ

実物をなるべくそのままに編集していますが，収録の都合上，実際の試験問題とは異なる場合があります。実物のサイズ，様式は右表で確認してください。

問題用紙	Ｂ５冊子(二つ折り)
解答用紙	国・算：Ｂ５片面プリント 理・社：Ｂ４片面プリント

リアル過去問の活用

~リアル過去問なら入試本番で力を発揮することができる~

本番を体験しよう！

問題用紙の形式（縦向き / 横向き），問題の配置や余白など，実物に近い紙面構成なので本番の臨場感が味わえます。まずはパラパラとめくって眺めてみてください。「これが志望校の入試問題なんだ！」と思えば入試に向けて気持ちが高まることでしょう。

入試を知ろう！

同じ教科の過去数年分の問題紙面を並べて，見比べてみましょう。

① 問題の量

毎年同じ大問数か，年によって違うのか，また全体の問題量はどのくらいか知っておきましょう。どのくらいのスピードで解けば時間内に終わるのか，大問ひとつにかけられる時間を計算してみましょう。

② 出題分野

よく出題されている分野とそうでない分野を見つけましょう。同じような問題が過去にも出題されていることに気がつくはずです。

③ 出題順序

得意な分野が毎年同じ大問番号で出題されていると分かれば，本番で取りこぼさないように先回りして解答することができるでしょう。

④ 解答方法

記述式か選択式か（マークシートか），見ておきましょう。記述式なら，単位まで書く必要があるかどうか，文字数はどのくらいかなど，細かいところまでチェックしておきましょう。計算過程を書く必要があるかどうかも重要です。

⑤ 問題の難易度

必ず正解したい基本問題，条件や指示の読み間違いといったケアレスミスに気をつけたい問題，後回しにしたほうがいい問題などをチェックしておきましょう。

問題を解こう！

志望校の入試傾向をつかんだら，問題を何度も解いていきましょう。ほかにも問題文の独特な言いまわしや，その学校独自の答え方を発見できることもあるでしょう。オリンピックや環境問題など，話題になった出来事を毎年出題する学校だと分かれば，日頃のニュースの見かたも変わってきます。

こうして志望校の入試傾向を知り対策を立てることこそが，過去問を解く最大の理由なのです。

実力を知ろう！

過去問を解くにあたって，得点はそれほど重要ではありません。大切なのは，志望校の過去問演習を通して，苦手な教科，苦手な分野を知ることです。苦手な教科，分野が分かったら，教科書や参考書に戻って重点的に学習する時間をつくりましょう。今の自分の実力を知れば，入試本番までの勉強の道すじが見えてきます。

試験に慣れよう！

入試では時間配分も重要です。本番で時間が足りなくなってあわてないように，リアル過去問で実戦演習をして，時間配分や出題パターンに慣れておきましょう。教科ごとに気持ちを切り替える練習もしておきましょう。

心を整えよう！

入試は誰でも緊張するものです。入試前日になったら，演習をやり尽くしたリアル過去問の表紙を眺めてみましょう。問題の内容を見る必要はもうありません。どんな形式だったかな？受験番号や氏名はどこに書くのかな？…ほんの少し見ておくだけでも，志望校の入試に向けて心の準備が整うことでしょう。

そして入試本番では，見慣れた問題紙面が緊張した心を落ち着かせてくれるはずです。

※まれに入試形式を変更する学校もありますが，条件はほかの受験生も同じです。心を整えてあせらずに問題に取りかかりましょう。

豊島岡女子学園中学校

《国　語》

一 問一．ウ　問二．エ　問三．ウ　問四．ア　問五．イ　問六．「あの世で

問七．⑴身体から離　⑵オ　問八．魂と身体が離れて存在するという考え方のことで、人間とは本来何であり、自分の人生がどうであるかや、死んだ後の世界について考えることができるようになる。

二 問一．ウ　問二．ウ　問三．ア　問四．イ　問五．自分で決めた挑戦を途中で諦めることで、成瀬の挑戦を見守ってくれていた島崎をそのたびにがっかりさせていたこと。　問六．エ　問七．オ

問八．やはり大貫　問九．⑴ア　⑵不意　⑶まんぞくげ

《算　数》

1 ⑴184　⑵226　⑶1200　⑷114

2 ⑴50　⑵14　⑶84　⑷$\frac{27}{28}$

3 ⑴6　⑵4：5　⑶$25\frac{5}{7}$

4 ⑴19　⑵88

5 ⑴4　⑵2　⑶4

6 ⑴1　⑵3

《理　科》

1 ⑴か　⑵あ　⑶え　⑷え　⑸か　⑹お　⑺う

2 ⑴え　⑵①う　②え　⑶21　⑷30　⑸う，え

3 ⑴①え，か　②あ，う，え　③お　⑵え，お　⑶う，か　⑷蒸散　⑸6.4

4 ⑴満月…あ　上弦の月…え　⑵13時間28分　⑶①い　②か　③さ

《社　会》

1 問1．えは大名に，おは農民に出された。　問2．2，4，5　問3．1　問4．公地公民

問5．3→1→2→4　問6．おきて　問7．城　問8．2　問9．2

2 問1．1　問2．4　問3．4　問4．2　問5．1　問6．⑴2　⑵再開発　問7．3

3 問1．マイクロ　問2．5　問3．こども家庭庁　問4．3，5　問5．2　問6．3　問7．1

問8．4

《2024 国語 解説》

一 **問一** ―線①の直後の「現在に至るまでのほとんどの哲学者《てつがくしゃ》たちは、魂《たましい》が肉体と共に滅《ほろ》びるという世界観に対して、何らかの疑問を投げかけています」ということが「驚《おどろ》くべきこと」の内容である。「魂が肉体と共に滅びるという世界観」に「疑問を投げかけ」るということは、魂は肉体と共に滅びないと考える、つまり、死後も魂が残ると考えているということ。以降の本文で「死んだらどうなるのか」に対する四つの答えを示しているが、その一つ目の「死んだらすべて終わりだ」という考え方もあるのに、「現在に至るまでのほとんどの哲学者たち」は、そのようには考えないのである。このことを「驚くべきこと」だと言っているので、ウが適する。

問二 ―線②について、直後の段落で「人生について考えようとするとき、必ず死の理解を前提にします～死の意味を理解するためには、必ず、何らかの物語を前提にしていなければなりません～宗教を前提に置かなければ、自分の人生についてすら考えることができません」と述べていることに着目する。宗教を前提に人生を考えるとは、宗教が語る「人間がどこから来てどこへ行くのか～人間とは本来何であるのか～死んだ後にどうなるのか」といった死生観に基づいて自分の人生を考えるということ。よって、エが適する。

問三 「死んだらすべて終わりだ」という考え方を、神や魂を信じる「宗教の側」がどう見るかを考える。神の存在や精神の実在を否定するドライなもの、生命感をもたないもの、という意味での冷たさだと考えられるので、ウの「無機質な」が適する。

問四 〔 ④ 〕の前後で「救世主の愛や如来《にょらい》の慈悲《じひ》を信じることによって地獄《じごく》行きを免《まぬか》れるという考え方～全知全能の創造神といったものを必要とします」と述べているので、アの「物語性の強い壮大《そうだい》な」が適する。

問五 直前で「死んだら身体を焼いてしまう～身体とは違《ちが》う何かがある～『魂』」と述べたことを、「人間は身体と魂からできていて、身体が滅《ほろ》んだ後も、魂は～何らかのかたちで残る」と言いかえているので、イの「つまり」が適する。

問六 「人間が心と身体という二つのものから成り立っている」（「人間は身体と魂からできていて、身体が滅んだ後も、魂は～何らかのかたちで残る」）ことを前提にした物言いを指す。つまり、―線⑥の６～７行前の「『あの世で先に待っているぞ』とか、『もうすぐ(死んだ)おじいさんに会える』とか、『天国のあの人はきっと喜んでくれる』というセリフ」を指す。

問七(1) ―線⑦は「あの世」のこと。―線⑦の 10～11 行後に「『あの世』とは、身体から離《はな》れた心が向かっていく、この世ではない場所」とある。 **(2)** ア～エは、「身体がなくなると、心はあの世へ行く」「これまでに死んだ人々の心も～霊《れい》となって『あの世』にいる」という考えに基づくもの。オは、この考えとは関わりがない内容。

問八 「魂の不死を主張する論」は、「身体が滅びても、魂や心や霊と呼ばれる何らかのものが、何らかのしかたで残ることを前提としている」論で、「人間は身体と魂からできていて、身体が滅んだ後も、魂は～何らかのかたちで残る」と考えるもの。そのように「『魂』というものを、『身体』とは別の存在として理解することが～(心が身体から離れてあの世へ去ることが死であるとする)宗教的物語が成立するための重要な要素となるでしょう」と述べている。死の意味を理解するのに必要な宗教の語りとは、本文３段落目の「人間がどこから来てどこへ行くのか～人間とは本来何であるのか～本来の姿に比べてどうであるのか～死んだ後にどうなるのか」ということである。

二 **問一** 「(成瀬《なるせ》が)声をかけると、大貫《おおぬき》は『なによ』と迷惑《めいわく》そうな顔をする。どうも嫌《きら》われているらしいのだが、成瀬は大貫が嫌いではないため、遠慮《えんりょ》する道理はない」とある。また、大貫が言った「教科書の例題でもやってみたら？」を真に受けて、成瀬は「どこにしまっただろうかと考えている」とある。これらの様子から、ウのようなことが言える。

問二　【文章Ⅱ】に「入学前の四月一日に全部剃《そ》った」とあり、それから 28 か月たったので、ウ「三年生の八月」。

問三　―線③の直前に「リハビリにはちょうどいい。解いているうちにリズムに乗ってきて」とあることから、いつもの調子を取《と》り戻《もど》したことがうかがえる。よって、アが適する。

問四　島崎《しまざき》が「えっ、髪切ったの？」「卒業式まで伸《の》ばすんじゃなかったの？」と言っていることから、イの「不可解な思い」が読みとれる。

問五　島崎から「ちょっとがっかりしたっていうか……」「成瀬ってそういうところあるよね。お笑いの頂点を目指すって言っておきながら、四年でやめちゃうし」「なんかモヤモヤするんだよね。こっちは最後まで見届ける覚《かく》悟《ご》があるのに、勝手にやめちゃうから」と言われて、自分でも思い当たるふしがあったのである。「そういうところ」がどういうところなのかを説明する。―線⑤に続けて「成瀬が途中《とちゅう》で諦《あきら》めた種でも、島崎は花が咲《さ》くのを期待していたのかもしれない。これでは愛想を尽《つ》かされても無理はない」と思っているのも参照。

問六　大貫は、自分が「目標とも夢とも野望ともつかないことを気安く口に出せ」ないので、―線⑥のように思うのである。よって、エの「夢や希望を気軽に言うことにためらいを抱《いだ》いている」が適する。

問七　「(成瀬が)声をかけると、大貫は『なによ』と迷惑そうな顔をする」「『別にどこだっていいでしょ。そこのプラージュで切ったら？』大貫は吐《は》き捨《す》てるように言うと、足早に去っていった」とある一方、成瀬が将来大津《おおつ》にデパートを建てようと思っていると言うのを聞いて、大貫は「こんなふうに目標とも夢とも野望ともつかないことを気安く口に出せたらどんなに楽だろう」と思っている。これらの部分から、オのような思いが読みとれる。

問八　大貫の言うことを真剣《しんけん》に聞いているということ。大貫から「髪《かみ》切ったほうがいいんじゃない？」「さすがに今は変っていうか……」と言われた成瀬が「やはり大貫は何かが違う。面と向かってこんなことを言ってくれるのは大貫しかいない」と思っている。

問九(1)　A．感傷　ア．負傷　イ．照明　ウ．印象　エ．賞状　オ．気性

《2024　算数　解説》

1　(1)　与式$=\frac{2024}{3}\times\{(\frac{8}{25}+\frac{10}{25})\times\frac{15}{4}\times\frac{10}{99}\}=\frac{2024}{3}\times(\frac{18}{25}\times\frac{5}{2}\times\frac{5}{33})=\frac{2024}{3}\times\frac{3}{11}=$**184**

(2)　**【解き方】過不足算を利用する。**

１人に配る本数を５－３＝２(本)増やすと，全体で必要な本数は 88＋４＝92(本)増える。

子どもの人数は 92÷２＝46(人)だから，えんぴつの本数は，５×46－４＝**226**(本)

(3)　**【解き方】Ａさんの所持金の半分の金額と，Ｂさんの所持金の 40％の金額を１とする。**

ＡさんとＢさんの所持金の比は，$(1\div\frac{1}{2}):(1\div\frac{40}{100})=4:5$だから，Ａさんの所持金を④，Ｂさんの所持金を⑤とする。⑤×２－④＝⑥が 1800 円にあたるから，Ａさんの所持金は，1800×$\frac{④}{⑥}$＝**1200**(円)

(4)　**【解き方】右図の☆の頂点は６つの三角形の頂点になっているから，☆に入る数は，９つの数の和の計算において，６回足し合わされる。**

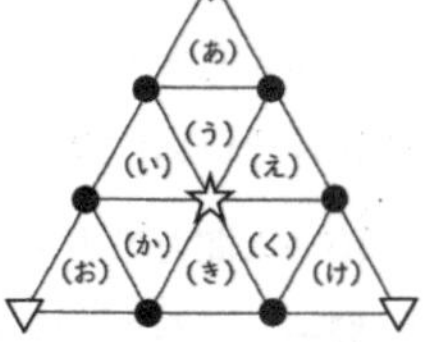

☆と同様に考えると，●に入る数は３回足し合わされ，▽に入る数は１回足し合わされる。よって，９つの数の和を最小にするためには，☆に１を，●に２～７を，▽に８～10 を入れればよいので，求める和は，

１×６＋(２＋３＋４＋５＋６＋７)×３＋８＋９＋10＝**114**

2 ⑴　**【解き方】水そうの容積を１とすると，Ａからは毎分$\frac{1}{20}$の水が出る。**

ＢとＣを合わせると，18分間で，$1-\frac{1}{20}\times5=\frac{3}{4}$の水が出るから，$\frac{3}{4}\div18=\frac{1}{24}$より，毎分$\frac{1}{24}$の水が出る。

Ａを８分間，ＢとＣを12分間用いたあとに，Ｂを17－12＝５(分間)用いると満水になるから，Ｂから５分間で出る水の量は，$1-\frac{1}{20}\times8-\frac{1}{24}\times12=\frac{1}{10}$である。$\frac{1}{10}\div5=\frac{1}{50}$より，Ｂからは毎分$\frac{1}{50}$の水が出る。これが１Ｌにあたるから，水そうの容積は，$1\div\frac{1}{50}=$**50**(Ｌ)

⑵　**【解き方】３点と２点で足りない分はすべて１点でうめあわせることができるので，合計が10点以下になる３点と２点の本数の組み合わせを数える。**

３点が０本の場合，２点の本数は，10÷２＝５より，０～５本の６通りある。

３点が１本の場合，２点の本数は，(10－３×１)÷２＝３余り１より，０～３本の４通りある。

３点が２本の場合，２点の本数は，(10－３×２)÷２＝２より，０～２本の３通りある。

３点が３本の場合，２点の本数は，(10－３×３)÷２＝０余り１より，０本の１通りある。

以上より，求める組み合わせの数は，６＋４＋３＋１＝**14**(通り)

⑶　**【解き方】右のように作図すると，三角形ＢＤＫは二等辺三角形，三角形ＢＪＫは正三角形になる。**

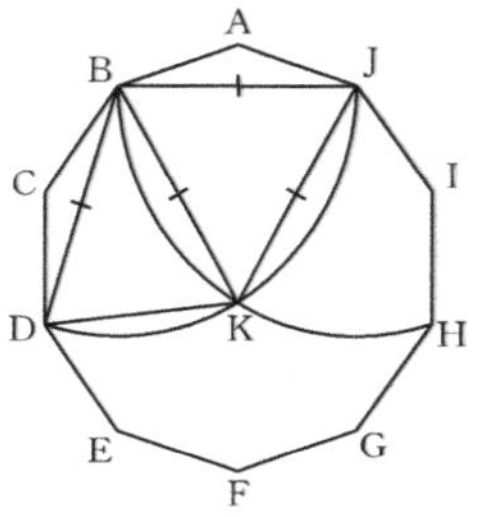

正十角形の１つの外角は360°÷10＝36°だから，１つの内角は，180°－36°＝144°

三角形ＣＢＤは二等辺三角形だから，角ＣＤＢ＝角ＣＢＤ＝(180°－144°)÷２＝18°

同様に，角ＡＢＪ＝18°だから，角ＤＢＫ＝144°－18°－18°－60°＝48°

三角形ＢＤＫは二等辺三角形だから，角ＢＤＫ＝(180°－48°)÷２＝66°

よって，角ＣＤＫ＝18°＋66°＝**84°**

⑷　**【解き方】三角形ＡＢＣと三角形ＤＥＦは合同なので，右のように作図できる。三角形ＥＣＧは二等辺三角形だから，角ＥＧＣ＝○となる。**

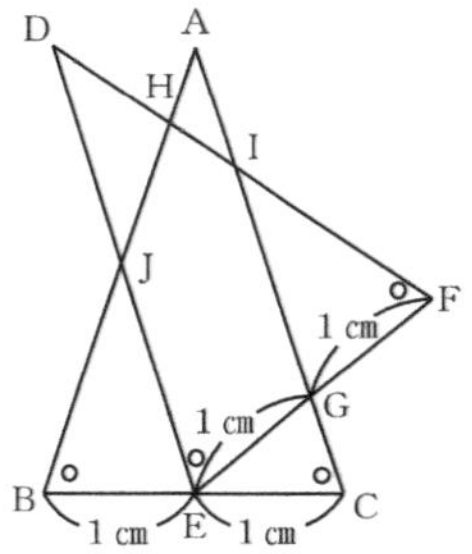

角ＤＥＦ＝角ＥＧＣで錯角が等しいから，ＤＥとＩＣは平行である。

したがって，三角形ＤＪＨと三角形ＩＡＨは同じ形なので，それらの対応する辺の比とＤＩの長さを求める。

三角形ＩＧＦは三角形ＤＥＦを$\frac{1}{2}$倍に縮小した三角形だから，

ＩＦ＝ＩＧ＝ＤＥ$\times\frac{1}{2}=\frac{3}{2}$(cm)，ＤＩ＝$3-\frac{3}{2}=\frac{3}{2}$(cm)

三角形ＥＣＧは三角形ＡＢＣを$\frac{EC}{AB}=\frac{1}{3}$(倍)に縮小した三角形だから，ＣＧ＝ＢＣ$\times\frac{1}{3}=\frac{2}{3}$(cm)

ＩＡ＝ＡＣ－ＩＧ－ＣＧ＝$3-\frac{3}{2}-\frac{2}{3}=\frac{5}{6}$(cm)

三角形ＪＢＥは三角形ＡＢＣを$\frac{1}{2}$倍に縮小した三角形だから，ＪＥ＝ＡＣ$\times\frac{1}{2}=\frac{3}{2}$(cm)　ＤＪ＝$3-\frac{3}{2}=\frac{3}{2}$(cm)

三角形ＤＪＨと三角形ＩＡＨの対応する辺の比は，ＤＪ：ＩＡ＝$\frac{3}{2}:\frac{5}{6}$＝９：５

よって，ＤＨ：ＤＩ＝９：(９＋５)＝９：14だから，ＤＨ＝ＤＩ$\times\frac{9}{14}=\frac{3}{2}\times\frac{9}{14}=$**$\frac{27}{28}$**(cm)

3 ⑴　**【解き方】３人の移動の様子をグラフにかいて考える。**

豊子さんが出発してからの時間と３人の位置をグラフに表すと，右図のようになる(豊子さんと太郎さんがすれ違った地点をＤとし，グラフ中の点にＰ，Ｑ，Ｒ，Ｓの記号をおいてある)。

求める時間はＱＲ間の時間である。

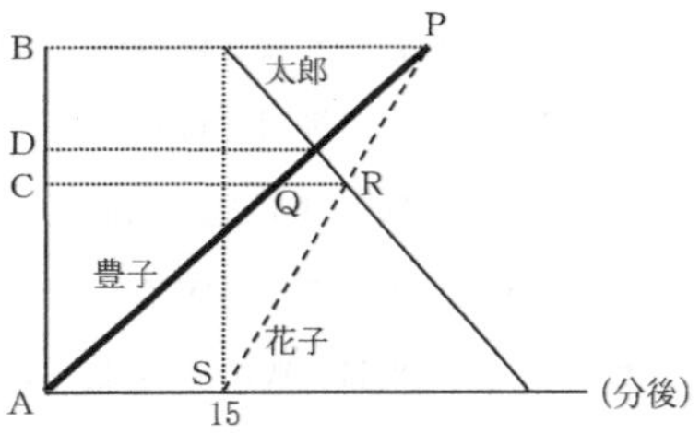

花子さんと太郎さんの速さの比が3：2で，2人は同時に出発したから，ＡＣ：ＢＣ＝3：2である。三角形ＰＱＲは三角形ＰＡＳを$\frac{BC}{BA}=\frac{2}{2+3}=\frac{2}{5}$(倍)に縮小した三角形だから，$QR=AS\times\frac{2}{5}=15\times\frac{2}{5}=6$(分)　　よって，求める時間は**6**分前である。

(2)　**【解き方】(1)のグラフから考える。**

ＱＲ間の時間が6分で，太郎さんはＤからＣまでに2分40秒$=2\frac{2}{3}$分かかったのだから，豊子さんはＣからＤまでに$6-2\frac{2}{3}=3\frac{1}{3}$(分)かかった。ＣＤ間の道のりを進むのに豊子さんと太郎さんがかかる時間の比が，$3\frac{1}{3}:2\frac{2}{3}=5:4$だから，速さの比はこの逆比の，**4：5**である。

(3)　**【解き方】豊子さんと太郎さんの速さの比が4：5＝8：10，花子さんと太郎さんの速さの比が3：2＝15：10だから，豊子さん，花子さん，太郎さんの速さの比は8：15：10である。**

豊子さんと花子さんが，ＡからＢまでにかかる時間の差は15分であり，ＡからＢまでにかかる時間の比が15：8だから，この比の数の15－8＝7が15分にあたる。したがって，豊子さんはＡからＢまでに，$15\times\frac{15}{7}=\frac{225}{7}$(分)かかる。豊子さんと太郎さんがＡからＢまでにかかる時間の比は5：4だから，太郎さんがＢからＡまでにかかる時間は，$\frac{225}{7}\times\frac{4}{5}=\frac{180}{7}=$**$25\frac{5}{7}$**(分)

[4]　(1)　**【解き方】4けたの数を作るためには，3けたの数の右側に[1]か[2]を並べるか，2けたの数の右側に[13]を並べればよい。**

3けたの数のうち，右側に[1]を並べられる数は，3けたの数のうちのすべての数だから，9個ある。

3けたの数のうち，右側に[2]を並べられる数は，3けたの数のうち一番右が[1]か[13]の数だから，6個ある。

2けたの数のうち，右側に[13]を並べられる数は，2けたの数のうちのすべての数だから，4個ある。

以上より，4けたの数は全部で，9＋6＋4＝**19**(通り)できる。

(2)　けた数が1つずつ増えていくとき，それぞれの数が何通りできるかは，(1)の考え方をもとに，規則的に求めていくことができる。表にまとめると右のようになるので，6けたの数は**88**通りできる。

	一番右のカード			合計
	[1]	[2]	[13]	
2けたの数	2個	1個	1個	4個
3けたの数	4個	3個	2個	9個
4けたの数	9個	6個	4個	19個
5けたの数	19個	13個	9個	41個
6けたの数	41個	28個	19個	88個

[5]　(1)　**【解き方】2つの三角形を，辺ＡＣと辺ＤＥでくっつけると，右図のように直角二等辺三角形ＢＣＦができる。**

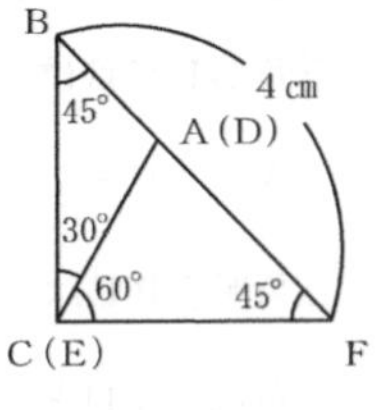

対角線の長さが4cmの正方形の面積は，4×4÷2＝8(cm²)だから，

三角形ＢＣＦの面積は，8÷2＝**4**(cm²)　　これが求める面積である。

(2)　**【解き方】3つの三角形を，辺ＧＩと辺ＪＫ，辺ＪＬと辺ＮＯでそれぞれくっつけると，右の図Ⅰのように三角形ＨＬＭができる。**

三角形ＨＬＭと合同な三角形を，三角形ＨＬＭとくっつけて図Ⅱのような二等辺三角形を作る。角ＭＨＷ＝30°だから，三角形ＨＷＸは1辺が4cmの正三角形を半分にしてできる直角三角形なので，ＷＸ＝4÷2＝2(cm)

よって，三角形ＨＭＷの面積は，4×2÷2＝4(cm²)だから，

図Ⅰ

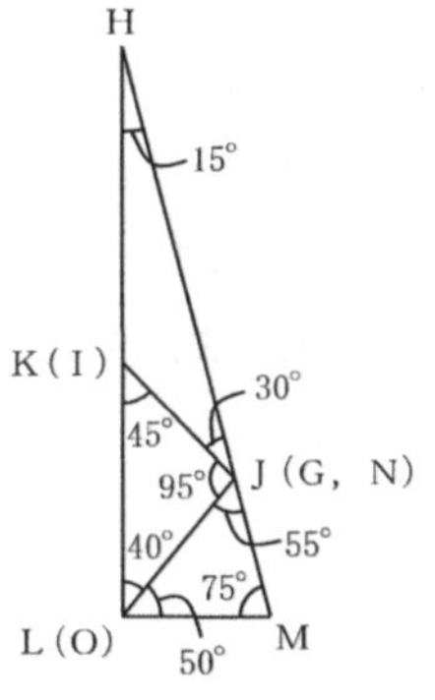

図Ⅱ

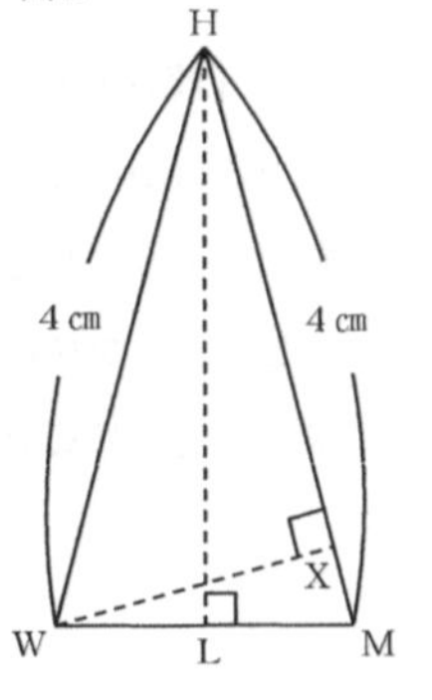

求める面積は，$4 \div 2 =$ **2**(㎠)

⑶　**【解き方】正方形の外側に合同な４つの直角三角形をくっつける(直角と向かい合う辺と正方形の辺をくっつける)ことで，さらに大きな正方形を作ることができることを利用する。**

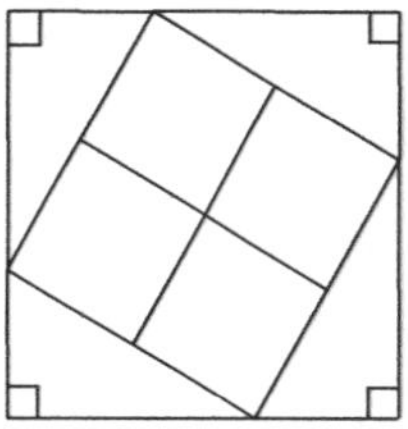

直角三角形ＰＱＲは１辺がＰＱの正三角形を半分にしてできる直角三角形なので，ＱＲ：ＰＱ＝１：２である。したがって，ＰＱの長さは正方形ＳＴＵＶの１辺の長さの２倍である。

直角三角形ＰＱＲと合同な三角形を４つ右図のように並べると，真ん中に正方形ができ，その正方形は正方形ＳＴＵＶ４つ分にあたる。したがって，求める面積はこの図全体の面積の$\frac{1}{4}$であり，図全体で１辺が４㎝の正方形になっているから，

求める面積は，$4 \times 4 \times \frac{1}{4} =$ **4**(㎠)

6　⑴　**【解き方】ＫＬとＦＨが交わる点をＰとする。３点Ｋ，Ｌ，Ｊを通る平面と，４点Ｂ，Ｆ，Ｄ，Ｈを通る平面は直線ＰＭで交わるので，ＰとＪとＭは一直線上に並ぶ。したがって，三角形ＰＪＩと三角形ＰＭＨは同じ形である。**

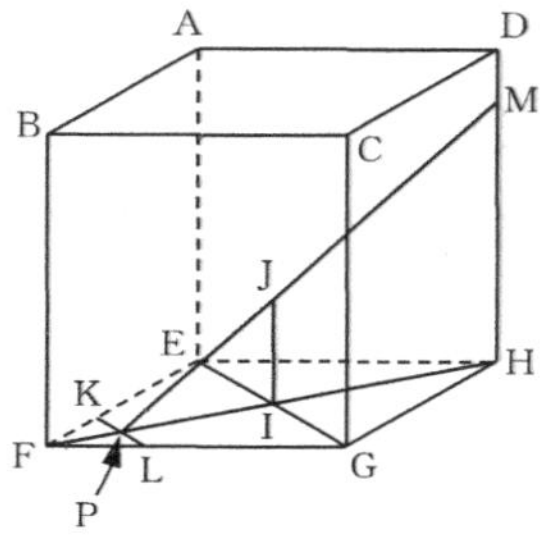

三角形ＦＰＬと三角形ＦＩＧは同じ形だから，

ＦＰ：ＦＩ＝ＦＬ：ＦＧ＝２：６＝１：３

ＰＩ：ＦＩ＝(３－１)：３＝２：３だから，ＰＩ：ＩＨ＝２：３

よって，三角形ＰＪＩと三角形ＰＭＨの対応する辺の比は，ＰＩ：ＰＨ＝２：(２＋３)＝２：５だから，

ＨＭ＝ＩＪ$\times \frac{5}{2} = 2 \times \frac{5}{2} = 5$(㎝)，ＤＭ＝$6-5=$ **1**(㎝)

⑵　**【解き方】直線ＧＪとＡＥが交わる点をＱとすると，３点Ｇ，Ｎ，Ｊを通る平面はＱをふくむ。したがって，３点Ｇ，Ｎ，Ｑを通る平面で立方体を切断すると考え，立方体を切断したときに，向かい合う面に同じ形の直角三角形ができることを利用して，切断面と立方体の辺が交わる点の位置を求めていく。切断面は右図の太線のようになる。**

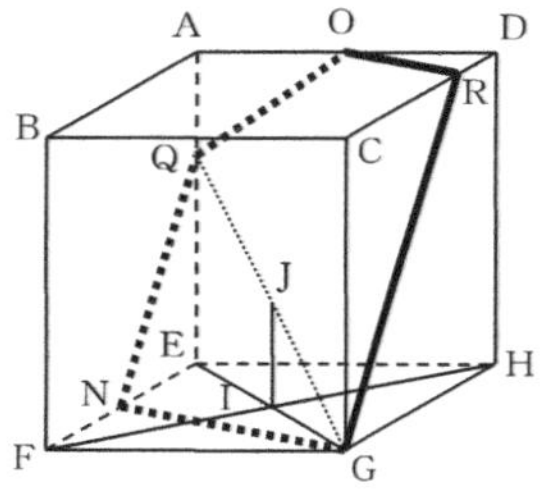

三角形ＧＱＥは三角形ＧＪＩを$\frac{\text{GE}}{\text{GI}} = 2$(倍)に拡大した三角形だから，

ＥＱ＝ＩＪ$\times 2 = 2 \times 2 = 4$(㎝)

三角形ＮＥＱと三角形ＲＣＧは同じ形であり，直角をはさむ辺の比が，ＮＥ：ＥＱ＝３：４だから，

ＲＣ＝ＣＧ$\times \frac{3}{4} = 6 \times \frac{3}{4} = \frac{9}{2}$(㎝)　　ＲＤ＝$6 - \frac{9}{2} = \frac{3}{2}$(㎝)

三角形ＮＦＧと三角形ＲＤＯは同じ形であり，直角をはさむ辺の比がＮＦ：ＦＧ＝１：２だから，

ＤＯ＝ＲＤ$\times 2 = \frac{3}{2} \times 2 = 3$(㎝)　　よって，ＡＯ＝$6-3=$ **3**(㎝)

《2024　理科　解説》

1　⑴　地表からの高度10㎞で，風船Ａが押《お》しのけた空気の重さを求める。図２より，地表からの高度10㎞での空気の密度はおよそ0.4g/Ｌだから，５Ｌの風船Ａが押しのける空気の重さはおよそ0.4×５＝２(g)である。よって，地表からの高度10㎞で風船Ａにはたらく浮《ふ》力《りょく》はおよそ２㎏だから，「か」のグラフが正しいと考えられる。

⑵　⑴で選んだ「か」のグラフで，浮力の大きさが風船Ａの重さ(５g)に等しくなる(地表からの高度２㎞)まで，

風船Aは上昇《じょうしょう》する。

⑶　地表からの高度が高くなると，空気の温度は下がり，空気の圧力は小さくなる。

⑷　⑴と同じように考える。図3より，地表からの高度 10 ㎞で，風船Bが押しのける空気の体積はおよそ 15Lだから，はたらく浮力はおよそ 0.4×15＝6（g）である。よって，「え」のグラフが正しいと考えられる。

⑸　⑷で選んだ「え」のグラフで，浮力の大きさは風船Bの重さ（5 g）より小さくならないから，風船は地表からの高度が 10㎞でも上昇を続けると考えられる。

⑹　⑴と同じように考える。図4より，地表からの高度 10 ㎞で，風船Cが押しのける空気の体積はおよそ 10.8Lだから，はたらく浮力はおよそ 0.4×10.8＝4.32（g）である。よって，「お」のグラフが正しいと考えられる。

⑺　⑹で選んだ「お」のグラフで，浮力の大きさが風船Cの重さ（5 g）に等しくなる（地表からの高度6㎞）まで，風船Cは上昇する。

2　⑴　「あ」～「お」の水溶液《すいようえき》の性質をまとめると，下表のようになる。

	あ．石灰水	い．砂糖水	う．ホウ酸水	え．アルコール水溶液	お．酢酸《さくさん》水溶液
アルカリ性である。	○	×（中性）	×（酸性）	×（中性）	×（酸性）
固体の物質が溶《と》けている。	○	○	○	×（液体）	△（液体または固体）
水溶液は電気を通す。	○	×	○	×	○

⑵　BTB液は，酸性で黄色，中性で緑色，アルカリ性で青色を示す。　①結果より，加えた塩酸中の塩化水素の重さが 30g以上のときに，二酸化炭素ができたから，塩化水素 25g分の塩酸を加えた水溶液には，炭酸水素ナトリウムが余っていることがわかる。よって，この水溶液はアルカリ性（青色）を示す。　②加えた塩酸中の塩化水素の重さが 30g～33gのときに着目すると，塩化水素が3g増えて，二酸化炭素が2Lできたから，反応2の反応前と反応後の関係より，反応2のみが起きたと考えられる。したがって，加えた塩酸中の塩化水素が 30－3＝27（g）以下では二酸化炭素ができない反応1のみが起き，27gより多く 33＋3＝36（g）以下では反応2のみが起き，36gより多いときは反応が起きなかった（水溶液中に水酸化ナトリウムと炭酸水素ナトリウムがなくなった）と考えられる。よって，塩化水素 40g分の塩酸を加えた水溶液では，塩酸が余っているので，酸性（黄色）を示す。

⑶　炭酸水素ナトリウムがすべて反応して，6Lの二酸化炭素ができたから，水溶液Aに加えた炭酸水素ナトリウムは $84\times\frac{6}{24}=21$（g）である。

⑷　⑵解説より，水溶液Aに加えた水酸化ナトリウムは塩化水素 27g分と反応したから，水溶液Aに加えた水酸化ナトリウムは $40\times\frac{27}{36}=30$（g）である。

⑸　あ×…塩化水素が残り始めるのは，水酸化ナトリウムと炭酸水素ナトリウムの両方が反応を終えたときである。い×…反応1でも2でも塩化ナトリウムはできるから，溶け残りが見られるのは水溶液Aに塩酸を加えはじめたときである。なお，塩化ナトリウムは実際には水に溶けやすい。　お×…反応する順番が，水酸化ナトリウム→炭酸水素ナトリウムだから，炭酸水素ナトリウム水溶液の色だけを赤色にする薬品の色が消えるとき，両方とも反応を終えている。

3　⑶　「う」や「か」は，ミツバチなどの虫が花粉を運ぶ虫媒花《ちゅうばいか》である。なお，「あ」や「お」は風が花粉を運ぶ風媒花，「え」は水が花粉を運ぶ水媒花である。また，「い」はふつう自分の花粉と受粉をする自家受粉を行う（ただし，他家受粉をする場合は風が花粉を運ぶ）。

⑸　空気中に出て行った水の量（蒸散量）と試験管中の水の減少量が等しいと考える。A～Cで水が出て行ったところは，Aが葉の裏と葉以外，Bが葉の表と葉以外，Cが葉の表と裏と葉以外である。したがって，1時間で葉の表

から出ていった水の量はＣ－Ａ＝7.2－4.8＝2.4(ｇ)，葉の裏から出ていった水の量はＣ－Ｂ＝7.2－3.2＝4.0(ｇ)である。よって，葉(表と裏)から出ていった水の量は2.4＋4.0＝6.4(ｇ)である。

4 (1)　満月…満月となるのは，太陽－地球－月の順に一直線に並ぶときである。したがって，太陽が東の地平線からのぼる日の出の頃《ころ》に，満月は西の地平線にしずむ月の入りとなり，太陽が西の地平線にしずむ日の入りの頃に，満月は東の地平線からのぼる月の出となる。よって，グラフで，○と△，または，●と□が重なる４日が満月である。

上弦《じょうげん》の月…上弦の月は，日の入りの頃に南の空の高いところに見えるから，このおよそ６時間前の正午頃に東の地平線からのぼる月の出となる。よって，グラフで，12時頃に□(月の出)となっている26日が上弦の月である。

(2)　２月24日の夕方(17時35分)に出た月は，２月25日の朝(７時03分)にしずむ。よって，月が空に出ている時間は，７時03分＋23時間60分－17時35分＝13時間28分である。

(3)　①地球から見て，太陽と月がほぼ同じ大きさに見えるのは，太陽の直径が月の直径の約400倍，地球から太陽までの距離《きょり》が地球から月までの距離の約400倍となっているからである。地球と月の間の距離は，太陽と地球や月の間の距離より非常に小さいので，月から太陽までの距離は月から地球までの距離の約400倍と考えられる。これに対し，地球の直径は月の直径の約４倍あるから，月から地球と太陽をほぼ同じ方向に見たとき，太陽より地球の方が大きく見える(太陽は地球より小さく見える)。　②月面のある場所での日の出から次の日の出までに，月は１回自転している。月は自転と公転の周期が同じだから，この間に地球の周りを１回公転していて，これは地球から見た月の形が新月から次の新月に変わるのにかかる時間に等しい。よって，地球は約30回自転している。

③月から見た地球の形は，同じときに地球から見た月の光っている部分と光っていない部分を反転させたような形になる。地球から見た月が新月のときは，月から見た地球は満月のような形(満地球)になり，地球から見た月が上弦の月(南の空で右半分が光って見える月)のときは，月から見た地球は下弦の月(南の空で左半分が光って見える月)のような形(下弦の地球)になる。よって，「さ」が正答となる。

《2024　社会　解説》

1 **問１**　〔え〕は武家諸法度，〔お〕は慶安の触書と呼ばれた農民の心得。

問２　２，４，５　　〔か〕は1868年に出された五箇条の御誓文，〔き〕は1889年に発布された大日本帝国憲法である。１は1858年(日米修好通商条約)，２は1875年(樺太千島交換条約)，３は1890年，４は1877年，５は1885年。

問３　１　　２．誤り。平安京内には官寺の東寺と西寺があるだけで，それ以外は認められなかった。３．誤り。室町幕府が一向宗を保護したことはない。また，加賀国では一向一揆によって当時の守護大名を自害に追い込んだことで，一向宗の信者を中心とした自治が約100年間続いた。４．誤り。織田信長は，仏教勢力を弾圧し，キリスト教を保護した。

問４　公地公民　　〔い〕は646年に出された改新の詔である。乙巳の変で蘇我氏を滅ぼした中大兄皇子は，土地・人民の私有を廃止し，天皇中心の中央集権体制を確立するために改新の詔を発した。

問５　３→１→２→４　　３(飛鳥時代後期～平安時代の律令制)→１(鎌倉時代)→２(戦国時代)→４(明治時代)

問６　おきて　　室町時代の惣村では，寄合を開いて村の資源を共同利用する方法などを話し合った。

問７　城　　江戸時代，一国一城令が出され，大名は複数の城を持つことはできなかった。また，無断で城の改修を行うことは，幕府への反抗とみなされ，領地を没収する改易などが行われた。

問８　２　　「見返り美人図」は肉筆の美人画の浮世絵である。

問９　２　　犬養毅首相が海軍の青年将校らに殺害された事件は五・一五事件である。陸軍の青年将校が起こした二・二六事件では，大臣の斎藤実や高橋是清などが殺害された。

2 **問１**　１　**あ**地点から緩やかな下り坂となり，厚狭川周辺では低地が広がり，水田となっている。続いて，303.7mの山頂をもつ山の急斜面を上ると，**い**地点までは平坦な台地になっている。

問２　４　群馬県では強い冬の季節風(からっ風)から家屋を守るために屋敷の北と西に屋敷林をつくっている家がある。屋敷林の位置から，季節風は右図の矢印の方向から吹いてくるとわかるので，下は西になる。

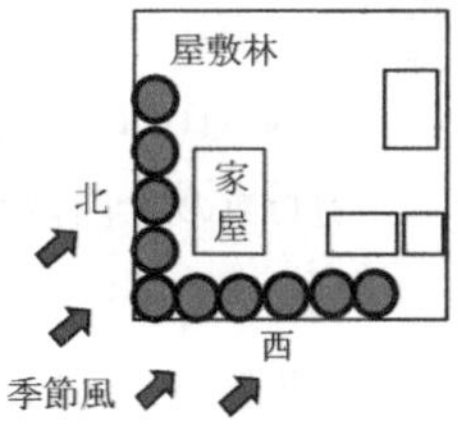

問３　４　福井県の大飯原発・高浜原発・美浜原発に稼働している原発が７基ある。富山県の東部には立山連峰などがあり，水力発電に適した地形となっている。以上のことから，原子力発電による発電量が多いアは福井県，水力発電による発電量が多いウは富山県と判断する。

問４　２　鹿児島県には屋久島・種子島・与論島・奄美大島・沖永良部島など，空港をもつ離島が数多くある。

問５　１　山形県天童市は将棋駒の生産が盛んであり，曲げわっぱの生産が盛んなのは秋田県大館市である。

問６⑴　２　中央部にあった工業用地が，空地と中高層住宅地などに変わっている。**⑵**　再開発　再開発の事業主体は，地方公共団体，地権者の組合，デベロッパーなど，複数の企業や団体で構成される。

問７　３　国内で生産される，すいか，ぶどう，りんごは，生産地での消費量が多く，１世帯当たりの購入金額も高くなると考えられるので，すいか，ぶどう，りんごに当たるものを考えて消去法で選ぶ。１はりんご，２はぶどう，４はすいかだから，残った３がバナナである。

3 **問３**　こども家庭庁　こども家庭庁は，内閣府の外局として2023年４月に設置された。

問４　３，５　１．誤り。法律案は内閣と国会議員が作成する。２．誤り。法律案の審議はどちらの院から始めてもよい。必ず衆議院から審議するのは予算案である。４．誤り。両院協議会が必ず開かれるのは，「内閣総理大臣の指名」「条約の締結の承認」「予算の議決」において，衆議院と参議院が異なる議決をした場合である。法律案の場合は必要に応じて開かれる。

問５　２　国債費…国債が発行されてから償還されるまでに国が負担する費用。**あ**は社会保障関係費，**う**は地方財政費，**え**は防衛費，**お**は公共事業費。

問６　３　１．誤り。オゾン層の破壊はフロンなどによって引き起こされる。２．誤り。赤潮は海水の栄養分が過剰に増えること(富栄養化)で発生する。４．誤り。森林破壊は発展途上国で主に起きている。

問７　１　裁判では，自分に不利益となる発言を強要されない黙秘権が認められている。

問８　４　１は食費，２は交通・通信費，３は光熱・水道費。

2023 解答例 令和5年度　豊島岡女子学園中学校

《国　語》

一 問一．A．従事　B．就き　C．根底　問二．オ　問三．ウ　問四．ア　問五．X．アメ　Y．ムチ
問六．エ　問七．イ　問八．ア　問九．ある行動を引き起こして、それを持続させる源であり、行動そのものが目的となる「内からのやる気」と、行動することが目的を達成する手段である「外からのやる気」とに区別されるもの。

二 問一．a．息子　b．家庭教師　問二．ウ　問三．ウ　問四．エ　問五．A，C　問六．ア
問七．借りた本の話題に自分が触れてしまったことで、先生が研究内容に夢中になって絵を忘れてしまい、和也が傷つくことになったから。　問八．Ⅲ．イ　Ⅳ．オ　問九．ア，オ

《算　数》

1 (1)$\frac{1}{280}$　(2)$\frac{20}{23}$　(3)ア．1　イ．6　(4)24

2 (1)ア．A　イ．1　(2)8　(3)810　(4)81

3 (1)1200　(2)775

4 (1)1：2　(2)$\frac{1}{21}$

5 (1)24　(2)右2　(3)102

6 (1)$\frac{23}{27}$　(2)$\frac{77}{108}$　(3)$\frac{9}{16}$

《理　科》

1 (1)5：3　(2)15　(3)25：9　(4)0.54　(5)0.19

2 (1)5　(2)20　(3)1.5　(4)42　(5)64　(6)い　(7)3　(8)27.5

3 (1)40　(2)16　(3)あ　(4)あ，え　(5)ゾウリムシ　(6)う　(7)あ

4 (1)火山の噴火／火山活動 などから1つ　(2)西　(3)い　(4)い，う，お　(5)お　(6)不整合

《社　会》

1 問1．漢〔別解〕後漢　問2．2　問3．3，4　問4．5　問5．織田信長　問6．4→1
問7．4→1→3→2　問8．2

2 問1．5　問2．3　問3．(1)2　(2)アイヌ　問4．4　問5．3　問6．全国に広がった。
問7．(1)対馬　(2)4

3 問1．1　問2．1→3→4→2　問3．3　問4．3，4，5　問5．違憲立法審査権　問6．4
問7．3　問8．若者のための政策を考えてもらえなくなる。

《2023　国語　解説》

一 **問二**　少し後に「それは動くための力のありかが違《ちが》うことを知っているからです」「むしろ、人間は、内部からのやる気によって自ら行動を起こします」「『やる気』とは、人間の内部に存在している力のことだ」などとある。よって、オが適する。

問三　直後に「行動を引き起こすことに重点がおかれがちですが、持続させる力という点もある」とあるので、「やる気スイッチ」は、「行動を引き起こす」スイッチだとわかる。行動を持続させることまではふくまないので、エは適さない。少し後で、「やる気」には、「内発的動機づけ」と「外発的動機づけ」の両方があると説明しているので、「外部から」押《お》すことに限定しているアとオや、「他人が押《お》すことのできない」とあるイは適さない。よって、ウが適する。

問四　――線③は「内からわき出るやる気」「内発的動機づけ」である。これは「自分の行動の理由が好奇心《こうきしん》や興味・関心から生じている状態」であり、後の方にあるように「やりたいからやる」「新しいことを知りたいから勉強をしている、あるいは、楽しいから、好きだから勉強をしている」という状態である。ここには、勉強自体に楽しさや興味、意味を見出だす気持ちがある。こうした気持ちで勉強するときは、勉強することに積極的になると考えられるので、アが適する。

問五　同じ一文の「親に褒《ほ》められたいから」というのは、報酬《ほうしゅう》が欲しいからということであり、「親に叱《しか》られるのが嫌《いや》だから」というのは、罰《ばつ》を受けたくないからということである。「報酬」と「罰」という言葉から考えると、「アメとムチ」という言葉が連想される。「アメとムチ」は、しつけや支配の方法、ドイツの政治家ビスマルクの政策などについて使われる言葉である。

問六　義務と命令による「やる気」は、行動が外部から強制されて生じているので、一般《いっぱん》的には「やる気」だとは考えられていない。しかし、――線②の直前にあるように、「ある行動を引き起こして、それを持続させる源(力)が『やる気』」である。そのため、心理学では、「動機づけ」の面からみて、行動を引き起こしている以上「やる気」となる。よって、エが適する。

問七　ここでは、「内からのやる気」と「外からのやる気」に分類している。この区別は、――線⑤の前の一文から、「行動することが目的」なのか「行動することが手段」なのかという区別であることがわかる。よって、イが適する。

問八　――線⑤の後に「人間(やある種の動物)に内からのやる気が存在することが広く認められたのは、一九七〇年代に入ってからになります」とある。続いて、「一九五〇年代まで、心理学の世界は、行動主義心理学と呼ばれる心理学が主流で」あり、「行動主義心理学が主流であった一九五〇年代まで、人間の行動も動物と同じ」で、「外からの働きかけがないと、われわれは行動を起こさないと考えられていた」と述べている。これらの部分から考えて、設問にある「『やる気』に関しての一般的な考え方の転換《てんかん》」とは、「人間(やある種の動物)に内からのやる気が存在することが広く認められ」るようになったということである。よって、外からの働きかけがなく、内からのやる気だけで行動を始め、それが持続したという実験を選べばよい。よって、アが適する。

問九　――線②の直前にあるように、「ある行動を引き起こして、それを持続させる源(力)が『やる気』」である。また、「やる気」は「内からのやる気」と「外からのやる気」の二つに分けられ、これは、「行動することが目的」なのか「行動することが手段」なのかという分類であると説明している。

二 **問一** 和也は藤巻先生のことを「お父さん」と呼んでいるので、〔 a 〕には「息子」が入る。文章の最初の方に「いつものように和也の勉強を見てやった後」とある。また、和也と「僕」が二人で話している場面で、「僕」は「僕が家庭教師を頼《たの》まれたとき」と言っている。よって、〔 b 〕には「家庭教師」が入る。

問三 いくら気象の研究者だといっても、空をながめるのに集中して、息子が呼びかけてもいつも無反応なのは熱心すぎる。和也はそんな父の姿に半ば呆《あき》れながら、僕や母に同意を求めている。よって、ウが適する。

問四 このとき「僕」は藤巻研究室にいたので、話し相手の院生は気象を研究しているはずである。その院生の「なんでこんなことになっちゃったのかね」という発言は、台風の被害《ひがい》について言ったとも、気象そのものについて言ったともとれる。しかし、気象を研究している身であれば、気象そのものに関心が向くのが当然であり、連日テレビで報道されていた台風の被害の方に気をとられていたことを恥《は》ずかしく思っている。よって、エが適する。

問五 二重線〈Ⅰ〉の２行前の発言は藤巻先生のものなので、ＡからＣは和也と藤巻先生の会話である。よって、ＡとＣは藤巻先生の発言、Ｂは和也の発言である。Ｄの直後に「僕は見かねて口を挟《はさ》んだ」とあるので、ＤとＥは「僕」の発言、Ｆは和也の発言である。Ｇの直後に「奥《おく》さんもとりなしてくれたが」とあるので、Ｇは奥さんの発言である。よって、ＡとＣが適する。

問六 和也と「僕」が二人で話している場面で、和也は「あのひと(＝お父さん・藤巻先生)は、おれのことなんか興味がない」と言っている。そんな藤巻先生が、和也の絵をほめ、また見たいと言ったので、和也はおどろくとともに、子どもの時の絵を「僕」の前でほめられたことへの照れくささもあって、「冗談《じょうだん》めかして」返事をした。しかし、「父親から絵をほめられたときに和也が浮《う》かべた表情」は、「僕」がはじめて見る笑顔であり、お絵描《えか》き帳を長い時間かけて探し出したことからも、絵を見たいと言われたのが内心かなりうれしかったことが読み取れる。こうしたうれしさが「まんざらでもなさそうに立ちあがった」という動作に表れている。よって、アが適する。

問七 問六の解説にあるように、和也は、父親に絵を見たいと言われたのが内心かなりうれしかった。しかし、藤巻先生は、超《ちょう》音波風速温度計の話に夢中になり、和也や奥さんに呼びかけられても、自分が絵を見たいといったことを思い出せなかった。和也はそんな父親の様子を見て傷つき、無言で部屋を出ていってしまった。藤巻先生が研究の話に夢中になってしまったのは、「僕」が借りた本の話題を切り出したからなので、責任を感じている。

問八Ⅲ 和也に「じゃあ、なんのために研究してるの？」と尋《たず》ねられた藤巻先生は、「知りたいからだよ。気象のしくみを」と答え、さらに「どうにもできなくても、知りたい」と答えている。これをふまえて「わからないことだらけだよ、この世界は」「だからこそ、おもしろい」という発言の意味を考えると、気象のことがそうであるように、この世界の現象はわからないことだらけであり、だからこそ興味がわき、知りたいと思えるのだということになる。よって、イが適する。 **Ⅳ** 藤巻先生が「とても熱心な研究者」であることを考えれば、「息子も自分と同じように、学問の道に進ませようとする」のが自然だと考えられる。しかし、藤巻先生は、「得意なことを好きにやらせるほうが、本人のためになるだろう」と言い、「学問の道」に進むことを和也に強制しなかった。そうした先生の意外な一面を思い出し、その人間性の「わからない」部分に好感を抱《いだ》いて、「おもしろい」と言っている。よって、オが適する。

問九 藤巻先生は、空をながめるのに集中して、和也が呼びかけても無反応だったり、研究の話に夢中になって和也の絵を見たいと言ったことを忘れてしまったりする人物である。また、和也が自室にひっこんでも、自分が和也を傷つけたことに気づかず「きょとんとしていた」とあることから、他人の気持ちを汲《く》み取るのが苦手な人物であることもわかる。よって、アは適する。和也は、父親に興味をもってもらえないことにさびしさを感じ、父親が「僕」と楽しそうに話をしていることにふれて、「親父があんなに楽しそうにしてるの、はじめて見たよ～おれたちじゃ話し相手になれないもんね」などと言った。そんな和也を見た「僕」は、自分も和也と同じ 15 歳のとき、「母に恋人《こいびと》を紹介《しょうかい》され」、「こんなに幸せそうな母をはじめて見た、と思った」ことを思い出した。状況《じょうきょう》は異なるものの、かつての「僕」と今の和也が似た苦しみを味わったことが表現されている。よって、オも適する。

《2023　算数　解説》

1

(1)　与式$=(\frac{1}{10}\times\frac{2}{3}+\frac{5}{4})\times\frac{6}{7}-\frac{9}{8}=(\frac{1}{15}+\frac{5}{4})\times\frac{6}{7}-\frac{9}{8}=(\frac{4}{60}+\frac{75}{60})\times\frac{6}{7}-\frac{9}{8}=\frac{79}{60}\times\frac{6}{7}-\frac{9}{8}=\frac{79}{70}-\frac{9}{8}=\frac{316}{280}-\frac{315}{280}=\boldsymbol{\frac{1}{280}}$

(2)　$9\frac{1}{5}=\frac{46}{5}$をかけても，$40\frac{1}{4}=\frac{161}{4}$をかけても整数となる分数は，分子が５と４の最小公倍数である 20 の倍数で分母が 46 と 161 の最大公約数である 23 の約数となる。よって，条件に合う分数は，$\boldsymbol{\frac{20}{23}}$である。

(3)　**【解き方】十と一の位の数だけを考えればいいので，６を何回かかけあわせていくとき，計算結果の十と一の位だけに６をかけることをくり返し，十と一の位の数の変化を調べる。**

十と一の位の数は，６→６×６＝36→36×６＝216→16×６＝96→96×６＝576→76×６＝456→56×６＝336→…

と変化する。一の位の数は常に６で，十の位の数は２回目から，「３，１，９，７，５」という５つの数がくり返される。2023 回かけたときの十の位の数は，(2023－１)÷５＝404 余り２より，２回目から「３，１，９，７，５」が 404 回くり返され，その後３，１と変化する。よって，十の位の数は**１**，一の位の数は**６**である。

(4)　$4\triangle6=2\div(1\div4+1\div6)=2\div(\frac{1}{4}+\frac{1}{6})=2\div(\frac{3}{12}+\frac{2}{12})=2\div\frac{5}{12}=2\times\frac{12}{5}=\frac{24}{5}$

よって，与式より，$\frac{24}{5}\triangle\square=8$　　$2\div(1\div\frac{24}{5}+1\div\square)=8$　　$2\div(\frac{5}{24}+\frac{1}{\square})=8$　　$\frac{5}{24}+\frac{1}{\square}=2\div8$

$\frac{1}{\square}=\frac{1}{4}-\frac{5}{24}=\frac{6}{24}-\frac{5}{24}=\frac{1}{24}$　　したがって，□＝**24**

2

(1)　１回目の結果からＡさんが 100m進むまでにＢさんは 100－10＝90m進むから，Ａさんが 110m進むまでに，Ｂさんは $90\times\frac{110}{100}=99$(m)進む。よって，Ａさんが 100－99＝**１**(m)の差をつけてゴールする。

(2)　**【解き方】白と黒の三角形の枚数で場合をわけて考える。**

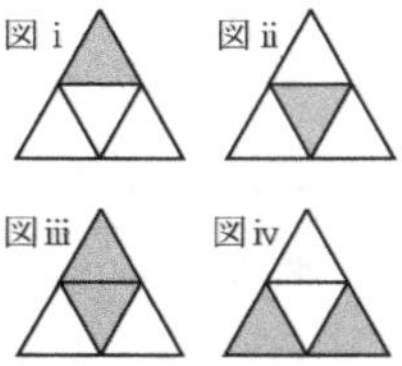

白４枚で作る正三角形は１通りある。白３枚黒１枚で作る正三角形は図ｉ，ⅱのように２通りある。白２枚黒２枚で作る正三角形は図ⅲ，ⅳのように２通りある。

白１枚黒３枚で作る正三角形は図ｉ，ⅱの白と黒を入れかえたものになるので２通りある。

黒４枚で作る正三角形は１通りある。よって，全部で１＋２＋２＋２＋１＝**８**(通り)ある。

(3)　**【解き方】全校生徒の人数を５＋４＝９と 10＋17＝27 の最小公倍数である㉗人として，表にまとめて考える。**

男子の人数は㉗×$\frac{5}{9}$＝⑮(人)，女子の人数は㉗－⑮＝⑫(人)

電車を利用している人は㉗×$\frac{10}{27}$＝⑩(人)，電車を利用していない人が㉗－⑩＝⑰(人)

よって，表にまとめると右のようになる。Ａについて，⑩－180＝⑫－240 だから，

⑫－⑩＝②は 240－180＝60 にあたる。よって，全校生徒の人数は，60×$\frac{㉗}{②}$＝**810**(人)

	電車		合計
	○	×	
男子	180		⑮
女子	Ａ	240	⑫
合計	⑩	⑰	㉗

(4)　**【解き方】ＣＥをひくと，三角形ＣＰＥはＣＰ＝ＣＥの二等辺三角形となる。**

正十角形の１つの内角の大きさは 180°×(10－２)÷10＝144° だから，角ＡＢＣ＝角ＣＤＥ＝144°

三角形ＢＡＣ，ＤＣＥは二等辺三角形だから，角ＢＣＡ＝角ＤＣＥ＝(180°－144°)÷２＝18°

三角形ＣＰＥは角ＥＣＰ＝144°－18°－18°－90°＝18° の二等辺三角形だから，角ＣＰＥ＝(180°－18°)÷２＝**81°**

3

(1)　**【解き方】仕入れ値を 100 として考える。**

５割増しの定価をつけたとき，定価は $100\times(1+\frac{5}{10})=150$ となるので，定価の２割引は，$150\times(1-\frac{2}{10})=120$

このときの利益は 120－100＝20 で，これが 240 円にあたるので，求める金額《きんがく》は，$240\times\frac{100}{20}=$**1200**(円)

(2)　５割増しの定価をつけたとき，定価は $120\times(1+\frac{5}{10})=180$(円)，定価の２割引きは $180\times(1-\frac{2}{10})=144$(円)

になる。１個あたりの利益は，定価で売ると 180－120＝60(円)，定価の２割引きで売ると 144－120＝24(円)となる。
定価で売れた分の利益は 60×700＝42000(円)だから，定価の２割引きで売れた分の利益は 43800－42000＝1800(円)
である。よって，定価の２割引で 1800÷24＝75(個)売れたので，仕入れた個数は，700＋75＝**775**(個)

4 (1) **【解き方】右のように作図する。高さの等しい三角形の底辺の長さの比は面積の比に等しいから，ＡＧ：ＧＥ＝(三角形ＡＧＤの面積)：(三角形ＤＧＥの面積)**
平行四辺形ＡＢＣＤの面積を１として考える。

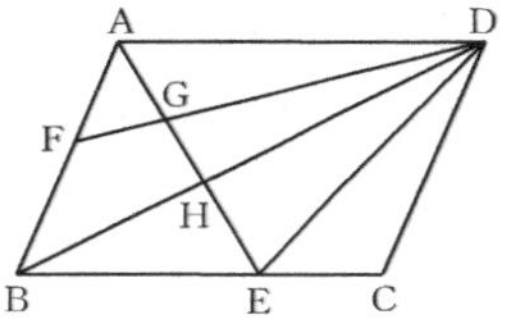

三角形ＡＥＤと平行四辺形ＡＢＣＤは底辺をともにＡＤとすると高さが等しいので，三角形ＡＥＤの面積は$\frac{1}{2}$である。
三角形ＡＢＥと四角形ＡＥＣＤの面積の比は１：２だから，四角形ＡＥＣＤの面積は，
(平行四辺形ＡＢＣＤの面積)×$\frac{2}{1+2}$＝１×$\frac{2}{3}$＝$\frac{2}{3}$
四角形ＢＥＧＦと三角形ＢＤＦは面積が等しく，四角形ＢＨＧＦの部分が共通しているので，三角形ＢＥＨと三角形ＨＤＧの面積は等しい。よって，(四角形ＣＤＧＥの面積)＝(三角形ＨＤＧの面積)＋(四角形ＣＤＨＥの面積)＝(三角形ＢＥＨの面積)＋(四角形ＣＤＨＥの面積)＝(三角形ＢＣＤの面積)＝１÷２＝$\frac{1}{2}$
よって，(三角形ＡＧＤの面積)＝(四角形ＡＥＣＤの面積)－(四角形ＣＤＧＥの面積)＝$\frac{2}{3}-\frac{1}{2}=\frac{1}{6}$，
(三角形ＤＧＥの面積)＝(三角形ＡＥＤの面積)－(三角形ＡＧＤの面積)＝$\frac{1}{2}-\frac{1}{6}=\frac{1}{3}$より，ＡＧ：ＧＥ＝$\frac{1}{6}$：$\frac{1}{3}$＝**１：２**

(2) **【解き方】平行四辺形ＡＢＣＤの面積を１とする。**
右の「１つの角を共有する三角形の面積」を利用し，
三角形ＡＢＥの面積→三角形ＡＦＧの面積，の順で求める。

１つの角を共有する三角形の面積
右図のように三角形ＳＴＵと三角形ＳＶＷが１つの角を共有するとき，三角形ＳＶＷの面積は，
(三角形ＳＴＵの面積)×$\frac{SV}{ST}$×$\frac{SW}{SU}$
で求められる。

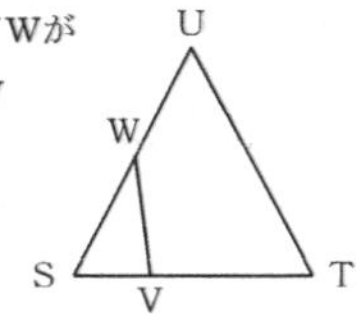

(三角形ＡＢＥの面積)＝(平行四辺形ＡＢＣＤの面積)－(四角形ＡＥＣＤの面積)＝１－$\frac{2}{3}$＝$\frac{1}{3}$
右のように作図する。ＢＥ：ＢＣ＝(三角形ＡＢＥの面積)：(三角形ＡＢＣの面積)＝$\frac{1}{3}$：$\frac{1}{2}$＝２：３だから，ＢＥ＝ＢＣ×$\frac{2}{3}$

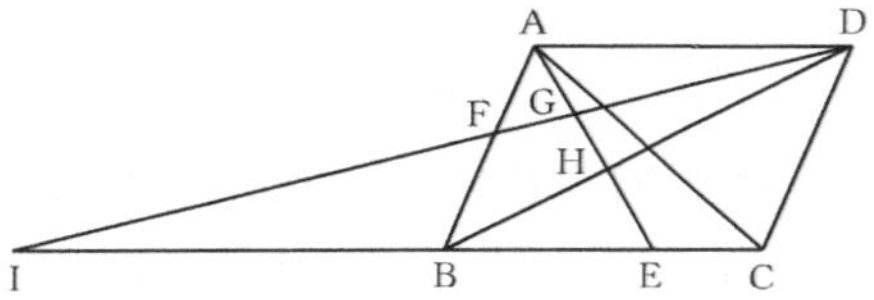

三角形ＡＤＧと三角形ＥＩＧは同じ形の三角形で，ＡＤ：ＥＩ＝ＡＧ：ＥＧ＝１：２だから，ＥＩ＝ＡＤ×２＝ＢＣ×２
ＢＩ＝ＥＩ－ＢＥ＝ＢＣ×２－ＢＣ×$\frac{2}{3}$＝ＢＣ×$\frac{4}{3}$
三角形ＡＤＦと三角形ＢＩＦは同じ形の三角形で，ＡＦ：ＢＦ＝ＡＤ：ＢＩ＝ＢＣ：(ＢＣ×$\frac{4}{3}$)＝３：４
よって，(三角形ＡＦＧの面積)＝(三角形ＡＢＥの面積)×$\frac{AG}{AE}$×$\frac{AF}{AB}$＝$\frac{1}{3}\times\frac{1}{1+2}\times\frac{3}{3+4}=\frac{1}{21}$だから，
三角形ＡＦＧの面積は平行四辺形ＡＢＣＤの面積の$\mathbf{\frac{1}{21}}$倍である。

5 (1) **【解き方】周期に注目して考える。**
同じ位置に戻るまでのＡさんとＢさんの移動のようすをまとめると，右のようになる。よって，Ａさんは８秒ごと，Ｂさんは 16 秒ごとに同じ移動をくり返す。16 秒後までにＡさんとＢさんは「右１段」以外で同じ高さの同じ位置に立つことはないので，２回目に同じ高さの同じ位置に立つのは，２人が「右１段」に１回目に立った８秒後からさらに，８と 16 の最小公倍数である 16 秒後の，８＋16＝**24**(秒後)となる。

	左１段	左２段	左３段	左４段	５段	右４段	右３段	右２段	右１段
Ａさん(秒後)	4		3		2		1		0
			5		6		7		8
Ｂさん(秒後)	0	1	2	3	4	5	6	7	8
	16	15	14	13	12	11	10	9	

(2)　**【解き方】13 秒後のＡさんの位置から逆算してＣさんの出発位置を考える。**

Ｃさんは５段以外から出発するときは必ず昇り始めることに注意する。

13 秒後，Ａさんは「左３段」の位置に立つので，Ｃさんは「右３段」の位置に立つ。

Ｃさんが 13 秒後に「右２段」→「右３段」と移動して「右３段」に立った場合，逆算すると，「右３段」←「右２段」←「右１段」←「右２段」←…←「左３段」←「左４段」より，Ｃさんのスタート位置は「左４段」と考えられる。しかし，「左４段」から出発する場合は次に「５段」に移動するので，条件に合わない。

Ｃさんが 13 秒後に「右４段」→「右３段」と移動して「右３段」に立った場合，逆算すると，「右３段」←「右４段」←「５段」←「左４段」←…←「右３段」←「右２段」より，Ｃさんのスタート位置は「右２段」と考えられる。「右２段」から出発する場合は次に「右３段」に移動するので，条件に合う。

よって，Ｃさんは「**右２段**」から出発した。

(3)　**【解き方】(1)より，ＡさんとＤさんの位置関係は 16 秒周期だから，出発から 16 秒後までで，Ｄさんがどの位置で出発しても２人が同じ高さに立っていないような時間が何秒後にあるのかを考える。同じ高さの異なる位置にも立っていない場合を考えるので，「右」と「左」を考える必要はなく，高さの変化だけに注目する。**

16 秒後までのＡさんの高さとＤさんと高さを，Ｄさんの０秒後の高さごとにまとめると，右表のようになる。表より，Ｄさんがどの位置で出発しても２人が同じ高さに立つことはないのは，６秒後と 14 秒後である。

100÷16＝６余り４より，16 秒後と 16×６＝96(秒後)は周期内の同じかしょにあたる。どの位置で出発しても２人が同じ高さに立つことはない時間のうち 100 に近い秒数は，96－(16－14)＝94(秒後)と，96＋６＝102(秒後)だから，求める数は **102** である。

	Ａさんの高さ(段)	Ｄさんの高さ(段)				
０秒後	1	1	2	3	4	5
１秒後	3	2	3	4	5	4
２秒後	5	3	4	5	4	3
３秒後	3	4	5	4	3	2
４秒後	1	5	4	3	2	1
５秒後	3	4	3	2	1	2
６秒後	5	3	2	1	2	3
７秒後	3	2	1	2	3	4
８秒後	1	1	2	3	4	5
９秒後	3	2	3	4	5	4
10 秒後	5	3	4	5	4	3
11 秒後	3	4	5	4	3	2
12 秒後	1	5	4	3	2	1
13 秒後	3	4	3	2	1	2
14 秒後	5	3	2	1	2	3
15 秒後	3	2	1	2	3	4
16 秒後	1	1	2	3	4	5

6　**【解き方】体積が１㎤なので，底面の三角形ＡＢＣの面積を１㎠，ＢＥ＝１㎝として考えるとよい。**

三角すいの体積は，(底面積)×(高さ)÷３で求められる。

(1)　正三角柱の体積から三角すいＥ－ＰＢＳの体積をひけばよい。

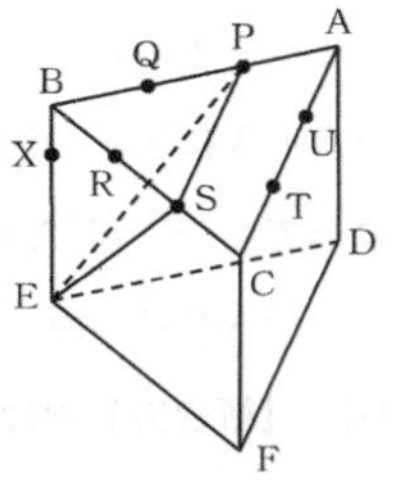

三角形ＡＢＣと三角形ＰＢＳは同じ形で，辺の長さの比が３：２だから，

面積の比は，(３×３)：(２×２)＝９：４

三角形ＰＢＳの面積は，(三角形ＡＢＣの面積)×$\frac{4}{9}$＝１×$\frac{4}{9}$＝$\frac{4}{9}$(㎠)だから，三角すいＥ－ＰＢＳの体積は，$\frac{4}{9}$×１÷３＝$\frac{4}{27}$(㎤)　　よって，求める体積は，１－$\frac{4}{27}$＝$\frac{\mathbf{23}}{\mathbf{27}}$(㎤)

(2)　**【解き方】正三角柱の体積から，三角すいＥ－ＰＢＳと三角すいＦ－ＵＲＣの体積をひき，右図の太線で囲まれた三角すいＹ－ＺＲＳの体積を足せばよい。**

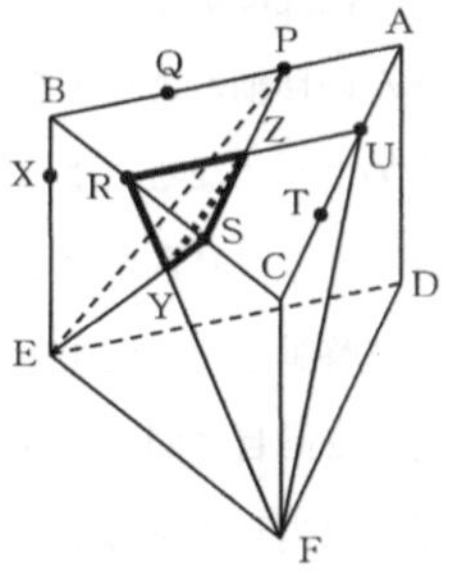

三角すいＦ－ＵＲＳの体積は三角すいＥ－ＰＢＳの体積に等しく，$\frac{4}{27}$㎤である。

三角形ＡＢＣと三角形ＺＲＳは同じ形で，辺の長さの比が３：１だから，

面積の比は(３×３)：(１×１)＝９：１となるので，三角形ＺＲＳの面積は，

１×$\frac{1}{9}$＝$\frac{1}{9}$(㎠)である。三角形ＲＳＹと三角形ＦＥＹは同じ形で，辺の長さの比が１：３だから，三角すいＹ－ＺＲＳの高さは，１×$\frac{1}{1+3}$＝$\frac{1}{4}$(㎝)である。

三角すいＹ－ＺＲＳの体積は$\frac{1}{9}$×$\frac{1}{4}$÷３＝$\frac{1}{108}$(㎤)だから，求める体積は，１－$\frac{4}{27}$×２＋$\frac{1}{108}$＝$\frac{\mathbf{77}}{\mathbf{108}}$(㎤)

(3)　**【解き方】(2)の解説より，ＢＸ：ＸＥ＝ＲＹ：ＹＦ＝１：３だから，ＸとＹはともに平面(え)上の点となる。同様に考えると，底面ＤＥＦを含む立体は右図の太線部分となる。**

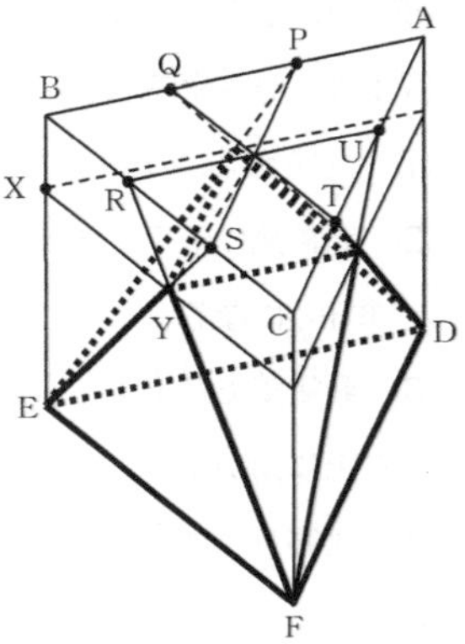

平面(う)には４つの合同な正三角形ができる。
求める体積は，底面積が１㎠で高さがＸＥ＝$1-\frac{1}{4}=\frac{3}{4}$(cm)の三角柱の体積から，底面積が$1\div 4=\frac{1}{4}$(㎠)で高さがＸＥ＝$\frac{3}{4}$(cm)の三角すいの体積３つ分をひけばよいので，$1\times\frac{3}{4}-\frac{1}{4}\times\frac{3}{4}\div 3\times 3=\frac{3}{4}-\frac{3}{16}=\mathbf{\frac{9}{16}}$(㎤)

《2023　理科　解説》

1　(1)　実験１より，秒速５ｍで衝突《しょうとつ》するＡが秒速３ｍではね返っているので，５：３である。

(2)　わかったこと①より，床に衝突すると速さが$\frac{3}{5}$になることがわかるので，衝突するときの速さははね返った後の速さの$\frac{5}{3}$倍である。よって，$9\times\frac{5}{3}=15$(m)となる。

(3)　実験３より，高さ１ｍのところから放すと0.36ｍはね返ったので，１：0.36＝25：９となる。

(4)　わかったこと②より，Ａを1.5ｍのところで放すと$1.5\times\frac{9}{25}=0.54$(m)となる。

(5)　Ａを0.54ｍのところで放したと考えると，$0.54\times\frac{9}{25}=0.1944$→0.19ｍとなる。

2　(1)　ガラス容器の重さは10ｇだから，表１の１回目で，Ａの銅の重さは10.8－10＝0.8(ｇ)であり，Ｂで結びついた酸素は11.0－10.8＝0.2(ｇ)である。このことから，銅と酸素は0.8：0.2＝４：１の重さの比で結びつくことがわかる。２回目と３回目で銅の重さを変えても銅と結びついた酸素の割合は変わらないので，銅20ｇがすべて酸化銅になるとき，銅と結びついた酸素は$20\times\frac{1}{4}=5$(ｇ)となる。

(2)　結びついた酸素は30－28＝２(ｇ)だから，反応した銅は２×４＝８(ｇ)である。よって，反応せずに残っている銅は28－８＝20(ｇ)となる。

(3)　図２の実験で，増加した石灰水の重さは発生した二酸化炭素の重さと等しい。20ｇの酸化銅を完全に銅に変えたとき，石灰水の重さが5.5ｇ増加したので，発生した二酸化炭素の重さは5.5ｇであり，酸化銅20ｇには$20\times\frac{1}{1+4}=4$(ｇ)の酸素がふくまれているので，反応する炭素の重さは5.5－４＝1.5(ｇ)となる。

(4)　３ｇの炭素から発生する二酸化炭素は$5.5\times\frac{3}{1.5}=11$(ｇ)で，反応の前後で，反応に関わる物質の重さの合計は変わらないので，固体の重さは50＋３－11＝42(ｇ)になる。

(5)　水素２ｇが酸素18－２＝16(ｇ)と結びついたので，できた銅は16×４＝64(ｇ)である。なお，このとき反応した酸化銅は16＋64＝80(ｇ)である。

(6)　空気の約20％は酸素だから，炭素が空気中の酸素と結びつかないように空気を追い出す。

(7)　(3)より，20ｇの酸化銅と1.5ｇの炭素がちょうど反応したので，酸化銅220ｇを炭素だけを使ってすべて銅にしたとすると，炭素は$1.5\times\frac{220}{20}=16.5$(ｇ)必要である。また，(5)より，水素２ｇと反応する酸化銅は80ｇだから，炭素と反応する酸化銅は220－80＝140(ｇ)となり，炭素は$1.5\times\frac{140}{20}=10.5$(ｇ)必要である。よって，水素が２ｇあると炭素と水素の重さの合計は16.5－(２＋10.5)＝４(ｇ)減るので，16.5－10.5＝６(ｇ)減らすには，水素を$2\times\frac{6}{4}=3$(ｇ)反応させればよい。

⑻　石灰水の重さは発生した二酸化炭素の重さの分だけ増加する。⑺で反応した炭素は 10.5－3＝7.5(g)だから，⑶より，発生する二酸化炭素は $5.5\times\frac{7.5}{1.5}=27.5$(g)となる。

3　⑴　〔顕微鏡《けんびきょう》の倍率(倍)＝接眼レンズの倍率(倍)×対物レンズの倍率(倍)〕より，60÷15＝40(倍)となる。

⑵　顕微鏡の倍率を４倍に増やすと，視野の中の正方形のたての長さと横の長さが４倍になるので，面積は４×４＝16(倍)になる。

⑶　顕微鏡では上下左右が反対に見えるので，左上に見えるものを視野の中央に移動させるときは，プレパラートを左上に動かす。

⑷　接眼レンズは倍率が大きいほど短く，対物レンズは倍率が大きいほど長いので，倍率が低い組み合わせから順に，「う(５倍)」と「え(４倍)」，「い(10 倍)」と「え(４倍)」，「う(５倍)」と「お(10 倍)」，「あ(15 倍)」と「え(４倍)」，…となる。

⑹　ゾウリムシは「う」の向きに動くことで，図ｉのくぼみの部分にエサが入ってくる。

図ｉ

⑺　食塩水の濃度が 0.2%に近いときほど，体内に余分な水が入ってこなくなるので，水を体外に出す収縮の回数が少なくなる。

4　⑴　火山の噴火によって生じる火山灰は流水のはたらきを受けないので，粒《つぶ》が角ばっている。

⑵　Ａ～Ｅの角ばった粒は同じ時期に堆積《たいせき》したと考えられる。また，川の上流ほど，大きな粒が堆積しやすい。角ばった粒の上下の層に着目すると，Ａでは直径２㎜以上の粒，Ｂ～Ｄでは直径２㎜以上の粒と直径２㎜～0.06 ㎜の粒，Ｅでは直径２㎜～0.06 ㎜の粒と直径 0.06 ㎜以下の粒があるので，Ａが川の最も上流に，Ｅが川の最も下流にあり，川はＡ(西)からＥ(東)へ流れていたと考えられる。

⑶　Ｂ層だけ，角ばった粒の層がずれていることから，ＢとＣの間に断層があると考えられる。

⑷　ａからｂへ粒の大きさが小さくなったので，この間にこの地域はより深い海になったと考えられる。深い海になるには，陸に対する海水面が高くなるか，地域全体が沈降《ちんこう》すればよい。また，地球全体が温暖化すると，南極の氷がとけるなどして，海水面が高くなる。

⑸　ホタテ貝は寒い地域の水深 10～100ｍあたりの海にすむ。このような化石は地層ができた当時の環境《かんきょう》を推定するのに役立つ。

《2023　社会　解説》

1　**問１**　志賀島で発見された金印には『漢委奴国王』と刻まれており，１世紀に後漢の皇帝から奴国の王に授けられたものと考えられている。

問２　律令の「律」は刑罰に関するきまり，「令」は政治のしくみや租税などに関するきまりを意味する。１．憲法十七条は役人の心構えを示したものであり，律令ではない。３．都から派遣されたのは国司のみ。４．口分田は６歳以上の男女に与えられた。成年男子のみに課された税は，調や庸などである。

問３　１．天武天皇ではなく，天智天皇。２．「天の原ふりさけ～」の歌を詠んだのは，遣唐使として唐に渡り，一生を唐で過ごした阿倍仲麻呂。５．平等院鳳凰堂を建立したのは藤原道長ではなく，息子の藤原頼通。

問４　正しく組み合わせたものは右表参照。

宗派	内容・特徴・関連の深いことがら
浄土宗	南無阿弥陀仏
浄土真宗(一向宗)	一向一揆
時宗	踊念仏
日蓮宗(法華宗)	南無妙法蓮華経
臨済宗	座禅(看話禅)
曹洞宗	座禅(黙照禅)

問５　印には『天下布武』と刻まれている。

問７　４(1885 年)→１(1889 年)→３(1890 年)→２(1910 年)
自由民権運動→国会開設の勅諭→内閣制度の創設→初代内閣

総理大臣の伊藤博文を中心に憲法作成が行われる→大日本帝国憲法の発布→第一回衆議院議員総選挙→帝国議会の開設の流れは覚えておこう。

問８　２．選挙権の要件の変遷《へんせん》については右表参照。大正デモクラシーの時期の選挙法改正は，1925年の満25歳以上の男子に与えられたものである。男女とも普通選挙が行われるようになったのは，太平洋戦争後のことである。

選挙法改正年（主なもののみ抜粋）	直接国税の要件	性別による制限	年齢による制限
1889年	15円以上	男子のみ	満25歳以上
1925年	なし	男子のみ	満25歳以上
1945年	なし	なし	満20歳以上
2015年	なし	なし	満18歳以上

2　**問１**　食生活の変化によって米の消費量は減り，牛乳・乳製品などの畜産物の消費量は増えていることは覚えておこう。1960年より減少し続けている**あ**が米，1960年より大きく増えている**う**が牛乳・乳製品，残った**い**が野菜である。

問２　**あ**はセメント，鉄鋼，乗用自動車の中で最も重いもの，**い**は重くて単価の安いもの，**う**は重量に対する商品価値の高いものである。

問３⑴　砂州は，海岸や湖岸のやや沖合に細長く岸と平行に延びた，砂れきのたい積地形である。有名な砂州の例として，天橋立がある。

問４　**あ**は地方の過疎化や高齢化が進んでいる地域が多いので，65歳以上，**い**は出生率が最も多い沖縄が１位になっているので，15歳未満，**う**は東京をはじめとする都市部で多いので，働く世代が多いと考えて15歳～64歳。

問５　地図上で標高が分かる地点に注目する。**あ**の左に271mの地点，左下に350mを示す等高線，右下に431.2mを示す三角点などがあるので，10mごとに等高線が示されていることがわかる。**あ**の標高は330m～340m，**い**の標高は420m程度である。

問６　1960年ごろは，「でんでんむし」は北海道地方・近畿地方・中国・四国地方・九州地方北部で主に使われているが，2010年ごろになると，東北地方・関東地方・中部地方・九州地方南部でも使われるようになっている。また，1960年ごろは地域によって「かたつむり」や「でんでんむし」以外の方言も多く使われていたが，2010年ごろになると，ほとんどの地域で「かたつむり」「でんでんむし」の２つで大半を占めている。

問７⑴　日本のまわりの海流については右図。

⑵　冬に北西から吹く冷たい季節風が日本海をわたるときに，暖流の対馬海流上空で蒸発した水分を大量に含むため，積乱雲が発達する。

3　**問１**　現在日本では太陽暦が使用されている。明治時代初期の近代化政策によって，それまで使用されていた太陰暦（月の満ち欠けの周期）から太陽暦へと変更された。

問２　法律案は衆議院と参議院のどちらに先に提出してもよく，先に提出されたほうから審議される。この問題では衆議院で先に審議が行われ，参議院に送られたのちに参議院で否決されたため，両院協議会を開いた後に，衆議院で出席議員の３分の２以上の賛成で再可決されて法律となっている。なお，両院の議決が異なったとき，予算の議決，条約締結の承認，内閣総理大臣の指名の場合は両院協議会が必ず開かれるが，法律案の場合は必要に応じて開かれる。

問３　３．教科書検定制度は教育の権利を保障するためのものではなく，適正な教育内容の維持や，教育の中立性の確保などのために行われている。

問４　税金の分類には国税・地方税のほかに，直接税・間接税もあるので，合わせて覚えておこう。１～５のうち，

３の消費税は間接税である。

問５　三権分立のそれぞれの仕組みについては右図。

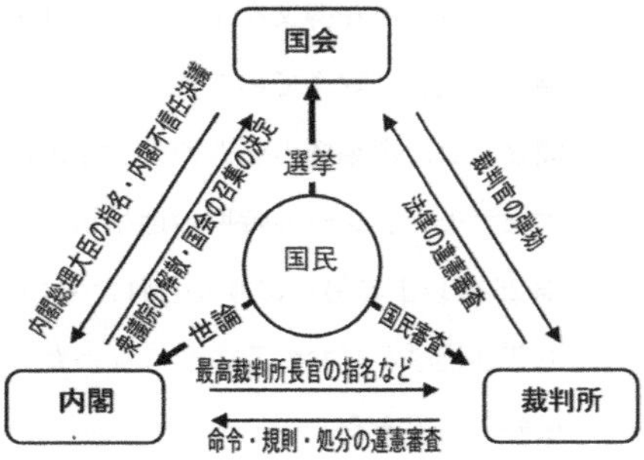

問６　二院制にすることで，審議が２回行われることになるので，決定までに時間を要する。

問７　１．予算案の提出は内閣の役割である。法律案については内閣だけでなく，国会議員も提出できる。２．予算案は，参議院で否決されても，衆議院の議決が国会の議決となる。また，衆議院で可決した予算案を参議院が受けとってから30日以内に議決しなくても，衆議院の議決が国会の議決となる。４．近年，公債金収入の割合は増加しており，３割程度である。

問８　国会議員が当選するためには票数を集める必要があるため，投票率が高く，票の絶対数が多い年齢層に支持される政策が優先されることになる。

2022 解答例
令和４年度

豊島岡女子学園中学校

《国　語》

一　問一．C　問二．エ　問三．あ．イ　い．イ　う．カ　問四．イ　問五．エ　問六．ア　問七．オ

問八．生産にかかった費用を支払い、利益が出るよう、リスクと相場を考え合わせ値段を判断する。

問九．X．負担　Y．店頭　Z．保証

二　問一．A．ウ　B．ア　問二．ア　問三．ウ　問四．ウ，オ　問五．ア　問六．イ　問七．エ

問八．他の人とは違って独りを恐れていないように見え、私の書いた物語を理解し、ありのままのわたしを受け入れてくれる存在。

《算　数》

1　(1) $3\frac{3}{4}$　(2)72　(3)330　(4)7

2　(1)160　(2)18　(3)3　(4)5：1

3　(1)1：9　(2)1800

4　(1)235　(2)185

5　(1)(ア)，(エ)　(2)20　(3)800

6　(1)208　(2) $140\frac{1}{3}$　(3) $214\frac{2}{3}$

《理　科》

1　(1)175　(2)60　(3)76　(4)150　(5)50.0

2　(1)4.2　(2)0.4　(3)3.7　(4)①い　②あ　③う

3　(1)お　(2)い　(3)う　(4)い，え　(5)あ，う，え

4　(1)お　(2)い　(3)う，か　(4)う　(5)う　(6)①い　②う　③え

《社　会》

1　問１．井戸　問２．５　問３．火災が燃え広がることを防ぐため。　問４．４　問５．２　問６．３

問７．２，３　問８．３　問９．厚生労働　問10．４　問11．２→３→４→１

2　問１．１，４　問２．３　問３．４　問４．１　問５．石炭　問６．三日月湖　問７．４

3　問１．木曽　問２．３　問３．２　問４．六波羅探題　問５．豊臣秀吉　問６．３→４→１→２

問７．２

《2022　国語　解説》

［一］ **問一**　「ところで、利益とは」とあることから、この一文の前では「利益」について述べられていて、ここで「ところで」といったん話を区切り、「利益」とはどういうものであるのかを、あらためて説明しているということをつかむ。前の部分に「どうしても利益を出さなければならないことになります」とある［C］が適する。

問二　イ・ウ・オは、第二段落と［A］の直後の段落から、イチゴの生産にかかる「費用」として読み取れる。アの「生活するための費用」は、［C］の直前の段落に「さらに農家であれば、くらしを支えるための費用も入ってきます」とあるので、適する。よって、エが適さない。

問三あ　１つめの〔　あ　〕が「来年度の費用を利益で賄《まかな》うとすると」に続くことから、その前の「来年度に必要な費用」として「栽培《さいばい》費用 200 円＋くらしの費用 200 円」とある、計 400 円が当てはまる。　**い**　「費用」とは、「今年度の支払《しはら》い費用」を指すことから、「栽培費用 200 円＋くらしの費用 200 円」とある、計 400 円が当てはまる。　**う**　あ(400 円)＋い(400 円)＝800 円。この部分の前後で「どれくらいの値段～③の 800 円です」「ここから、イチゴは一パック 800 円としなければならないことがわかります」と述べていることからも判断できる。

問四　縦軸《たてじく》の「費用金額」が大きくなるほど横軸《よこじく》の「収入金額」も大きくなるはずなので、【図オ】がはずれる。また、本文に「A点の費用は 400 円」とあり、「ここでは仮に費用は収入金額とは関係なく、同じ金額だけ掛《か》かる、つまり金額が固定されているとします」とは、費用が全く変わらないということなので、図の「費用線」はA点でもB点でも同じ 400 円となることから、【図ア】と【図エ】がはずれる。また、本文の「A点 400 円よりも左側では、固定された費用に対して収入金額がまだ小さいので、利益が出ない、損失が出ている状況《じょうきょう》である」とは、収入を超《こ》えた分の費用、つまり「収入線」よりも上の部分の「費用」が「損失」となる。よって【図イ】が正解。

問五　［D］の直後の段落以降で「不確実性」と「リスク」について述べている。「生産者は日々、その不確実性とリスクをどう克服《こくふく》していくかという難しい仕事をしている」とした上で、「不確実性とリスクを生み出しているのは、他ならぬ私たち消費者なのです」とつなげている。そして、消費者の行動がどのように「不確実性」と「リスク」を生み出しているかが具体的に述べられている。よって、エが適する。

問六　直前の「売れなければ、十分な収入が入らず、事前に掛かった費用を払えなくなります」ということを言いかえた、ア「利益どころか大きな損失を被《こうむ》ることになるわけです」が適する。オの「不確実性が高まってしまう」ということは、この段落の話題とはかかわりがない。

問七　ア．［A］の３段落後に、支払いのためのお金を用意する方法として①～③があげられている。「①の自分の貯蓄《ちょちく》から支払うのがいいことになります」とあるが、それ「しか」取り得る方法がないわけではない。
イ．このようなことは本文で述べていない。　ウ．本文に「来年度以降もイチゴを生産し続けるためには～その利益で来年度の生産費用を賄えるようにしなければなりません」とあることから、「価格」には「先々の生産にかかる費用」が含《ふく》まれる。　エ．「最も悩《なや》ましいのは」とあるが、「費用がかかる」のは当然のことであり、それも含めた利益を出す必要があるのである。本文では「売れない、期待より売れないことが最も生産者にとって困ること」だと述べている。　オ．本文で「不確実性とリスクを生み出しているのは、他ならぬ私たち消費者なのです」と述べていることに適する。

問八　値段の判断については、［E］の前後で説明している。単に「掛かった費用を支払い、十分な利益が出るように値段をつけ」るだけでなく、「予期しがたい生産できなくなるリスクも勘案《かんあん》して」決める必要があること、

「一般《いっぱん》に売られている値段を『相場』といい、その相場を前提に値段をつけなければなりません」ということが述べられている。これらの内容をまとめる。

二 **問二** あ.「背中のフォルムは強くてきれいだ」とも表される様子なので、「しゃんと伸《の》びて」がふさわしい。
い.「自分さえも忘れていた鳥たちとの記憶《きおく》」を「思い出すままに」とあるので、少しずつゆっくり話す様子を表す「ぽつぽつと」がふさわしい。　う.直後に「音を立てる」とあるので、「そわそわ」ではなく、「ぷちぷち」がふさわしい。

問三 3行前にも「わたしは怖《こわ》かった。今でも、怖い」とあり、「集団の場で独《ひと》りになることを恐《おそ》れている」と続いている。また、—線①の後に「わたしは誰《だれ》にも嫌《きら》われたくないし、厭《いと》われたくない」「独りになりたくない」とあることから、ウが適する。

問四 ア.「驚《おどろ》く様子」は適さない。「目を細める」は、ほほえみを浮《う》かべる様子の表現であり、表情がやわらいだのである。　イ.「鳥が必死に〜守っているときの様子」がおもしろくて笑ったのではない。鳥の話を熱く語る御蔵《みくら》さんの様子がほほえましく、「やっぱり(鳥が好きなん)だね」と思っているのである。　エ.「エサを取り合う鳥たちの多様なふるまいを見て」ではない。御蔵さんが話した内容を聞いて笑ったのである。　カ.「菊池《きくいけ》さんへの憧《あこが》れが恋心に切り替《か》わった」ということは読み取れない。　よって、ウとオが適する。

問五 御蔵さんについて何か思い当たることがあるので、「やっぱり」という言葉が出たのだと考えられる。続く菊池さんの言葉に「鳥、好きなんだ」とあり、後で「それに鳥が好きだ。だから、『森の王国』みたいな物語が書ける。でしょ」と言っている。これらの内容から、菊池さんは御蔵さんが書いた『森の王国』を読んでいたので、「やっぱり」「鳥、好きなんだ」と思い当たったのだと読み取れる。よって、アが適する。

問六 ア.「菊池さんへの感情の高まり」が適さない。「菊池さんは平気なんだろうか」などと思いながら、「独りになりたくない」という自分の気持ちと向き合っている。　ウ.「『わたし』が菊池さんの話にしっかり耳を傾《かたむ》けようとしている」のではなく、菊池さんが聞いてくれているのである。　エ.「歩くことをやめて会話に集中しようとしている」は適さない。御蔵さんが足を止めたので菊池さんも立ち止まったが、それは「ほんの二、三秒に過ぎなかった〜すぐにまた歩き出した」とある。　オ.「話を変えようとする様子」はえがかれていない。　よって、イが適する。

問七 菊池さんから物語の良さを具体的にほめられて、「あ、はい」としか言えなかった。続けて「恥《は》ずかしいとは少しも感じない。驚きの方が何倍も勝っていた」とある。「だから、『森の王国』みたいな物語が書ける。でしょ」と言われたときに御蔵さんの「足が止まった」のも、驚きからである。よって、エが適する。アの「不器用ながらも」「親密になれたことに」、イの「自分の才能に気が付けなかったことに半ば呆《あき》れつつ」、ウの「自分と相容《あいい》れないものを感じ」、オの「自分の感じていた怖さが薄《うす》らいでいることに気づき」などは適さない。

問八 本文の初めで語られる菊池さんの人物像は、「わたし」とちがって、独りになることを怖がっていないように見える、というものである。御蔵さんが鳥の話をしている場面に「間をもたすためではなく、話したくて、聞いてもらいたくて〜しゃべった〜危惧《きぐ》を、ほとんど感じないまま話し続けた」とあることから、「わたし」にとっての菊池さんは、ありのままの自分を出せてしまう相手であるとわかる。また、菊池さんは、配られた小冊子で読んだ、御蔵さんの書いた『森の王国』の内容をしっかり覚えていて、ほめてくれた。ここから、「わたし」という人を理解してくれる存在であると読み取れる。これらの内容をまとめる。

《2022 算数 解説》

1 ⑴ 与式$=\frac{25}{6}-(\frac{7}{3}-\frac{7}{4})\times\frac{8}{7}\div\frac{8}{5}=\frac{25}{6}-(\frac{28}{12}-\frac{21}{12})\times\frac{8}{7}\times\frac{5}{8}=\frac{25}{6}-\frac{7}{12}\times\frac{8}{7}\times\frac{5}{8}=\frac{50}{12}-\frac{5}{12}=\frac{45}{12}=\frac{15}{4}=3\frac{3}{4}$

⑵ **【解き方】216を素数の積で表すと，216＝２×２×２×３×３×３だから，１以上216以下の整数のうち，２の倍数でも３の倍数でもない整数の個数を考えればよい。**

１～216までの整数のうち，２の倍数は216÷２＝108(個)，３の倍数は216÷３＝72(個)，２と３の最小公倍数である６の倍数は216÷６＝36(個)ある。

したがって，１～216までの整数のうち，２または３の倍数は，108＋72－36＝144(個)ある。よって，１～216までの整数のうち，２の倍数でも３の倍数でもない整数は216－144＝72(個)あり，これが求める個数である。

⑶ **【解き方】含《ふく》まれる食塩の量に注目する。**

５％の食塩水60ｇと10％の食塩水60ｇに含まれる食塩の量はそれぞれ，$60\times\frac{5}{100}=3$(ｇ)，$60\times\frac{10}{100}=6$(ｇ)なので，混ぜると３＋６＝９(ｇ)になる。水を加えても食塩の量は変わらないので，２％の食塩水に含まれる食塩の量は９ｇだから，食塩水の量は$9\div\frac{2}{100}=450$(ｇ)である。よって，水の量は，450－60－60＝330(ｇ)

⑷ **【解き方】(ＡとＢの円周の合計)＝(Ａの直径)×3.14＋(Ｂの直径)×3.14＝(ＡとＢの直径の和)×3.14だから，(ＡとＢの直径の和)＝(ＡとＢの円周の合計)÷3.14で求められる。**

ＡとＢの直径の和は，75.36÷3.14＝24(cm)

Ｂの直径はＡの直径の1.4倍だから，ＡとＢの直径の長さの比は，１：1.4＝５：７

よって，Ｂの直径は$24\times\frac{7}{5+7}=14$(cm)だから，Ｂの半径は，14÷２＝７(cm)

2 ⑴ **【解き方】(利益)＝(１個あたりの利益)×(売れた個数)－(売れ残った分の仕入れ値)である。売れたコップと売れ残ったコップの比は(100－５)：５＝19：１だから，20個仕入れた場合の利益を計算する。**

20個仕入れた場合の利益は，800×0.2×19－800×１＝2240(円)　よって，仕入れた個数は，$20\times\frac{17920}{2240}=160$(個)

⑵ **【解き方】仕事全体の量を，24と45の最小公倍数である360として，Ａ４台とＢ４台ときの１分あたりの仕事の量の合計を求めることで，かかる時間を求める。**

１分あたりの仕事の量の合計は，①Ａ１台とＢ６台のときは360÷24＝15，②Ａ２台とＢ１台のときは360÷45＝８

①＋②×５より，Ａ１＋２×５＝11(台)とＢ６＋１×５＝11(台)のときは，15＋８×５＝55

よって，Ａ４台とＢ４台のときは$55\times\frac{4}{11}=20$となるから，求める時間は，360÷20＝18(分)

⑶ **【解き方】右の「１つの角を共有する三角形の面積」を利用する。色のついた部分の面積は，三角形ＢＥＦの面積から，三角形ＥＩＪ，ＦＧＫ，ＢＨＧの面積をそれぞれひくことで求められる。**

> **１つの角を共有する三角形の面積**
> 右図のように三角形ＰＱＲと三角形ＰＳＴが１つの角を共有するとき，三角形ＰＳＴの面積は，
> (三角形ＰＱＲの面積)$\times\frac{PS}{PQ}\times\frac{PT}{PR}$
> で求められる。
>
> 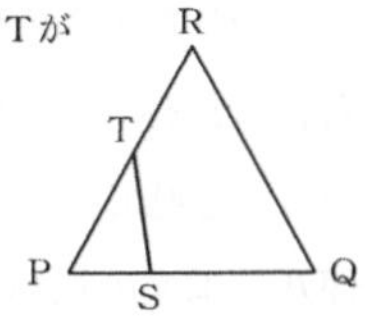
>

三角形ＥＩＪ，ＦＧＫ，ＢＨＧの面積はそれぞれ，三角形ＢＥＦの面積の，

$\frac{EI}{EB}\times\frac{EJ}{EF}=\frac{1}{1+1+2}\times\frac{2}{2+1+1}=\frac{1}{8}$(倍)，$\frac{FG}{FB}\times\frac{FK}{FE}=\frac{1}{2}\times\frac{1}{1+1+2}=\frac{1}{8}$(倍)，$\frac{BH}{BE}\times\frac{BG}{BF}=\frac{2}{2+1+1}\times\frac{1}{2}=\frac{1}{4}$(倍)だから，色のついた部分の面積は，三角形ＢＥＦの面積の，$1-(\frac{1}{8}+\frac{1}{8}+\frac{1}{4})=\frac{1}{2}$(倍)である。

ＥＧとＤＣが平行だから，(三角形ＢＥＦの面積)＝ＥＧ×ＢＣ÷２＝$(DC-FC\times\frac{1}{2})\times BC\times\frac{1}{2}=(4-2\times\frac{1}{2})\times4\times\frac{1}{2}=6$(cm²)だから，色のついた部分の面積は，$6\times\frac{1}{2}=3$(cm²)

(4)　**【解き方】立体を，Aが中心になるように真上から見ると，点は右図のような位置関係となる。**

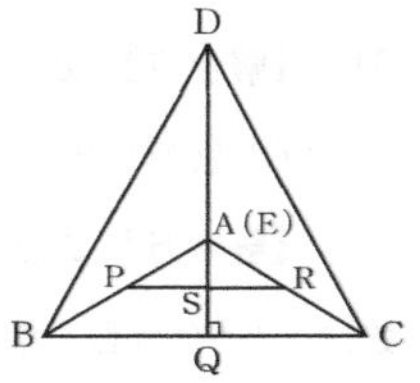

右図において，角ＡＣＱ＝60°÷２＝30°より，三角形ＡＣＱは30°，60°，90°の直角三角形だから，２つ合わせると正三角形ができるので，ＡＣ：ＡＱ＝２：１とわかる。

よって，ＤＱ：ＡＱ＝(２＋１)：１＝３：１だから，ＡＱ＝ＤＱ×$\frac{1}{3}$

三角形ＡＳＲと三角形ＡＱＣは同じ形だから，ＡＳ：ＡＱ＝ＡＲ：ＡＣ＝１：２

よって，ＡＱ：ＳＱ＝２：(２－１)＝２：１だから，ＳＱ＝ＡＱ×$\frac{1}{2}$＝(ＤＱ×$\frac{1}{3}$)×$\frac{1}{2}$＝ＤＱ×$\frac{1}{6}$

したがって，ＤＱ：ＳＱ＝ＤＱ：(ＤＱ×$\frac{1}{6}$)＝６：１だから，ＤＳ：ＳＱ＝(６－１)：１＝５：１

3　(1)　**【解き方】母(車)は，家から豊子さんに出会った位置まで，往復で15時14分－15時10分＝４分かかったので，片道で４÷２＝２(分)かかったとわかる。よって，15時10分＋２分＝15時12分に２人は出会った。**

豊子さんは30分で学校から家まで歩くことができ，２人が出会ったのは歩き始めてから12分後なので，

豊子さんが歩くと30－12＝18(分)かかる道のりを車だと２分で進むことができる。

速さの比は，同じ道のりを進むのにかかる時間の比の逆比に等しいから，求める比は，２：18＝１：９

(2)　**【解き方】右のようなダイヤグラムで考える。交わる点(Ｅ)で２人は出会う。**

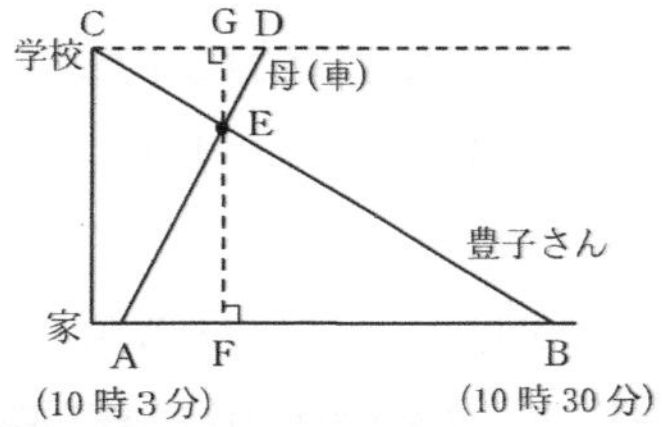

同じ距離を進むのにかかる時間は，速さの比の逆比に等しいから，

車は家から学校までを30×$\frac{1}{9}$＝$\frac{10}{3}$(分)で進むことがわかる。

よって，車が学校まで行ったとすると学校に着くのは10時３分＋$\frac{10}{3}$分＝10時$\frac{19}{3}$分なので，ＡＢ＝30－３＝27とすると，ＣＤ＝$\frac{19}{3}$と表せる。

三角形ＡＢＥと三角形ＤＣＥは同じ形だから，ＡＥ：ＤＥ＝ＡＢ：ＤＣ＝27：$\frac{19}{3}$＝81：19

三角形ＡＦＥと三角形ＤＧＥは同じ形だから，ＦＥ：ＧＥ＝ＡＥ：ＤＥ＝81：19

よって，ＧＦ：ＧＥ＝(81＋19)：19＝100：19で，ＧＥの長さは342ｍにあたるので，ＧＦの長さは342×$\frac{100}{19}$＝1800(ｍ)にあたり，これが求める距離である。

4　(1)　**【解き方】ＸとＹでＢを80個全部使い切ったので，つるかめ算を用いて，ＸとＹをそれぞれ何個作ったかを求めることができる。**

Ｙを35個作る場合，Ｂは２×35＝70(個)使うので，実際よりも80－70＝10(個)少ない。Ｙ１個をＸ１個に置きかえると，Ｂは３－２＝１(個)多く使うから，Ｘを10÷１＝10(個)，Ｙを35－10＝25(個)作った。

この時点で，Ａは４×10＝40(個)使っており，残りの120－40＝80(個)を使い切るのだから，Ｚは80÷２＝40(個)作った。よって，Ｃは３×25＋４×40＝235(個)使った。

(2)　**【解き方】ＡとＢで作られているのがＸなので，まずはＸが０個のときの，Ｙ，Ｚの個数を考える。そこから，Ｘの個数を増やすことで，Ｙ，Ｚの個数がどのように変化するのかを考える。**

Ｘが０個のとき，Ａ，Ｂを使い切るのだから，Ｙは80÷２＝40(個)，Ｚは120÷２＝60(個)作る。

Ｘが１個のときは使うＢの個数が奇数になるので，Ｘが２個のときを考える。Ｘ２個で，Ａを４×２＝８(個)，Ｂを３×２＝６(個)使うのだから，Ｘが０個のときと比べて，Ｙは６÷２＝３(個)，Ｚは８÷２＝４(個)だけ，作る個数が減る。よって，Ｘを作る個数を２個増やすと，Ｙ，Ｚを作る個数はそれぞれ，３個，４個減るので，Ｘ，Ｙ，Ｚを作る個数は合わせて，３＋４－２＝５(個)減る。

Ｘが０個のとき，Ｘ，Ｙ，Ｚは合わせて40＋60＝100(個)作るから，合わせて65個作ったのは，100－65＝35(個)だけ減った，Ｘが２×$\frac{35}{5}$＝14(個)のときである。このとき，Ｙは40－３×$\frac{35}{5}$＝19(個)，Ｚは60－４×$\frac{35}{5}$＝32(個)だから，Ｃの個数は，３×19＋４×32＝185(個)

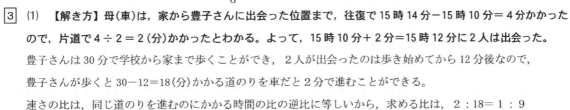

5 ⑴ **【解き方】10＝２×５で，(ア)～(オ)はすべて10の倍数だから，十の位の数についてだけ考える。**

十の位の数が２または５のみの積で表せる数は，(ア)50と(エ)80である。

⑵ **【解き方】２を３回かけることを2^3のように表す。5^3＝125，5^4＝625だから，５だけの積で表せる最大の数は，5^3である。素数の積で表すとき，５をかける回数が０～３回で，場合わけをして考える。**

５をかける回数が０回のとき，2^8＝256，2^9＝512となるので，300以下の数は，２～2^8の８個ある。

５をかける回数が１回のとき，300÷５＝60で，2^5＝32，2^6＝64だから，300以下の数は，

５と，５×２～５×2^5の１＋５＝６(個)ある。

５をかける回数が２回のとき，300÷5^2＝12で，2^3＝８，2^4＝16だから，300以下の数は，

5^2と，5^2×２～5^2×2^3の１＋３＝４(個)ある。

５をかける回数が３回のとき，300÷5^3＝2.4だから，300以下の数は，5^3と，5^3×２の２個ある。

したがって，求める個数は，８＋６＋４＋２＝20(個)

⑶ **【解き方】Ｐ×Ｘ－Ｐ×Ｙ＝Ｐ×(Ｘ－Ｙ)となることを利用すると，値を考えやすくなる。また，⑵と同様の表記をする。**

7392をできるだけ２または５を使った積で表すと，7392＝2^5×231となるから，Ｂ＝2^5×Ｙと考えれば，

Ａ－Ｂ＝2^5×231より，Ａ＝2^5×231＋2^5×Ｙ＝2^5×(231＋Ｙ)となる。

したがって，231＋Ｙが２または５のみの積で表せればよい。231に近い数で条件に合う数としてすぐに思いつくのは，2^8＝256であろう。256－231＝25＝5^2だから，Ｙ＝25とできるので，Ｂ＝2^5×25＝800

6 ⑴ **【解き方】向かい合う面の切り口は平行になるので，３点Ａ，Ｆ，Ｇを通る平面は右図の太線部分となる。**

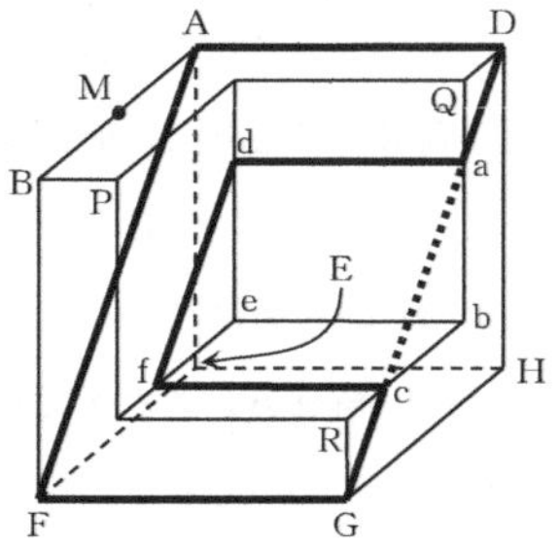

(三角柱ＤＨＧ－ＡＥＦの体積)－(三角柱ａｂｃ－ｄｅｆの体積)で求める。

ＱＤ＝ＧＲ＝ＢＰ＝８×$\frac{1}{1+3}$＝２(cm)

三角形ＱＤａは直角二等辺三角形だから，Ｑａ＝ＱＤ＝２cm

Ｑｂ＝ｅｂ＝８－２＝６(cm)だから，ａｂ＝６－２＝４(cm)

三角形ａｂｃと三角形ＤＨＧは同じ形だから，三角形ａｂｃはａｂ＝ｃｂ＝４cmの直角二等辺三角形である。三角柱ＤＨＧ－ＡＥＦの体積は，(８×８÷２)×８＝256(㎤)

三角柱ａｂｃ－ｄｅｆの体積は，(４×４÷２)×６＝48(㎤)

よって，求める体積は，256－48＝208(㎤)

⑵ **【解き方】３点Ｍ，Ｆ，Ｈを通る平面は右図の太線部分となる(ｇはＭＳ上の点，ｊは直線ＦＭ，ＥＡ，ＨＳの交わる点)。**

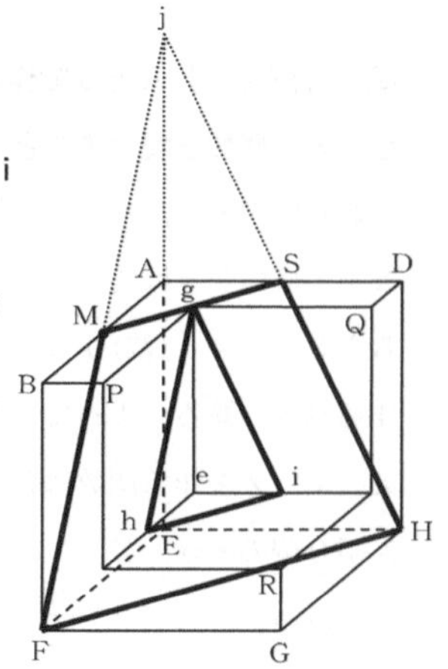

(三角すいｊ－ＥＦＨの体積)－(三角すいｊ－ＡＭＳの体積)－(三角すいｇ－ｅｈｉの体積)で求められる。

三角形ｊＡＭと三角形ｊＥＦは同じ形でなので，ｊＡ：ｊＥ＝ＡＭ：ＥＦ＝１：２だから，ｊＡ＝ＡＥ＝８cm，ｊＥ＝ｊＡ×２＝16(cm)

三角すいｊ－ＥＦＨ，ｊ－ＡＭＳ，ｇ－ｅｈｉは同じ形であり，

高さの比はｊＥ：ｊＡ：ｇｅ＝16：８：６＝８：４：３だから，

体積の比は，(８×８×８)：(４×４×４)：(３×３×３)＝512：64：27

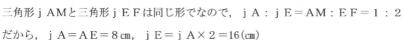

よって，求める体積は，三角すいｊ－ＥＦＨの体積の，$\frac{512-64-27}{512}=\frac{421}{512}$(倍)
だから，$(8\times8\div2)\times16\div3\times\frac{421}{512}=\frac{421}{3}=140\frac{1}{3}$(㎤)

⑶　**【解き方】３点Ｍ，Ｄ，Ｆを通る平面は右図の太線部分となる。**
この平面は立方体ＡＢＣＤ－ＥＦＧＨの対角線ＦＤをふくむから，
立方体の体積を２等分するので，
(立方体ＡＢＣＤ－ＥＦＧＨの体積の$\frac{1}{2}$)－(色つきの立体の体積)で
求められる。

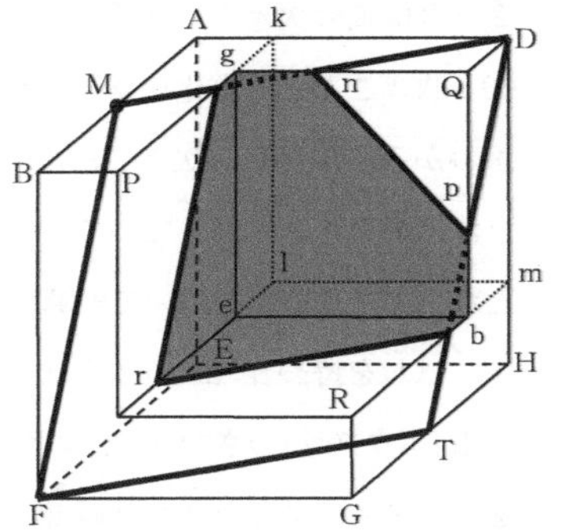

(立方体ＡＢＣＤ－ＥＦＧＨの体積の$\frac{1}{2}$)＝$8\times8\times8\times\frac{1}{2}=256$(㎤)
切断面は，ｒＤを対角線とする立方体の体積を２等分している。
ｒｄを対角線とする立方体は１辺の長さがｋｌ＝６㎝の立方体だから，
この立方体の体積の$\frac{1}{2}$から，直方体ＱＤｍｂ－ｇｋｌｅの体積を引いて，
三角すいＤ－Ｑｎｐの体積を足せば，色つきの立体の体積を求められる。
三角形ＭＢＦ，ＴＧＦ，ＤＱｐ，ＤＱｎはすべて同じ形の直角三角形で，直角をはさむ２辺の比が１：２だから，
Ｑｎ＝Ｑｐ＝ＱＤ×２＝２×２＝４(㎝)
したがって，色つきの立体の体積は，$6\times6\times6\times\frac{1}{2}-6\times2\times6+4\times4\div2\times2\div3=41\frac{1}{3}$(㎤)
よって，求める体積は，$256-41\frac{1}{3}=214\frac{2}{3}$(㎤)

《2022　理科　解説》

1　⑴　50×(40＋10)×70＝175000(㎤)→175Ｌ

⑵　水の密度は１ｇ/㎤だから，48Ｌ→48000㎤の水の重さは48000ｇである。したがって，注いだ油の重さは48000ｇで，油の密度は0.8ｇ/㎤だから，注いだ油の体積は48000÷0.8＝60000(㎤)→60Ｌである。

⑶　仕切りの右側に入る水の量は，50×10×70＝35000(㎤)→35Ｌだから，図３のとき仕切りの左側に入っている水と油の量は合計175－48＋60－35＝152(Ｌ)→152000㎤である。仕切りの左側の底面積が50×40＝2000(㎠)だから，Ｘは152000÷2000＝76(㎝)である。

⑷　油が仕切りの下のすき間をこえる量を入れると，仕切りの右側の穴から油があふれる。したがって，注いだ油によっておしのけることができる水は，仕切りの左側のすき間のあいていない高さ60㎝の部分に入っている2000×60＝120000(㎤)→120000ｇである。よって，注げる油の体積は120000÷0.8＝150000(㎤)→150Ｌである。

⑸　注ぐ液体250Ｌがすべて水だとすると，穴から250Ｌの水があふれる。このあふれる水は，実際より250－240＝10(Ｌ)多い。注ぐ水１Ｌ(1000ｇ)を油１Ｌ(800ｇ)におきかえると，あふれる水は1000－800＝200(ｇ)→0.2Ｌ少なくなるから，油は10÷0.2＝50.0(Ｌ)含まれている。

2　⑴　二酸化炭素2.4Ｌを十分な量の石灰水と反応させると，10ｇの沈殿《ちんでん》ができるから，二酸化炭素１Ｌを反応させると，$10\times\frac{1}{2.4}=4.16\cdots\rightarrow4.2$ｇの沈殿ができる。

⑵　二酸化炭素１Ｌを吹《ふ》きこんだ(一部が逃げる)とき，できる沈殿の重さは$1.25\times\frac{1}{0.5}=2.5$(ｇ)である。2.5ｇの沈殿ができるとき，反応した二酸化炭素は$2.4\times\frac{2.5}{10}=0.6$(Ｌ)だから，二酸化炭素１Ｌを吹きこんだときに逃げる二酸化炭素は１－0.6＝0.4(Ｌ)である。

⑶　実験１と２で逃げる二酸化炭素の割合は等しいから，表より，吹きこんだ二酸化炭素0.5Ｌが反応すると1.25ｇの沈殿ができる。２×３＝６(Ｌ)の呼気を吹きこむと0.55ｇの沈殿ができたから，吹きこんだ二酸化炭素は0.5

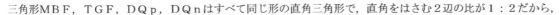

$\times\frac{0.55}{1.25}$＝0.22(L)である。したがって，呼気に含まれる二酸化炭素の割合は，0.22÷6×100＝3.66…→3.7％である。

(4)① (3)解説の沈殿の重さ0.55gが小さくなるから，含まれる二酸化炭素の体積が小さくなり，割合も小さくなる。

② (3)解説の吹きこんだ呼気6Lが1.6×3＝4.8(L)になるから，呼気に含まれる二酸化炭素の割合は大きくなる。

③ 吹きこんだ二酸化炭素の体積が1.2Lをこえると，沈殿の重さが変わらず，石灰水の量が十分でなかったことがわかる。ただし，吹きこんだ二酸化炭素の体積が0.5L，0.8L，1.2Lのときは，吹きこんだ二酸化炭素の体積と沈殿の重さが比例していて，吹きこんだ二酸化炭素の体積に対して，石灰水の量が十分であったとわかるので，これらのときの値を用いて計算すれば，(3)で求める値は変わらない。

3 (1) はねを持つ昆虫《こんちゅう》の多くは4枚のはねを持つが，蚊《か》やハエやアブなどのはねは2枚である。また，蚊は，卵→幼虫(ボウフラ)→さなぎ(オニボウフラ)→成虫の順に成長する完全変態の昆虫である。

(2) ペストはノミを介した感染症《かんせんしょう》，インフルエンザは飛沫《ひまつ》感染，結核《けっかく》は空気感染である。

(3) う○…運動後は二酸化炭素の排出《はいしゅつ》量が多くなり，体温も高いため，蚊に刺《さ》されやすくなる。

(5) あ×…温暖化の影響により，分布を北へ広げている。う×…蚊は水のあるところに卵を産む。え×…メスの蚊は産卵のために吸血するため，産卵回数が多いほど，吸血回数が多く，伝染病のヒトに伝わる危険が大きくなる。

4 (1) 同じ緯度にある地点(BとCやDとE)の夜の長さ(または昼の長さ)は同じになり，図Ⅰの太実線の右側が昼，左側が夜となるから，このとき南極に近いほど夜が長く，北極に近いほど夜が短い。

図Ⅰ

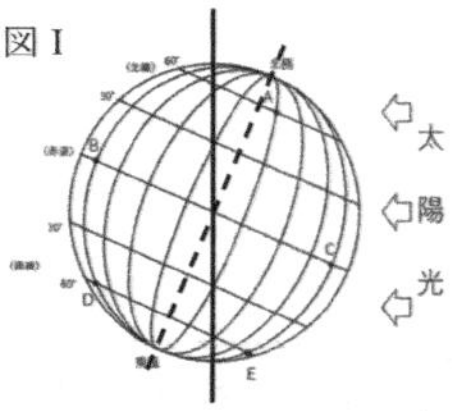

(2) 半年で地球は太陽のまわりを180°公転するから，図Ⅰの地球の左側から太陽光が当たっていると考えられる。このとき，BよりDの方が昼が長い(夜が短い)から，日の出の時刻はDの方が早くなる。なお，BとDは経度が同じなので，太陽が南中する時刻は同じになる。

(3) あいえお○，う×…赤道上の地点で，日本の春分，夏至，秋分，冬至に太陽の動きを観察すると，図Ⅱのようになる。か×…赤道上の地点では，1年を通して昼と夜の長さはほぼ同じである。

図Ⅱ

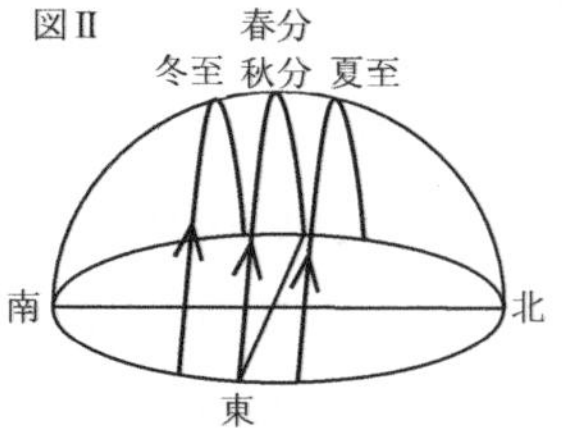

(4) 陸は海よりもあたたまりやすく冷めやすいので，シベリア大陸の温度は太平洋の温度に比べて下がりやすい。空気は温度が下がると，重くなり下降するので，シベリア大陸から太平洋に向かって風が吹《ふ》く。

(5) 南東の季節風は，太平洋からシベリア大陸に向かって吹く風なので，これと同じしくみで吹く風は海から陸に向かって吹く海風である。海風は晴れた日の昼間に，陸が太陽にあたためられて，陸の温度が海よりも高くなることで吹く風である。なお，陸風は夜に陸の温度が海よりも下がることで吹く風である。

《2022 社会 解説》

1 問1 「地面に垂直な穴を掘って作る」ことから，井戸と判断する。

問2 5．最上川は山形県を流れる。

問3 江戸は木造長屋が密集していたため，いったん火がつくと燃え広がった。特に冬は，空気が乾燥していて風も強いので大火事となった。

問4 4が誤り。東京都庁は新宿区にある。

問5 2が正しい。大老の井伊直弼は，1858年に朝廷の許可を得ないまま日米修好通商条約を結び，幕府に反対する吉田松陰や橋本左内らを安政の大獄(1858～1859 年)で処刑した。このできごとは多くの武士の反感を買い，1860 年，井伊直弼は水戸藩の浪士らによって桜田門外で暗殺された。　1．ペリー来航の翌年に締結されたのは，日米修好通商条約ではなく，日米和親条約である。　3．薩摩藩は，生麦事件をきっかけにイギリスとの薩英戦争を始めた。下関海峡を通る外国船を砲撃したのは長州藩である。　4．大政奉還(1867 年)は鳥羽・伏見の戦い(1868 年)よりも前の出来事である。

問6　3．条例は，都道府県や市区町村の議会が法律の範囲内で制定し，その地方公共団体にのみ適用される。1は政令，2は地方自治特別法，4は条約。

問7　2と3が正しい。1は雇用保険の被保険者が1歳未満の子を養育する場合，4は労働者が失業した場合，5は一定額以上の所得のある者をのぞいて，中学校卒業までの児童を養育する場合に支給される。

問8　3が正しい。選挙制度の変更は公職選挙法などの改正によって行われる。　1．「法律案」ではなく「予算案」である。法律案は3分の2以上の多数で再可決される場合に法律となる。　2．国民審査は，衆議院議員総選挙の際に行われるので，参議院議員選挙の際には行われない。　4．内閣問責決議権に法的拘束力はない。

問9　公衆衛生や社会保障に関する業務を担当している厚生労働省と判断する。

問10　4．裁判員裁判は重大な刑事事件の第一審で開かれるから，地方裁判所で行われる。

問11　ダムは川の水を貯めておく施設，取水施設はダムの水を取り入れて浄水場へ送る施設，浄水場は取水した原水に浄水処理を行って，安全な水道水をつくる施設である。よって，2→3→4→1の順になる。

2　**問1**　1と4が誤り。液状化現象と津波は，地震によって発生する。

問2　3．レタスの生育期間は2か月程度だから，茨城県・静岡県の秋，長野県の春から夏の気温を考える。高冷地農業による抑制栽培は，出荷量の少ない時期に出荷することで，安定した収入を得るための試みである。

問3　4．「あ」は根釧台地があることから泥炭，「い」はシラス台地があることから火山灰土，「う」はサンゴ礁などが堆積してできた琉球石灰岩があることから石灰岩と判断する。

問4　歴史的建造物の多い京都府・奈良県を2・3と判断する。美術館や博物館の多い東京都の方が大阪府よりも美術工芸品が多いことから，1を東京都と判断する。

問5　石炭を焼いて石炭ガスなどを蒸発させたあとにのこるのがコークスである。

問6　三日月湖は，蛇行する河道が直線状になったときにできる。

問7　4．衣類のほとんどをアジア諸国から輸入していることからベトナムと判断する。

3　**問1**　源義仲(木曽義仲)は，信濃国(現在の長野県)の木曽で育った。平安時代末期，越中(現在の富山県)と加賀国(現在の石川県)の国境にある砺波《となみ》山の倶利伽羅《くりから》峠《とうげ》で，義仲が率いる源氏軍と平維盛が率いる平氏軍が激突した倶利伽羅峠の戦いでは，源氏軍が平氏軍に勝利した。

問2　3は奈良時代なので誤り。班田収授法に基づき，身分や性別に応じて一定の面積の口分田が与えられた。

問3　2が誤り。大政翼賛会は，立憲政友会・立憲改進党などを母体として結成されたから，「選挙で立憲政友会などの他の政党」の部分が誤り。

問4　六波羅探題は，鎌倉時代の承久の乱後に朝廷と西国の御家人を監視するため，鎌倉幕府によって設置された。

問5　「名前の1字は主君の名前からもらいうける」ことから，「秀」が通字の豊臣秀吉と判断する。

問6　1の下剋上の風潮は室町時代後半の応仁の乱後，2の参勤交代の制度化は江戸時代，3の土地を仲立ちとしたご恩と奉公による主従関係(封建制度)は鎌倉時代，4の南北朝の対立は室町時代前半だから，3→4→1→2の順になる。

問７　２が正しい。北条政子は鎌倉幕府初代将軍源頼朝の妻である。1221 年に鎌倉幕府打倒をかかげた後鳥羽上皇が挙兵すると，鎌倉幕府方は北条政子の呼びかけのもと，これを打ち破った(承久の乱)。　１．「天皇の后となった」が不適切。『源氏物語』の作者の紫式部は，藤原道長の娘の彰子に仕えた。　３．出雲の阿国は安土桃山時代に歌舞伎踊りを創始した。人形浄瑠璃の創始は江戸時代。　４．津田梅子は，アメリカ留学後に女子英学塾(津田塾大学)を創設して女子教育に力を注いだ。雑誌『青鞜』を発刊したのは平塚らいてうである。

豊島岡女子学園中学校

《国　語》

一 問一．A．知見　B．経由　C．自明　問二．幸福な誤解　問三．かけがえのなさ　問四．オ
問五．Ⅰ．ア　Ⅱ．唯一無二性　問六．オ　問七．イ　問八．学びたいものを主体的に学ぶことを通して、自分がかけがえのない唯一無二の存在であると確認していくもの。

二 問一．西山イオリ　問二．A．オ　B．ウ　問三．オ　問四．オ　問五．A．段々　B．順番
C．突然　問六．オ　問七．エ　問八．ウ　問九．中村への突然の恋心をもて余し、その苦しさが耐えきれないまでに募ってきたことを示す効果。

《算　数》

1 (1)4.4　(2)$1\frac{2}{5}$　(3)2046　(4)20

2 (1)72　(2)7：5　(3)23.13　(4)3：25

3 (1)240　(2)300

4 (1)60　(2)990

5 (1)77　(2)2021　(3)3481

6 (1)$4\frac{1}{2}$　(2)$31\frac{1}{2}$　(3)$13\frac{5}{7}$

《理　科》

1 (1)0.5Vの電圧…5　1.5Vの電圧…7.5　(2)い　(3)0.2　(4)0.14　(5)0.1　(6)い，う，お

2 (1)1.76　(2)909　(3)0.77　(4)気体A…0　沈殿B…3

3 (1)う，お　(2)え→あ→う→い→お　(3)え　(4)か→う→お　(5)温度…26　稚魚数…63

4 (1)月がウの位置…D　月がオの位置…E　(2)形…お　時刻…そ　(3)①え　②い　③き　④い

《社　会》

1 問1．4　問2．2　問3．起訴　問4．1　問5．3　問6．子どもの権利条約
問7．戦力(の)不保持

2 問1．日本書紀　問2．1　問3．4，1　問4．2　問5．3　問6．三種の神器　問7．4
問8．3　問9．3

3 問1．1　問2．企業城下町　問3．フェーン現象　問4．4　問5．3　問6．2　問7．1
問8．5　問9．森林で生まれた養分が河川を通して海に流れ，好漁場となるから。

2021 解説 令和３年度 豊島岡女子学園中学校

《2021　国語　解説》

一　**問二**　―線①の２～３行前で、「『この先生のこのすばらしさを知っているのは～私ひとりだ』という思いこみ～それを私は『誤解』というふうに申し上げた」と述べている。設問には「これより後の」とあるので、同様の内容をさがしていくと、―線Ｂの直前の段落に、「この人の～本当の深みを知っているのは私だけではないか、という幸福な誤解」とある。

問三　―線②の「愛の告白」は、直後で「『あなたの真価は（私以外の）誰《だれ》にも認められないだろう』という～否定的評価を前提にしている」と述べているものであるから、「あなたの真価（真の価値）を理解しているのは、世界で私しかいない」ということばであると読み取れる。これは、―線①の直前で「恋人《こいびと》たちのかけがえのなさを伝えることば」として取り上げられたものである。そしてそれは、―線②の４行後の「だから私は生きなければならない」という思いにつながるのである。つまり、自分の存在のかけがえのなさを確認していると言える。ここで取り上げられた「恋愛《れんあい》」と同じことが言える、師弟関係における学びについて、「自分がこの世界でただひとりのかけがえのない存在であるという事実を確認するために私たちは学ぶ～先生が私の唯一《ゆいいつ》無二性の保証人である」（本文４～６行目）と述べていたのも参照。「唯一無二」とは、ただ一つだけで、二つとないこと。

問四　直前の「そのようなロジック」とは、「『自分がいなければ、あなたの真価を理解する人はいなくなる』～だから私は生きなければならない」という論理のこと。つまりそれが、自分が存在することの理由になっているということ。よって、オの「自分の存在を根拠《こんきょ》づけている」が適する。

問五Ⅰ　「『みんなと同じになりたい人間』の前に現れる人」は、本文で言う「先生」ではない。「『私がこの世に生まれたのは～私以外の誰によっても代替《だいたい》できないような責務を果たすためではないか……』と思った人の前だけに姿を現します」というのが「先生」であり（―線④の２～３行後）、「『他の人ができることを、自分もできるようになるため』にものを習いにゆく」人たちは出会うことができないとある（―線④の３～４行前）。つまり、「みんなと同じになりたい人間」にとって、指導をしてくれる人は、求めている情報や技術を教えてくれればよいのであって、「この先生のこのすばらしさを」と思ってついていく対象ではないのである。よって、アが適する。

Ⅱ　―線④の２～３行後に、「先生は『私がこの世に生まれたのは、私にしかできない仕事、私以外の誰によっても代替できないような責務を果たすためではないか……』と思った人の前だけに姿を現します」とある。「私にしかできない」「私以外の誰によっても代替できない」は、「自己の（　　　）」であると言えるか。本文６行目に「先生が私の唯一無二性の保証人である」とある。

問六　―線⑤のある段落の具体例は、その前で述べた「人間は自分が学ぶことのできることしか学ぶことができない、学ぶことを欲望するものしか学ぶことができない」ということをわかりやすく説明するためのものである。ソクラテスが自身のことばでその哲学《てつがく》を説明するという、それを学びたい人にとってはこの上もなく貴重な機会があったとしても、受信する側が学びたいと思っていなければ、まったく通じないということ。つまり、ギリシャ哲学を学びたいと思っていない人の例として「日本の高校生」をあげているのである。よって、オが適する。

問七　直前の「先生の発信するメッセージを弟子が、『教え』であると思い込《こ》んで受信してしまうというときに学びは成立します」ということが前提である。つまり、受信する側が、それを「教え」だと思って受け取るならば、どのような形であれ、そこから自分にとって学ぶべき価値を見いだすものだということ。この内容に、イが適する。

問八　本文では「学びの創造性、学びの主体性」について述べている。「人間は自分が学ぶことのできることしか～学ぶことを欲望するものしか学ぶことができない」。だから、学びの「主人公」として、自分にしかできないことをしようと思い、その過程で、自分にしかわからない「先生」のすばらしさを見いだし、他の人とは違《ちが》うことを学び取っていくのである。そのような学びの目的は、本文４～６行目で「自分がこの世界でただひとりのかけがえのない存在であるという事実を確認するため」だと述べている。

二 **問三**　本文最後の場面で、「ぼく」が「なんで、いつも思い切り笑わないの？～ほほえんでいるの？」と聞くと、中村は「だって、学校、嫌《きら》いだから。嫌いな場所で心から笑うなんてできないよ」と答えた。よって、オが適する。

問四　―線②の直前の２行もあわせて読みとる。「この日から」とは、中村のことを好きになった日から、ということ。中村のことを目で追っていると、「ドキドキする」「ホッとして」「ちょっと泣きたくなって」「腹が立ったり」とあるとおり、気持ちが落ち着かなくなるのである。よって、オが適する。

問五　なぜ「こんな気持ち」になるのか自分でも「わからない」ということを具体的に書いている、―線③の４～６行前を参照。「誰かを好きになるっていうのは、A少しずつ、Bああ、いいなと思っていくのから始まる～それから～告白して～そんな風に考えていた。(それなのに)まさか、ちょっとほほえまれただけで、C突然《とつぜん》好きになってしまうとは思っていなかった」とある。同様に、想像していたのと全然違うので、自分がおかしいのではないかと思っている、＝線Xの２段落後を参照。「やっぱり、本当に好きになるって、A段々気になり始めて、好きって告白するっていうB順番に進むことで」より。

問六　「『ぼく』とその友だちとのかけあい」は、タクト、ルイとのやり取りであり、―線②の直後の段落や、＝線XとYの間に描《えが》かれている。そこで描かれた「ぼく」は、「集中力をどこに置き忘れてしまったんだよ」「イオリ、聞いてる？」などと言われる、パスを出されたのに「ぼくの横をサッカーボールが転がっていった」という有様である。中村のことで頭がいっぱいで、心ここにあらず、なのである。よって、オが適する。

問七　直前にある「決心」の内容を読み取る。＝線Yの直前に「このままの状態が続いていくのはなんだか耐《た》えられなくなってきた」とあるから、苦しい片思いの状態を続けない、つまり、中村本人に自分の気持ちを伝える覚悟《かくご》をしたということ。よって、エが適する。

問八　決心して声をかけたものの、「何を言ったらいいかわからなくなった」「ぼく」は、「なんで、いつも思い切り笑わないの？～ほほえんでいるの？」などと言ってしまった。突然好きになり中村のことで頭がいっぱいになっている「ぼく」だが、―線③の３～７行後に「だいたい、ぼくは中村のことをどれだけ知っているだろうか？～今まではどうだったか～記憶《きおく》にない。ぼくが持っている中村の情報はそれくらいだ」とあることからもわかるとおり、いきなりそのようなことを聞く間柄《あいだがら》ではないのである。だから、言ってしまった後で「最低だ、ぼく。失礼だ、ぼく」と思っている。そのようなぶしつけな質問にまともに答えてくれるとは思っていなかったので、中村が「だって、学校、嫌いだから。嫌いな場所で心から笑うなんてできないよ」と答えてくれたことが意外だったのである。よって、ウが適する。

問九　＝線Xでは「いつも、落ち着きがなくて、友だちとの会話にも乗れなくて、息苦しい」という状態だったが、＝線Yにいたるまでに「自分ってストーカーみたいだ」「ぼくのはおかしいんじゃないかって不安になり始めた」「一体ぼくはどうなってしまったんだ」と思うほどになっている。そして「このままの状態が続いていくのはなんだか耐えられなくなってきた」のである。改めて「好きって、きついよ」と思ったことが示されることで、よりいっそう「きつい」と感じるようになったことが表現されている。さらにこの後、―線④の５行後に「好きになるって、きつすぎる」とあるのも参照。

《2021　算数　解説》

1 (1)　与式$=6.2-(2.7\times\frac{5}{3}-2.7)=6.2-(4.5-2.7)=6.2-1.8=4.4$

(2)　与式より，$(□\times\frac{25}{6}-\frac{3}{4})\div\frac{5}{6}=\frac{1}{10}+6$　　$□\times\frac{25}{6}-\frac{3}{4}=\frac{61}{10}\times\frac{5}{6}$　　$□\times\frac{25}{6}=\frac{61}{12}+\frac{3}{4}$　　$□=\frac{35}{6}\div\frac{25}{6}=\frac{7}{5}=1\frac{2}{5}$

(3)　**【解き方】まず，９で割ると３余り，７で割ると２余る最小の数を見つける。その数に７と９の最小公倍数を足すごとに，７で割ると２余り，９で割ると３余る数が現れる。**

９で割ると３余る数は，小さい方から順に，３，12，21，30，…であり，このうち７で割ると２余る最小の数は30である。７と９の最小公倍数は63だから，７で割ると２余り，９で割ると３余る数のうち2021に近い数として，$30+63\times31=1983$ と $1983+63=2046$ が見つかる。このうち2021により近い数は，2046である。

(4)　**【解き方】３の倍数は各位の数の和が３の倍数になることから，３枚のカードを選ぶ。３枚のカードの並べ方は，大きい位から順に並べるとして，(百の位の選び方)×(十の位の選び方)×(一の位の選び方)で求める。**

和が３の倍数になる３枚のカードの選び方は，「０，１，２」「０，１，５」「１，２，６」「１，５，６」である。

「０，１，２」の並べ方は，百の位が０以外の２通りであることに注意して，$2\times2\times1=4$(通り)

「０，１，５」の並べ方も同様に４通りある。「１，２，６」と「１，５，６」の並べ方はそれぞれ，

$3\times2\times1=6$(通り)ある。よって，３の倍数は全部で，$4+4+6+6=20$(通り)できる。

2 (1)　**【解き方】筆算で整理すると右図のようになるから，これら４つの式を合計すると，(Ａ＋Ｂ＋Ｃ＋Ｄ)×３が求められる。**

A +	B +	C		=	210
A +	B		+ D	=	195
A		+ C	+ D	=	223
	B +	C +	D	=	206

$(A+B+C+D)\times3=210+195+223+206=834$ だから，

$A+B+C+D=834\div3=278$　　よって，$A=(A+B+C+D)-(B+C+D)=278-206=72$

(2)　**【解き方】豊子さんと花子さんが１回目に出会った地点をＰとする。２人が進んだ道のりの差に注目して，㋐<u>豊子さんがＡからＢを通ってＰまで進んだ時間</u>と，㋑<u>Ａを出発してからＡに戻るまでの時間</u>の比を求めることができる。時間の比がわかれば進んだ道のりの比もわかる。**

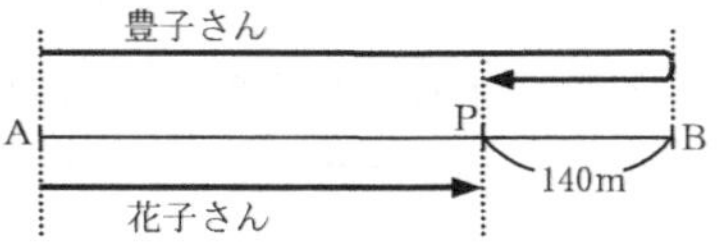

下線部㋐で２人が進んだ道のりの差と，㋑で２人が進んだ道のりの差を比で表すと，$(140\times2):480=7:12$

したがって，豊子さんが㋐で進んだ道のりと，㋑で進んだ道のりの比も７：12だから，Ａ→Ｂ→Ｐの道のりと，Ｐ→Ａの道のりの比は，$7:(12-7)=7:5$

これより，豊子さんと花子さんが㋐で進んだ道のりの比も７：５であり，これは速さの比にあたる。

(3)　**【解き方】右のように作図すると，四角形ＡＢＥＦは１辺の長さが６cmの正方形となる。この正方形の対角線は円の直径にあたるから，正方形の面積から(半径)×(半径)の値《あたい》を求めることができる。**

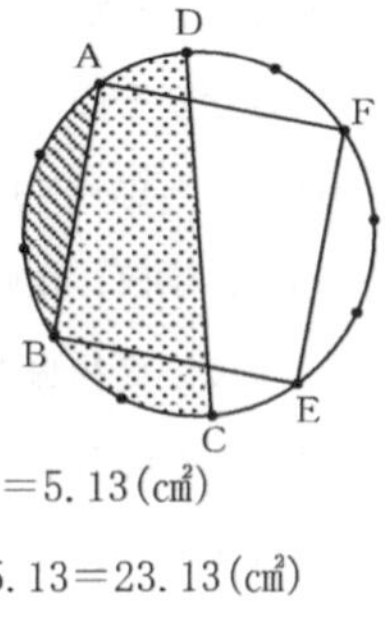

正方形の面積が$6\times6=36$(cm²)だから，$AE\times BF\div2=36$ より，

(半径)×２×(半径)×２÷２＝36　　(半径)×(半径)＝18

図の斜線《しゃせん》部分の面積は，{(円の面積)－(正方形ＡＢＥＦの面積)}÷４＝$(18\times3.14-36)\div4=5.13$(cm²)

よって，色のついている部分の面積は，(半円の面積)－(斜線部分の面積)＝$18\times3.14\div2-5.13=23.13$(cm²)

(4)　**【解き方】ＢＥ：ＥＣがわかれば，三角形ＣＥＦと三角形ＡＢＣの面積比を求められる。三角形ＢＤＥと三角形ＤＥＡの面積比に注目する。**

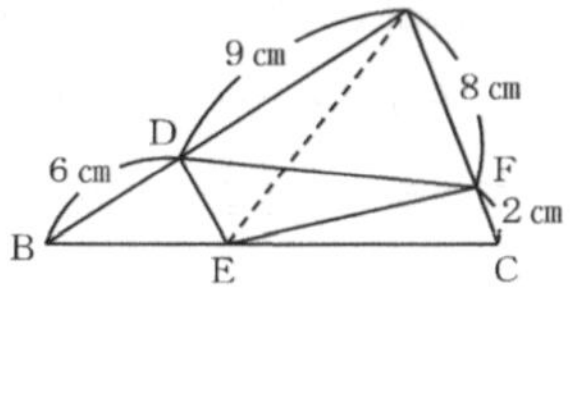

(三角形ＢＤＥの面積)：(三角形ＤＥＡの面積)＝ＢＤ：ＤＡ＝２：３で，

(三角形ＢＤＥの面積)：(三角形ＤＥＦの面積)＝２：３だから，ＤＥとＡＣは

平行である。したがって，ＢＥ：ＥＣ＝ＢＤ：ＤＡ＝２：３

(三角形ＣＥＦの面積)＝(三角形ＡＢＣの面積)×$\frac{CE}{CB}$×$\frac{CF}{CA}$＝(三角形ＡＢＣの面積)×$\frac{3}{2+3}$×$\frac{2}{2+8}$＝

(三角形ＡＢＣの面積)×$\frac{3}{25}$だから，求める面積比は，$\frac{3}{25}$：１＝３：25

3 (1) **【解き方】１個あたりの仕入れ値を⑩円，定価を⑩×1.5＝⑮(円)，定価の２割引きを⑮×0.8＝⑫(円)とし，つるかめ算を利用する。**

最終的な利益は，⑩×360×0.4＝(1440)(円)　　２日目の値段で360個売ったとすると，利益は，

(⑫－⑩)×360＝(720)(円)となる。よって，１日目に売った個数は，((1440)－(720))÷(⑮－⑫)＝240(個)

(2) **【解き方】３日目と４日目の値段の差が30円で，売れた個数を逆にしたときの売り上げの差が48600－48000＝600(円)であることから，３日目と４日目の売れた個数の差を求めることができる。**

４日目の値段の方が低く，３日目と４日目の売れた個数を入れかえると売り上げが下がることから，４日目の個数の方が３日目の個数より600÷30＝20(個)少ないとわかる。したがって，３日目は(140＋20)÷２＝80(個)，

４日目は80－20＝60(個)売れた。

４日目も３日目と同じ値段ですべて売れたとすると，３日目と４日目の売り上げの合計は，48600＋30×60＝50400(円)になるから，３日目の値段は，50400÷140＝360(円)である。(1)より仕入れ値はこの$\frac{⑩}{⑫}$＝$\frac{5}{6}$(倍)だから，

仕入れ値は，360×$\frac{5}{6}$＝300(円)

4 (1) **【解き方】ＰとＱが重なるのは必ず辺ＢＣ上なので，ＰとＱそれぞれがＢＣ上にいる時間を求め，それらを比べる。**

Ｐは１辺進むのに70÷２＝35(秒)かかるから，１回目に辺ＢＣ上にあるのは，35秒後から35＋35＝70(秒後)である。

Ｑは１辺進むのに70÷５＝14(秒)かかるから，１回目に辺ＢＣ上にあるのは，14秒後から14＋14＝28(秒後)，

２回目に辺ＢＣ上にあるのは，28＋14×２＝56(秒後)から56＋14＝70(秒後)である。

したがって，ＰとＱが初めて重なるのは56～70秒後の間である。初めて重なるまでにＰとＱが進む道のりの合計は，70×６＝420(cm)だから，初めて重なるのは，420÷(２＋５)＝60(秒後)である。これは56～70秒後という条件に合う。

(2) **【解き方】Ｐは35×３＝105(秒)ごとに１周し，Ｑは14×３＝42(秒)ごとに１周するから，210秒(105と42の最小公倍数)ごとに２点は同時に最初の位置にもどる。以降は210秒間の動きを周期的にくり返すから，最初の周期内でＰとＱが重なる時間を調べる。(1)をふまえる。**

最初の周期にＰとＱが辺ＢＣ上にある時間を調べると，右表のようになる。したがって，ＰとＱが２回目に重なるのは，140～154秒後の間である。140秒後から２回目に重なるまでの時間は70÷(２＋５)＝10(秒)だから，

回数	1回目	2回目	3回目	4回目	5回目
P	35～70秒後	140～175秒後			
Q	14～28秒後	56～70秒後	98～112秒後	140～154秒後	182～196秒後

２回目に重なるのは，140＋10＝150(秒後)である。最初の周期内ではこのあとＰとＱが重なることはない。

ここから，ＰとＱは210秒ごとに２回重なるので，さらに８回重なるのは，150秒後の210×$\frac{8}{2}$＝840(秒後)である。よって，10回目に重なるのは，150＋840＝990(秒後)

5 (1) 実際に15番目まで書いてみると以下のようになる。

４，６，９，12，15，20，25，30，35，42，49，56，63，70，77　　よって，15番目は77である。

(2) **【解き方】(1)を解く過程で，並んでいる整数は，それを割り切れる最大の素数によってグループ分けできることがわかる。数の並びをグループに分けて，グループが切り替わるときの整数の素因数に注目する。**

数の並び	4	6	9	12	15	20	25	30	35	42	49	56	63	70	77	…
素因数分解	2×2	2×3	…	2×2×3	3×5	…	…	2×3×5	5×7	…	…	…	…	2×5×7	7×11	…
割り切れる最大の素数	2	3			5				7						11	…

15 番目までの数を，割り切れる最大の素数でグループ分けすると，上の表のようになる。４を除く各グループの最初の数は連続する素数の積で表すことができ，そのグループの中の数はすべて，割り切れる最大の素数の倍数になっている。47 より小さい最大の素数は 43 だから，47 の倍数は 43×47＝2021 より前には登場しない。

よって，求める数は 2021 である。

⑶　**【解き方】⑵より，連続する素数の積のうち 3500 に最も近い数を，まず探す。**

43×47＝2021 以降の連続する素数の積を求めていくと，47×53＝2491，53×59＝3127，59×61＝3599，となる。したがって，割り切れる最大の素数が 59 であるグループは 3127 から始まり，3599－59＝3540 で終わる。このうち 3500 に最も近い数は，3540－59＝3481

6　⑴　**【解き方】重なった部分は右図の三角柱ＩＬＰ－ＪＭＱである。**

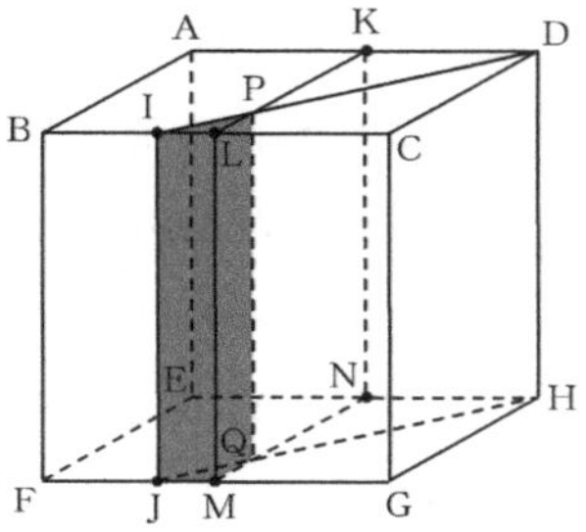

三角形ＩＬＰと三角形ＤＫＰは同じ形だから，

ＬＰ：ＫＰ＝ＩＬ：ＤＫ＝(３－２)：３＝１：３なので，

ＬＰ＝ＬＫ×$\frac{1}{1+3}$＝６×$\frac{1}{4}$＝$\frac{3}{2}$(cm)

よって，求める体積は，(１×$\frac{3}{2}$÷２)×６＝$\frac{9}{2}$＝４$\frac{1}{2}$(cm³)

⑵　**【解き方１】重なった部分は右図の立体ＩＬＰ－ＪＧＨである。ＰとＨを結んでできる辺を作図できるかどうかがポイントである。**

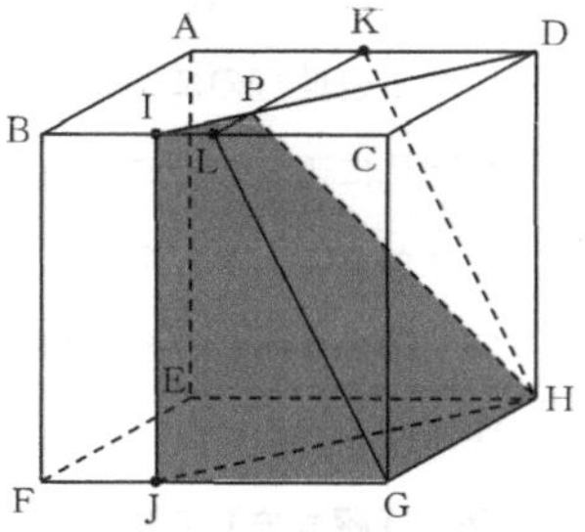

体積を求める部分は，四角すいＰ－ＩＪＧＬと三角すいＰ－ＪＧＨに分けることができる。

四角すいＰ－ＩＪＧＬは，⑴より高さがＬＰ＝$\frac{3}{2}$cmだから，体積は，

{(１＋４)×６÷２}×$\frac{3}{2}$÷３＝$\frac{15}{2}$(cm³)

三角すいＰ－ＪＧＨの体積は，(４×６÷２)×６÷３＝24(cm³)

よって，求める体積は，$\frac{15}{2}$＋24＝31$\frac{1}{2}$(cm³)

【解き方２】体積を求める立体において，三角形ＩＬＰと三角形ＪＧＨはともに直角三角形(角ＩＬＰ＝角ＪＧＨ＝90°)であり，ＩＬ：ＬＰ＝１：$\frac{3}{2}$＝２：３，ＪＧ：ＧＨ＝４：６＝２：３だから，同じ形の三角形である。したがって，直線ＩＪ，ＬＧ，ＰＨは右図のように１点で交わる。

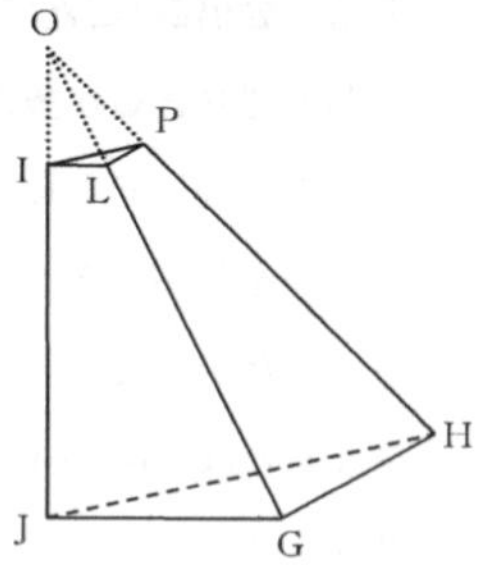

三角すいＯ－ＩＬＰと三角すいＯ－ＪＧＨは同じ形で，対応する辺の比が

ＩＬ：ＪＧ＝１：４だから，体積比は，(１×１×１)：(４×４×４)＝１：64

これより，立体ＩＬＰ－ＪＧＨと三角すいＯ－ＪＧＨの体積比は，63：64

ＩＪ：ＯＪ＝３：４だから，ＯＪ＝ＩＪ×$\frac{4}{3}$＝６×$\frac{4}{3}$＝８(cm)

三角すいＯ－ＪＧＨの体積は，(４×６÷２)×８÷３＝32(cm³)　　よって，求める体積は，32×$\frac{63}{64}$＝31$\frac{1}{2}$(cm³)

(3)　**【解き方】面ＬＧＨＫとＪＤが交わる点をＲとすると，重なった部分は右図の三角すいＲＪＧＨである。「三角すいを切断してできる三角すいの体積の求め方」より，重なった部分の体積は，(三角すいＤＪＧＨの体積)×$\frac{ＪＲ}{ＪＤ}$で求められる。**

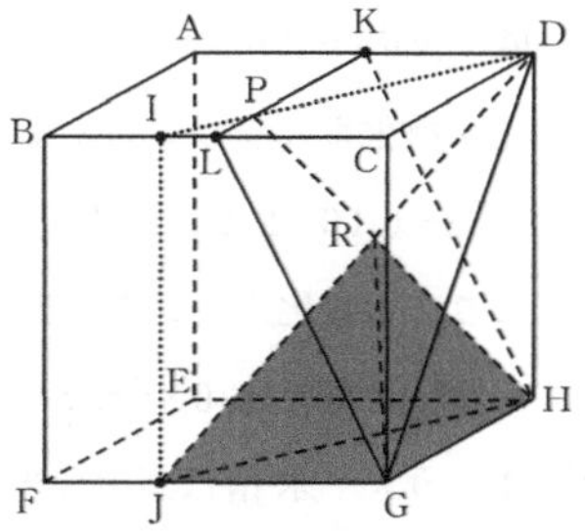

ＪＤとＰＨはともに平面ＩＪＨＤ上の直線だから，これらが交わる点がＲである。(1)よりＰＤ：ＩＤ＝３：４で，四角形ＩＪＨＤが長方形だから，

三角形ＰＤＲと三角形ＨＪＲは同じ形で，

ＤＲ：ＪＲ＝ＰＤ：ＨＪ＝ＰＤ：ＩＤ＝３：４

三角すいＤＪＧＨの体積は，

$(4\times6\div2)\times6\div3=24$(㎤)

よって，求める体積は，

$24\times\frac{ＪＲ}{ＪＤ}=24\times\frac{4}{3+4}=\frac{96}{7}=13\frac{5}{7}$(㎤)

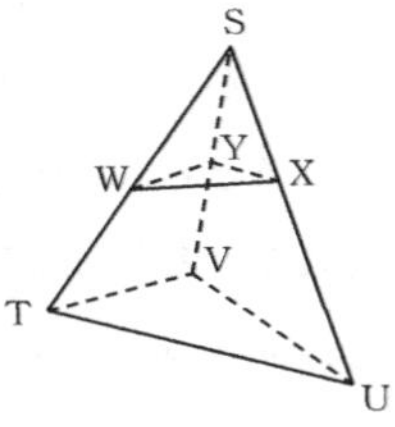

三角すいを切断してできる三角すいの体積の求め方

左の三角すいＳ－ＷＸＹの体積は，

(三角すいＳ－ＴＵＶの体積)×$\frac{ＳＷ}{ＳＴ}\times\frac{ＳＸ}{ＳＵ}\times\frac{ＳＹ}{ＳＶ}$

で求められる。

※三角すい以外の角すいでは成り立たないことがあるので，三角すいだけに使うこと。

《2021　理科　解説》

1　(1)　図２より，豆電球に0.5Ｖと1.5Ｖの電圧をかけたときの電流はそれぞれ0.1Ａと0.2Ａだから，抵抗はそれぞれ$\frac{0.5}{0.1}=5$(Ω)と$\frac{1.5}{0.2}=7.5$(Ω)である。

(2)　図２より，豆電球は電流が大きくなるにつれて(温度が上がるにつれて)必要な電圧の増加量が大きくなっているから，抵抗が大きくなっていると考えられる。これに対し，ＬＥＤは電流が大きくなるにつれて必要な電圧の増加量が小さくなっているから，抵抗が小さくなっていると考えられる。

(3)　図３－Ｂのように，豆電球を並列つなぎにすると，それぞれの豆電球に乾電池の電圧と同じ1.5Ｖがかかるから，図２より，電流計の値は0.2Ａになる。

(4)　図４の２つの豆電球は同じ豆電球で同じ強さの電流が流れているから，２つの電圧計の値を足して1.5Ｖになるのであれば，それぞれの電圧計の値は$\frac{1.5}{2}=0.75$(Ｖ)だと考えられる。よって，図２より，電流計の値は0.14Ａになる。

(5)　図２で，豆電球とＬＥＤの電圧の大きさの和が1.5Ｖになるときの電流の大きさを読み取ればよい。電流が0.1Ａのとき，豆電球の電圧は0.5Ｖ，ＬＥＤの電圧は１Ｖで，電圧の和が1.5Ｖになる。

(6)　図６より，鉛筆の芯には電流が流れると考えられる。また，図６と図７より，５円玉か金色の折紙のどちらか一方には電流が流れ，もう一方には電流が流れないと考えられる。ここで，金色の折紙に電流が流れる(５円玉には電流が流れない)とすると，図６ではフェライト磁石にも電流が流れ，図７ではフェライト磁石には電流が流れないことになるので，適切ではない。よって，５円玉には電流が流れ，金色の折紙には電流が流れないと考えられる。さらに，図６より，水銀には電流が流れると考えられる。なお，この結果からはフェライト磁石に電流が流れるかどうかは判断できない。

2　(1)　気体Ａ250mLの重さが0.44ｇだから，１Ｌ→1000mLでは$0.44\times\frac{1000}{250}=1.76$(ｇ)である。

(2)　ドライアイス(二酸化炭素の固体)が気体になるとき，体積は変化するが，重さは変わらない。(1)と同様に考えて，気体Ａ22ｇの体積は$250\times\frac{22}{0.44}=12500$(mL)→12500㎤だから，$\frac{12500}{13.75}=909.0$…→909倍である。

(3)　反応①より，クエン酸10.5ｇが反応すると気体Ａ6.6ｇが発生する。気体Ａ6.6ｇの体積は$250\times\frac{6.6}{0.44}=3750$(mL)である。よって，気体Ａ275mLが発生したときに反応したクエン酸は$10.5\times\frac{275}{3750}=0.77$(ｇ)である。

(4) 反応③より，クエン酸10.5ｇと水酸化カルシウム5.55ｇが過不足なく反応するから，クエン酸12.6ｇと反応する水酸化カルシウムは$5.55\times\frac{12.6}{10.5}=6.66$(ｇ)である。ここでは，クエン酸はすべて反応し，水酸化カルシウムが$8.88-6.66=2.22$(ｇ)残る。よって，クエン酸がないので，重曹《じゅうそう》を入れても気体Aは発生しない。また，反応②より，水酸化カルシウム5.55ｇと重曹12.6ｇが過不足なく反応して沈殿《ちんでん》B7.5ｇが生じるから，水酸化カルシウム2.22ｇと重曹$12.6\times\frac{2.22}{5.55}=5.04$(ｇ)が反応して沈殿Bが$7.5\times\frac{2.22}{5.55}=3$(ｇ)生じる。

3 (1) う×…水槽《すいそう》は直射日光の当たらないところに置く。　お×…えさは食べ残さないくらいの量を入れる。

(3) メスは背びれに切れこみがなく，しりびれの後ろが短い。また，卵はしりびれの前に付いている。

(5) 例えば，８月17日採取した卵が８月31日にかえったとすると，ふ化日数は14日である。よって，平均ふ化日数が14日以内だと，８月31日の稚魚数が多くなると考えられる。平均ふ化日数が14日以内の26℃と30℃では，ふ化率が高い26℃の方が８月31日の稚魚数が多くなると考えられる。８月11日から８月17日までの７日間で１日10個の卵を採取するから卵の合計は70個であり，26℃のときのふ化率は90％だから８月31日の稚魚数は$70\times0.9=63$(ひき)になると考えられる。

4 (1) 月が地球の周りをまわる運動を公転，月が自ら回転する運動を自転という。月は地球の周りを１周公転するあいだに１回自転するので，地球に対して常に同じ面を向けている。よって，地球からは常に点xが正面に見える。

(2) 図で，上弦《じょうげん》の月はアの位置にあり，午後６時頃《ごろ》，南の空で右半分が光って見える。その15日後には地球の周りを約半周してオの位置にくる。オの位置にある月は下弦の月で，午前６時頃，南の空で左半分が光って見える。月は東の地平線からのぼると，約６時間後に南の空にくるから，地平線からのぼってくる時刻は真夜中頃である。

(3) ①②月は27.3日で地球の周りを西から東へ１周公転するから，１日では約$\frac{360}{27.3}=13.1\cdots$(度)東へ移動する。ただし，地球も同じ向きに太陽の周りを１年(365日)で約１周，１日で約１度公転するので，同時刻の月は前日の位置より約$13-1=12$(度)東へ移動して見える。　③④地球は１日(24時間)で西から東へ約１回(360度)自転するので，月は１時間で約$\frac{360}{24}=15$(度)西へ移動して見える。よって，１日後の同時刻に約12度東に移動した位置に見える月が，前日と同じ位置に見える(12度西に移動して見える)のは，$1\times\frac{12}{15}=0.8$(時間)→48分後である。

《2021　社会　解説》

1 問１　保健所や保険センターは公衆衛生活動を行うので，４(日本年金機構の行っている業務)が誤り。

問２　２が誤り。法律の公布は天皇が行う国事行為である。

問３　刑事裁判は，検察官が容疑者を被告人として起訴することで始まる。

問４　１が正しい。　２．氾濫によって被災する危険性があるので，川や用水路に行ってはならない。　３．震度５強を感知するとガスの供給は停止されるので，ガスコンロの火を止める必要はない。　４．小学校・中学校では年間11回以上の避難訓練の実施が原則であるが，義務ではない。

問５　３が誤り。刑事裁判を非公開にするのは，「裁判官の全員一致で，公の秩序又は善良の風俗を害するおそれがある場合」に限られている。

2 問１　2020－1300＝720(年)に，舎人親王らが『日本書紀』を編纂した。「日本書紀」に続く五つの歴史書は「続日本紀」「日本後紀」「続日本後紀」「日本文徳天皇実録」「日本三代実録」である。

問２　１が正しい。２は鎌倉時代，３は旧石器時代，４は弥生時代。

問３　４．元寇(1274年 文永の役・1281年 弘安の役)→１．永仁の徳政令(1297年)。２は1232年，３は1219年，５は1221年。

問4　2が誤り。鎖国体制が完成した後も，長崎の出島でオランダとの貿易が続けられたため，西洋の学問を研究する蘭学が盛んになった。

問5　3が正しい。「三密」は，平安時代初期に天台宗・真言宗に取り入れられた密教を意味する。1の浄土信仰は平安時代中期，2の禅宗と4の日蓮宗は鎌倉時代。

問6　後醍醐天皇は建武の新政に失敗した後，三種の神器を持って奈良の吉野に逃れ，そこで南朝をたてた。高度経済成長期には，白黒テレビ・冷蔵庫・洗濯機が三種の神器として1964年の東京オリンピックまでに家庭に普及した。

問7　4が正しい。1は札幌農学校を開校したアメリカ人，2は鹿鳴館を建築したイギリス人，3は日本の政治や風俗の風刺画を描いたフランス人，5は大森貝塚を発掘したアメリカ人。

問8　3．元大阪町奉行所の与力であった大塩平八郎は，天保の飢饉に苦しむ人々に対する奉行所の対応を批判し，1837年に彼らを救うために挙兵して乱を起こした(大塩平八郎の乱)。

問9　3が正しい。第一次世界大戦中の二十一か条の要求で，日本は山東省のドイツ権益を獲得した。中国による山東省の権益の返還要求がパリ講和会議で退けられたため，1919年に中国で五・四運動が起こった。　1．遼東半島は三国干渉で清に返還した。　2．関税自主権の完全回復(1911年)は，日露戦争(1904～1905年)後であった。　4．日中戦争の開始(1937年)は，日独伊三国同盟の締結(1940年)前であった。

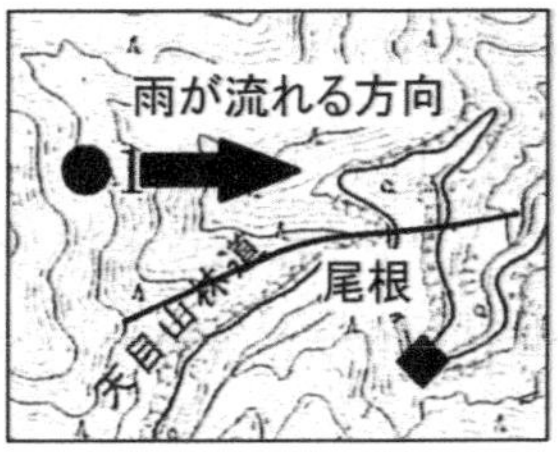

3

問1　●1と◆との間に周りより高い尾根があるので，雨は尾根の北側を流れて，◆には流れない。(右図参照)。

問2　企業城下町には，トヨタ自動車がある豊田市，日立製作所がある茨城県日立市，王子製紙苫小牧工場がある北海道苫小牧市などがある。

問3　フェーン現象は，水蒸気を含む空気が山を越えたときに，山の風下側の気温が上昇する現象である。南風が強い春から夏にかけて，日本海側ではフェーン現象が起こり，太平洋側よりも気温が高くなりやすい。

問4　4．長崎県の海岸線は入り組んでおり，離島が多いために海岸線延長が長くなる。

問5　3．カルスト地形として有名な山口県の秋吉台は，石灰岩を原料としたセメント工業が発達している。

問6　島である沖縄県に注目すると，1と2が航空，海上のいずれかとわかる。次に，空港をもたない神奈川県の値が1にないことから，1を航空，2を海上と判断する。3は営業用自動車，4は鉄道。

問7　1．米の収穫量は，北海道(2位)，秋田県(3位)，山形県(4位)，青森県(11位)，新潟県(1位)，岩手県(10位)。　2．人口は，北海道(8位)，秋田県(38位)，山形県(35位)，青森県(31位)，新潟県(15位)，岩手県(32位)。　3．肉用牛の飼育頭数は，北海道(1位)，秋田県(31位)，山形県(19位)，青森県(11位)，新潟県(35位)，岩手県(5位)。　4．農業産出額は，北海道(1位)，秋田県(20位)，山形県(14位)，青森県(8位)，新潟県(12位)，岩手県(10位)。

問8　5．「あ」は冬季の日照時間が長いので太平洋側の気候の宮崎市，「い」は気温の年較差が大きいので内陸の気候の長野市，「う」は冬季の日照時間が短いので日本海側の気候の新潟市と判断する。

問9　森林には雨水をたくわえる役割がある。その雨水は，地下水となってゆっくりと染みだし，河川に流れ出て，海まで流れ着く。このはたらきが人工のコンクリートダムに似ていることから，森林は天然のダム(緑のダム)と呼ばれている。

豊島岡女子学園中学校

《国　語》

一 問一．A．発信　B．油断　C．過言　問二．オ　問三．ア　問四．心の問題　問五．ア

問六．ウ　問七．自分の観念にとらわれず、相手のあるがままを受け入れる聞き方。　問八．オ　問九．エ

二 問一．A．口　B．感　C．意　問二．ウ　問三．オ　問四．ア　問五．イ　問六．ア　問七．エ

問八．部長として宮本の気持ちを思いやっていたつもりだったが、宮本の言葉から、本当に大切なことは自分たちの作品と純粋に向き合うことだと思い知らされ、恥じ入っている。　問九．ウ

《算　数》

1 (1) $\frac{1}{9}$　(2)5478　(3)100　(4)37

2 (1)15　(2)57　(3)40　(4)10

3 (1)６　(2)7.5

4 (1)３：１　(2) $\frac{7}{12}$

5 (1)P．B　Q．C　(2)６　(3)19

6 (1) $6\frac{2}{3}$　(2)８　(3) $3\frac{1}{3}$

《理　科》

1 (1)ばね１…12　ばね２…８　(2)ゴムひも１…14　ゴムひも２…10　(3)ゴムひも１…か　ゴムひも２…お

(4)120　(5)３

2 (1)A．お　B．う　C．あ　D．え　(2)9.4　(3)①い　②う

3 (1)図１．X　図２．Y　(2)A　(3)②大静脈　⑧すい臓　(4)③え　④か　⑤う　⑥お　⑦い

4 (1)マグニチュード　(2)マグマ　(3)小さなゆれ…５　大きなゆれ…３　(4)７，33，53　(5)北　(6)５

《社　会》

1 問１．２　問２．１，３，４　問３．３　問４．２→３→１→４　問５．３　問６．４

問７．白河上皇　問８．世界恐慌　問９．４

2 問１．４　問２．ターミナル　問３．う　問４．１　問５．都心に行く鉄道が通っている。　問６．４

問７．１　問８．１

3 問１．教育を受ける権利　問２．自衛隊　問３．１，２，３　問４．１，４　問５．非政府組織

問６．再審　問７．１　問８．４

《2020 国語 解説》

一 問二 省略されている一文の「情報が入ってこないのです」に着目する。〔 オ 〕の前に、「問題は、人の話を聞いていないとき～私たちの知恵《ちえ》が深まらないところにあります」とある。人の話を聞いていなければ、情報は入ってこない。すると当然、「自分自身を成長させたり、自己革新するための情報」も入ってこない。省略されている一文は、〔 オ 〕の直前の一文の内容を受けて、その大事な部分を、表現を変えながら説明している。

問三 次の段落に「話す力は、私たちの理解力と比例しています。そしてその理解力は、聞くことにより、周りの情報をどれだけ取り入れることができるかによって決まってきます」とある。つまり、周りの情報を幅広《はばひろ》く取り入れることで、理解力と話す力が向上するということ。よって、アが適する。

問四 最初の段落に、かつては「聞くという行為《こうい》は、私たちが学ぶことができる"技術"として認識されていなかった～『聞く』ことは心の問題であり、それは心理学や精神的な領域と捉《とら》えられてきた」とある。つまり、これまでは、聞くことは「心の問題」だと捉えられ、一般《いっぱん》の人びとが触《ふ》れがたいところに押《お》しやられていたのである。

問五 ――線③から〔 オ 〕までの内容から判断する。4～5行後に、「もちろん自己防衛は、社会で生きていく上においてとても重要な知恵ではあります。しかし、それによって人間関係が妨《さまた》げられていることもたくさんあるのです」とある。よって、アの「人間関係を良好にしていく」は当てはまらない。　イ.「私たちの心の中には～長年かけて作ってきた自己内コミュニケーションがあります～思考の習慣です」とあるので、当てはまる。
ウ.「『初対面の人に、観念なんてもちようがないじゃないか』と思うかもしれません～自分に言い聞かせます」とあるので、当てはまる。　エ.「観念は人の話を聞くときにも働いています～聞こえてくるものが違《ちが》うのです」とあるので、当てはまる。　オ. 初対面の人に対してさえ「私たちは、過去のデータを検索《けんさく》し～自分に言い聞かせます」とあるように、自己内コミュニケーションは人を観察する際にも生じうる。また、「観念は人の話を聞くときにも働いています」とあるので、当てはまる。

問六 直前に「私たちは観念という名の独特なメガネと翻訳器《ほんやくき》を耳につけて生きています」とある。この「観念」とは、直前の3段落にあるように、「あらゆる出来事に対して、『こんなものだ』という判断を下している思考の習慣」であり、要するに先入観である。私たちは、この先入観がある(＝独特なメガネを通して見る)ことで、「あるがままの相手」を見ることができない。よって、ウが適する。

問七 ――線④の4～7行後に「どうしたら～コミュニケーション能力を自分の味方につけることができるのでしょうか？　それは、単純に自分勝手な耳に気づくことです。"自分勝手な聞き方"に気づくことができれば、それを変えることはそう複雑なことではありません」とある。つまり、良い聞き方をするためには、自分の聞き方が自分の観念にとらわれた「自分勝手な」ものであることに気づくことが必要だということ。「自分勝手な聞き方」をどう変えればよいかは、ある経営者Mさんの話から読み取れる。「Mさんは聞き方を変えて」自分と相手を信じ、「相手のあるがままを受け入れる」ことで、社員の信頼《しんらい》と会社の成長という欲しいものを手に入れた。この下線部を中心にまとめる。

問八 ここでの「答え」は、前の行の「それを実現する」にはどうすればよいかという「答え」である。「それ」が指すのは、さらにその前の3文にあるような、人間や組織が成長することである。よって、オが適する。

問九 2段落目に「聞くことは話すことと同様の技術であり、話すことと同等、またはそれ以上にコミュニケーション能力として重要なものであると私は考えます」とある。また、4～5段落目の「一方、人の話をよく聞く人は

〜促進《そくしん》することになるのです」より、聞く技術の向上が、自分の成長につながることが読み取れる。さらに、「観念」があることで人間関係が難しくなることや、「自分勝手な聞き方」をやめたことで会社のスタッフが辞めなくなったMさんの話から、聞く技術の向上がよい人間関係の形成に役立つと考えられる。よって、エが適する。

二 **問二**　直後で白井先輩《せんぱい》が声を発するまで、ジュリ先輩やアツコ先輩は三年生五人で東京に行けると確信して話をしている。一方、月村部長は歯切れの悪い返事をし、曖昧《あいまい》に頷《うなず》いている。そんな月村部長の様子を「僕」がどのように受け止めているかを考える。月村部長の本心は分からないが、歯切れの悪さや曖昧な動作からは、他の三年生とは異なる考えを持っていることが、同級生の言葉を否定しないことからは、違和感について口にすることをためらっていることが読み取れる。よって、ウが適する。

問三　直前に「正也を全国大会に連れて行かないのはおかしいと思っている」とあり、白井先輩は、三年生が「宮本くんが(全国大会に)行くという選択肢《せんたくし》を、勝手に外している」ことを非難している。よって、オが適する。

問四　直前の５行で、三年生が全員黙《だま》っている理由を説明している。誰かが沈黙《ちんもく》に耐《た》えかねて「私が行かなきゃいいんでしょ！」などと言えば、周りは「泣きながらも、胸をなで下ろし、話を終わらせ」ることができる。つまり、誰かが根負けすれば、表面上はその誰かのために泣いて友情をとりつくろいながら、心の中では東京に行きたいという願いをかなえられたことに安心して、話を終わらせることができるということ。よって、アが適する。

問五　──線④の直前に、「話し合いをしようともしないなんて」とある。ここでの話し合いとは、全国大会をどうするかという話し合いであり、白井先輩は全国大会に臨む三年生の姿勢や態度を非難している。──線⑤については、６〜７行後に「どちらかのドキュメント部門で通過していれば、と僕だって考えた〜だけど、そんなタラレバを言っても仕方ない」とある。「つい、うっかり、本音を漏《も》らしてしまったのだろう」とあるように、アツコ先輩は、今さら言っても仕方ないことをつい言ってしまったのである。よって、イが適する。

問六　直後の「僕《ぼく》自身も物語に本当の意味で向き合っていなかったことに、気付かされる」や、６〜７行後の「なのに、みんなの頭の中には東京に行くことしかなかった。『ケンガイ』を置き去りにした東京行きなんて、正也にとっては何の価値もないのかもしれない」とある。正也は、みんなが自分たちの作品と向き合わず、東京に行くことしか頭にないことに怒りや悲しみを感じている。よって、「『ケンガイ』が、今や東京行きの道具のように扱《あつか》われている」とあるアが適する。

問七　──線⑥の前で、正也は「くだらない言い争いを、宮本のために、なんていう理由で続けるのなら、今すぐやめてください」と言っている。その後「僕は東京に行くために『ケンガイ』を書いたんじゃありません〜決して、東京に行けるからじゃない」と続けている。しかし、こうした正也の言葉を聞いた上で「僕」は「それでも……。本当に東京に行かなくてもいいのか？　とまだ思ってしまう」とある。つまり、「僕」は、正也が本心から東京に行かなくてもよいと考えているのではなく、くだらない言い争いをやめさせるために無理をしているのではないかと思っている。こうした思いは、──線⑦の直前の「今年は、僕、行っちゃいけないような気がするんです〜とりあえず、一回、行けたしって」という言葉を聞いても変わっていない。よって、エが適する。

問八　直前に「僕は今日、こういう話じゃなく、『ケンガイ』や他の作品の話を、先輩たちとできることを期待していました」とある。正也は『ケンガイ』を含めた自分たちの作品、あるいは他校の作品について話をし、自分たちの作品と向き合うことを望んでいた。そのことを知った部長は、大きな衝撃《しょうげき》を受け、東京に行くことばかりを考えていたことを恥《は》ずかしく思っている。また、──線⑧の直後に「部長は部長なりに正也のことを慮《おもんぱか》り〜苦《く》渋《じゅう》の決断をしたのかもしれないけれど、それでも大切なことは見えていなかった」とある。この「大切なこと」とは、正也が望んでいる“自分たちの作品と向き合うこと”である。この下線部を中心にまとめる。

問九　直後で月村部長は、「(三年生以外の)誰が行っても、来年のための何かを得て帰ってくる。そんなチャンスを、私たちは譲《ゆず》ってもらったの。私たちはＪコンを、少なくとも、Ｊコンでオンエアされた『ケンガイ』を、ここに持ち帰らなきゃならない」と言っている。月村部長は、三年生がＪコンに行くのであれば、後輩たちの代わりに「来年のための何か」、つまり来年の放送部の作品のためになる何かを「得て帰って」こなければならないと考えている。よって、ウが適する。

《2020　算数　解説》

1

(1)　与式$=(\frac{15}{4}+\frac{1}{6}\times\frac{10}{3})\times\frac{1}{5}-\frac{3}{4}=(\frac{15}{4}+\frac{5}{9})\times\frac{1}{5}-\frac{3}{4}=\frac{3}{4}+\frac{1}{9}-\frac{3}{4}=\frac{1}{9}$

(2)　縦の辺には正方形が，400÷６＝66 余り４より，66 枚並び，横の辺には正方形が，500÷６＝83 余り２より，83 枚並ぶ。よって，正方形の紙は全部で，66×83＝5478(枚)できる。

(3)　**【解き方】202 を素因数分解すると，202＝２×101 となるから，分子が２の倍数でも 101 の倍数でもない分数の個数を数える。**

１から 202 までの数のうち，２の倍数は 202÷２＝101(個)，101 の倍数は 202÷101＝２(個)，２と 101 の公倍数は 202 の１個ある。したがって，２または 101 の倍数は 101＋２－１＝102(個)ある。よって，求める個数は，202－102＝100(個)

(4)　**【解き方】(□◎５)をＣとおき，まずＣを求める。**

Ｃ◎13$=\frac{10}{7}$だから，(Ｃ＋13)÷(13＋１)$=\frac{10}{7}$　　(Ｃ＋13)$\times\frac{1}{14}=\frac{20}{14}$　　Ｃ＋13＝20　　Ｃ＝20－13＝７

よって，□◎５＝７だから，(□＋５)÷(５＋１)＝７　　(□＋５)$\times\frac{1}{6}=\frac{42}{6}$　　□＋５＝42　　□＝42－５＝37

2

(1)　**【解き方】Ａさんの鉛筆の本数を①とし，Ｂさん，Ｃさんの鉛筆の本数を○の数字を使って表す。**

Ｂさんの本数は①×２－３＝②－３(本)，Ｃさんの本数は①×３＋13＝③＋13(本)だから，

①＋(②－３)＋(③＋13)＝⑥＋10(本)が 100 本にあたる。⑥は 100－10＝90(本)だから，①は，90÷６＝15(本)

よって，Ａさんの鉛筆の本数は，15 本である。

(2)　**【解き方】２を２回だけ用いて表される数の個数を，２けたの数，３けたの数，４けたの数のうち千の位が１の数，と分けて数え上げていく。**

２けたの数は 22 の１個。

３けたの数について，□22 となる数は□に１～９のうち２以外の数が入るので８個，2□2，22□となる数は，□に０～９のうち２以外の数が入るので９個ずつある。したがって，３けたの数は８＋９＋９＝26(個)ある。

４けたの数のうち千の位が１の数は，1□22，12□2，122□のすべての□に０～９のうち２以外の数が入るので，９＋９＋９＝27(個)ある。

４けたの数のうち千の位が２の数は，小さい方から順に，2002，2012，2020，となる。

よって，2020 は小さい方から，１＋26＋27＋３＝57(番目)

(3)　**【解き方】右図のように，６時のときは 180°，７時のときは 150°だから，180 以下で０より大きい８の倍数と，０より大きく 150 以下の８の倍数を考える。**

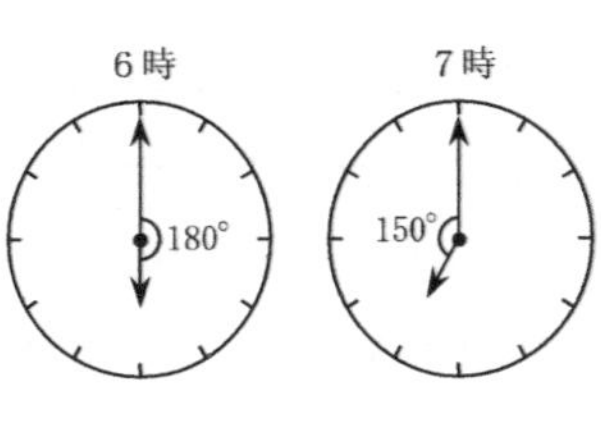

180÷８＝22 余り４だから，180 以下で０より大きい８の倍数は 22 個ある。

150÷８＝18 余り６だから，０より大きく 150 以下の８の倍数は 18 個ある。

よって，求める回数は，22＋18＝40(回)

(4)　**【解き方】右図のようにＡＣ＝ＢＣ＝ａ×２(cm)，ＡＢ＝ｂ×２(cm)とし，**
(三角形ＡＢＣの面積)＋(直径がＢＣの半円の面積)×２－(直径がＡＢの半円の面積)を求める。

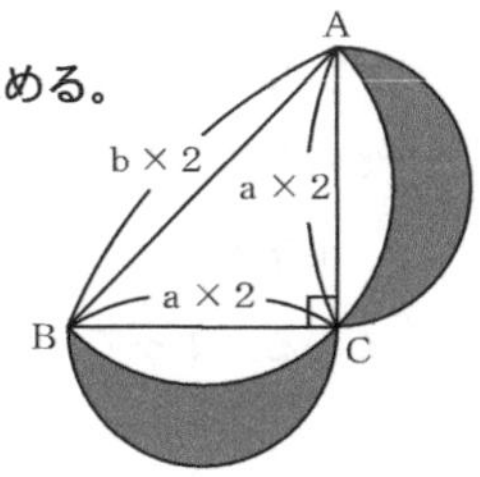

三角形ＡＢＣの面積は，ＢＣ×ＡＣ÷２＝(ａ×２)×(ａ×２)÷２＝ａ×ａ×２(cm²)と表せるから，ａ×ａ×２＝10より，ａ×ａ＝５

また，三角形ＡＢＣの面積は，ＡＢ×ＡＢ÷２÷２＝(ｂ×２)×(ｂ×２)÷２÷２＝ｂ×ｂ(cm²)と表せるから，ｂ×ｂ＝10

よって，求める面積は，(三角形ＡＢＣの面積)＋(直径がＢＣの半円の面積)×２－(直径がＡＢの半円の面積)＝10＋(ａ×ａ×3.14÷２)×２－(ｂ×ｂ×3.14÷２)＝10＋５×3.14－５×3.14＝10(cm²)

3　(1)　**【解き方】Ｂが学校に行くまでにＡが進んだ道のりと，Ｂが学校から家に着くまでにＡが進んだ道のりを考える。**

Ｂの行きと帰りの時間の比は，速さの比である１：1.5＝２：３の逆比の３：２だから，行きで③，帰りで②かかったとする。Ｂが学校に着いたときＡは３×３＝９(km)進んでいる。このあとＢが家に着くまでの時間は行きの時間の$\frac{②}{③}=\frac{2}{3}$(倍)だから，Ａは$9\times\frac{2}{3}=6$(km)進んで家に着く。

よって，Ｂが学校に着いたとき，Ａは家から６km離れた地点にいる。

(2)　**【解き方】Ａが学校を出発してからＢが学校に着くまでにＡが進んだ道のりと，その時間を考え，まずＡの速さを求める。**

(1)より，片道の道のりは(９＋６)÷２＝7.5(km)だから，Ａが学校を出発してからＢが学校に着くまでにＡは，7.5－６＝1.5(km)進んだ。この間の時間は問題文から10分とわかる。したがって，Ａの速さは，時速$(1.5\div\frac{10}{60})$km＝時速９kmである。よって，Ａが９km進むまで(Ｂが学校に着くまで)の時間は９÷９＝１(時間)だから，Ｂの行きの速さは，時速(7.5÷１)km＝時速7.5km

4　(1)　**【解き方】ＡＤ＝①，ＢＣ＝③とすると，ＥＣ＝ＡＤ＝①となる。右のように作図すると三角形ＡＩＧと三角形ＥＣＧが同じ形になるので，その対応する辺の比を求める。**

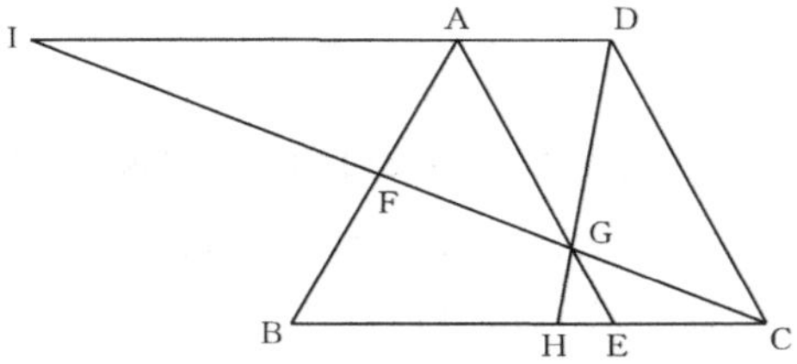

三角形ＡＩＦと三角形ＢＣＦは同じ形でＡＦ＝ＢＦだから，
三角形ＡＩＦと三角形ＢＣＦは合同なので，ＡＩ＝ＢＣ＝③
三角形ＡＩＧと三角形ＥＣＧが同じ形だから，ＡＧ：ＥＧ＝ＡＩ：ＥＣ＝③：①＝３：１

(2)　**【解き方】平行四辺形ＡＥＣＤの面積を$\boxed{1}$とする。右の「１つの角を共有する三角形の面積」を利用して，三角形ＡＢＥ→三角形ＡＦＧ→三角形ＥＨＧ→四角形ＢＨＧＦ，の順で面積を求めていく。(1)をふまえる。**

１つの角を共有する三角形の面積
右図のように三角形ＰＱＲと三角形ＰＳＴが１つの角を共有するとき，三角形ＰＳＴの面積は，
(三角形ＰＱＲの面積)×$\frac{PS}{PQ}\times\frac{PT}{PR}$
で求められる。

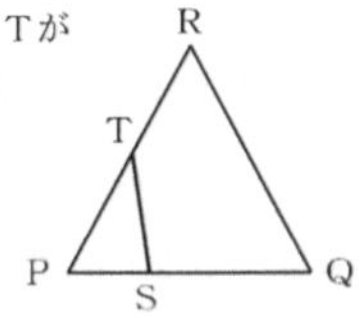

平行四辺形ＡＥＣＤと三角形ＡＢＥ(底辺をＢＥとする)は高さが等しいので，面積比は，

ＥＣ：$\frac{BE}{2}$＝①：$\frac{③-①}{2}$＝１：１　　これより，(三角形ＡＢＥの面積)＝$\boxed{1}$

(三角形ＡＦＧの面積)＝(三角形ＡＢＥの面積)×$\frac{AF}{AB}\times\frac{AG}{AE}=\boxed{1}\times\frac{1}{2}\times\frac{3}{3+1}=\boxed{\frac{3}{8}}$

三角形ＡＤＧと三角形ＥＨＧは同じ形だから，ＡＤ：ＥＨ＝ＡＧ：ＥＧ＝３：１なので，ＥＨ＝ＡＤ×$\frac{1}{3}$＝$\textcircled{\frac{1}{3}}$

ＢＥ：ＨＥ＝②：$\textcircled{\frac{1}{3}}$＝６：１だから，

(三角形ＥＨＧの面積)＝(三角形ＡＢＥの面積)×$\frac{GE}{AE}\times\frac{HE}{BE}=\boxed{1}\times\frac{1}{3+1}\times\frac{1}{6}=\boxed{\frac{1}{24}}$

よって，(四角形ＢＨＧＦの面積)＝(三角形ＡＢＥの面積)－(三角形ＡＦＧの面積)－(三角形ＥＨＧの面積)＝

$\boxed{1}-\boxed{\frac{3}{8}}-\boxed{\frac{1}{24}}=\boxed{\frac{7}{12}}$　　四角形ＢＨＧＦの面積は平行四辺形ＡＥＣＤの面積の$\frac{7}{12}$倍である。

5 (1)　Ｐは９㎝動くから，９÷４＝２余り１より，２周したあとに１㎝進んでＢで止まる。

Ｑは P が１周するたびに１㎝進むから，２㎝進んでＣで止まる。

(2)　ＱがＢで３回止まるのは，Ｑが１＋４×２＝９(㎝)進んだときである。Ｐが４㎝進むたびにＱが１㎝進むから，このときＰは９×４＝36(㎝)進んでいる。よって，最も少なくてさいころを36÷６＝６(回)投げればよい。

(3)　Ｑは300÷４＝75(㎝)進んでいる。最初に１㎝進んだときに１回目にＢで止まり，そのあとは，(75－１)÷４＝18余り２より，18回Ｂで止まる。よって，Ｂで止まった回数は，１＋18＝19(回)

6 (1)　**【解き方】右図のように，面ＡＥＨＤ上で，あとから置いた立方体の頂点がＮＨと接する(この接する点をＩとし，Ｉの真下の頂点をＪとする)。**

三角形ＨＤＮと三角形ＩＪＨが同じ形であることを利用し，ＥＪ：ＪＨを求める。

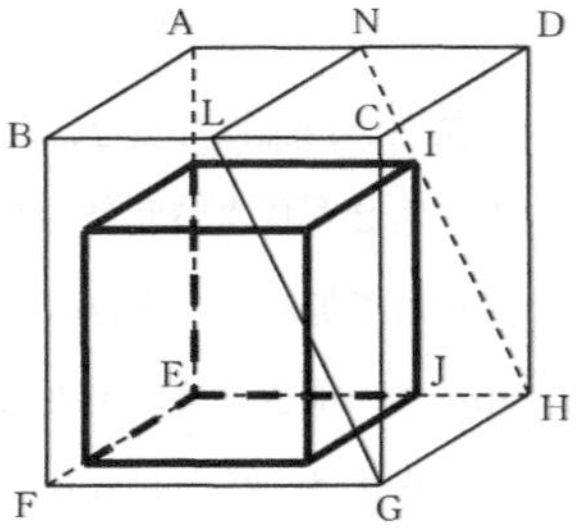

ＨＤ：ＤＮ＝２：１だから，ＩＪ：ＪＨ＝２：１なので，ＥＪ：ＪＨ＝２：１

したがって，あとから置いた立方体は元の立方体を$\frac{2}{2+1}=\frac{2}{3}$(倍)に縮小した立方体だから，１辺の長さは，$10\times\frac{2}{3}=\frac{20}{3}=6\frac{2}{3}$(㎝)

(2)　**【解き方】右の図①のように，あとから置いた立方体の頂点が面ＬＭＧと接する(この接する点をＫとする)。Ｋは平面ＡＥＧＣ上にあるので，この平面上で考える。**

図①

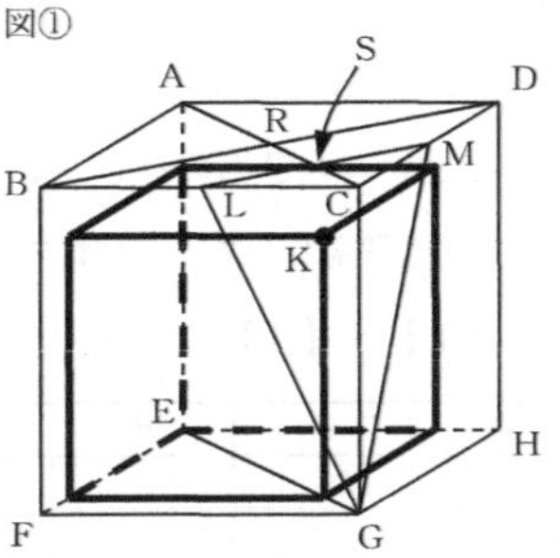

図②

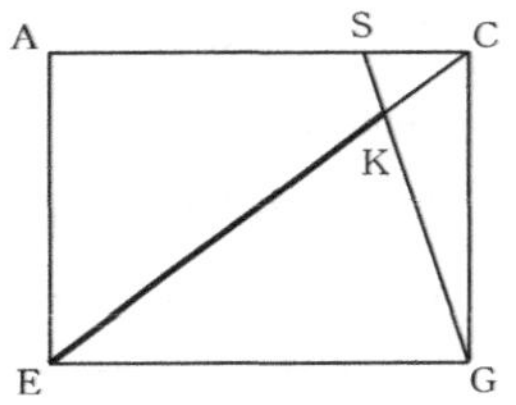

ＡＣとＢＤ，ＬＭが交わる点をそれぞれＲ，Ｓとすると，ＲはＡＣの真ん中の点，ＳはＲＣの真ん中の点だから，ＡＣ：ＳＣ＝４：１

平面ＡＥＧＣ上では図②のようになり，

三角形ＳＣＫと三角形ＧＥＫは同じ形だから，ＣＫ：ＥＫ＝ＳＣ：ＧＥ＝１：４

ＥＣは元の立方体の対角線，ＥＫはあとから置いた立方体の対角線だから，あとから置いた立方体は元の立方体を$\frac{EK}{EC}=\frac{4}{1+4}=\frac{4}{5}$(倍)に縮小した立方体なので，１辺の長さは，$10\times\frac{4}{5}=8$(㎝)

(3)　**【解き方】右の図①のように，あとから置いた立方体の頂点が面ＰＭＨと面ＱＭＧに接する(この接する点をそれぞれａ，ｂとする)。**

ａ，ｂは，立方体の底面から高さ８㎝の位置の平面上にあるので，この平面上で考える。

図②はこの平面を表していて，この平面とＰＨ，ＱＧ，ＣＧ，ＭＧ，ＭＨ，ＤＨが交わる点をそれぞれｃ，ｄ，ｅ，ｆ，ｇ，ｈとしている。同じ形の三角形を利用して，ｈｃの長さを求める。

図①

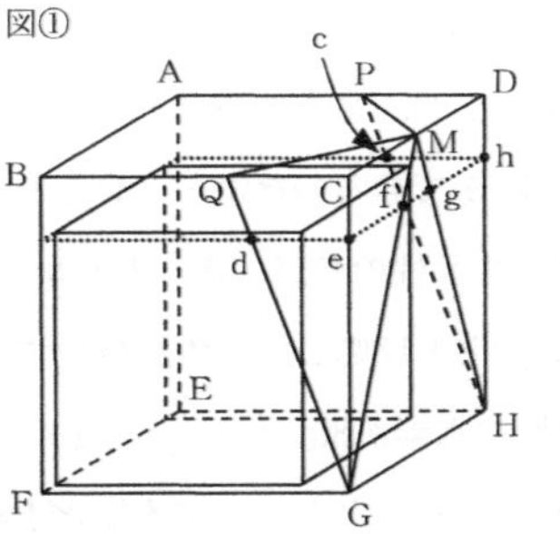

図②

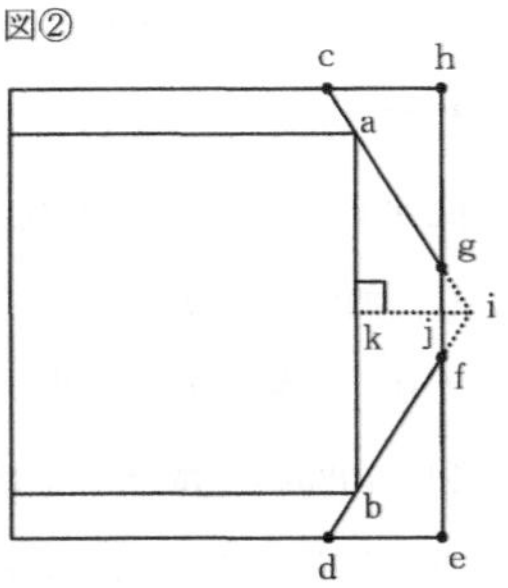

三角形ｅｆＧと三角形ＣＭＧは同じ形だから，$ef=CM\times\frac{eG}{CG}=5\times\frac{8}{10}=4$(㎝)

ｅｆ＝ｈｇ＝４㎝だから，ｇｆ＝10－４×２＝２(㎝)

三角形ｉｇｆと三角形ｉａｂは同じ形だから，ｉｊ：ｉｋ＝ｇｆ：ａｂ＝２：８＝１：４

これより，$ij=jk\times\frac{1}{4-1}=2\times\frac{1}{3}=\frac{2}{3}$(㎝)

三角形ｉｊｇと三角形ｃｈｇは同じ形だから，ｈｃ＝ｊｉ×$\frac{hg}{jg}=\frac{2}{3}\times\frac{4}{2\div 2}=\frac{8}{3}$(cm)

三角形ＰＤＨと三角形ｃｈＨは同じ形だから，ＤＰ＝ｈｃ×$\frac{DH}{hH}=\frac{8}{3}\times\frac{5}{4}=\frac{10}{3}=3\frac{1}{3}$(cm)

《2020　理科　解説》

1　(1)　ばね１と２のそれぞれに20ｇずつ重さがかかる。グラフより，ばね１に20ｇのおもりをつるすと12cmになり，ばね２に20ｇのおもりをのせると８cmになる。

(2)　ゴムひも２はおもりを支えられないから，ゴムひも１に40ｇの重さがかかる。よって，グラフより，ゴムひも１は14cmになり，ゴムひも２は10cm(たるんでいる)になる。

(3)　おもりと手の距離がゴムひも１の長さ(10cm)になるまでは，たるんでいるので長さは10cmである。ゴムひも１の長さが14cmになると，おもりがもちあがり，おもりと床の距離がゴムひも２の長さ(10cm)になるまでは，ゴムひも１も２も長さが変わらない。おもりと床の距離が10cmをこえると，ゴムひも１と２の両方にゴムひもを引く力が分かれて加わり，両方のびる。したがって，ゴムひも１は「か」，ゴムひも２は「お」のようになる。

(4)　棒の重さは棒の中央にかかり，おもりも棒の中央につるしているので，ばねばかりとゴムひものそれぞれにかかる重さは，棒とおもりの重さの和の半分になる。したがって，ばねばかりは(40＋200)÷２＝120(ｇ)を指す。

(5)　表より，100ｇから600ｇまではおもりの重さが100ｇ増えるごとに，ゴムひもの長さが５cmずつ増えているが，おもりの重さが600ｇから700ｇでは６cm，700ｇから800ｇでは７cm増えているから，ゴムひもにかかる重さが(40＋600)÷２＝320(ｇ)をこえると，ゴムひもの伸びがおもりの重さに比例しなくなるとわかる。よって，100ｇのおもりの個数とゴムひもの伸びの比が変わらないのは，おもりが３個のときまでと考えられる。

2　(1)　９つの水溶液について，【１】～【４】の実験の結果がどうなるかまとめると次の表のようになる。

	あ	い	う	え	お	か	き	く	け
電気が流れる	流れる	流れない	流れる	流れる	流れない	流れる	流れる	流れる	流れる
蒸発させると物質が残る	残らない	残らない	残らない	残らない	残る	残る	残る	残る	残らない
水よう液の液性	アルカリ性	中性	酸性	酸性	中性	中性	アルカリ性	アルカリ性	酸性

赤色リトマス紙は，アルカリ性で青色に変化し，中性と酸性では変化しない(青色リトマス紙は酸性で赤色に変化する)。ＢＴＢよう液は，酸性で黄色，中性で緑色，アルカリ性で青色を示す。したがって，【３】【４】より，ＣとＦはアルカリ性，ＢとＤは酸性，ＡとＥは中性とわかる。アルカリ性のＣとＦのうち，蒸発させると物質が残らないＣは「あ」とわかり，Ｆは「き」か「く」である。中性のＡとＥのうち，電気が流れるＥは「か」，電気が流れず蒸発させると物質が残るＡは「お」である(「い」はＡ～Ｆのどの水よう液でもない)。【５】より，ＤとＦを混ぜて，Ｅ(「か」の食塩水)ができるのだから，ＤとＦは「え」の塩酸と「き」の水酸化ナトリウム水よう液であり，酸性のＤが「え」，アルカリ性のＦが「き」とわかる。よって，残りのＢ(酸性)は「う」か「け」となり，【６】より，炭酸水素ナトリウムなどと反応して気体が発生するから，Ｂは「う」とわかる。

(2)　10％の塩酸80ｇには塩化水素が80×0.1＝８(ｇ)，５％のアンモニア水60ｇにはアンモニアが60×0.05＝３(ｇ)含まれている。３ｇのアンモニアと反応する塩化水素は$75\times\frac{3}{35}$＝6.42…(ｇ)だから，アンモニア３ｇがなくなるまで反応して(塩化水素は余る)，塩化アンモニウムが$110\times\frac{3}{35}$＝9.42…→9.4ｇできる。

3　(1)(3)　①が食道，②が大静脈，③が心臓，④が肺，⑤がかん臓，⑥がじん臓，⑦が胃，⑧がすい臓である。図１の肺や心臓はむね(Ｘ)のあたり，図２の胃やじん臓などははら(Ｙ)のあたりにある。

(2)　Ａ側の文字の近くに背骨が見られることから，Ａ側が背側である。

(4)　「あ」は小腸，「い」は胃(⑦)，「う」はかん臓(⑤)，「え」は心臓(③)，「お」はじん臓(⑥)，「か」は肺(④)，「き」はぼうこうのはたらきである。

4 (1) 地震の規模の大きさはマグニチュードで表され，マグニチュードが１大きくなると地震のエネルギーは約32倍，２大きくなると1000倍になる。なお，地震のゆれの大きさは震度によって表す。

(3) ＡとＢの震源からの距離の差が90－60＝30(㎞)で，小さなゆれがはじまった時刻の差が６秒だから，小さなゆれが伝わる速さは，30÷６＝(毎秒)５(㎞)である。また，大きなゆれがはじまった時刻の差が10秒だから，大きなゆれが伝わる速さは，30÷10＝(毎秒)３(㎞)である。

(4) 震源で小さなゆれ(または大きなゆれ)がはじまった時刻が，地震が発生した時刻である。小さなゆれは，震源(地震が発生した場所)からＡまでの60㎞を60÷５＝12(秒)で伝わったから，地震が発生した時刻はＡで小さなゆれがはじまった時刻の12秒前の７時33分53秒である。

(5) 問題文から，島○８→島○７→…→島○２→火山島●１の順にできたと考えられる。島○８が5000万年前，島○６が4000万年前にできたから，4500万年前，ホットスポットは島○８→島○６(北から南)に移動したように見えるが，ホットスポットの位置は移動しないと考えるから，ホットスポットの上にあるプレートが南から北へ移動していたと考えられる。

(6) 島○６が4000万年前にできてから現在までにプレートが2000㎞→200000000㎝動いているから，１年間に平均200000000÷40000000＝５(㎝)移動している。

《2020　社会　解説》

1 **問１**　２が正しい。隋は大帝国であり日本よりも制度や文化が進んでいたため，遣隋使の派遣でそれらを学び，国内の政治や仕組みに取り入れた。１は７世紀後半，３は３世紀，４は13世紀。

問２　１と３と４が正しい。漢字や仏教は，古墳時代に大陸から日本に移り住んだ渡来人によって伝えられた。鉄器は弥生時代に伝来した。貨幣と律令は７世紀の飛鳥時代に伝来した。

問３　３．異国船打払令によってアメリカのモリソン号が砲撃され，これを批判した渡辺崋山・高野長英らが蛮社の獄で弾圧された。

問４　２．富岡製糸場の建設(1872年)→３．内閣制度の創設(1885年)→１．大日本帝国憲法の発布(1889年)→４．八幡製鉄所の建設(1901年・創業)

問５　３が正しい。戦国大名が治める領国内で適用された分国法には，喧嘩両成敗を定めた甲斐の武田氏の『甲州法度之次第』などがある。　１．御成敗式目は，御家人に対して裁判の基準を示すために定められた。　２．守護や地頭は室町幕府にも設置された。　４．「公事方御定書」ではなく「禁中並び公家諸法度」である。公事方御定書は，徳川吉宗の享保の改革で定められた裁判の基準をまとめた法律である。

問６　４．飛鳥時代に天智天皇の死後，天智天皇の子である大友皇子と天智天皇の弟である大海人皇子の間で壬申の乱が起こった。大海人皇子が勝利し，天武天皇として即位した。

問７　三不如意は「加茂川の洪水」「サイコロの目」「比叡山の僧兵」である。藤原摂関家に代わって，自分の子や孫を天皇に指名できる院政をしいた白河上皇でも，強訴をくりかえした僧兵は，手を出せないものであった。

問８　1929年にニューヨークのウォール街で株価が大暴落したことから世界恐慌が始まった。

問９　４が正しい。　１．柳条湖事件を機に満州事変が起こった。盧溝橋事件を機に始まったのは日中戦争である。２．犬養毅首相は，五・一五事件で海軍の青年将校らによって暗殺された。二・二六事件では陸軍の青年将校らによって大臣が殺傷された。　３．国際連盟を脱退した(1935年)後，日中戦争が始まった(1937年)。

2 問１　東京都 23 区は地価が高いから，家賃が最も高く１世帯当たりの乗用車保有台数が最も少ない４と判断する。１は千葉県，２は神奈川県，３は埼玉県。

問２・問５　鉄道会社は，郊外に住宅地，ターミナル駅付近に百貨店を建設し，人の移動を鉄道で行う計画をたてた。

問３　２つの地形図を１つにまとめてみれば，「う」の道路の位置には広葉樹林があったことがわかる。

問４　林野面積率を比べたとき，山形県，高知県は明らかに千葉県より多い。耕地率を比べたとき，面積が小さく人口の多い大阪府は明らかに千葉県より低い。以上のことから１が千葉県と判断する。２は山形県，３は大阪府，４は高知県。

問６　４が正しい。１はアジア太平洋経済協力，２は新興工業経済地域，３は経済協力開発機構，５は環太平洋パートナーシップの略称である。

問７　１．携帯電話などには，レアメタル(希少金属)が用いられている。

問８　１．産業用ロボットの稼働台数が減少している「あ」は日本，2010 年代から急増している「う」はＢＲＩＣＳの中国だから，「い」は韓国となる。

3 問１　保護者は，子どもに普通教育を受けさせる義務をもち，子どもは教育を受ける権利をもつ。(第 26 条)

問２　自由民主党は，憲法第９条を残したまま，軍事的組織である「自衛隊」と，その任務である「必要な自衛の措置」を新たに書き加えるたたき台素案を公表した。

問４　１・４．日本・アメリカ・カナダ・イギリス・フランス・イタリア・ドイツ(Ｇ７)と，ＥＵ内の欧州理事会の議長・欧州委員会の委員長で主要国首脳会議(サミット)が構成される。

問５　非政府組織はＮＧＯとも呼ばれ，国境なき医師団やＩＣＡＮ(核兵器廃絶国際キャンペーン)などもある。

問６　日本では，慎重に審議するため，同じ事件について三段階で裁判を求めることができる三審制が採用され，確定した後でも新たな証拠が見つかれば再審を請求できる。

問７　１が誤り。衆議院議員は，任期満了時に国会議員ではなくなる。また，衆議院が解散された場合，総選挙後に開かれる特別(国)会の冒頭で内閣は総辞職する。

問８　４が誤り。最高裁判所裁判官の国民審査が行われるのは衆議院議員総選挙であり，有効投票の過半数が罷免を可とした場合，その裁判官は罷免される。

■ ご使用にあたってのお願い・ご注意

（1）問題文等の非掲載

著作権上の都合により，問題文や図表などの一部を掲載できない場合があります。

誠に申し訳ございませんが，ご了承くださいますようお願いいたします。

（2）過去問における時事性

過去問題集は，学習指導要領の改訂や社会状況の変化，新たな発見などにより，現在とは異なる表記や解説になっている場合があります。過去問の特性上，出題当時のままで出版していますので，あらかじめご了承ください。

（3）配点

学校等から配点が公表されている場合は，記載しています。公表されていない場合は，記載していません。

独自の予想配点は，出題者の意図と異なる場合があり，お客様が学習するうえで誤った判断をしてしまう恐れがあるため記載していません。

（4）無断複製等の禁止

購入された個人のお客様が，ご家庭でご自身またはご家族の学習のためにコピーをすることは可能ですが，それ以外の目的でコピー，スキャン，転載（ブログ，ＳＮＳなどでの公開を含みます）などをすることは法律により禁止されています。学校や学習塾などで，児童生徒のためにコピーをして使用することも法律により禁止されています。

ご不明な点や，違法な疑いのある行為を確認された場合は，弊社までご連絡ください。

（5）けがに注意

この問題集は針を外して使用します。針を外すときは，けがをしないように注意してください。また，表紙カバーや問題用紙の端で手指を傷つけないように十分注意してください。

（6）正誤

制作には万全を期しておりますが，万が一誤りなどがございましたら，弊社までご連絡ください。

なお，誤りが判明した場合は，弊社ウェブサイトの「ご購入者様のページ」に掲載しておりますので，そちらもご確認ください。

■ お問い合わせ

解答例，解説，印刷，製本など，問題集発行におけるすべての責任は弊社にあります。

ご不明な点がございましたら，弊社ウェブサイトの「お問い合わせ」フォームよりご連絡ください。迅速に対応いたしますが，営業日の都合で回答に数日を要する場合があります。

ご入力いただいたメールアドレス宛に自動返信メールをお送りしています。自動返信メールが届かない場合は，「よくある質問」の「メールの問い合わせに対し返信がありません。」の項目をご確認ください。

また弊社営業日（平日）は，午前９時から午後５時まで，電話でのお問い合わせも受け付けています。

2025春

株式会社教英出版
〒422-8054　静岡県静岡市駿河区南安倍３丁目 12-28
TEL　054-288-2131　　FAX　054-288-2133
URL　https://kyoei-syuppan.net/
MAIL　siteform@kyoei-syuppan.net

教英出版　2025年春受験用　中学入試問題集

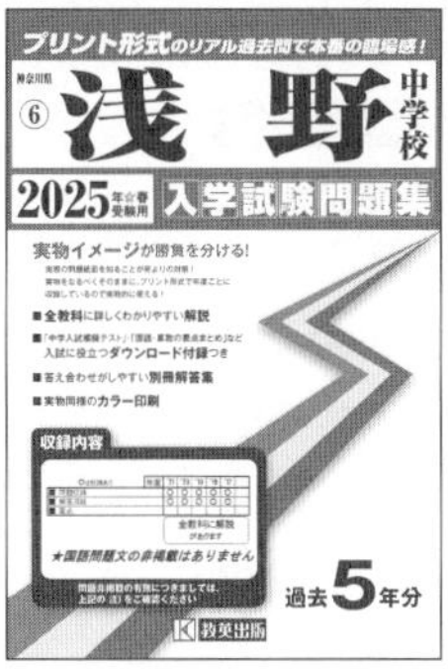

学校別問題集

✿はカラー問題対応

北海道

①[市立]札幌開成中等教育学校
②藤女子中学校
③北嶺中学校
④北星学園女子中学校
⑤札幌大谷中学校
⑥札幌光星中学校
⑦立命館慶祥中学校
⑧函館ラ・サール中学校

青森県

①[県立]三本木高等学校附属中学校

岩手県

①[県立]一関第一高等学校附属中学校

宮城県

①[県立]宮城県古川黎明中学校
②[県立]宮城県仙台二華中学校
③[市立]仙台青陵中等教育学校
④東北学院中学校
⑤仙台白百合学園中学校
⑥聖ウルスラ学院英智中学校
⑦宮城学院中学校
⑧秀光中学校
⑨古川学園中学校

秋田県

①[県立]
- 大館国際情報学院中学校
- 秋田南高等学校中等部
- 横手清陵学院中学校

山形県

①[県立]
- 東桜学館中学校
- 致道館中学校

福島県

①[県立]
- 会津学鳳中学校
- ふたば未来学園中学校

茨城県

①[県立]
- 日立第一高等学校附属中学校
- 太田第一高等学校附属中学校
- 水戸第一高等学校附属中学校
- 鉾田第一高等学校附属中学校
- 鹿島高等学校附属中学校
- 土浦第一高等学校附属中学校
- 竜ヶ崎第一高等学校附属中学校
- 下館第一高等学校附属中学校
- 下妻第一高等学校附属中学校
- 水海道第一高等学校附属中学校
- 勝田中等教育学校
- 並木中等教育学校
- 古河中等教育学校

栃木県

①[県立]
- 宇都宮東高等学校附属中学校
- 佐野高等学校附属中学校
- 矢板東高等学校附属中学校

群馬県

①
- [県立]中央中等教育学校
- [市立]四ツ葉学園中等教育学校
- [市立]太田中学校

埼玉県

①[県立]伊奈学園中学校
②[市立]浦和中学校
③[市立]大宮国際中等教育学校
④[市立]川口市立高等学校附属中学校

千葉県

①[県立]
- 千葉中学校
- 東葛飾中学校

②[市立]稲毛国際中等教育学校

東京都

①[国立]筑波大学附属駒場中学校
②[都立]白鷗高等学校附属中学校
③[都立]桜修館中等教育学校
④[都立]小石川中等教育学校
⑤[都立]両国高等学校附属中学校
⑥[都立]立川国際中等教育学校
⑦[都立]武蔵高等学校附属中学校
⑧[都立]大泉高等学校附属中学校
⑨[都立]富士高等学校附属中学校
⑩[都立]三鷹中等教育学校
⑪[都立]南多摩中等教育学校
⑫[区立]九段中等教育学校
⑬開成中学校
⑭麻布中学校
⑮桜蔭中学校
⑯女子学院中学校
✿⑰豊島岡女子学園中学校
⑱東京都市大学等々力中学校
⑲世田谷学園中学校
✿⑳広尾学園中学校(第2回)
✿㉑広尾学園中学校(医進・サイエンス回)
㉒渋谷教育学園渋谷中学校(第1回)
㉓渋谷教育学園渋谷中学校(第2回)
㉔東京農業大学第一高等学校中等部(2月1日 午後)
㉕東京農業大学第一高等学校中等部(2月2日 午後)

神奈川県

①[県立]相模原中等教育学校

①[県立]平塚中等教育学校

②[市立]南高等学校附属中学校

③[市立]横浜サイエンスフロンティア高等学校附属中学校

④[市立]川崎高等学校附属中学校

✿⑤聖光学院中学校

✿⑥浅野中学校

⑦洗足学園中学校

⑧法政大学第二中学校

⑨逗子開成中学校(1次)

⑩逗子開成中学校(2·3次)

⑪神奈川大学附属中学校(第1回)

⑫神奈川大学附属中学校(第2·3回)

⑬栄光学園中学校

⑭フェリス女学院中学校

新潟県

①[県立]村上中等教育学校

①[県立]柏崎翔洋中等教育学校

①[県立]燕中等教育学校

①[県立]津南中等教育学校

①[県立]直江津中等教育学校

①[県立]佐渡中等教育学校

②[市立]高志中等教育学校

③新潟第一中学校

④新潟明訓中学校

石川県

①[県立]金沢錦丘中学校

②星稜中学校

福井県

①[県立]高志中学校

山梨県

①山梨英和中学校

②山梨学院中学校

③駿台甲府中学校

長野県

①[県立]屋代高等学校附属中学校

①[県立]諏訪清陵高等学校附属中学校

②[市立]長野中学校

岐阜県

①岐阜東中学校

②鶯谷中学校

③岐阜聖徳学園大学附属中学校

静岡県

①[国立]静岡大学教育学部附属中学校(静岡·島田·浜松)

②[県立]清水南高等学校中等部

②[県立]浜松西高等学校中等部

②[市立]沼津高等学校中等部

③不二聖心女子学院中学校

④日本大学三島中学校

⑤加藤学園暁秀中学校

⑥星陵中学校

⑦東海大学付属静岡翔洋高等学校中等部

⑧静岡サレジオ中学校

⑨静岡英和女学院中学校

⑩静岡雙葉中学校

⑪静岡聖光学院中学校

⑫静岡学園中学校

⑬静岡大成中学校

⑭城南静岡中学校

⑮静岡北中学校

⑯常葉大学附属常葉中学校

⑯常葉大学附属橘中学校

⑯常葉大学附属菊川中学校

⑰藤枝明誠中学校

⑱浜松開誠館中学校

⑲静岡県西遠女子学園中学校

⑳浜松日体中学校

㉑浜松学芸中学校

愛知県

①[国立]愛知教育大学附属名古屋中学校

②愛知淑徳中学校

③名古屋経済大学市邨中学校

③名古屋経済大学高蔵中学校

④金城学院中学校

⑤椙山女学園中学校

⑥東海中学校

⑦南山中学校男子部

⑧南山中学校女子部

⑨聖霊中学校

⑩滝中学校

⑪名古屋中学校

⑫大成中学校

⑬愛知中学校

⑭星城中学校

⑮名古屋葵大学中学校

(名古屋女子大学中学校)

⑯愛知工業大学名電中学校

⑰海陽中等教育学校(特別給費生)

⑱海陽中等教育学校(I·II)

⑲中部大学春日丘中学校

新刊⑳名古屋国際中学校

三重県

①[国立]三重大学教育学部附属中学校

②暁中学校

③海星中学校

④四日市メリノール学院中学校

⑤高田中学校

⑥セントヨゼフ女子学園中学校

⑦三重中学校

⑧皇學館中学校

⑨鈴鹿中等教育学校

⑩津田学園中学校

滋賀県

①[国立]滋賀大学教育学部附属中学校

②[県立]河瀬中学校

②[県立]守山中学校

②[県立]水口東中学校

京都府

①[国立]京都教育大学附属桃山中学校

②[府立]洛北高等学校附属中学校

③[府立]園部高等学校附属中学校

④[府立]福知山高等学校附属中学校

⑤[府立]南陽高等学校附属中学校

⑥[市立]西京高等学校附属中学校

⑦同志社中学校

⑧洛星中学校

⑨洛南高等学校附属中学校

⑩立命館中学校

⑪同志社国際中学校

⑫同志社女子中学校(前期日程)

⑬同志社女子中学校(後期日程)

大阪府

①[国立]大阪教育大学附属天王寺中学校

②[国立]大阪教育大学附属平野中学校

③[国立]大阪教育大学附属池田中学校

④[府立]富田林中学校
⑤[府立]咲くやこの花中学校
⑥[府立]水都国際中学校
⑦清風中学校
⑧高槻中学校（A日程）
⑨高槻中学校（B日程）
⑩明星中学校
⑪大阪女学院中学校
⑫大谷中学校
⑬四天王寺中学校
⑭帝塚山学院中学校
⑮大阪国際中学校
⑯大阪桐蔭中学校
⑰開明中学校
⑱関西大学第一中学校
⑲近畿大学附属中学校
⑳金蘭千里中学校
㉑金光八尾中学校
㉒清風南海中学校
㉓帝塚山学院泉ヶ丘中学校
㉔同志社香里中学校
㉕初芝立命館中学校
㉖関西大学中等部
㉗大阪星光学院中学校

兵庫県

①[国立]神戸大学附属中等教育学校
②[県立]兵庫県立大学附属中学校
③雲雀丘学園中学校
④関西学院中学部
⑤神戸女学院中学部
⑥甲陽学院中学校
⑦甲南中学校
⑧甲南女子中学校
⑨灘中学校
⑩親和中学校
⑪神戸海星女子学院中学校
⑫滝川中学校
⑬啓明学院中学校
⑭三田学園中学校
⑮淳心学院中学校
⑯仁川学院中学校
⑰六甲学院中学校
⑱須磨学園中学校（第1回入試）
⑲須磨学園中学校（第2回入試）
⑳須磨学園中学校（第3回入試）
㉑白陵中学校
㉒夙川中学校

奈良県

①[国立]奈良女子大学附属中等教育学校
②[国立]奈良教育大学附属中学校
③[県立]
- 国際中学校
- 青翔中学校

④[市立]一条高等学校附属中学校
⑤帝塚山中学校
⑥東大寺学園中学校
⑦奈良学園中学校
⑧西大和学園中学校

和歌山県

①[県立]
- 古佐田丘中学校
- 向陽中学校
- 桐蔭中学校
- 日高高等学校附属中学校
- 田辺中学校

②智辯学園和歌山中学校
③近畿大学附属和歌山中学校
④開智中学校

岡山県

①[県立]岡山操山中学校
②[県立]倉敷天城中学校
③[県立]岡山大安寺中等教育学校
④[県立]津山中学校
⑤岡山中学校
⑥清心中学校
⑦岡山白陵中学校
⑧金光学園中学校
⑨就実中学校
⑩岡山理科大学附属中学校
⑪山陽学園中学校

広島県

①[国立]広島大学附属中学校
②[国立]広島大学附属福山中学校
③[県立]広島中学校
④[県立]三次中学校
⑤[県立]広島叡智学園中学校
⑥[市立]広島中等教育学校
⑦[市立]福山中学校
⑧広島学院中学校
⑨広島女学院中学校
⑩修道中学校
⑪崇徳中学校
⑫比治山女子中学校
⑬福山暁の星女子中学校
⑭安田女子中学校
⑮広島なぎさ中学校
⑯広島城北中学校
⑰近畿大学附属広島中学校福山校
⑱盈進中学校
⑲如水館中学校
⑳ノートルダム清心中学校
㉑銀河学院中学校
㉒近畿大学附属広島中学校東広島校
㉓AICJ中学校
㉔広島国際学院中学校
㉕広島修道大学ひろしま協創中学校

山口県

①[県立]
- 下関中等教育学校
- 高森みどり中学校

②野田学園中学校

徳島県

①[県立]
- 富岡東中学校
- 川島中学校
- 城ノ内中等教育学校

②徳島文理中学校

香川県

①大手前丸亀中学校
②香川誠陵中学校

愛媛県

①[県立]
- 今治東中等教育学校
- 松山西中等教育学校

②愛光中学校
③済美平成中等教育学校
④新田青雲中等教育学校

高知県

①[県立]
- 安芸中学校
- 高知国際中学校
- 中村中学校

福岡県

①[国立]福岡教育大学附属中学校（福岡・小倉・久留米）
②[県立]育徳館中学校／門司学園中学校／宗像中学校／嘉穂高等学校附属中学校／輝翔館中等教育学校
③西南学院中学校
④上智福岡中学校
⑤福岡女学院中学校
⑥福岡雙葉中学校
⑦照曜館中学校
⑧筑紫女学園中学校
⑨敬愛中学校
⑩久留米大学附設中学校
⑪飯塚日新館中学校
⑫明治学園中学校
⑬小倉日新館中学校
⑭久留米信愛中学校
⑮中村学園女子中学校
⑯福岡大学附属大濠中学校
⑰筑陽学園中学校
⑱九州国際大学付属中学校
⑲博多女子中学校
⑳東福岡自彊館中学校
㉑八女学院中学校

佐賀県

①[県立]香楠中学校／致遠館中学校／唐津東中学校／武雄青陵中学校
②弘学館中学校
③東明館中学校
④佐賀清和中学校
⑤成穎中学校
⑥早稲田佐賀中学校

長崎県

①[県立]長崎東中学校／佐世保北中学校／諫早高等学校附属中学校
②青雲中学校
③長崎南山中学校
④長崎日本大学中学校
⑤海星中学校

熊本県

①[県立]玉名高等学校附属中学校／宇土中学校／八代中学校
②真和中学校
③九州学院中学校
④ルーテル学院中学校
⑤熊本信愛女学院中学校
⑥熊本マリスト学園中学校
⑦熊本学園大学付属中学校

大分県

①[県立]大分豊府中学校
②岩田中学校

宮崎県

①[県立]五ヶ瀬中等教育学校
②[県立]宮崎西高等学校附属中学校／都城泉ヶ丘高等学校附属中学校
③宮崎日本大学中学校
④日向学院中学校
⑤宮崎第一中学校

鹿児島県

①[県立]楠隼中学校
②[市立]鹿児島玉龍中学校
③鹿児島修学館中学校
④ラ・サール中学校
⑤志學館中等部

沖縄県

①[県立]与勝緑が丘中学校／開邦中学校／球陽中学校／名護高等学校附属桜中学校

もっと過去問シリーズ

北海道

北嶺中学校
7年分（算数・理科・社会）

静岡県

静岡大学教育学部附属中学校
（静岡・島田・浜松）
10年分（算数）

愛知県

愛知淑徳中学校
7年分（算数・理科・社会）
東海中学校
7年分（算数・理科・社会）
南山中学校男子部
7年分（算数・理科・社会）
南山中学校女子部
7年分（算数・理科・社会）
滝中学校
7年分（算数・理科・社会）
名古屋中学校
7年分（算数・理科・社会）

岡山県

岡山白陵中学校
7年分（算数・理科）

広島県

広島大学附属中学校
7年分（算数・理科・社会）
広島大学附属福山中学校
7年分（算数・理科・社会）
広島学院中学校
7年分（算数・理科・社会）
広島女学院中学校
7年分（算数・理科・社会）
修道中学校
7年分（算数・理科・社会）
ノートルダム清心中学校
7年分（算数・理科・社会）

愛媛県

愛光中学校
7年分（算数・理科・社会）

福岡県

福岡教育大学附属中学校
（福岡・小倉・久留米）
7年分（算数・理科・社会）
西南学院中学校
7年分（算数・理科・社会）
久留米大学附設中学校
7年分（算数・理科・社会）
福岡大学附属大濠中学校
7年分（算数・理科・社会）

佐賀県

早稲田佐賀中学校
7年分（算数・理科・社会）

長崎県

青雲中学校
7年分（算数・理科・社会）

鹿児島県

ラ・サール中学校
7年分（算数・理科・社会）

※もっと過去問シリーズは
国語の収録はありません。

教英出版
〒422-8054
静岡県静岡市駿河区南安倍3丁目12－28
TEL 054-288-2131
FAX 054-288-2133
詳しくは教英出版で検索
教英出版　検索
URL https://kyoei-syuppan.net/

二〇二四年度

豊島岡女子学園中学校
入学試験問題
（一回）

国語

（50分）

注意事項

一．合図があるまで、この冊子を開いてはいけません。

二．問題は［一］から［二］、2ページから18ページまであります。
合図があったら確認してください。

三．解答は、すべて指示に従って解答らんに記入してください。

一　次の文章を読んで、後の一から八までの各問いに答えなさい。
（ただし、字数指定のある問いはすべて句読点・記号も一字とする。）

死んだらどうなるのだろうという問いは、宗教にとって重大です。宗教の主な役割の一つは、死に対する人類共通の不安を和らげることだとも言えるでしょう。

哲学者《てつがくしゃ》たちも、それを語っていますが、違《ちが》いは、死後の天国や地獄《じごく》の様子について語るのではなくて、そもそも「死後」というものがありうるのかどうかを問います。そして①驚《おどろ》くべきことに、現在に至るまでのほとんどの哲学者《てつがくしゃ》たちは、魂《たましい》が肉体と共に滅《ほろ》びるという世界観に対して、何らかの疑問を投げかけています。

宗教は人の生死に関係します。多くの宗教は、人間がどこから来てどこへ行くのかを語ります。人間とは本来何であるのか。日々の暮らしに追い立てられている今のあなたは、その本来の姿に比べてどうであるのか。そして、あなたは死んだ後にどうなるのか。

宗教は、このような物語を積極的に語ってきました。その結果でしょうか、私たちが漠然《ばくぜん》と考える死は、たんに生物的な、主要器官の機能停止ということよりも、豊かで複雑な内容を持つに至りました。そのように複雑な死は、長い歴史の中で、人々の宗教的思考の中で育まれてきたものです。私たちは、知らず識《し》らずのうちに、それを受け入れ、当たり前のものと見なし、そうして作られた②人生という物語の中で、生と死を考えています。

たとえば、私たちが人生について考えようとするとき、必ず死の理解を前提にします。死とは何かが曖昧《あいまい》であれば、死によって区切られるはずの生について深く考えることはできません。ところが、死の意味を理解するためには、必ず、何らかの物語を前提にしていなければなりません。そしてそのような物語の成立には、多かれ少なかれ、あるいは肯定的《こうていてき》にせよ否定的にせよ、常に何らかの宗教が関係しています。私たちは宗教を前提に置かなければ、自分の人生についてすら考えることができません。

現代の常識的な理解として、死とはどのようなものか、死んだらどうなるのかという問いに対しては、大きく分けて四つの答え方があると思います。

一つは、死んだらすべて終わりだとするもので、この考え方は、宗教の側からは無神論やニヒリズム、唯物論《ゆいぶつろん》などという③冷たい呼称《こしょう》で呼ばれてきました。すべてが自然科学によって説明できると考える物理主義や自然主義と言われる立場もまた、霊《れい》や死後の世界が自然科学の対象でないという理由で、この立場に近いと思われます。現代は科学の時代ですので、自覚がなくてもこのように考えている現代人は多いかもしれません。

二つ目は、輪廻転生《りんねてんしょう》という、私たち日本人にはなじみ深い仏教やヒンドゥー教のもとにある世界観です。死とは、この身体の中に生まれたこの生の終わりであって、この身体が滅《ほろ》びると、次の身体の中に転生すると考えます。その身体は、人間であるとは限らず、この世での行いに応じて、人間以上の天（天使？）に生まれるかもしれないし、あるいは、畜生《ちくしょう》と言われる人間以下の動物に生まれるかもしれないというわけですから、考えようによってはなかなかキビシイ世界観です。仏教では、そのような輪廻《りんね》から脱出《だっしゅつ》する、つまり解脱《げだつ》することを目指して、さまざまな教説が生まれました。

三つ目は、この世の最後の日に下される審判《しんぱん》によって、天国や地獄《じごく》に行くという、キリスト教やイスラム教に代表される考え方です。仏教でも浄土教《じょうどきょう》の系統は、極楽浄土《ごくらくじょうど》という天国のようなところに行くそうですので、こちらの考え方に近いかもしれません。どちらも、個人の努力というよりは、救世主の愛や如来《にょらい》の慈悲《じひ》を信じることによって地獄《じごく》行きを免《まぬか》れるという考え方なので、〔　④　〕世界観、たとえば全知全能の創造神といったものを必要とします。じっさい、キリスト教の神はそのような神の典型ですし、阿弥陀如来《あみだにょらい》も、一切衆生《いっさいしゅじょう》の救済を願う仏とされますから、強大な力をもつ人格神（如来《にょらい》）と言っていいでしょう。

四つ目は、魂《たましい》それ自体は不滅《ふめつ》であって、次の身体に転生もせず、天国にも地獄《じごく》にも行かず、この世とは違《ちが》うところ、あるいはこの世を構成しているいくつかの次元の一つに残り続けるという考え方です。こちらの方は、理屈《りくつ》が好きな哲学者《てつがくしゃ》が好む考え方ですね。精神と肉体、心と体の関係について考えることに集中するので、それ以上の大きな世界観にまで話を進めることは稀《まれ》です。ですから、死後に残存する魂《たましい》がその後どうなるのかについては、キリスト教などの既存《きそん》の宗教に接続することが多いようです。

「魂《たましい》の存在は証明した。あとは宗教に任せる！」といったところでしょうか。

ところで、この四つは、それぞれが独立した四つの陣営《じんえい》と言うよりは、一つ目と、それ以外の三つの二つの陣営《じんえい》に大きく分かれます。なぜなら、一つ目以外の答え方は、すべて、身体が滅《ほろ》びても、魂《たましい》や心や霊《れい》と呼ばれる何らかのものが、何らかのしかたで残ることを前提としているからです。

ですから本書では、一つ目以外の三つの考え方をひとまとめにして、「魂《たましい》の不死を主張する論」として扱《あつか》いたいと思います。逆に言えば、一つ目の、ニヒリズム、唯物論《ゆいぶつろん》、物理主義と呼ばれる立場が正しいかどうかということに、問題を絞《しぼ》っていきたいと思います。

ドラマなどでよく、「あの世で先に待っているぞ」とか、「もうすぐおじいさんに会える」とか、「天国のあの人はきっと喜んでくれる」というセリフを聞くことがあります。そして、その意味が、なんとなくわかります。しかし、実際のところ、これはなにを言っているのでしょうか。

少なくとも、死んだら身体を焼いてしまうわけですから、このような発言の背後には、身体とは違《ちが》う何かがあるという考え方があるはずです。一般《いっぱん》にそれを「魂《たましい》」と呼びます。〔　⑤　〕人間は身体と魂《たましい》からできていて、身体が滅《ほろ》んだ後も、魂《たましい》は一緒《いっしょ》に滅《ほろ》びることがなく、何らかのかたちで残ると考えられているわけです。

このときに前提になっている考えを、哲学《てつがく》では「心身二元論」と呼びます。ちょうど、卵に白身と黄身があるように、かりに人間が心と身体という二つのものから成り立っているとすれば、死後の世界についての⑥このような言い回しを、かなりすっきりと理解することができます。

逆に、もし人間が主としてタンパク質からできた精巧《せいこう》なロボットであり、魂《たましい》や心と言われるものもすべては大脳などの身体の器官によって説明できると考えるなら、「死とは身体が壊《こわ》れることである」で話はすべて終わり、死後の世界について語ることはできません。もちろん、自分が死んだあとのこの世界、たとえば千年後のこの世界について語ることはできますが、それはここで問題にしている、⑦宗教的物語としての死後の世界ではありません。

ですから、「あの世」や「祖先の霊《れい》」などについて語りそれを理解するためには、人間は身体だけでなく魂《たましい》を持っている、という主張を受け入れる必要があります。この、「魂《たましい》」というものを、「身体」とは別の存在として理解することが、次に示すような宗教的物語が成立するための重要な要素となるでしょう。

> 人間は、身体の滅《ほろ》びによって死を迎《むか》える。しかしこのとき、心は身体と運命をともにしない。心はタンパク質を主とした有機物の塊《かたまり》ではなく、何か霊《れい》のようなものである。この霊《れい》としての心は、身体が滅《ほろ》びるとき、いわば身体を離《はな》れ、身体から抜《ぬ》け出て、どこかへ去る。去っていく先は、「あの世」である。身体がなくなると、心はあの世へ行く。この意味で、心が身体から離《はな》れてあの世へ去ること、これが「死」と呼ばれている事態の真相である。

こう考えれば、先に見た、いろんな言い回しがよく理解できます。「あの世」とは、身体から離《はな》れた心が向かっていく、この世ではない場所であり、そこで「先に待っている」のは、霊《れい》となった心です。また、これまでに死んだ人々の心も、同じように霊《れい》となって「あの世」にいるのですから、死ねば、「死んだおじいさん」つまり、あの世に存在しているおじいさんの心に「会う」こともできるでしょう。

あるいは、この世で何かめでたいことが起こると、「死んだ人が天国で喜んでいる」と言ったりしますが、この場合も、死んだ人の霊《れい》が、天国という一種の「あの世」に存在していると考えるならば、十分に理解可能です。もっとも、この言い回しが理解されるためには、「あの世」から「この世」を見ることができるということ、更《さら》には、「喜び」といった感情が、身体を持たない心にも感じられるということなどが、更《さら》に前提になります。しかしともかく、心が身体を離《はな》れてありうるならば、このような宗教的な物語が本当である余地があります。
ですから問題は、本当に、人間には「心」や「魂《たましい》」や「霊《れい》」と言われるものが、「体」や「身体」や「肉体」と言われるものと別のものなのか、ということになります。

（『神さまと神はどう違《ちが》うのか？』　上枝《うええだ》　美典《よしのり》　ちくまプリマー新書　）

問一　―線①「驚《おどろ》くべきことに」とありますが、どういう点で「驚《おどろ》き」だと表現しているのですか。考えられる説明として最も適当なものを次のア～オの中から一つ選び、記号で答えなさい。

ア　人類が共通して持つ「死」への恐怖《きょうふ》は、哲学者《てつがくしゃ》たちの大半が考えても和らぐことがなかったという点。
イ　一般的《いっぱんてき》にはどんな様子かが気になるはずなのに、哲学者《てつがくしゃ》は「死後の世界」が存在するか否かに固執《こしつ》している点。
ウ　死後「魂《たましい》」が存在しないという考え方もあるのに、ほぼ全ての哲学者《てつがくしゃ》が死後も「魂《たましい》」が残ることを前提としている点。
エ　多くの哲学者《てつがくしゃ》たちがよってたかって「死後の世界」について考えているにもかかわらず、未《いま》だ答えがわかっていない点。
オ　宗教も哲学《てつがく》も「人間とは何か」について議論する中で、人々の中に自然と宗教的思考が根付いていった点。

問二　―線②「人生という物語」とありますが、ここで言う「人生という物語」の説明として最も適当なものを、次のア～オの中から一つ選び、記号で答えなさい。

ア　普段《ふだん》の自分の行いが、信仰《しんこう》している宗教の教義にふさわしいかどうかを判断する基準になるもの。
イ　卒業、就職、結婚《けっこん》などの人生の節目において、勇気をもって一歩踏《ふ》み出すきっかけをくれるもの。
ウ　万人に等しく訪れる「死」への恐怖《きょうふ》から逃《に》げるため、「生」のことのみを語ろうとするもの。
エ　人が生まれてからやがて死ぬことについて自分なりの意味を見出し、それを言語化してきたもの。
オ　自分が主人公となって世界が動いているかのように身の回りの出来事を説明したもの。

問三　―線③「冷たい呼称《こしょう》」とありますが、「冷たい」という表現を文脈に合わせて言《い》い換《か》えた時に、最も適当な表現を次のア～オの中から一つ選び、記号で答えなさい。

ア　皮肉な　イ　未熟な　ウ　無機質な　エ　残酷《ざんこく》な　オ　俯瞰的《ふかんてき》な

問四　空らん〔　④　〕に入る言葉として最も適当だと考えられるものを次のア～カの中から一つ選び、記号で答えなさい。

ア　物語性の強い壮大《そうだい》な　イ　物語性の弱い貧相な　ウ　実現性の高いリアルな

エ　実現性の低い空想的な　オ　精神性の高い高尚《こうしょう》な　カ　精神性の低い低俗《ていぞく》な

問五　空らん〔　⑤　〕に入る言葉として最も適当だと考えられるものを次のア～オの中から一つ選び、記号で答えなさい。

ア　しかし　イ　つまり　ウ　ところで　エ　あるいは　オ　まして

問六　―線⑥「このような言い回し」とありますが、これが指す部分を本文中から六十字以内で探し、最初の五字を抜《ぬ》き出《だ》しなさい。

問七　━線⑦「宗教的物語としての死後の世界」とありますが、これについて⑴と⑵に答えなさい。

⑴　「死後の世界」を具体的に言《い》い換《か》えた部分を本文中から二十五字で探し、最初の五字を抜《ぬ》き出《だ》しなさい。

⑵　この「死後の世界」を信じている人だけが理解できることとして当てはまらないものを次のア～オの中から一つ選び、記号で答えなさい。

ア　先祖代々受《う》け継《つ》いでいる着物を着た時に、ご先祖様に守られていると感じる。

イ　まるで前世からの縁《えん》のように、出会った瞬間《しゅんかん》から互《たが》いに惹《ひ》かれあい恋《こい》に落ちる。

ウ　戦国時代から数百年が経っても城跡《しろあと》に行けば、武将の威厳《いげん》を得たように感じる。

エ　長年連《つ》れ添《そ》った妻に先立たれた老人が、「死んだ妻に怒《おこ》られるから」と節制する。

オ　大病を患《わずら》っている人が、臓器移植手術を受けて元気に生きられるよう期待する。

問八　波線部「魂《たましい》の不死を主張する論」とありますが、これによってどのようなことが可能になりますか。この論の説明をしながら七十五字以内で答えなさい。

二　次の【文章Ⅰ】および【文章Ⅱ】を読んで、後の一から九までの各問いに答えなさい。
（ただし、字数指定のある問いはすべて句読点・記号も一字とする。）

【文章Ⅰ】

成瀬《なるせ》あかりは幼少期から様々な挑戦《ちょうせん》をしてきていた。成瀬《なるせ》と同じマンションに住む幼なじみで同級生の島崎《しまざき》みゆきは、「成瀬《なるせ》あかり史を見届けたい」と思っており、成瀬《なるせ》をずっと間近で見守り、ある時は成瀬《なるせ》の挑戦《ちょうせん》に付き合ってきた。別の高校に進学してからも二人の親交は続いていたが、ある日島崎《しまざき》が大学進学と同時に東京へ引《ひ》っ越《こ》すことを成瀬《なるせ》に伝える。成瀬《なるせ》は衝撃《しょうげき》を受け、翌日は朝から何をしてもうまくいかない。家にいても仕方がないと思い、成瀬《なるせ》は公園に出かける。

島崎《しまざき》のことを思うとどうもAカンショウ的になってしまう。ブランコを降りて公園を出ると、向こうの方からトートバッグを提《さ》げた大貫《おおぬき》が歩いてくるのが見えた。

「おう、大貫《おおぬき》」

声をかけると、大貫《おおぬき》は「なによ」と迷惑《めいわく》そうな顔をする。どうも嫌《きら》われているらしいのだが、成瀬《なるせ》は大貫《おおぬき》が嫌《きら》いではないため、遠慮《えんりょ》する道理はない。

「数学の問題が解けなくて困っているんだ。何かいい方法はないだろうか」

成瀬《なるせ》にとって喫緊《きっきん》の課題だ。大貫《おおぬき》は勉強熱心だし、いい解決法を知っているだろう。

「どういうこと？」

「京大＊1の入試問題を見ても解法が浮《う》かばなくなったんだ」

大貫《おおぬき》は呆《あき》れたように息を吐《は》く。

「教科書の例題でもやってみたら？」

①意表をついた答えだった。教科書の範囲《はんい》はとっくに終わっている。授業では問題集をメインに使っていたこともあって、もはや表紙のデザインすら思い出せない。どこにしまっただろうかと考えていると、大貫《おおぬき》は「それと、髪《かみ》切ったほうがいいんじゃない？」と続けた。

「しかし、大貫《おおぬき》が切らないほうがいいと言ったじゃないか」

「あのときはそう思ったけど、さすがに今は変っていうか……」

やはり大貫《おおぬき》は何かが違《ちが》う。面と向かってこんなことを言ってくれるのは大貫《おおぬき》しかいない。

「大貫《おおぬき》はどこの美容院に行っているんだ？」

大貫《おおぬき》は高校に入って髪型《かみがた》が変わった。中学時代はうねったひとつ結びだったのに、今ではまっすぐ髪《かみ》を下ろしている。腕《うで》のいい美容師に切ってもらっているのだろう。

「別にどこだっていいでしょ。そこのプラージュ*2で切ったら？」

大貫《おおぬき》は吐《は》き捨《す》てるように言うと、足早に去っていった。

髪《かみ》を切って気分転換《てんかん》すれば勉強も捗《はかど》るかもしれない。成瀬《なるせ》は馬場公園から徒歩一分のプラージュに足を踏《ふ》み入《い》れた。中には十席以上あり、思いのほか多くの人がいる。勝手がわからず立ち止まっていると、「八番へどうぞ」と案内された。

担当の美容師はいかにもおしゃべりが好きそうな中年女性だった。「これ、ずっと伸《の》ばしてはったん？」と軽い調子で尋《たず》ねてくる。

「大事なことを忘れていた。すまないが、メジャーを貸してほしい」

検証のためスキンヘッドから伸《の》ばしていたことを伝えると、美容師は「ほな測らなあかんわ」と興味を示してメジャーを持ってきた。

「トップは三十センチで、サイドは三十一センチぐらいやね」

②一ヶ月に一センチ伸《の》びるという説どおりなら二十八センチのはずだが、それより少し長い。サイドの方が伸《の》びやすいのも発見だった。

「若いから伸《の》びるのが早いんやね。ほんで、どれぐらい切りましょ？」

肩《かた》を超《こ》えたあたりで切りそろえ、前髪《まえがみ》を作ってもらうと、部屋のカーテンを取《と》り替《か》えたときのように気持ちがよかった。カット代金を支払《しはら》い、家に帰る。

数学の教科書は使用済み問題集と一緒《いっしょ》に積んであった。開きぐせもなく、あまり使っていなかったことが見て取れる。ぱらぱらめくってみると、項目《こうもく》ごとに例題が配置されていた。

成瀬《なるせ》は数学Ⅰの「数と式」から順番に、ノートに写して解きはじめた。難易度が低く、リハビリにはちょうどいい。解いているうちにリズムに乗ってきて、③指先まで血が通うような感覚があった。

数学Ⅰの教科書を終えたところでBフイに島崎《しまざき》のことを思い出した。スキンヘッドにしたときも見せに行ったことだし、今回も報告に行ったほうがいいだろう。

エレベーターを上がって島崎《しまざき》の家に行き、インターフォンで呼び出す。ドアを開けて成瀬《なるせ》の顔を見るなり、島崎《しまざき》は「えっ、髪《かみ》切ったの？」と驚《おどろ》きの声を上げた。

「二十八ヶ月で、三十センチから三十一センチ伸《の》びることがわかった」

④島崎《しまざき》の眉間《みけん》にしわが寄る。

「卒業式まで伸《の》ばすんじゃなかったの？」

成瀬《なるせ》も髪《かみ》を切るつもりなんてなかった。大貫《おおぬき》に変だから切ったほうがいいと言われ、たしかにそうだと思って美容院に行ったと説明した。

「切ったらまずかったのか？」

「まずくはないけど、ちょっとがっかりしたっていうか……」
島崎《しまざき》は不満そうだが、髪《かみ》を切る切らないは個人の自由である。
「成瀬《なるせ》ってそういうところあるよね。お笑いの頂点を目指すって言っておきながら、四年でやめちゃうし」
「やってみないとわからないことはあるからな」
成瀬《なるせ》はそれで構わないと思っている。たくさん種をまいて、ひとつでも花が咲《さ》けばいい。花が咲《さ》かなかったとしても、挑戦《ちょうせん》した経験はすべて肥やしになる。
「今回も、髪《かみ》を切らないと暑くて不格好になることがわかった。M-1[*3]グランプリにしても、馬場公園で漫才《まんざい》を練習したことでときめき夏祭りの司会になった。決して無駄《むだ》ではない」
「成瀬《なるせ》の言いたいことはわかるけどさ、なんかモヤモヤするんだよね。こっちは最後まで見届ける覚悟《かくご》があるのに、勝手にやめちゃうから」
成瀬《なるせ》は背中に汗《あせ》が伝うのを感じた。⑤振《ふ》り返《かえ》ると心当たりがありすぎる。成瀬《なるせ》が途中《とちゅう》で諦《あきら》めた種でも、島崎《しまざき》は花が咲《さ》くのを期待していたのかもしれない。これでは愛想を尽《つ》かされても無理はない。
「すまない、話はそれだけだ」
どうしていいかわからなくなった成瀬《なるせ》は、階段を駆《か》け下《お》りて家に帰った。

【文章Ⅱ】

【文章Ⅱ】は10ページ波線部「大貫《おおぬき》が~言った」にあたる場面の描写《びょうしゃ》で、「わたし」とは成瀬《なるせ》と同じ高校に通う同級生の大貫《おおぬき》かえでのことである。大貫《おおぬき》と成瀬《なるせ》は一年生の夏、故郷の滋賀県《しがけん》大津市《おおつし》から出て東京大学（東大）の見学に来ていた。成瀬《なるせ》から行きたい場所があると誘《さそ》われた大貫《おおぬき》はしぶしぶ成瀬《なるせ》と東大を出て、池袋《いけぶくろ》の西武デパートに着く。

店に入ると、初めて来たはずなのに懐《なつ》かしさを覚えた。西武大津《おおつ》店[*4]とはテナント[*5]も品揃《しなぞろ》えも全然違《ちが》うのに、館内の空気が西武なのだ。成瀬《なるせ》は目に涙《なみだ》を浮《う》かべている。ずいぶん大げさだと笑いたくなるが、わたしの胸にもこみあげるものがあって、うまく言葉が出てこない。

「地上に行って、外から見てみよう」

エスカレーターまでたどり着くにも人をよけて歩かなければならない。西武大津《おおつ》店がいつもガラガラだったことを思い出す。

店の外に出たら、自分が小さくなったような錯覚《さっかく》に陥《おちい》った。西武池袋《いけぶくろ》本店は巨大《きょだい》で、わたしの考えるデパートの五軒分《ごけんぶん》ぐらいはあった。西武大津《おおつ》店の一階の端《はし》で営業していた無印良品[*6]だけで一つのビルになっている。「池袋《いけぶくろ》駅東口」と書かれた入口もあるが、どういう構造になっているのだろう。

また成瀬《なるせ》から写真を撮《と》るよう頼《たの》まれ、わたしを道連れにしたのはカメラマンにするためだったのだと悟《さと》る。なんだか腹立たしくなり、「わたしの写真も撮《と》ってよ」とスマホを渡《わた》した。成瀬《なるせ》の撮《と》った写真はわたしの姿とSEIBUのロゴがちゃんと収まっている以外、特筆すべき箇所《かしょ》はなかった。

「本店はすごいな。もはやデパートと言うより街だな」

成瀬《なるせ》は興味深そうにいろんな角度から写真を撮《と》っている。

「わたしは将来、大津《おおつ》にデパートを建てようと思ってるんだ」

⑥こんなふうに目標とも夢とも野望ともつかないことを気安く口に出せたらどんなに楽だろう。あの寂《さび》れた街にデパートを出店するのはさすがに無茶だと思うが、わたしが反論したところで成瀬《なるせ》が考えを改めるはずがない。

「今日はそのための視察？」

わたしが尋《たず》ねると、成瀬《なるせ》は「そうだ」とC満足気に答えた。

＊7東大に戻《もど》る地下鉄の中で、わたしは成瀬《なるせ》に「どうして坊主《ぼうず》にしたの？」と尋《たず》ねた。成瀬《なるせ》は意外そうな表情でベリーショートの髪《かみ》に触《ふ》れる。
「はじめて訊《き》かれたな。みんな訊《き》きづらいんだろうか」
「そりゃ訊《き》きづらいでしょ」
反応を見るに、深刻な事情があるわけではないらしい。
「人間の髪《かみ》は一ヶ月に一センチ伸《の》びると言うだろう。その実験だ」
意味がよくわからず黙《だま》っていると、成瀬《なるせ》が続けた。
「入学前の四月一日に全部剃《そ》ったから、三月一日の卒業式には三十五センチになっているのか、検証しようと思ったんだ」
わたしは思わず噴《ふ》き出《だ》した。小学生の頃《ころ》、朝礼台に上る成瀬《なるせ》の肩《かた》まで伸《の》びる直毛を見て、わたしもあんな髪《かみ》だったらよかったのにと羨《うらや》んだのは一度や二度じゃない。
「全部剃《そ》らなくても、ある時点での長さを測っておいて、差を計算したらよくない？」
わたしだって縮毛矯正《きょうせい》したことで、地毛が伸《の》びるスピードがわかった。
「ちゃんと厳密にやりたかったんだ。それに、美容院に行くと、内側と外側で長さを変えられてしまうだろう。全体を同時に伸《の》ばしたらどうなるか、気にならないか？」
一瞬《いっしゅん》納得したが、同意するのは悔《くや》しくて「そうだね」と軽く答える。
「しかし短髪《たんぱつ》が想像以上に快適で、伸《の》ばすのが面倒《めんどう》になってきている」
成瀬《なるせ》は頭頂部の髪《かみ》をつまんで言った。
「せっかく剃《そ》ったんだから、最後までちゃんとやんなよ」
また憎《にく》まれ口《ぐち》を叩《たた》いてしまったが、⑦成瀬《なるせ》は真顔で「大貫《おおぬき》の言うとおりだな」とうなずいた。

（『成瀬《なるせ》は天下を取りにいく』　宮島《みやじま》未奈《みな》　新潮社刊）

（注）
＊１　京大――京都大学の略称《りゃくしょう》。
＊２　プラージュ――美容院の店名。
＊３　Ｍ－１グランプリ――お笑いのコンテスト。漫才《まんざい》を競い合う。成瀬《なるせ》は島崎《しまざき》を誘《さそ》ってこのコンテストに出場したことがある。
＊４　西武大津《おおつ》店――成瀬《なるせ》や大貫《おおぬき》の故郷にあったデパート。成瀬《なるせ》が中学二年生の夏に閉店した。
＊５　テナント――建物に入っている店舗《てんぽ》。
＊６　無印良品――衣服、生活雑貨、食品などを扱《あつか》う店舗《てんぽ》。
＊７　東大に戻《もど》る――二人はこの後、模擬《もぎ》授業を受けに大学へ戻《もど》る予定だった。

問一　――線①「意表をついた答え」とありますが、ここでのやりとりからわかる成瀬《なるせ》と大貫《おおぬき》それぞれの状況《じょうきょう》を説明したものとして最も適当なものを次のア～オの中から一つ選び、記号で答えなさい。

ア　大貫《おおぬき》は成瀬《なるせ》にいやな思いをさせることをわざと言っているが、成瀬《なるせ》には大貫《おおぬき》の悪意は伝わっていない。
イ　大貫《おおぬき》は成瀬《なるせ》に最低限の応対をしようとしているが、成瀬《なるせ》はその大貫《おおぬき》の努力よりも発言内容そのものを評価している。
ウ　大貫《おおぬき》は成瀬《なるせ》にぶっきらぼうに話しているが、成瀬《なるせ》は大貫《おおぬき》の言葉を素直に受け止めており大貫《おおぬき》の態度を気にしていない。
エ　大貫《おおぬき》は成瀬《なるせ》をおとしいれようとしてわざと誤った提案をしたが、成瀬《なるせ》は大貫《おおぬき》の提案を正当なものだと思っている。
オ　大貫《おおぬき》は成瀬《なるせ》をぞんざいに扱《あつか》っているが、成瀬《なるせ》は大貫《おおぬき》の対応を真面目《まじめ》に受け止め自分の行動の未熟さを反省している。

問二　―線②「一ヶ月に～少し長い」とありますが、ここから【文章Ⅰ】は成瀬《なるせ》が何年生の何月の時の話だとわかりますか。【文章Ⅱ】の成瀬《なるせ》と大貫《おおぬき》との会話も参考にしながら、最も適当なものを次のア～オの中から一つ選び、記号で答えなさい。

ア　二年生の六月　　イ　二年生の七月　　ウ　三年生の八月　　エ　三年生の九月　　オ　三年生の十月

問三　―線③「指先まで血が通うような感覚」とありますが、ここでの成瀬《なるせ》の状況《じょうきょう》を説明したものとして最も適当なものを次のア～オの中から一つ選び、記号で答えなさい。

ア　気持ちを切りかえ、いつもの勉強の感覚を取《と》り戻《もど》している。

イ　大貫《おおぬき》の助言のおかげで、不調を乗《の》り越《こ》えられたことに感謝している。

ウ　島崎《しまざき》との別れのさみしさを克服《こくふく》し、前向きになっている。

エ　京大ではなく、島崎《しまざき》と一緒《いっしょ》に東京の大学に行こうと決意している。

オ　大貫《おおぬき》や美容師との交流を経て、人としての温かさを回復している。

問四　―線④「島崎《しまざき》の眉間《みけん》にしわが寄る」とありますが、ここでの島崎《しまざき》の心情を説明したものとして最も適当なものを次のア～オの中から一つ選び、記号で答えなさい。

ア　成瀬《なるせ》が髪《かみ》を伸《の》ばし続けた自身の格好を気にしていたことに驚《おどろ》いている。

イ　成瀬《なるせ》が伸《の》ばし続けていた髪《かみ》を切ってしまったことに不可解な思いでいる。

ウ　成瀬《なるせ》が島崎《しまざき》の期待に応えるよりも快適さを優先したことに失望している。

エ　成瀬《なるせ》が勝手に島崎《しまざき》にことわりもなく髪《かみ》を切ったことに不愉快《ふゆかい》な思いでいる。

オ　成瀬《なるせ》が自身の挑戦《ちょうせん》よりも大貫《おおぬき》の提案を尊重したことに嫉妬《しっと》している。

問五　―線⑤「振《ふ》り返《かえ》ると心当たりがありすぎる」とありますが、これは成瀬《なるせ》が何をしてきたという「心当たり」ですか。六十字以内で説明しなさい。

問六　―線⑥「こんなふうに～楽だろう」とありますが、この一文から読み取れることとして最も適当なものを次のア～オの中から一つ選び、記号で答えなさい。

ア　大貫《おおぬき》は、将来に安定を求めており、野望など持っても意味がないと切り捨てている。

イ　大貫《おおぬき》は、常に完璧《かんぺき》を求めるあまりに、自分にできない挑戦《ちょうせん》はしないうちから諦《あきら》めてしまう。

ウ　大貫《おおぬき》は、失敗を恐《おそ》れているので、将来のためには注意を重ねて計画を立てている。

エ　大貫《おおぬき》は、周りの視線を気にしており、夢や希望を気軽に言うことにためらいを抱《いだ》いている。

オ　大貫《おおぬき》は、現実を悲観するあまりに、自由にのびのびと夢を描《えが》くことができないでいる。

問七　【文章Ⅰ】【文章Ⅱ】から読み取れる、大貫《おおぬき》の成瀬《なるせ》への思いとして最も適当なものを次のア～オの中から一つ選び、記号で答えなさい。

ア　自分まで変な人だと思われたくないので、成瀬《なるせ》のようになりたいとまでは思わないが、一方で成瀬《なるせ》の実力は認めており、成瀬《なるせ》を良きライバルであるとも思っている。

イ　成瀬《なるせ》は自分に対して興味を持っていないと思っており、そのさみしさからつい成瀬《なるせ》に冷たくあたってしまうが、実は成瀬《なるせ》の挑戦《ちょうせん》の行く末をひそかに楽しみにしている。

ウ　周囲からの評価を気にしていない成瀬《なるせ》の性格に理解を示す一方で、難関大学志望やデパート建設などといった大それた夢を軽々しく語る成瀬《なるせ》を幼いと見下している。

エ　常識外れな言動を迷惑《めいわく》だと思いつつも、他人からどう思われているかを一切《いっさい》気にしない成瀬《なるせ》にあこがれており、成瀬《なるせ》が困ったときには力になりたいと思っている。

オ　型破りな言動で目立つ成瀬《なるせ》とはできるだけ関わりたくないと思うが、一方で確固たる自分の考えを持ち、常識にとらわれず自由にふるまう姿をうらやましく思っている。

問八　――線⑦「成瀬《なるせ》は真顔で」とありますが、ここで成瀬《なるせ》はどのようなことを思っていたと考えられますか。【文章Ⅰ】から答えとなる二文続きの箇所《かしょ》を探し、最初の五字を抜《ぬ》き出《だ》しなさい。

問九　――線A「カンショウ」・B「フイ」・C「満足気」について、以下のそれぞれの問いに答えなさい。

⑴　――線A「カンショウ」の「ショウ」に相当する漢字をふくむものを次のア～オの中から一つ選び、記号で答えなさい。

ア　道路で転んで足をフショウする。
イ　ステージのショウメイをつける。
ウ　今でもインショウに残っている風景。
エ　一位になったのでショウジョウをもらう。
オ　キショウの荒《あら》い彼《かれ》とはすぐけんかになる。

⑵　――線B「フイ」のカタカナを正しい漢字に直しなさい。
（一画一画ていねいにはっきりと書くこと。送り仮名《がな》が必要な場合、それも解答らんに書きなさい。）

⑶　――線C「満足気」の正しい読みがなをひらがなで書きなさい。

2024 年度

豊島岡女子学園中学校

入学試験問題

（1回）

算　数

（50分）

注意事項

1．合図があるまで，この冊子を開いてはいけません。

2．問題は[1]から[6]，3ページから10ページまであります。
合図があったら確認してください。

3．解答は，すべて指示に従って解答らんに記入してください。

4．円周率は3.14とし，答えが比になる場合は，最も簡単な整数の比で答えなさい。

5．角すい・円すいの体積は，（底面積）×（高さ）÷3で求めることができます。

— 計 算 用 紙 —

1 次の各問いに答えなさい。

(1) $2024 \div 3 \times \left\{\left(0.32+\frac{2}{5}\right) \div \frac{4}{15} \div 9.9\right\}$ を計算しなさい。

(2) 中学1年生に用意したえんぴつを配りました。1人に3本ずつ配ると88本あまり，1人に5本ずつ配ると4本不足しました。用意したえんぴつは全部で何本でしたか。

(3) Aさんの所持金の半分の金額と，Bさんの所持金の40％の金額は同じ金額です。また，Aさんの所持金に1800円を加えた金額とBさんの所持金の2倍の金額は同じ金額です。Aさんの所持金はいくらですか。

(4) 下の図の○の中に1から10までの異なる整数を書き入れ，(あ)から(け)までの9つの三角形の頂点の3つの数を足します。このようにしてできた9つの数の和が最も小さくなるように数を書き入れるとき，その和を答えなさい。

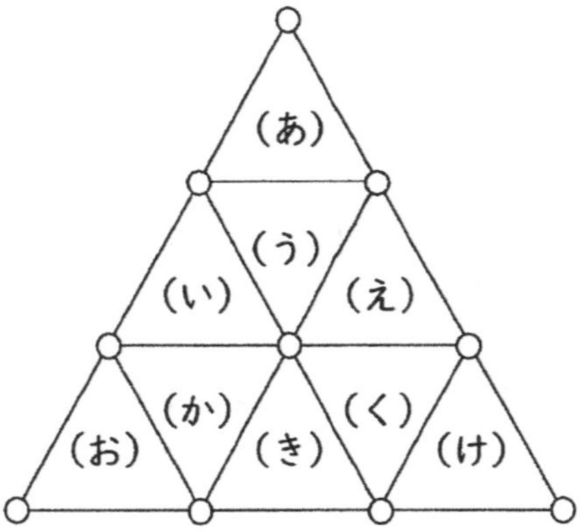

2 次の各問いに答えなさい。

(1) ある水そうには管A，管B，管Cの3つの水を入れる管がついています。空《から》の状態から，管Aのみを20分間用いると水そうがいっぱいになり，管Aを5分間，管Bと管Cを18分間用いると水そうがいっぱいになります。また，管Aを8分間，管Bを17分間，管Cを12分間用いると水そうがいっぱいになります。管Bからは毎分1Lの水が出るとき，水そうの容積は何Lですか。

(2) バスケットボールの試合では，シュートの種類によって1点，2点，3点の得点をとることができます。豊子さんはある試合で10点をとりました。シュートの種類の組み合わせは全部で何通りありますか。ただし，得点の順番は考えないものとします。

(3) 正十角形ABCDEFGHIJがあります。図のように点Bを中心とし，点Dを通る円の弧《こ》DJと，点Jを中心とし，点Bを通る円の弧BHの交わる点をKとします。このとき，角CDKの大きさは何度ですか。

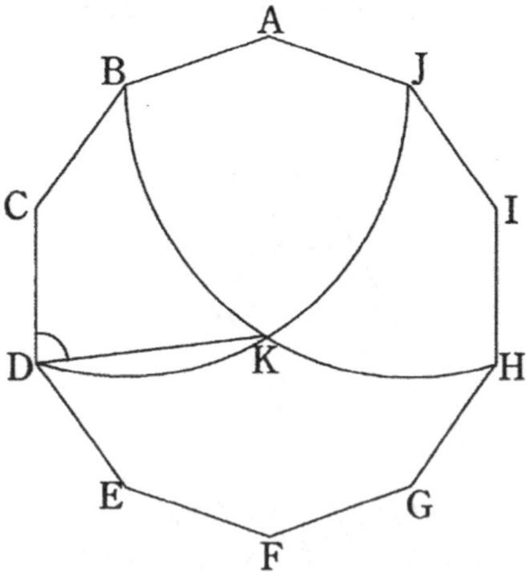

(4) 図のように AB＝AC＝ 3 cm，BC＝ 2 cm の二等辺三角形 ABC と DE＝DF＝ 3 cm，EF＝ 2 cm の二等辺三角形 DEF があります。点 E は辺 BC の真ん中の点であり，点 G は辺 EF の真ん中の点で，辺 AC 上にあります。辺 AB と辺 DF の交わる点を H とするとき，DH の長さは何 cmですか。

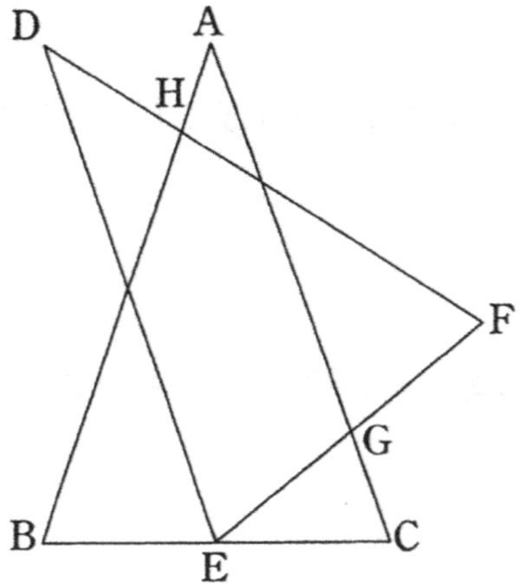

3 A 地点と B 地点の間を豊子さんと花子さんは A 地点から B 地点へ，太郎さんは B 地点から A 地点にそれぞれ一定の速さで移動します。花子さんと太郎さんは豊子さんが出発してから 15 分後に出発します。豊子さんと太郎さんがすれ違ってから 2 分 40 秒後に花子さんと太郎さんが C 地点ですれ違い，豊子さんと花子さんは同時に B 地点に着きました。花子さんと太郎さんの速さの比は 3：2 であるとき，次の各問いに答えなさい。

(1) 豊子さんが C 地点に到達するのは花子さんと太郎さんがすれ違う何分前ですか。

(2) (豊子さんの速さ)：(太郎さんの速さ) を答えなさい。

(3) 太郎さんが A 地点に着くのは太郎さんが出発してから何分後ですか。

[4] 3種類のカード[1]，[2]，[13]がそれぞれたくさんあります。これらのカードを[2]のカードが連続しないように並べて，整数を作ります。例えば，

1けたの整数は[1]，[2]の2通り，

2けたの整数は[1][1]，[1][2]，[2][1]，[13]の4通り，

3けたの整数は[1][1][1]，[1][1][2]，[1][2][1]，[1][13]，[2][1][1]，[2][1][2]，[2][13]，[13][1]，[13][2]の9通り作ることができます。

このとき，次の各問いに答えなさい。

(1) 4けたの整数は何通り作ることができますか。

(2) 6けたの整数は何通り作ることができますか。

5 次の各問いに答えよ。

(1) 下の図のような三角形 ABC，DEF があります。辺 AC の長さと辺 DE の長さが等しく，辺 AB と辺 DF の長さの和が 4 cm であるとき，2 つの三角形の面積の和は何 cm^2 ですか。

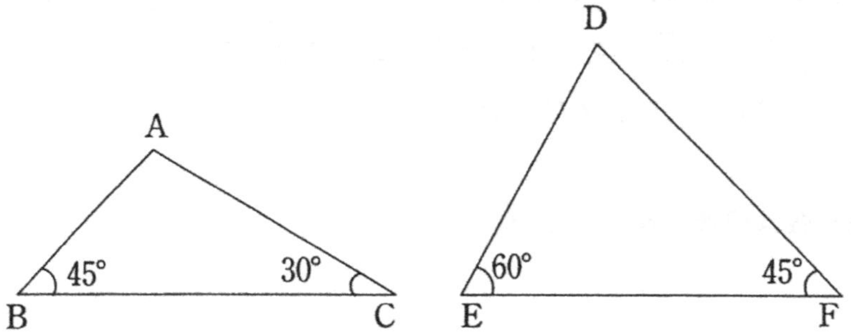

(2) 下の図のような三角形 GHI，JKL，MNO があります。辺 GI の長さと辺 JK の長さ，辺 JL の長さと辺 NO の長さがそれぞれ等しく，辺 GH の長さと辺 MN の長さの和が 4 cm であるとき，3 つの三角形の面積の和は何 cm^2 ですか。

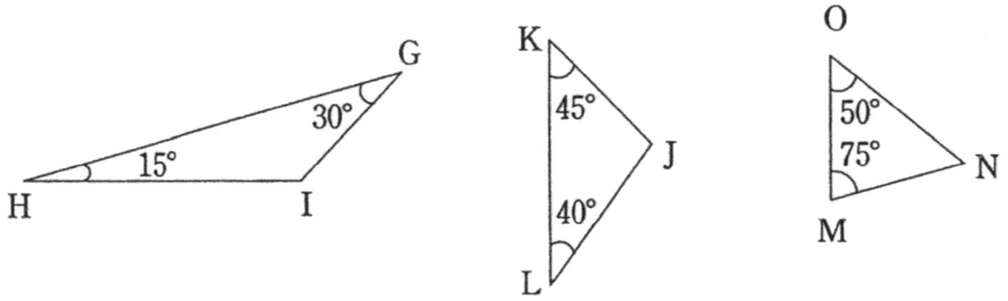

(3) 下の図のような直角三角形 PQR と正方形 STUV があります。辺 QR の長さと正方形の 1 辺の長さが等しく，辺 PR の長さと正方形の 1 辺の長さの和が 4 cm であるとき，2 つの図形の面積の和は何 cm^2 ですか。

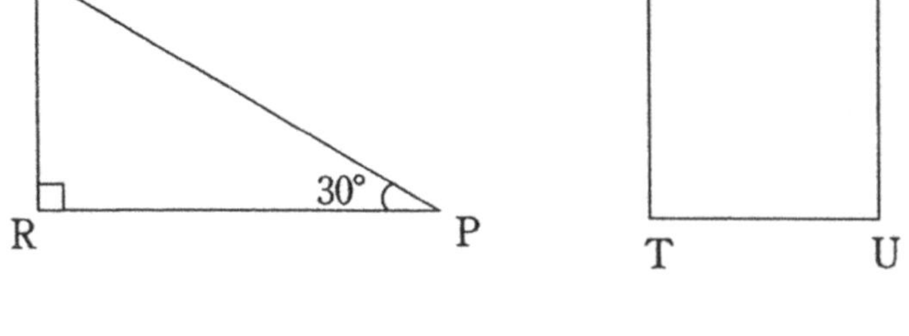

— 計 算 用 紙 —

6 1辺の長さが6cmの立方体ABCD－EFGHがあります。直線EGと直線FHが交わる点をIとし，点Iの真上にIJ＝2cmとなる点Jをとります。
このとき，次の各問いに答えなさい。

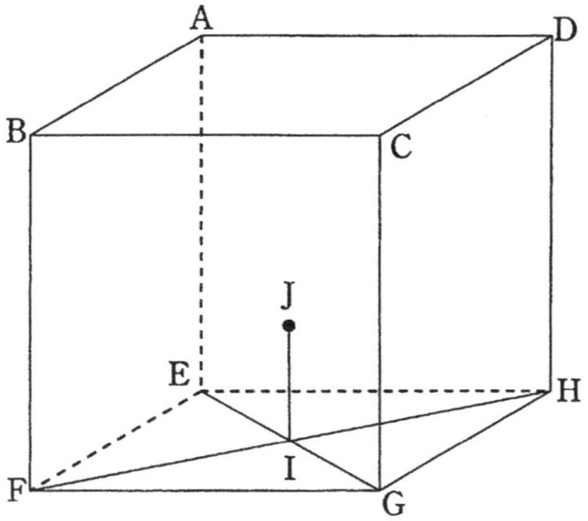

(1) FK＝2cmとなるような辺EF上の点をK，FL＝2cmとなるような辺FG上の点をLとします。3点K，L，Jを通る平面と辺DHが交わる点をMとするとき，DMの長さは何cmですか。

(2) 辺EFの真ん中の点をNとします。3点G，N，Jを通る平面と辺ADが交わる点をOとするとき，AOの長さは何cmですか。

— 計 算 用 紙 —

2024年度

豊島岡女子学園中学校

入学試験問題

（1回）

理　科

（理科・社会　2科目50分）

注意事項

1．合図があるまで，この冊子を開いてはいけません。

2．問題は 1 から 4 ，2ページから15ページまであります。
合図があったら確認してください。

3．解答は，すべて指示に従って解答らんに記入してください。

4．解答用紙は社会と共通で1枚になっており，社会の冊子にはさんであります。

1　以下の問いに答えなさい。

ヘリウム風船から手を放すと，空高く上がっていきますが，この風船はどこまで上がるのでしょうか。以下の例で考えてみましょう。ただし，風船からヘリウムが抜《ぬ》けることはなく，風船が割れることはないものとします。

図１のように，地表でのヘリウムを含《ふく》んだ風船全体の重さが 5g，体積が 5L のヘリウム風船があります。この風船にはたらく浮力《ふりょく》は，風船が押《お》しのけた空気の重さと等しくなります。1L あたりの重さを密度といい，地表での空気の密度は 1.23g/L です。高度が上がると，空気はうすくなり，地表からの高度と空気の密度は図２のような関係となります。

このとき，風船にはたらく重力と浮力が等しくなる高さまで風船は上昇《じょうしょう》するものと考えることにします。

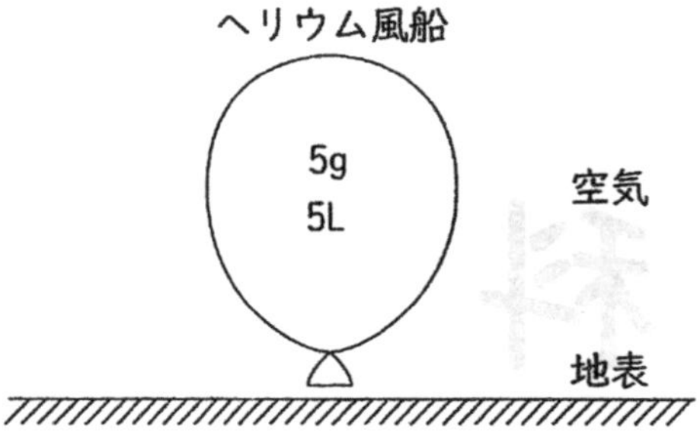

図１

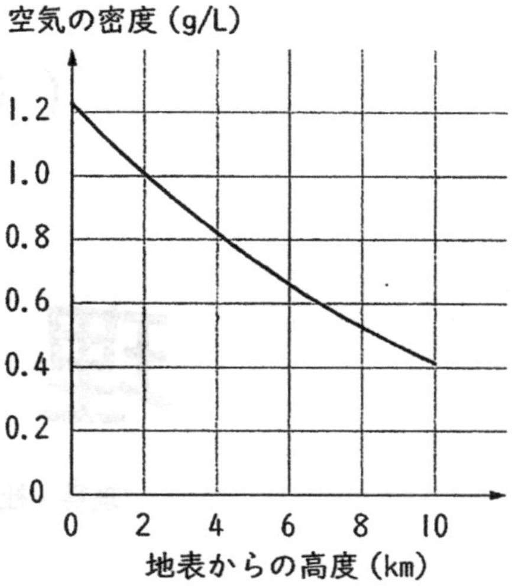

図２

まずは，変形しない風船の場合を考えてみましょう。体積が 5L のまま変わらない風船Ａがあります。

（１）地表からの高度と風船Ａにはたらく浮力の大きさの関係として，正しいものを以下の中から１つ選び，あ～きの記号で答えなさい。

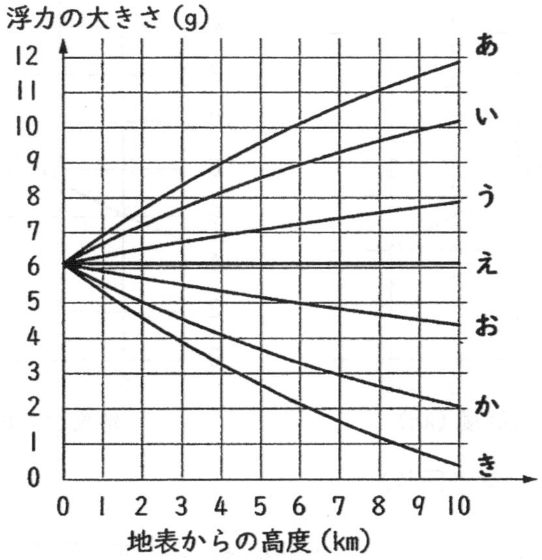

（２）風船Ａが到達《とうたつ》する最高の高度として最も近いものを，次のあ～かの中から１つ選び，記号で答えなさい。

あ．2km　い．4km　う．6km　え．8km　お．10km
か．10km でも風船は上昇を続ける

次に，風船が非常に柔《やわ》らかい素材でできており，体積が自由に変えられる場合を考えてみましょう。体積が自由に変えられ，風船の内外の圧力（気体が押す力）が常に等しい風船Bがあり，地表での体積は5Lでした。高度が上がったときの，地表からの高度と風船Bの体積は図3のような関係となります。

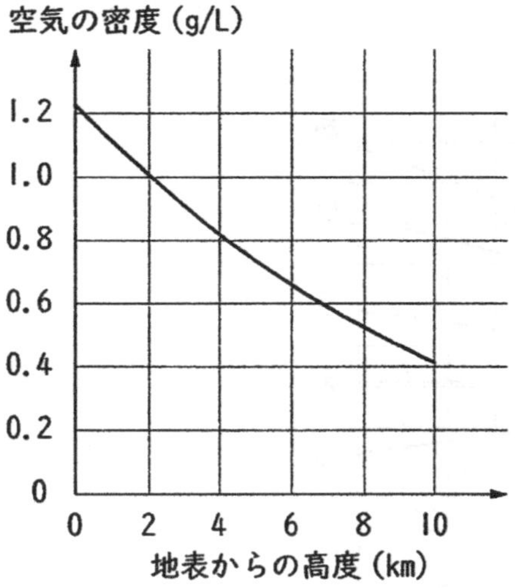

図2（2ページと同じ）

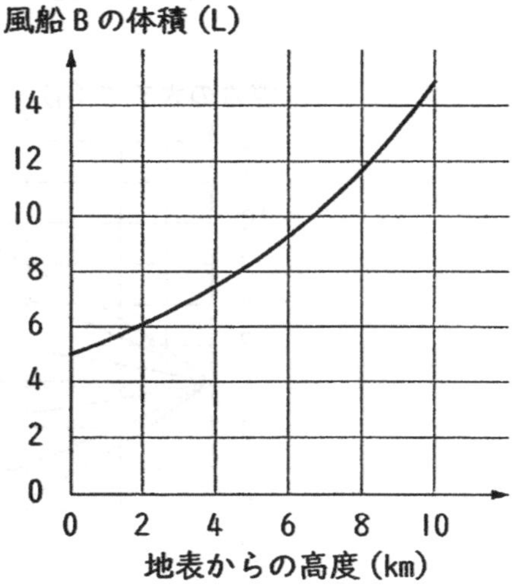

図3

（3）図3のように，高度が高くなると風船が膨《ふく》らみます。風船が膨らむ原因を説明した文として正しいものを，次のあ～えの中から1つ選び，記号で答えなさい。

あ．ヘリウムの温度が上がって体積が大きくなり，さらに空気の圧力も大きくなるから。

い．ヘリウムの温度が上がって体積が大きくなり，さらに空気の圧力も小さくなるから。

う．ヘリウムの温度が下がって体積が小さくなるが，それ以上に空気の圧力が大きくなることの影響《えいきょう》の方が大きいから。

え．ヘリウムの温度が下がって体積が小さくなるが，それ以上に空気の圧力が小さくなることの影響の方が大きいから。

（4）地表からの高度と風船 B にはたらく浮力《ふりょく》の大きさの関係として，正しいものを以下の中から１つ選び，あ～きの記号で答えなさい。

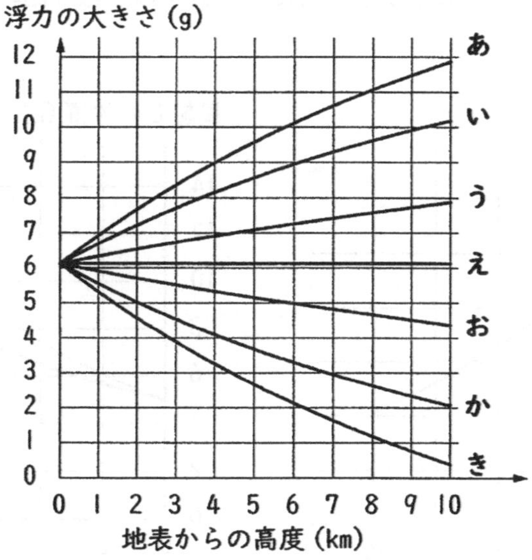

（5）風船Ｂが到達《とうたつ》する最高の高度として最も近いものを，次のあ～かの中から１つ選び，記号で答えなさい。

あ．2km　　い．4km　　う．6km　　え．8km　　お．10km

か．10km でも風船は上昇《じょうしょう》を続ける

実際の風船では，伸《の》びたゴムが縮もうとする性質により，風船Bのような体積の変化はしません。これを考慮《こうりょ》した風船Cについて考えます。地表からの高度と風船Cの体積は図4のような関係となります。ただし，図4の点線は比較《ひかく》のために描《か》いた風船Bの体積です。

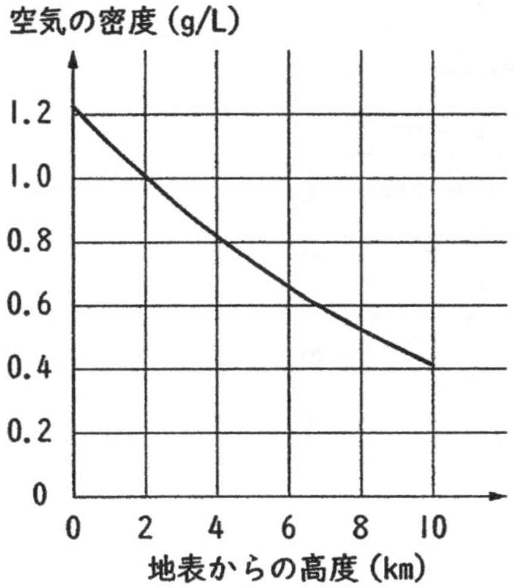

図2（2ページと同じ）

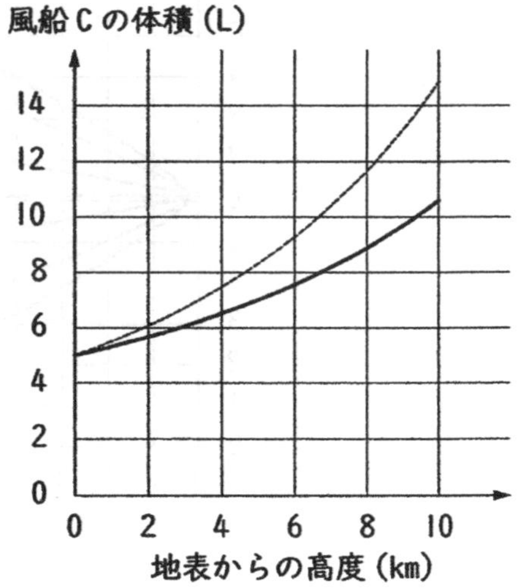

図4

（6）地表からの高度と風船Cにはたらく浮力《ふりょく》の大きさの関係として，正しいものを以下の中から1つ選び，あ～きの記号で答えなさい。

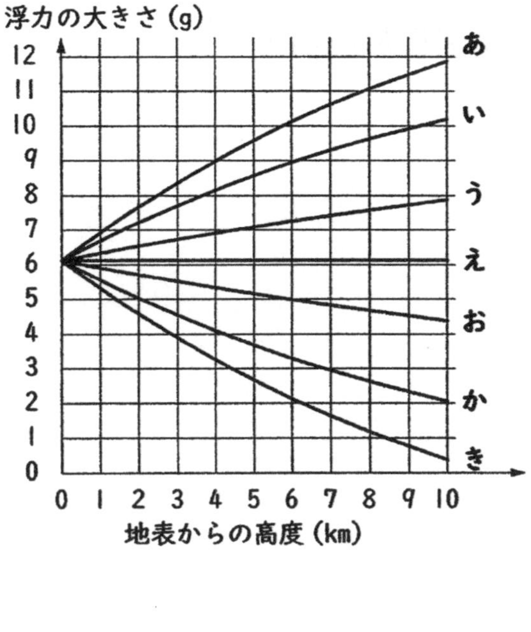

（7）風船Cが到達《とうたつ》する最高の高度として最も近いものを，次のあ～かの中から1つ選び，記号で答えなさい。

あ．2km　　い．4km　　う．6km　　え．8km　　お．10km

か．10kmでも風船は上昇《じょうしょう》を続ける

２　次のような２つの反応をふまえ，実験を行いました。以下の問いに答えなさい。

反応１：水酸化ナトリウム水溶液《すいようえき》と塩酸が反応すると，水と塩化ナトリウムができます。反応前と反応後の関係は次の通りです。

反応前		反応１	反応後	
水酸化ナトリウム	塩化水素	→	水	塩化ナトリウム
40g	36g		18g	58g

反応２：炭酸水素ナトリウム水溶液と塩酸が反応すると，水と塩化ナトリウムと二酸化炭素の３つができます。反応前と反応後の関係は次の通りです。ただし，二酸化炭素については体積を表記しています。

反応前		反応２	反応後		
炭酸水素ナトリウム	塩化水素	→	水	塩化ナトリウム	二酸化炭素
84g	36g		18g	58g	24L

【実験】

水酸化ナトリウムと炭酸水素ナトリウムを水に溶《と》かして水溶液Aとした。水溶液Aに塩酸を少しずつ加えていき，できた二酸化炭素の体積を調べた。

【結果】

加えた塩酸中の塩化水素の重さ[g]	20	30	33	40	50
できた二酸化炭素の体積[L]	0	2	4	6	6

（1）水酸化ナトリウム水溶液と炭酸水素ナトリウム水溶液には，共通した以下の３つの性質があります。

・　アルカリ性である。

・　固体の物質が溶けている。

・　水溶液は電気を通す。

次の水溶液あ～おのうち，上の３つの性質と１つも同じものがない水溶液を１つ選び，記号で答えなさい。

あ．石灰水　　　い．砂糖水　　　う．ホウ酸水

え．アルコール水溶液　　　お．酢酸《さくさん》水溶液

（2）以下の①，②それぞれの水溶液に BTB 液を加えたときの色として最も適切なものを，次のあ～えからそれぞれ１つずつ選び，記号で答えなさい。

①　水溶液Ａに塩化水素 25g 分の塩酸を加えた水溶液

②　水溶液Ａに塩化水素 40g 分の塩酸を加えた水溶液

あ．赤色　　　い．緑色　　　う．青色　　　え．黄色

（3）水溶液Ａに塩酸を少しずつ加えていくとき，はじめに反応１だけが起こり，水酸化ナトリウムがすべて反応したあとに反応２が起こるとします。このとき，水溶液Ａをつくるために加えた炭酸水素ナトリウムの重さは何 g ですか。四捨五入して整数で求めなさい。

（4）（3）のとき，水溶液Ａをつくるために加えた水酸化ナトリウムの重さは何 g ですか。四捨五入して整数で求めなさい。

（５）水溶液《すいようえき》Ａの水酸化ナトリウムがすべて塩化水素と反応した時点を「点Ｐ」と呼ぶことにします。点Ｐは反応１が終わった時点であり，反応２が起こり始めた時点でもあり，さらに，炭酸水素ナトリウムがほぼ完全に残っている時点と考えることができます。

次の文あ～おのうち，それぞれの文中の仮定が正しいとしたときの点Ｐの考察として適する文を**２つ**選び，記号で答えなさい。

あ．水溶液中に塩化水素が少しでも残っていたら刺激臭《しげきしゅう》を感じることができると仮定すると，水溶液Ａに塩酸を少しずつ加えていき，刺激臭を感じた時点が点Ｐといえる。

い．塩化ナトリウムが水に溶《と》けないと仮定すると，水溶液Ａに塩酸を少しずつ加えていき，白いにごり（溶け残り）が見られた時点が点Ｐといえる。

う．二酸化炭素が水に溶けないと仮定すると，水溶液Ａに塩酸を少しずつ加えていき，気体の発生が見られた時点が点Ｐといえる。

え．溶けている物質は変化させずに，水酸化ナトリウム水溶液の色だけを赤色にすることができる薬品があると仮定すると，この薬品を加えた水溶液Ａに塩酸を少しずつ加えていき，赤色が消えた時点が点Ｐといえる。

お．溶けている物質は変化させずに，炭酸水素ナトリウム水溶液の色だけを赤色にすることができる薬品があると仮定すると，この薬品を加えた水溶液Ａに塩酸を少しずつ加えていき，赤色が消えた時点が点Ｐといえる。

ー　スペース　ー

3 植物について，以下の問いに答えなさい。

（１）次の植物①～③の特徴《とくちょう》についてあてはまるものを，それぞれあ～かから**すべて**選び，記号で答えなさい。

①　ヒマワリ　　　②　ヘチマ　　　③　サクラ(ソメイヨシノ)

あ．茎《くき》からまきひげをのばす。

い．生きた葉をつけて冬を越《こ》す。

う．め花とお花がある。

え．花びらが黄色い。

お．花びらがちった後，葉が出てくる。

か．小さな花がたくさん集まって，１つの花のようになる。

（２）セイタカアワダチソウは帰化植物(植物に属する外来種)です。次のあ～おのうち，帰化植物ではないものを**２つ**選び，記号で答えなさい。

あ．オオカナダモ　　い．ヒメジョオン　　う．セイヨウタンポポ

え．キキョウ　　お．ススキ

（３）セイタカアワダチソウは虫媒花《ちゅうばいか》（虫が花粉を運んで受粉を行う花）です。次のあ～かのうち，虫媒花であるものを**すべて**選び，記号で答えなさい。

あ．トウモロコシ　　い．イネ　　う．イチゴ

え．クロモ　　お．マツ　　か．リンゴ

（4）植物の根から吸い上げられた水が，主に葉から水蒸気となって空気中に出ていくことを何といいますか。漢字で答えなさい。

（5）葉の大きさや数が同じセイタカアワダチソウを3本準備し，3本とも上下を切り落とし，茎の中ほどの部分を同じ枚数の葉をつけて同じ長さだけ切り取りました。そして茎の上の切り口にワセリン(水を通さないねばり気のある油)をぬりました。これらをそれぞれ同量の水を入れた試験管に差し，試験管から水が蒸発するのを防ぐために少量の油を注ぎました。加えて，すべての葉の表にワセリンをぬったものをA，すべての葉の裏にワセリンをぬったものをB，ワセリンをぬらなかったものをCとしました。

A，B，Cを同じ場所に1時間放置したとき，試験管中の水の減少量(g)は次のようになりました。

セイタカアワダチソウ	A	B	C
水の減少量[g]	4.8	3.2	7.2

この実験に用いたセイタカアワダチソウの葉(表と裏)から1時間で空気中に出ていった量は何gですか。四捨五入して小数第1位まで求めなさい。

4 月について，以下の問いに答えなさい。

（1）以下の図は，ある年の６月での月の出，月の入り，日の出，日の入りを，縦《たて》軸《じく》が時刻，横軸《よこじく》が日にちのグラフにまとめたものです。この６月に満月が見られる日にちと上弦《じょうげん》の月が見られる日にちはそれぞれ何日ですか。最も適切なものを次のあ～えから１つずつ選び，記号で答えなさい。

あ．４日　　い．11日　　う．18日　　え．26日

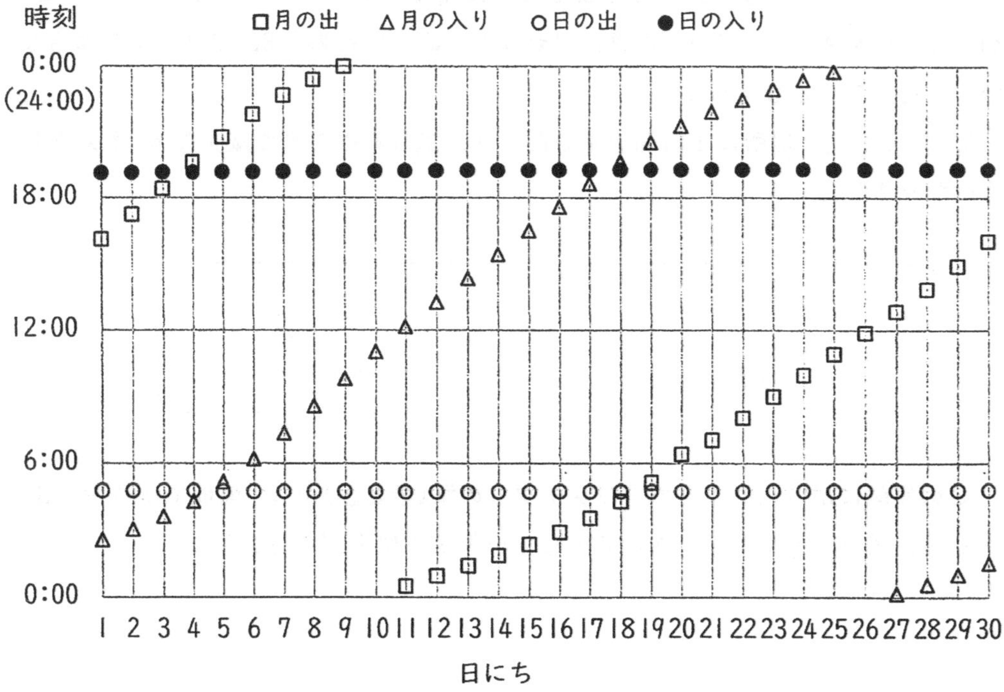

（2）次の表は，ある年の２月の月の出と月の入りの時刻です。２月24日の夕方に出た月は満月でした。２月24日の夕方に出た月が空に出ている時間は何時間何分ですか。

	２月23日	２月24日	２月25日
月の出	16：36	17：35	18：31
月の入り	6：08	6：37	7：03

（3）次の文中の[　①　]～[　③　]に最も適するものを以下のあ～さから選び，記号で答えなさい。

地球の直径と比べると，太陽の直径は約109倍，月の直径は約4分の1倍です。地球から月までの距離《きょり》と比べると，地球から太陽までの距離は約400倍はなれています。

地球から月を見るのではなく，月から地球を見ることを考えてみます。月から地球と太陽がほぼ同じ方向に見えたとき，[　①　]。月面のある場所で日の出をむかえ，次の日の出をむかえるまでの間に地球は[　②　]。

地球から月を見ると，新月→上弦の月→満月→下弦《かげん》の月→新月のように満ち欠けします。月から地球を見るときの地球も満ち欠けの様子によって，新地球，上弦の地球，満地球，下弦の地球のように名づけるとします。例えば，右図のように見える地球は上弦の地球と呼びます。ただし，この写真で見えている地球は上が北半球，下が南半球です。地球から見る月が新月として見られるときから，月から地球を見ると，[　③　]のように満ち欠けします。

©JAXA/NHK

あ．太陽と地球はほぼ同じ大きさに見えます
い．太陽は地球より小さく見えます
う．太陽は地球より大きく見えます
え．約1回自転します
お．約7回自転します
か．約30回自転します
き．約180回自転します
く．新地球→上弦の地球→満地球→下弦の地球→新地球
け．新地球→下弦の地球→満地球→上弦の地球→新地球
こ．満地球→上弦の地球→新地球→下弦の地球→満地球
さ．満地球→下弦の地球→新地球→上弦の地球→満地球

2024年度

豊島岡女子学園中学校

入学試験問題

（1回）

社　会

（社会・理科　2科目50分）

注意事項

1．合図があるまで、この冊子を開いてはいけません。

2．問題は 1 から 3 、2ページから11ページまであります。
合図があったら確認してください。

3．解答は、すべて指示に従って解答らんに記入してください。

4．解答用紙は理科と共通で1枚になっており、この冊子にはさんであります。

1　次の文章を読んで問いに答えなさい。

日本の歴史を振《ふ》り返ると、その時々の支配者たちが、様々な命令を出したり政治方針を表明したりしました。次に掲《かか》げた〔あ〕～〔き〕の史料は、そのいくつかを部分的に抜《ぬ》き出し、現代語に改めたものです。

〔あ〕 第一条　人の和を大切にし、争わないようにしなさい。

第二条　(ア)仏教の教えをあつく敬いなさい。

第三条　天皇の命令を受けたら、必ず従いなさい。

〔い〕 一　(イ)これまで天皇や豪族が所有していた土地や民は、すべて国家のものとする。

一　都や地方の区画を定め、(ウ)都から地方に役人を派遣《はけん》して治めさせる。

一　戸籍《こせき》をつくり、人々に田を割り当てて耕作させる。

一　布などを納める税の制度を統一する。

〔う〕 一　百姓が刀、弓、やり、鉄砲などの武器を持つことを禁止する。武器をたくわえ、年貢を納めず、(エ)一揆をくわだてる者は厳しく処罰《しょばつ》する。

一　取り上げた刀は、新しくつくる大仏のくぎなどに役立てるから、百姓は仏のめぐみで、この世だけではなく、あの世でも救われるであろう。

〔え〕 一　文武弓馬の道にはげむこと。

一　新しい（　オ　）を築いてはいけない。修理するときは届け出ること。

一　幕府の許可を得ずに勝手に結婚《けっこん》してはいけない。

〔お〕 一　朝は早起きして草をかり、昼は田畑を耕し、夜は縄《なわ》や俵を作り、気を抜かずに仕事にはげむこと。

一　酒や茶を買って飲まないこと。

一　食べ物を大事にして、雑穀を食べ、米を多く食べないこと。

一　(カ)麻《あさ》・もめん以外のものは着てはいけない。

〔か〕 一　政治は広く会議を開き、みんなの意見を聞いて決めよう。

一　国民が心を合わせ、国の政策を行おう。

一　国民一人一人の志がかなえられるようにしよう。

一　これまでのよくない古いしきたりを改めよう。

一　新しい知識を世界に学び、国を栄えさせよう。

〔き〕第１条　日本は、永久に続く同じ家系の天皇が治める。

第３条　天皇は神のように尊いものである。

第５条　天皇は議会の協力で法律を作る。

第11条　天皇は(キ)陸海軍を統率する。

第29条　国民は、法律に定められた範囲《はんい》の中で、言論、集会、結社の自由をもつ。

問１. 史料〔え〕と〔お〕は、いずれも江戸時代に出されたとされるものですが、出された対象に違《ちが》いがみられます。それぞれの史料の出された対象を、あわせて20字以内で説明しなさい。

問２. 史料〔か〕が出されてから、史料〔き〕が発布されるまでの出来事を説明した次の文のうち、正しいものを**すべて**選び番号で答えなさい。

１. アメリカ合衆国との間に領事裁判権を認めた。

２. ロシアとの交渉《こうしょう》の結果、千島列島が日本の領土になった。

３. 第１回衆議院議員総選挙が行われ、民権派の人たちが多数派を占《し》めた。

４. 地租の税率が３％から2.5％に引き下げられた。

５. 内閣制度が作られ、伊藤博文が初代の内閣総理大臣になった。

問３. 下線部(ア)に関連する出来事として説明した次の文のうち、正しいものを一つ選び番号で答えなさい。

１. 聖武天皇は、疫病《えきびょう》の流行や九州で起きた反乱による社会の動揺《どうよう》を鎮《しず》めるため、大仏を造立した。

２. 桓武天皇は、平城京の寺院が平安京に移ることを禁じたが、次第に延暦寺などが平安京内部に作られるようになった。

３. 室町幕府は一向宗を保護し信者が増えたため、加賀国では一向宗の信者を中心とした支配体制が作られた。

４. 織田信長はキリスト教の信者の急増に危機感を抱《いだ》き、キリシタン大名を海外に追放し、仏教を保護する政策に転換《てんかん》した。

問４. 下線部(イ)のことを、漢字４字で言い換《か》えなさい。

問5. 下線部(**ウ**)に関連して、日本の地方支配を説明した次の文を古い順に並べ替《か》え、番号で答えなさい。

1. 国ごとに守護が、荘園などに地頭がおかれた。

2. 各地の支配者が分国法を制定し、独自の統治を図った。

3. 国・郡・里に分けられ、それぞれ国司・郡司・里長がおかれた。

4. 中央政府が任命した知事・県令により、中央集権的な統治が行われた。

問6. 下線部(**エ**)に関連して、一揆とは武力を持って立ち上がることに限らず、広く一致《いっち》団結することを意味します。室町時代前後には多くの村落で一揆が結ばれました。村民たちが自ら村の資源を共同利用する方法などについて定めたものを一般に何といいますか。

問7. 空らん（　**オ**　）にあてはまる語句を漢字１字で答えなさい。

問8. 下線部(**カ**)に関連して、江戸時代の服飾《ふくしょく》や娯楽《ごらく》について説明した次の文のうち、**あやまっているもの**を一つ選び番号で答えなさい。

1. 阿波の藍《あい》や最上地方の紅花など染料となる商品作物の生産量が増え、京友禅《ゆうぜん》などの今につながる織物業が誕生・発展した。

2. 元禄期ごろから歌舞伎が人気となり、菱川師宣の「見返り美人図」などの役者絵が一大ブームとなった。

3. 元禄期には井原西鶴の浮世《うきよ》草子「好色一代男」や近松門左衛門の「曾根崎《そねざき》心中」などが上方で人気となった。

4. 化政文化の時期になると、お伊勢参りや善光寺参りなど、神社仏閣への旅行が盛んにおこなわれた。

問9. 下線部(**キ**)に関連して、昭和初期の軍部の行動を説明した次の文のうち、**あやまっているもの**を一つ選び番号で答えなさい。

1. 関東軍は柳条湖事件を起こし、満州の重要地域を占領《せんりょう》した。

2. 陸軍の青年将校の一部は犬養毅首相などを殺害する二・二六事件を起こした。

3. シンガポールやオランダ領東インドを占領し、現地の人に日本語教育などを行った。

4. 海軍のハワイ真珠湾への奇襲攻撃《きしゅうこうげき》などにより、太平洋戦争が開戦した。

2 次の問いに答えなさい。

問１． 次の国土地理院発行の地形図（２万5000分の１「於福《おふく》」）の中の**あ－い**間の断面図として、適当なものを下の１～４から一つ選び番号で答えなさい。

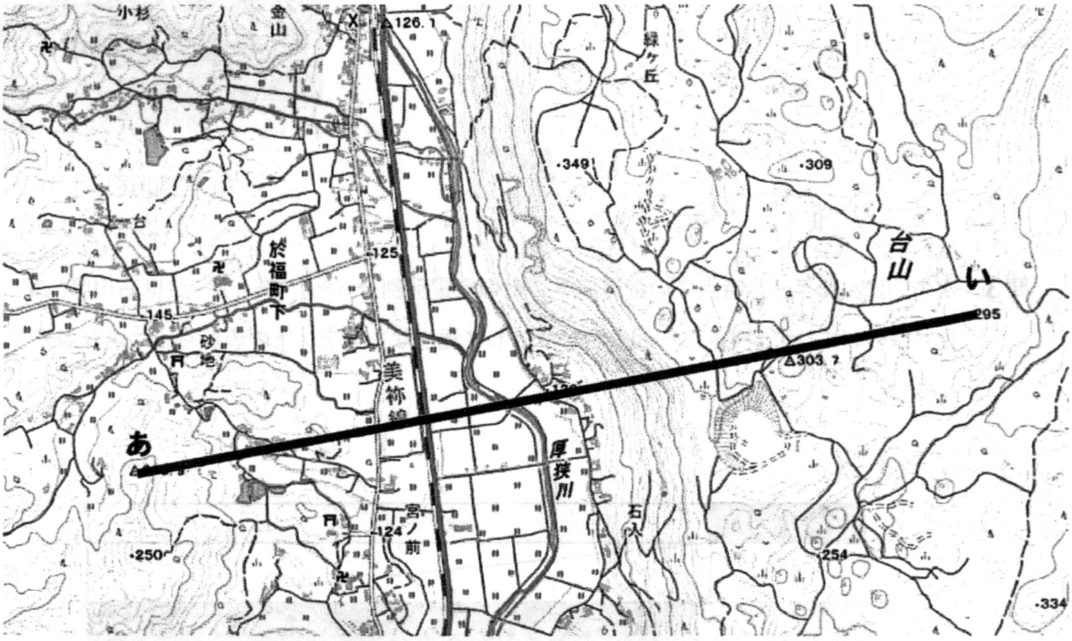

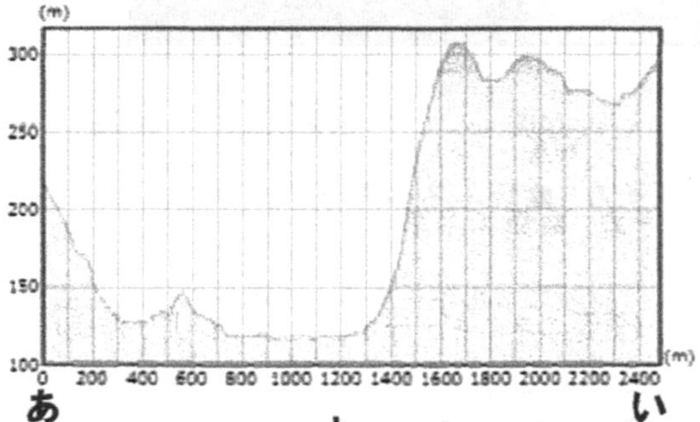

1

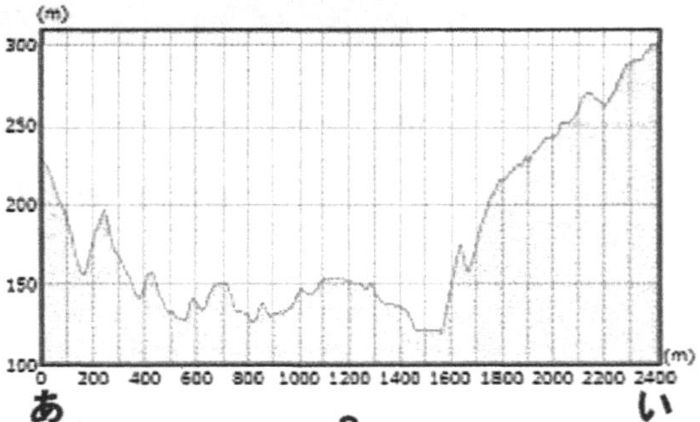

2

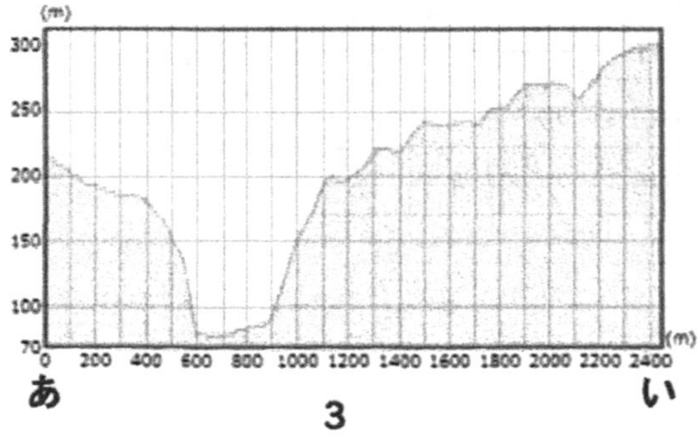

3

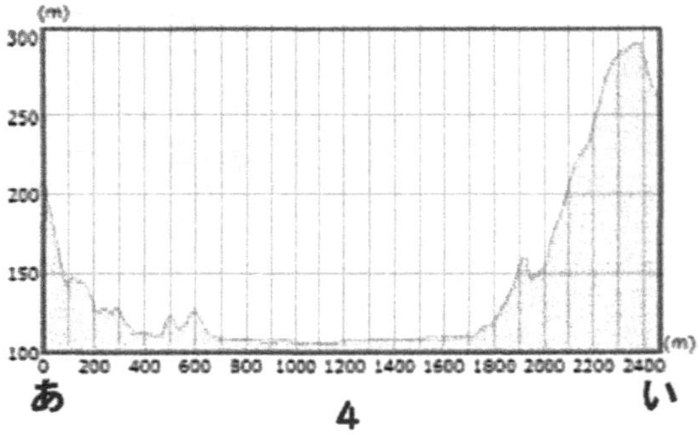

4

問2. 右の画像は、群馬県南部を撮影《さつえい》した空中写真の一部です。写真の住宅の特徴《とくちょう》から、矢印の指す方角を次から一つ選び番号で答えなさい。

1. 北　　**2.** 南　　**3.** 東　　**4.** 西

（地理院地図より作成）

問3. 次の図は2023年３月時点での都道府県ごとの発電別割合（%）で、ア～ウは石川県、富山県、福井県のいずれかです。この組み合わせとして適当なものを、下の表から一つ選び番号で答えなさい。

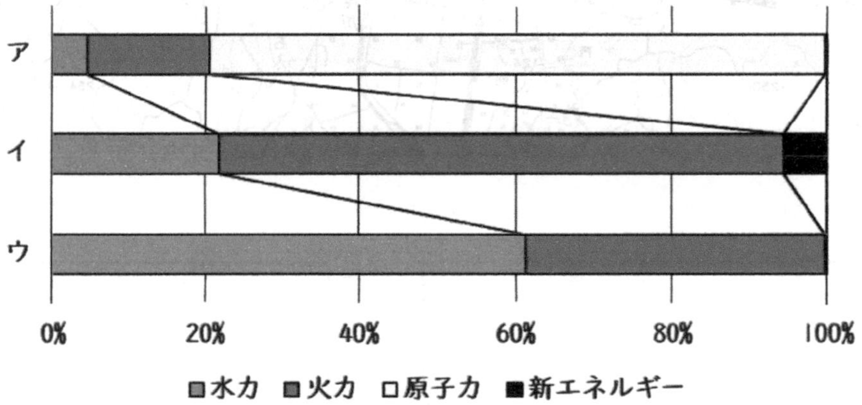

（資源エネルギー庁ホームページより作成）

	1	2	3	4	5	6
石川県	ア	ア	イ	イ	ウ	ウ
富山県	イ	ウ	ア	ウ	ア	イ
福井県	ウ	イ	ウ	ア	イ	ア

二〇二四年度

豊島岡女子学園中学校入学試験
国語解答用紙（一回）

座席番号

受験番号

氏名

※のらんには記入しないこと

一

問一

問二

問三

問四

問五

問六

問七
(1)
(2)

問八

問一. 5点
問二. 5点
問三. 5点
問四. 5点
問五. 5点
問六. 5点
問七. 5点×2
問八. 9点

得点 ※

※100点満点

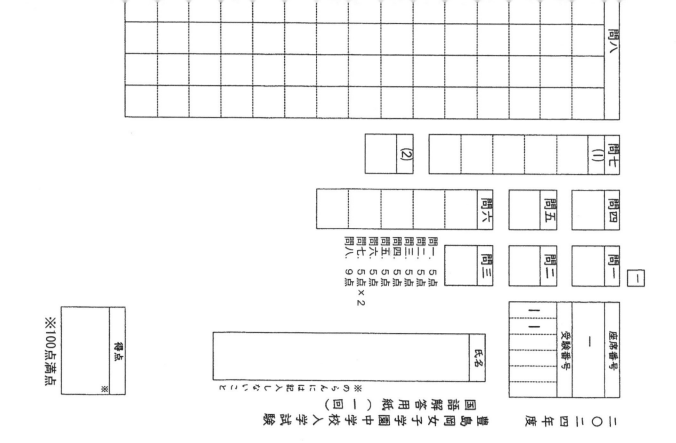

通り	通り

6点×3

5	(1) cm²	(2) cm²	(3) cm²

6点×2

6	(1) cm	(2) cm

座席番号	—					氏名		得点	※
受験番号	1	1								

※100点満点

解答用紙（１回）

【理　科】

1

２点×７

(1)		(2)		(3)		(4)		(5)	
(6)		(7)							

2

(1)２点　(2)２点×２　(3)２点　(4)２点　(5)完答３点

(1)		(2)	①		②		(3)	g
(4)	g	(5)						

3

(1)１点×３　(2)２点　(3)２点　(4)２点　(5)２点

(1)	①		②		③		
(2)			(3)		(4)		
(5)	g						

4

２点×６

(1)	満月		上弦の月			
(2)	時間　分					
(3)	①		②		③	

＊印のらんには書かないこと

受験番号	1 1	氏名	

得点	＊

※50点満点

2024年度　豊島岡女子学園中学校入学試験

【社　会】

2点×9

1

問　1

問　2	問　3	問　4

問　5	問　6	問　7
→　→　→		

問　8	問　9

2点×8

2

問　1	問　2	問　3	問　4	問　5

問6（1）	問　6（2）	問　7

2点×8

3

問　1	問　2	問　3
プラスチック		

問　4	問　5	問　6	問　7	問　8

得点	*

※50点満点

＊印のらんには書かないこと

座席番号		—	

2024年度　豊島岡女子学園中学校入学試験　(1回)

算数解答用紙

※のらんには何も書かないこと

1

5点×4

(1)	(2)	(3)	(4)
	本	円	

2

5点×4

(1)	(2)	(3)	(4)
L	通り	度	cm

3

6点×3

(1)	(2)	(3)
分前	:	分後

【解答用

二

問一

問二

問三

問四

問五

60

問六

問七

問八

問九

(1)

(2)

(3)

問一．５点
問二．５点
問三．５点
問四．５点
問五．９点
問六．５点
問七．６点
問八．５点
問九．２点×３

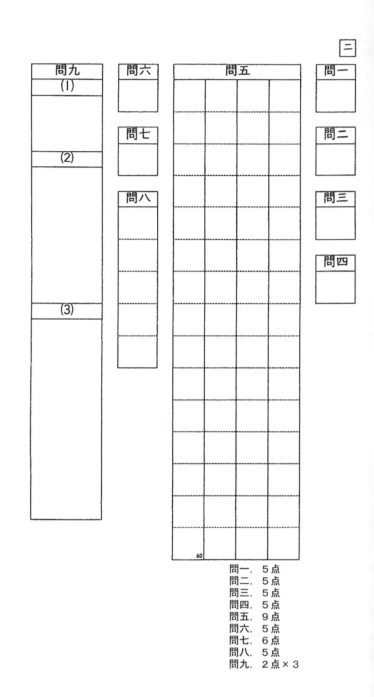

問4. 次の表は2019年における各空港の国内線の着陸回数を示したものです。ほとんどが三大都市圏《けん》もしくは100万人都市近郊《きんこう》の空港ですが、４位の那覇と６位の〔　あ　〕のみはそれに該当《がいとう》しません。それは４位の那覇や６位の〔　あ　〕は県内各地に行くにあたって航空機を利用することが多いからです。このことから推定される、〔　あ　〕の所在地として適当なものを、下から一つ選び番号で答えなさい。

	空港名	着陸回数
1位	東京国際	184,755
2位	福岡	71,086
3位	大阪国際	69,212
4位	那覇	68,427
5位	新千歳	67,920
6位	〔　あ　〕	32,957
7位	中部国際	32,864
8位	成田国際	28,015
9位	仙台	27,621
10位	関西国際	24,463

（国土交通省ホームページより作成）

1. 青森　　**2.** 鹿児島　　**3.** 高知　　**4.** 高松　　**5.** 富山

問5. 日本の伝統的工芸品について説明した次の文のうち、**あやまっているもの**を一つ選び番号で答えなさい。

1. 山形県天童市では豊富な森林資源を生かした曲げわっぱの生産が盛んである。

2. 新潟県村上市では、村上木彫堆朱《きぼりついしゅ》という漆器《しっき》が作られている。

3. 広島県熊野町は筆の生産が日本一で、化粧《けしょう》筆も品質が高いと評判である。

4. 佐賀県有田町では安土桃山時代に朝鮮半島から連れてこられた職人により始まった磁器の生産が盛んである。

問6. 次の図は、東京都中央区のウォーターフロント地域の、二つの年における土地利用を表したものです。なお**い**のほうが**あ**より新しい年のデータを使用しています。この図を見て以下の問いに答えなさい。

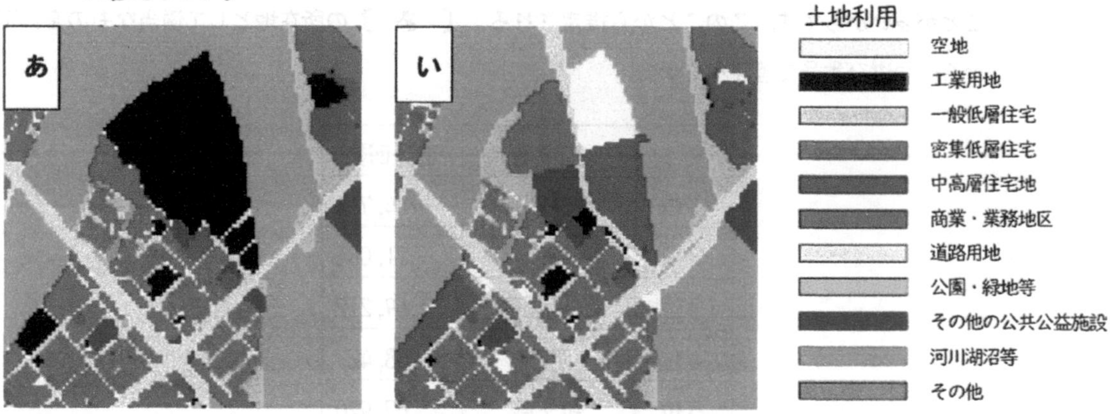

（国土地理院 宅地利用動向調査より作成）

(1) **あ**から**い**までの間に最も面積が減った土地利用を下から一つ選び番号で答えなさい。

1. 空地　　**2.** 工業用地　　**3.** 一般《いっぱん》低層住宅

4. 中高層住宅地　　**5.** 公園・緑地等

(2) （1）のように、もともとあった市街地を新しく整備し直すことを何といいますか、漢字３字で答えなさい。

問7. 次の表は2021年におけるすいか、バナナ、ぶどう、りんごの、都道府県庁所在地別の１世帯当たりの購入《こうにゅう》金額が上位３位までの都市名とその金額（円）を示したものです。この中でバナナにあたるものを、表中の１～４から一つ選び番号で答えなさい。

1		2		3		4	
青森	8,331	岡山	6,213	京都	6,376	新潟	2,359
盛岡	8,131	甲府	5,385	長崎	6,276	札幌	2,187
秋田	7,656	長野	4,611	神戸	6,037	鳥取	1,984

（総務省家計調査より作成）

3　次の文章を読んで問いに答えなさい。

本校では５月30日の「ごみゼロデー」にちなんで毎年５月30日前後に生徒会主催《しゅさい》で池袋校舎周辺のごみ拾い活動を行っています。毎年多くの生徒が参加してごみを拾いますが、実に様々な種類のごみが収集されてきます。中でも、プラスチックごみはとても多いです。プラスチックは主に石油などから作られ、軽くて丈夫《じょうぶ》で値段が安い素材として、あらゆる日用品に使用されています。しかし、自然には分解されにくいため、処理されないままに川や海に流れ込《こ》み、クジラやウミガメ、魚などの生命を脅《おびや》かします。さらに、(ア)プラスチックごみが紫外線《しがいせん》や波の作用で細かく砕かれて有害物質を吸着し、それを魚が食べ、その魚を人間が食べることによる健康被害《ひがい》なども心配されているのです。

このようなプラスチックごみを減らすために、2020年からレジ袋《ぶくろ》が有料化されました。レジ袋有料化は、いわゆる「(イ)容器包装リサイクル法」の規定に基づき制定されている省令の改正によるものです。省令とは、(ウ)各省庁が法律の実施《じっし》のため、または(エ)法律の委任によって制定する命令のことです。日本のプラスチックごみ対策はリサイクルが中心でしたが、国際的な流れであるリデュース（ごみの減量）に目を向け、(オ)政府は2030年までに使い捨てプラスチックごみを25%減らすという目標を掲《かか》げています。

ごみ問題をはじめ、(カ)人間の活動が自然環境《かんきょう》に重大な悪影響《えいきょう》を及《およ》ぼすことが問題となっています。しかし自然界は人間の横暴に対抗《たいこう》するすべを持たず、破壊《はかい》されていくしかありません。そこで、声なき自然に代わって「自然の権利」を主張しようという考え方があります。日本では1995年から「アマミノクロウサギ訴訟《そしょう》」と呼ばれる(キ)裁判が鹿児島地裁で行われました。当時の奄美大島ではゴルフ場開発計画があり、野生動物の生息地への悪影響が心配されていました。特別天然記念物のアマミノクロウサギなど奄美大島の希少動物たちと住民が原告となり、鹿児島県を相手取って、ゴルフ場計画の開発許可取り消しを求めて提訴《ていそ》したのです。数年間にわたった裁判では結果的に原告の主張は却下《きゃっか》されましたが、裁判所は「自然が人間のために存在するという考え方を推し進めていってよいのかどうかについては、改めて検討すべき重要な課題」と、異例の言及《げんきゅう》をしました。この裁判が自然と人間の関係を見直すきっかけを与《あた》えたのは間違《まちが》いないでしょう。

人間は自然の一部であると同時に、自然を破壊することで(ク)人々の経済生活が成り立つ場合もあることは否めません。ごみ問題に関して言えば、私たちが生活するうえで必ずやごみが発生し、何らかの形でそれを処理しなくてはならないのは確かです。人々が日ごろからごみへの関心を高めていけば、おのずと「ごみゼロデー」の活動も変化してくるのではないでしょうか。

問１．下線部(ア)について、このような作用により大きさが５ミリ以下となったものを［　※　］プラスチックと呼びます。［　※　］にあてはまる用語をカタカナで答えなさい。

問２．下線部(イ)に関連して、容器包装リサイクル法で回収とリサイクルが義務づけられた**対象品目ではないもの**を下から一つ選び番号で答えなさい。

１．アルミ缶《かん》　　２．ガラスびん　　３．ダンボール　　４．ペットボトル

５．割りばし

問３．下線部(ウ)に関して、2023年４月に「こども基本法」に基づいて新たに設置された省庁の名称《めいしょう》を答えなさい。

問４．下線部(エ)について、法律が成立するまでの手続きについて説明した次の文のうち、正しいものを**すべて**選び番号で答えなさい。

１．法律案は内閣のみが作成できる。

２．必ず衆議院から審議《しんぎ》を始める。

３．各議院の法律案の審議は必ず本会議より委員会が先に行う。

４．両院の議決が異なったときは必ず両院協議会を開く。

５．両院の議決が異なったときの再議決は衆議院のみが行う。

問５．下線部(オ)の経済活動である財政について、右の表は2023年度の基本的な予算（一般《いっぱん》会計予算）のうち、１年間に支出する予定の金額《きんがく》（歳出《さいしゅつ》額）です。単位は兆円で、計算の都合上、データの一部を簡略化しています。表中の項目《こうもく》いにあてはまるものを下から一つ選び番号で答えなさい。

１．公共事業費　　２．国債《こくさい》費　　３．社会保障関係費

４．地方財政費　　５．防衛費

歳出項目	金額（兆円）
あ	36.9
い	25.3
う	16.4
え	10.1
文教及《およ》び科学振興《しんこう》費	5.4
お	6.1
その他	14.2
合計	114.4

問6. 下線部(カ)に関連して、地球環境問題について説明した次の文のうち、正しいものを一つ選び番号で答えなさい。

1. オゾン層の破壊は主に空気中のメタンによって引き起こされ、紫外線の増加による健康被害《ひがい》も心配されている。
2. プランクトンの異常発生である赤潮は、海水に栄養分が乏《とぼ》しくなることで発生し、養殖《ようしょく》の魚の死滅《しめつ》など漁業に悪影響を与える。
3. 酸性雨は工場からのばい煙《えん》や自動車の排気《はいき》ガスから排出《はいしゅつ》される硫黄酸化物《いおうさんかぶつ》や窒素《ちっそ》酸化物が雨に溶《と》けると発生し、湖の生態系へ影響を与える。
4. 製紙パルプの原料としての需要《じゅよう》が年々伸《の》びているため、森林破壊は、先進国で主に起きている。

問7. 下線部(キ)について説明した次の文のうち、**あやまっているもの**を一つ選び番号で答えなさい。

1. すべての人は公正な裁判を受ける権利があるため、真実を包み隠《かく》さずに証言しなければならない。
2. 逮捕《たいほ》される場合は、現行犯の場合をのぞいて、裁判官が発行する逮捕令状が必要である。
3. 裁判において、被告人《ひこくにん》にとって不利益《ふりえき》な証拠《しょうこ》が本人の自白だけの場合は、無罪となる。
4. 無罪の裁判を受けたときは、抑留《よくりゅう》や拘禁《こうきん》された日数などに応じて国から補償金《ほしょうきん》を受け取ることができる。

問8. 下線部(ク)に関連して、次の表は2022年における関東地方と東北地方に住む二人以上の勤労世帯のひと月の支出の内訳（円）です。この表の**1**～**4**は教育費、交通・通信費、光熱・水道費、食費のいずれかの項目《こうもく》です。教育費にあてはまるものを、一つ選び番号で答えなさい。

	関東地方	東北地方
1	84,582	77,338
2	49,788	53,488
教養娯楽《ごらく》費	32,634	24,656
3	24,061	29,159
4	23,373	9,647

（総務省家計調査より作成）

二〇二三年度

豊島岡女子学園中学校
入学試験問題（一回）

国語

（50分）

注意事項

一．合図があるまで、この冊子を開いてはいけません。

二．問題は一から二、2ページから19ページまであります。
合図があったら確認してください。

三．解答は、すべて指示に従って解答らんに記入してください。

2023(R5) 豊島岡女子学園中
教英出版

一　次の文章を読んで、後の一から九までの各問いに答えなさい。
（ただし、字数指定のある問いはすべて句読点・記号も一字とする。）

一心不乱に勉強している人を見ると、「あの人はやる気のある人だなぁ」と思うことはありますが、ブウンブウンと音を立てて一心不乱に掃除《そうじ》しているルンバ*を見ても、①「あのルンバはやる気があるなぁ」とは感じないでしょう。不思議な気がしますが、なぜこのように人とルンバに対して異なった感情が芽生えるのでしょうか。

それは動くための力のありかが違《ちが》うことを知っているからです。ルンバが動くことができるのは、ルンバの内部からの力ではなく、外部からの力、すなわち、電力によって動力を得ているからです。

ルンバに限らず機械が動くためには、外部から電力やガソリンなどの物理的な力が供給される必要があります。その力を得た後に、スイッチをいれると動き出します。それに比べて、人間は外部による力で動くことはあまりありません。むしろ、人間（やある種の動物）は、内部からのやる気によって自ら行動を起こします。

そのように考えると、「やる気」とは、人間の内部に存在している力のことだということがわかります。もう少し説明を加えると、「やる気」とは、ある行動を引き起こし、その行動を持続させ、結果として一定の方向に導く心理的過程のことだといえるでしょう。

ちょっと難しく感じたかもしれませんね。それではみなさんに身近な勉強を例にやる気を説明してみましょう。「やる気」とは、「勉強する」という行動を引き起こして、「勉強する」という行動を持続させ、結果として、成績が向上するような過程であると考えられます。少しはわかりやすくなったのではないでしょうか。

つまり、ある行動を引き起こして、それを持続させる源（力）が「やる気」なのです。一般的《いっぱんてき》には②「やる気スイッチ」などというように、行動を引き起こすことに重点がおかれがちですが、持続させる力という点もあることに注意しましょう。

ただし、「やる気」は、勉強や運動に対してだけ使うものではありません。お母さんの手伝いをすることだったり、部屋を整理整頓《せいとん》することだったり、ゲームをすることだったりと、すべての行動を引き起こす源のことをいいます。

（中略）

冒頭《ぼうとう》のルンバの説明では、外からの力で動くものには「やる気」を感じないと単純化して話しましたが、実は、やる気には、「外から与《あた》えられるやる気」もあります。そのため、「内からわき出るやる気」と「外から与《あた》えられるやる気」の二つに大きく分けられます。心理学の学術用語では、それぞれ「内発的動機づけ」と「外発的動機づけ」といいます。

「内からわき出るやる気」（以後、「内からのやる気」ということにします）とは、③行動自体が目的となっているやる気、つまり、自分の行動の理由が好奇心《こうきしん》や興味・関心から生じている状態のことをいいます。

ゲームに夢中になっている子どもたちの多くは、ゲームが楽しくてゲームをしている（一般化《いっぱんか》するとその行動にAジュウジしている）のであって、何も、将来、ゲームに関わる職業にBツキたいからでも、誰《だれ》かに褒《ほ》められたいからでもありません。

このように、内からのやる気に基づいた行動は、行動そのものが目的となっており、他に何か目的があって行動しているわけではありません。まさに「やりたいからやる」というもの。そのCコンテイには、面白いから、楽しいからやるといった、その活動に対する興味・関心があります。

新しいことを知りたいから勉強をしている、あるいは、楽しいから、好きだから勉強をしているみなさんは、内からのやる気に基づいて勉強している（行動している）ことになります。

一方、「外から与《あた》えられるやる気」（以後、「外からのやる気」ということにします）は、自分の行動が外部（他人や環境《かんきょう》）からの報酬《ほうしゅう》や罰《ばつ》、命令、義務によって生じている状態です。

たとえば、良い成績をとって親に褒《ほ》められたいから勉強をしたり、親に叱《しか》られるのが嫌《いや》だからしぶしぶお手伝いをするといった、

XとYに基づく行動がこれにあたります。④義務と命令による「やる気」というと違和感《いわかん》があるかもしれませんが、心理学ではこれらも動機づけという文脈では「やる気」と捉《とら》えます。

外からのやる気に基づいた行動は、何らかの目的を達成するための手段であるといえます。「○○をしたいから△△する」、あるいは「○○をしたくないから△△する」というもので、ここでは○○をする（しない）が目的、△△するが手段となります。

では、内からのやる気と外からのやる気の違《ちが》いはどこにあるのでしょうか？

それは、内からのやる気では、行動することが目的であり（簡単にいうと、「やりたいからやる！」）、外からのやる気では、行動をすることが手段である点です（「○○したいからやる」、「○○したくないからやる」）。⑤言い換《か》えれば、「目的—手段」の観点から、やる気を分類しているのです。

（中略）

それでは、内からのやる気と外からのやる気、どちらが心理学のなかで先に見いだされたのでしょうか。

答えは外からのやる気です。やる気といえば内からというイメージがある読者のみなさんには、意外な感じがするかもしれませんね。

実は、人間（やある種の動物）に内からのやる気が存在することが広く認められたのは、一九七〇年代に入ってからになります。中高生の読者のみなさんにとっては昔のことと感じるかもしれませんが、心理学の歴史からいえば割と最近のことといえるでしょう。それまでは、人間が行動を起こすのは、すべて、外からの働きかけによると考えられていたのです。

一九五〇年代まで、心理学の世界は、行動主義心理学と呼ばれる心理学が主流で、動物を対象にした実験によって行動について研究していました。行動主義心理学というのは、人間や動物の意識や動機、感情を考慮《こうりょ》せずに、目に見える行動だけに着目した心理学のことをいいます。

行動主義心理学の基本的な理論に、オペラント条件づけというものがあります。これは、動物（人間）がたまたま何か行動した直後に、報酬《ほうしゅう》（多くはエサ）を与《あた》えることで、その行動を学習させる手続きを意味します。

たとえば、ねずみにレバーを押《お》すという行動を学習させたいときに、ねずみがさまざまな行動をとる中で、たまたまレバーを押《お》すという行動を自発した直後に、エサを与《あた》えます。それを何度もくり返すことによって、ねずみは意図的にレバーを押《お》すという行動を学習します。

また、ある行動を減少、あるいは消失させたいときには、罰《ばつ》（多くは電気ショック）を使います。たとえば、報酬《ほうしゅう》によってレバーを押《お》すという行動を学習させたねずみに、今度は、レバーを押《お》させないようにするとき、レバーを押《お》すと電気ショックが流れるというような罰《ばつ》を与《あた》えることで、ねずみはレバーを押《お》さなくなります。

こうしたオペラント条件づけは、動物にさまざまな行動を学習させる（訓練する）ための方法として広く活用されています。犬にお座りをさせることだったり、水族館のショーで見られるイルカの大きなジャンプだったり、サーカスで見られるゾウの玉乗りだったり。

行動主義心理学が主流であった一九五〇年代まで、人間の行動も動物と同じく、学習は適切に報酬《ほうしゅう》や罰《ばつ》を与《あた》えることによって、成立すると考えられていました。つまり、人間が行動を起こすためには、先に説明したオペラント条件づけのねずみのように、[X]と[Y]の力が必要であり、外からの働きかけがないと、われわれは行動を起こさないと考えられていたのです。

（『勉強する気はなぜ起こらないのか』　外山《とやま》　美樹《みき》　ちくまプリマー新書　）

〔注〕　＊　ルンバ＝ロボット掃除機《そうじき》の商品名。

問一　――線A「ジュウジ」・B「ツキ」・C「コンテイ」のカタカナを正しい漢字に直しなさい。
（一画一画ていねいにはっきりと書くこと。送り仮名《がな》が必要な場合、それも解答らんに書きなさい。）

問二　――線①『あのルンバはやる気があるなぁ』とは感じないでしょう」とありますが、なぜですか。その理由として最も適当なものを次のア～オの中から一つ選び、記号で答えなさい。

ア　人間は外部による力で動くことはあまりないことだと感じているから。

イ　動くための力のありかの違《ちが》いによってどれくらいの「やる気」があるかを見極められるから。

ウ　ルンバが動くのは、外部から「やる気」を得ているためだと理解しているから。

エ　人とルンバに対して異なった感情が芽生えるのが人として普通《ふつう》のことだと思っているから。

オ　「やる気」とは、人間の内部に存在している力のことだと考えているから。

問三　――線②『やる気スイッチ』」とありますが、ここではどういうものだと考えられますか。その説明として最も適当なものを次のア～オの中から一つ選び、記号で答えなさい。

ア　外部からそのスイッチを他人が押《お》すことで、やる気を起こさせることができるもの。

イ　内部にあるやる気を起こさせるスイッチで、他人が押《お》すことのできないもの。

ウ　そのスイッチを押《お》すことで、押《お》された人にある行動を起こさせるもの。

エ　そのスイッチを押《お》すことで、押《お》された人に行動を起こさせ、その行動を持続させるもの。

オ　外部からスイッチを押《お》すことで、押《お》された人をやる気にさせ、その結果成功に導くもの。

問四　――線③「行動自体が目的となっているやる気」とありますが、これを「勉強」で考えた場合、どのような気持ちだと考えられますか。その説明として最も適当なものを次のア～オの中から一つ選び、記号で答えなさい。

ア　勉強すること自体に喜びや意味を見出《みいだ》し、勉強することに積極的になっている気持ち。

イ　自分の興味や関心のあるものを探し求め、結果として勉強することを惜《お》しまない気持ち。

ウ　自分の好きだという気持ちを大切にして、自分のやりたいときにだけ勉強をするという気持ち。

エ　将来の夢や目標とするものをかなえるために、今は大変でも勉強をしておこうという気持ち。

オ　勉強をする中できちんと自分なりの目的をもって、それに見合う勉強をするという気持ち。

問五　空らん X ・ Y に入る語を考え、慣用表現を完成させなさい。ただし、それぞれカタカナ二字で答えること。

問六　――線④「義務と命令に～捉《とら》えます」とありますが、どういうことですか。その説明として最も適当なものを次のア～オの中から一つ選び、記号で答えなさい。

ア　義務と命令は親などの第三者によって生じるものだと一般的《いっぱんてき》には考えられているが、心理学上は第三者の働きかけをもとに自発的な「やる気」が生じていると考えられているということ。

イ　義務と命令は「やる気」をなくさせるものであり「やる気」とは反するものと一般的《いっぱんてき》には考えられているが、心理学上では積極的に「やる気」を起こさせるものとして考えられているということ。

ウ　義務と命令は「外からのやる気」であって「内からのやる気」とは区別されると一般的《いっぱんてき》には考えられているが、心理学上ではどちらも同じものとして区別せずに考えられているということ。

エ　義務と命令は外部から強制されるものなので「やる気」とは関係ないと一般的《いっぱんてき》には考えられているが、心理学上では行動を引き起こすためにそれらから生じるものも「やる気」と考えられているということ。

オ　義務と命令は当人が仕方なしに行動するため「やる気」が感じられないと一般的《いっぱんてき》には考えられているが、心理学上は「やる気」が感じられるかどうかよりも行動しているかどうかが重要だと考えられているということ。

問七　――線⑤「言い換《か》えれば、～いるのです」とありますが、どういうことですか。その説明として最も適当なものを次のア～オの中から一つ選び、記号で答えなさい。

ア　行動することが目的と関連しているのか、それとも関連していないのかで、やる気を区別できるということ。

イ　目的として行動そのものを行っているか、目的のために行動を行っているかで、やる気を区別できるということ。

ウ　行動することを通じて目的を達成しようとするか、行動を単なる手段とするかで、やる気を区別できるということ。

エ　目的を先に設定して行動をしていくか、行動した先に目的が生じるものとするかで、やる気を区別できるということ。

オ　目的として行動自体に意味を見出《みいだ》すか、手段でしかないので意味は見出《みいだ》さないかで、やる気を区別できるということ。

問八　本文の後、筆者は、「やる気」に関しての一般的《いっぱんてき》な考え方の転換点《てんかんてん》となった「アカゲザル（サルの一種）」による実験を紹介《しょうかい》しています。それはどのような実験だったと考えられますか。その説明として最も適当なものを次のア～オの中から一つ選び、記号で答えなさい。

ア　オペラント条件づけによりアカゲザルにパズルを解かせようとしたところ、報酬《ほうしゅう》も罰《ばつ》も与《あた》えない内に熱心にパズルを解き始め、その方法を理解するようになったという実験。

イ　最初は報酬《ほうしゅう》と罰《ばつ》によってアカゲザルにパズルを解かせていたが、そのうちにパズルを与《あた》えただけで何も報酬《ほうしゅう》や罰《ばつ》を与《あた》えなくとも解けるようになるまで学習したという実験。

ウ　他の動物にパズルを解かせようとしても一切興味・関心を持たなかったのに対し、アカゲザルだけがパズルに興味を持ち、自力で解けるようになるまでに成長したという実験。

エ　ねずみなどの動物にはいくら報酬《ほうしゅう》や罰《ばつ》を与《あた》えても解くことのできなかったパズルを、アカゲザルは報酬《ほうしゅう》や罰《ばつ》を与《あた》えられることなく容易に解けてしまったという実験。

オ　他の動物はオペラント条件づけによりパズルを解けるようになったが、アカゲザルはオペラント条件づけをしても解けるサルと解けないサルとに分かれてしまったという実験。

問九　本文中で筆者は「やる気」というものをどのようなものとしてとらえていますか。七十字以上九十字以内で答えなさい。

二　次の文章を読んで、後の一から九までの各問いに答えなさい。
（ただし、字数指定のある問いはすべて句読点・記号も一字とする。）

八月二十四日の夕方、僕《ぼく》は藤巻邸《ふじまきてい》を訪ねた。

辞書で「①処暑」をひいてみたところ、やはり暑さがやむ時期という意味らしい。この日は毎年、庭で花火をするのだと和也《かずや》が教えてくれた。夏らしいことをして、夏の終わりをしめくくろうという趣向《しゅこう》だろうか。てっきり東京のならわしなのかと思ったら、藤巻《ふじまき》家独自の恒例《こうれい》行事だという。

まずはいつものように和也《かずや》の勉強を見てやった後、ふたりで部屋を出た。磨《みが》き抜《ぬ》かれた廊下《ろうか》を玄関《げんかん》とは逆の方向に進み、左手の襖《ふすま》を開けると、中は十畳《じゅうじょう》ほどの和室だった。床《とこ》の間に掛《か》け軸《じく》が飾《かざ》られ、黄色い花が生けてある。中央の細長い座卓《ざたく》に、奥《おく》さんが箸《はし》や食器を並べていた。

藤巻《ふじまき》先生もいた。奥《おく》の縁側《えんがわ》に、こちらには背を向けて座っている。「お父さん」と和也《かずや》が呼んでも応えない。庭を眺《なが》めているふうにも見えるけれど、視線の先にあるのはおそらく植木や花壇《かだん》ではなく、その上に広がる空だろう。研究熱心なのは自宅でも変わらないようだ。

「いつもこうなんだ」

②和也《かずや》は僕《ぼく》に向かって眉《まゆ》を上げてみせ、母親とも目を見かわした。それは僕《ぼく》も知っている。

床《とこ》の間を背にして、腰《こし》を下ろした。正面に先生、その横が奥《おく》さん、和也《かずや》は僕《ぼく》の隣《となり》という席順である。考えてみれば、藤巻《ふじまき》先生と食事をともにする機会はこれまで一度もなかった。うれしい反面、なんだか緊張《きんちょう》してくる。

主菜は鰻《うなぎ》だった。ひとり分ずつ立派な黒塗《くろぬ》りの器に入った鰻重《うなじゅう》は、昔からひいきにしている近所の店に届けてもらったという。これで一人前かとびっくりするほど大きい。たれのたっぷりからんだ身はふっくらと厚く、とろけるようにやわらかい。

「おいしいです、とても」

僕《ぼく》がうっとりしていると、奥《おく》さんも目もとをほころばせた。

「お口に合ってよかったです」

父子も一心に箸《はし》を動かしている。ただ父親のほうは、旨《うま》そうに鰻《うなぎ》をほおばりながらも、ちらりちらりと外へ目をやっていた。厚ぼったい層積雲が茜色《あかねいろ》に染まっている。

「雨がやんでよかったわね」

奥《おく》さんも夕焼け空を見上げた。台風の影響《えいきょう》で、ここ二日ほどぐずついた天気が続いていたのだ。

「温帯低気圧に変わったから、もう大丈夫《だいじょうぶ》だろう。どうも今年は台風が少ないみたいだね」

先生が言う。

「でも、これからの季節が本番でしょう。去年みたいなことにならないといいけれど」

昨年は台風の被害《ひがい》が相次いだ。夏の台風八号は、梅雨前線を刺激《しげき》して大雨を降らせ、各地で洪水《こうずい》や地すべりを引き起こした。秋の台風十六号もまた強力で、都内でも、多摩川《たまがわ》が氾濫《はんらん》して住宅が流されるという惨事《さんじ》が起きた。一軒家《いっけんや》がなすすべもなく濁流《だくりゅう》にのみこまれていく衝撃的《しょうげきてき》な映像が、連日テレビで報道されていた。

当時、僕《ぼく》はすでに藤巻《ふじまき》研究室に顔を出すようになっていた。なんでこんなことになっちゃったのかね、と院生*のひとりが新聞を読んで首をひねっていたので、ニュースで得た知識を披露《ひろう》した。上流のダムを放水したため川の流量が一気に増え、その勢いに耐《た》えきれなくなった堤防《ていぼう》がふたつとも決壊《けっかい》したようだ、と。

ああうん、それは知ってる、と彼《かれ》は気のない調子で答えた。おれが考えてたのは、この台風の構造と、あとは進路のこと。

③僕《ぼく》は赤面した。（　中略　）

「ねえ、お父さんたちは天気の研究をしてるんでしょ」

和也《かずや》が箸《はし》を置き、父親と僕《ぼく》を見比べた。
「被害《ひがい》が出ないように防げないわけ？」
「それは難しい」
藤巻《ふじまき》先生は即座《そくざ》に答えた。
「気象は人間の力ではコントロールできない。雨や風を弱めることはできないし、雷《かみなり》も竜巻《たつまき》もとめられない」
「じゃあ、なんのために研究してるの？」
〈Ⅰ〉和也《かずや》がいぶかしげに眉根《まゆね》を寄せた。
A「知りたいからだよ。気象のしくみを」
B「知っても、どうにもできないのに？」
C「どうにもできなくても、知りたい」
D「もちろん、まったく役に立たないわけじゃないですしね」
僕《ぼく》は見かねて口を挟《はさ》んだ。
E「天気を正確に予測できれば、前もって手を打てるから。家の窓や屋根を補強するように呼びかけたり、住民を避難《ひなん》させたり」
F「だけど、家は流されちゃうんだよね？」
G「まあでも、命が助かるのが一番じゃないの」
奥《おく》さんもとりなしてくれたが、〈Ⅱ〉和也《かずや》はまだ釈然《しゃくぜん》としない様子で首をすくめている。
「やっぱり、おれにはよくわかんないや」
「わからないことだらけだよ、この世界は」
先生がひとりごとのように言った。

一時はどうなることかとはらはらしたけれど、それ以降は和也《かずや》が父親につっかかることもなく、食事は和やかに進んだ。鰻《うなぎ》をたいらげた後、デザートには西瓜《すいか》が出た。

話していたのは主に、奥《おく》さんと和也《かずや》だった。僕《ぼく》の学生生活についていくつか質問を受け、和也《かずや》が幼かった時分の思い出話も聞いた。

中でも印象的だったのは、絵の話である。

朝起きたらまず空を観察するというのが、藤巻《ふじまき》先生の長年の日課だという。晴れていれば庭に出て、雨の日には窓越《まどご》しに、とっくりと眺《なが》める。そんな父親の姿に、幼い和也《かずや》はおおいに好奇心《こうきしん》をくすぐられたらしい。よちよち歩きで追いかけていっては、並んで空を見上げていたそうだ。熱視線の先に、なにかとてつもなくおもしろいものが浮《う》かんでいるはずだと思ったのだろう。

「お父さんのまねをして、こう腰《こし》に手をあてて、あごをそらしてね。今にも後ろにひっくり返りそうで、見ているわたしはひやひやしちゃって」

奥《おく》さんは身ぶりをまじえて説明した。本人は覚えていないようで、首をかしげている。

「それで、後で空の絵を描《か》くんですよ。お父さんに見せるんだ、って言って。親ばかかもしれないですけど、けっこうな力作で……そうだ、先生にも見ていただいたら？」

「親ばかだって。子どもの落書きだもん」

照れくさげに首を振《ふ》った和也《かずや》の横から、藤巻《ふじまき》先生も口添《くちぞ》えした。

「いや、わたしもひさしぶりに見たいね。あれはなかなかたいしたものだよ」

「へえ、お父さんがほめてくれるなんて、珍《めずら》しいこともあるもんだね」

④冗談《じょうだん》めかしてまぜ返しつつ、和也《かずや》はまんざらでもなさそうに立ちあがった。

「あれ、どこにしまったっけ？」

「あなたの部屋じゃない？　納戸《なんど》か、書斎《しょさい》の押《お》し入れかもね」

奥《おく》さんも後ろからついていき、僕《ぼく》は先生とふたりで和室に残された。

「先週貸していただいた本、もうじき読み終わりそうです。週明けにでもお返しします」

なにげなく切り出したところ、先生は目を輝《かがや》かせた。

「あの超音波《ちょうおんぱ》風速温度計は、実に画期的な発明だね」

超音波《ちょうおんぱ》風速温度計のもたらした貢献《こうけん》について、活用事例について、今後検討すべき改良点について、堰《せき》を切ったように語り出す。

お絵《え》描《か》き帳が見あたらなかったのか、和也《かずや》たちはなかなか帰ってこなかった。その間に、先生の話は加速度をつけて盛りあがった。ようやく戻《もど》ってきたふたりが和室の入口で顔を見あわせているのを、僕《ぼく》は視界の端《はし》にとらえた。自分から水を向けた手前、話の腰《こし》を折るのもためらわれ、どうしたものかと弱っていると、スケッチブックを小脇《こわき》に抱《かか》えた和也《かずや》がこちらへずんずん近づいてきた。

「お父さん」

うん、と先生はおざなりな生返事をしたきり、見向きもしない。

「例の、南西諸島の海上観測でも役に立ったらしい。船体の揺《ゆ》れによる影響《えいきょう》をどこまで補正できるかが課題だな」

「ねえ、あなた」

奥《おく》さんも困惑顔《こんわくがお》で呼びかけた。

と、先生がはっとしたように口をつぐんだ。僕《ぼく》は胸をなでおろした。たぶん奥《おく》さんも、それに和也《かずや》も。

「ああ、スミ。悪いが、紙と鉛筆《えんぴつ》を持ってきてくれるかい」

先生は言った。和也《かずや》が踵《きびす》を返し、無言で部屋を出ていった。
おろおろしている奥《おく》さんにかわって、自室にひっこんでしまった和也《かずや》を呼びにいく役目を僕《ぼく》が引き受けたのは、⑤少なからず責任を感じたからだ。
父親に絵をほめられたときに和也《かずや》が浮《う》かべた表情を、僕《ぼく》は見逃《みのが》していなかった。雲間から一条《いちじょう》の光が差すような、笑顔だった。いつだって陽気で快活で、いっそ軽薄《けいはく》な感じさえする子だけれど、あんな笑みははじめて見た。
「花火をしよう」
ドアを開けた和也《かずや》に、僕《ぼく》は言った。
「おれはいい。先生がつきあってあげれば？　そのほうが親父《おやじ》も喜ぶんじゃない？」
和也《かずや》はけだるげに首を振《ふ》った。険しい目つきも、ふてくされたような皮肉っぽい口ぶりも、ふだんの和也《かずや》らしくない。僕《ぼく》は部屋に入り、後ろ手にドアを閉めた。
「まあ、そうかっかするなよ」
藤巻《ふじまき》先生に悪気はない。話に夢中になって、他のことをつかのま忘れてしまっていただけで、息子《むすこ》を傷つけるつもりはさらさらなかったに違《ちが》いない。「様子を見てきます」と僕《ぼく》が席を立ったときも、なにが起きたのか腑《ふ》に落ちない様子できょとんとしていた。
「別にしてない」
和也《かずや》は投げやりに言い捨てる。
「昔から知ってるもの。あのひとは、おれのことなんか興味がない」
腕組《うでぐ》みして壁《かべ》にもたれ、暗い目つきで僕《ぼく》を見据《みす》えた。
「でも、おれも先生みたいに頭がよかったら、違《ちが》ったのかな」
「え？」

「親父《おやじ》があんなに楽しそうにしてるの、はじめて見たよ。いつも家ではたいくつなんだろうね。おれたちじゃ話し相手になれないもんね」

うつむいた和也《かずや》を、僕《ぼく》はまじまじと見た。妙《みょう》に落ち着かない気分になっていた。胸の内側をひっかかれたような。むずがゆいような、ちりちりと痛むような。

唐突《とうとつ》に、思い出す。

状況《じょうきょう》はまったく違《ちが》うが、僕《ぼく》もかつて打ちのめされたのだった。自分の親が、これまで見せたこともない顔をしているのを目《ま》のあたりにして。母に恋人《こいびと》を紹介《しょうかい》されたとき、僕《ぼく》は和也《かずや》と同じ十五歳《じゅうごさい》だった。こんなに幸せそうな母をはじめて見た、と思った。

「どうせ、おれはばかだから。親父《おやじ》にはついていけないよ。さっきの話じゃないけど、なにを考えてるんだか、おれにはちっともわかんない」

僕《ぼく》は小さく息を吸って、口を開いた。

「僕《ぼく》にもわからないよ。きみのお父さんが、なにを考えているのか」

和也《かずや》が探るように目をすがめた。僕《ぼく》は机に放り出されたスケッチブックを手にとった。

「僕《ぼく》が家庭教師を頼《たの》まれたとき、なんて言われたと思う？」

和也《かずや》は答えない。身じろぎもしない。

「学校の成績をそう気にすることもないんじゃないか、ってお父さんはおっしゃった。得意なことを好きにやらせるほうが、本人のためになるだろうってね」

色あせた表紙をめくってみる。ページ全体が青いクレヨンで丹念《たんねん》に塗《ぬ》りつぶされている。白いさざ波のような模様は、巻積雲《けんせきうん》だろう。

「よく覚えてるよ。意外だったから」

次のページも、そのまた次も、空の絵だった。一枚ごとに、空の色も雲のかたちも違《ちが》う。確かに力作ぞろいだ。

「藤巻《ふじまき》先生はとても熱心な研究者だ。もしも僕《ぼく》だったら、息子《むすこ》も自分と同じように、学問の道に進ませようとするだろうね。本人が望もうが、望むまいが」

僕《ぼく》は手をとめた。開いたページには、今の季節におなじみのもくもくと不穏《ふおん》にふくらんだ積雲が、繊細《せんさい》な陰翳《いんえい》までつけて描《か》かれている。

「わからないひとだよ、きみのお父さんは」

わからないことだらけだよ、この世界は――まさに先生自身が口にした言葉を、僕《ぼく》は思い返していた。

〈Ⅳ〉だからこそ、おもしろい。

（『博士《はかせ》の長靴《ながぐつ》』瀧羽《たきわ》麻子《あさこ》）

〔注〕　＊院生＝大学院に在籍《ざいせき》する学生。

問一　次の文は本文中の登場人物について整理したものです。〔　a　〕・〔　b　〕に入る最もふさわしい言葉をそれぞれ本文中から探し、指定された字数で抜《ぬ》き出しなさい。

藤巻《ふじまき》先生の教え子である僕《ぼく》は、先生の〔　a　二字　〕である和也《かずや》の〔　b　四字　〕をしている。

問二　――線①「処暑」とは、暦《こよみ》による季節区分を示す二十四節気の一つです。次に記した二十四節気の表の中で、「処暑」の時期として適当なものを表のア～オの中から一つ選び、記号で答えなさい。

ア
雨水《うすい》
啓蟄《けいちつ》
春分《しゅんぶん》
清明《せいめい》
穀雨《こくう》
立夏《りっか》
小満《しょうまん》
芒種《ぼうしゅ》
夏至《げし》
小暑《しょうしょ》
イ
立秋《りっしゅう》
ウ
白露《はくろ》
秋分《しゅうぶん》
寒露《かんろ》
霜降《そうこう》
エ
小雪《しょうせつ》
大雪《たいせつ》
オ
小寒《しょうかん》
大寒《だいかん》

問三　―線②「和也《かずや》は僕《ぼく》に向かって眉《まゆ》を上げてみせ、母親とも目を見かわした」とありますが、ここでの和也《かずや》の様子として最も適当なものを次のア～オの中から一つ選び、記号で答えなさい。

ア　何かに没頭《ぼっとう》している父親の姿がほほえましく、母親と一緒《いっしょ》にそっと見守っている様子。

イ　父親の反応に困《こま》るものの、研究熱心な姿に尊敬の念を抱《いだ》かざるを得ないでいる様子。

ウ　繰《く》り返される無反応な父親の姿に半ば呆《あき》れぎみになりながら、同意を求めている様子。

エ　呼んでも無視する父親の姿に戸惑《とまど》い、何も言わない母親にも不信感を抱《いだ》いている様子。

オ　研究に夢中になっている父親の姿を理解できず、怒《いか》りを隠《かく》しきれないでいる様子。

問四　―線③「僕《ぼく》は赤面した」とありますが、その理由として最も適当なものを次のア～オの中から一つ選び、記号で答えなさい。

ア　台風の構造と進路に関することが興味深い内容であるところ、新聞では洪水《こうずい》など台風がもたらした大きな被害《ひがい》ばかりが取り上げられていることに、気象を研究している者として不満を抱《いだ》いたから。

イ　台風の被害《ひがい》が相次いだことは気象を研究している者にとって大きな関心事であり、さりげなさを装っているようでも、熱い議論が交わされる気配に興奮してしまったから。

ウ　気象を研究している者にとって、台風の被害《ひがい》が生じた原因を把握《はあく》しようとするのが当たり前とも思えるのに、やる気のない調子で応答し関心を示さない院生に怒《いか》りを覚えたから。

エ　世間で取りざたされる悲惨《ひさん》な被害《ひがい》のほうに気をとられてしまっていたが、気象を研究している者であれば、豪雨《ごうう》をもたらした気象そのものに関心が向いて当然であったと、自分自身を恥《は》ずかしく思ったから。

オ　気象を研究している者であれば、自然による災害が生じる仕組みは周知のことにもかかわらず、知ったかぶりして先輩《せんぱい》に教えるという出過ぎた行為《こうい》をしてしまったことを反省したから。

問五　二重線〈Ⅰ〉「和也《かずや》がいぶかしげに眉根《まゆね》を寄せた」・〈Ⅱ〉「和也《かずや》はまだ釈然《しゃくぜん》としない様子で首をすくめている」の間に交わされた会話A～Gの中で、藤巻《ふじまき》先生の発言をすべて選び、アルファベットを順番通りに答えなさい。

問六　―線④「冗談《じょうだん》めかしてまぜ返しつつ、和也《かずや》はまんざらでもなさそうに立ちあがった」とありますが、この行動から和也《かずや》のどのような様子が読み取れますか。その説明として最も適当なものを次のア～オの中から一つ選び、記号で答えなさい。

ア　思いがけず父親に自分の絵をほめられ、照れくささを取りつくろいながら、うれしさを隠《かく》しきれないでいる様子。

イ　楽しいこともなくたいくつな日常の中、父親が自分の絵を見たいと言い出したことが意外で、興奮している様子。

ウ　今まで父親にほめられたことがないのに、母親と一緒《いっしょ》になって自分の絵をほめてくれたことに、喜んでいる様子。

エ　ふだんはめったに人をほめない父親が自分をほめたことに驚《おどろ》き、うれしい反面不安もあり、浮足立《うきあしだ》っている様子。

オ　父親が自分に関心を示してくれたことがうれしく、今すぐに父親に自分の絵を見せたいと、気が急《せ》いている様子。

問七　―線⑤「少なからず責任を感じたからだ」とありますが、なぜ「僕《ぼく》」は「少なからず責任を感じた」のですか。その理由を六十字以内で答えなさい。

問八　二重線〈Ⅲ〉「だからこそ、おもしろい」・〈Ⅳ〉「だからこそ、おもしろい」の説明として最も適当なものを次のア～オの中からそれぞれ一つずつ選び、記号で答えなさい。

ア　科学者であるにもかかわらず、子どもの才能に期待する父親らしさをも兼《か》ね備えていることに違和感《いわかん》を覚えている。

イ　この世界の現象はわからないことがあるからこそ、知りたいという衝動《しょうどう》にかられるものだと感じている。

ウ　優秀《ゆうしゅう》な科学者の子どもが空の現象を客観的に写し取っていることに、血筋《ちすじ》は争えないと興味深く思っている。

エ　世の中は、考えれば考えるほどわからないことばかりが生じるので、研究をし続ける社会的価値があると考えている。

オ　科学者然としていた先生の意外な一面に触《ふ》れた出来事が思い起こされ、あらためて先生の人間性に好感を抱《いだ》いている。

問九　本文の内容と表現の特徴《とくちょう》についての説明として最も適当なものを次のア～カの中から二つ選び、記号で答えなさい。

ア　藤巻《ふじまき》先生は、興味のあることには周囲のことが何も見えなくなるほどの集中力が働くが、他人の気持ちを汲《く》み取ったり相手に寄り添《そ》ったりするなどの細かい気配りが苦手な人物として描《えが》かれている。

イ　「険しい目つき」「ふてくされたような口ぶり」「投げやりに言い捨てる」「腕組《うでぐ》みして壁《かべ》にもたれ」などには、和也《かずや》の父親に対する反発が垣間見《かいまみ》られ、反抗期《はんこうき》の少年の荒々《あらあら》しく粗雑《そざつ》な性格が鮮《あざ》やかに印象づけられている。

ウ　藤巻《ふじまき》先生の描写《びょうしゃ》には、「和也《かずや》が呼んでも応えない」「うん、と先生はおざなりな生返事をしたきり、見向きもしない」など、家族よりも研究を優先しなければならない、科学者としての姿勢が貫《つらぬ》かれている。

エ　立派な科学者を父親に持つ和也《かずや》は、頭がよくない自分を卑屈《ひくつ》に感じていて、研究の内容を理解できる「僕《ぼく》」とだけ楽しそうに話す自分の父親を「あのひと」呼ばわりすることで、「僕《ぼく》」にも嫉妬《しっと》の感情をぶつけている。

オ　「母に恋人《こいびと》を紹介《しょうかい》されたとき、僕《ぼく》は和也《かずや》と同じ十五歳《じゅうごさい》だった」と、唐突《とうとつ》に「僕《ぼく》」の回想シーンが挿入《そうにゅう》されるが、それによって当時の「僕《ぼく》」の苦しみと今の和也《かずや》の苦しみが重層的に表現されている。

カ　最後に「僕《ぼく》」の問いかけに返答もせず身じろぎもしない和也《かずや》の姿を描写《びょうしゃ》することで、藤巻《ふじまき》家独自の恒例《こうれい》行事は中止となり、この後の親子の確執《かくしつ》についても解決する見通しがほとんどなくなることが暗示されている。

2023年度

豊島岡女子学園中学校

入学試験問題

(1回)

算　数

(50分)

注意事項

1. 合図があるまで，この冊子を開いてはいけません。
2. 問題は 1 から 6 ，3ページから10ページまであります。
   合図があったら確認してください。
3. 解答は，すべて指示に従って解答らんに記入してください。
4. 円周率は3.14とし，答えが比になる場合は，最も簡単な整数の比で答えなさい。
5. 角すい・円すいの体積は，（底面積）×（高さ）÷3で求めることができます。

— 計 算 用 紙 —

1 次の各問いに答えなさい。

(1) $\left(0.1\times\frac{2}{3}+\frac{5}{4}\right)\div\frac{7}{6}-\frac{9}{8}$ を計算しなさい。

(2) $9\frac{1}{5}$ をかけても，$40\frac{1}{4}$ をかけても整数となる分数のうち，1より小さい分数を答えなさい。

(3) 1に6を2023回かけてできる数の十の位の数は［ア］，一の位の数は［イ］です。このとき，［ア］と［イ］にあてはまる数はいくつですか。

(4) 0でない数AとBについて，記号「△」を次のように約束します。

$$A\triangle B=2\div(1\div A+1\div B)$$

このとき，次の［　］にあてはまる数を答えなさい。

$$(4\triangle 6)\triangle\boxed{}=8$$

2　次の各問いに答えなさい。

(1)　下の図のような直線のコースに3点P，Q，Rがあり，QRの長さは100 m，PRの長さは110 mです。それぞれ一定の速さで走るAさんとBさんが，このコースを使って2回競走をしました。1回目は，2人ともQから同時にスタートし，Rまで競走をしたところ，AさんがBさんに10 mの差をつけて先にゴールしました。2回目は，AさんはPから，BさんはQから同時にスタートし，1回目と同じ速さでRまで競走をしたところ，[ア]さんが[イ] mの差をつけて先にゴールしました。このとき，[ア]にはAかBを，[イ]にはあてはまる数をそれぞれ答えなさい。

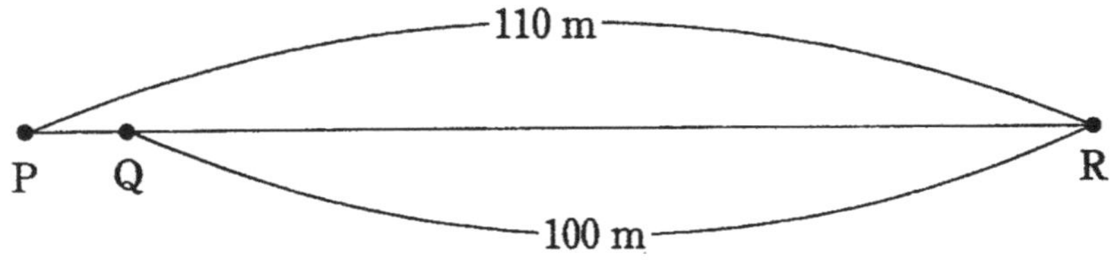

(2)　同じ大きさの白い正三角形のタイルと黒い正三角形のタイルが，それぞれ4枚ずつ合計8枚あります。この8枚の中から4枚を選んでぴったりとくっつけて大きい正三角形を作るとき，大きい正三角形は何通り作ることができますか。ただし，異なる向きから見ると同じものは，1通りと数えることとします。

(3) ある中学校の全校生徒の男子と女子の人数の比は5：4です。また，通学に電車を利用している生徒と利用していない生徒の人数の比は10：17です。通学に電車を利用している男子の人数が180人で，通学に電車を利用していない女子の人数が240人のとき，全校生徒は何人ですか。

(4) 下の図のように正十角形ABCDEFGHIJがあり，ACを1辺とする正方形ACPQを正十角形の内側につくります。このとき，角CPEの大きさは何度ですか。

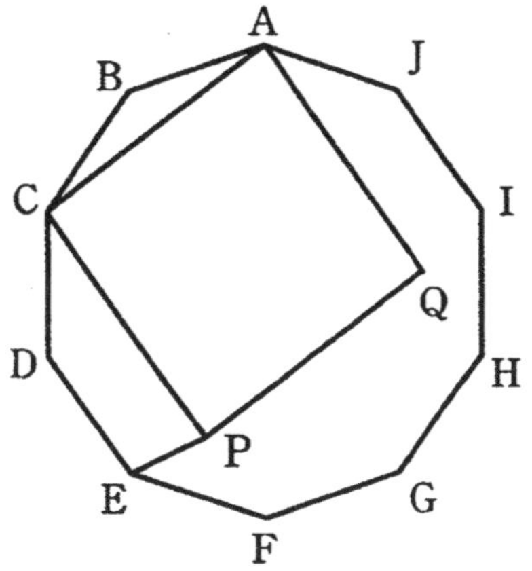

3 次の各問いに答えなさい。

(1) 品物Aを□円で1個仕入れました。この品物に5割増しの定価をつけましたが，売れなかったので，定価の2割引きで売ったところ，利益は240円でした。このとき，□にあてはまる数を答えなさい。

(2) 品物Bを120円で□個仕入れました。この品物に5割増しの定価をつけたところ700個売れ，残りの品物は定価の2割引きで売ったところ，全ての品物が売れました。このとき，利益は全部で43800円でした。□にあてはまる数を答えなさい。

4 下の図のように平行四辺形ABCDがあり，点Eは辺BC上の点，点Fは辺AB上の点，点Gは直線DFと直線AEの交わる点です。四角形AECDの面積が三角形ABEの面積の2倍で，四角形BEGFと三角形BDFの面積が等しいとき，次の各問いに答えなさい。

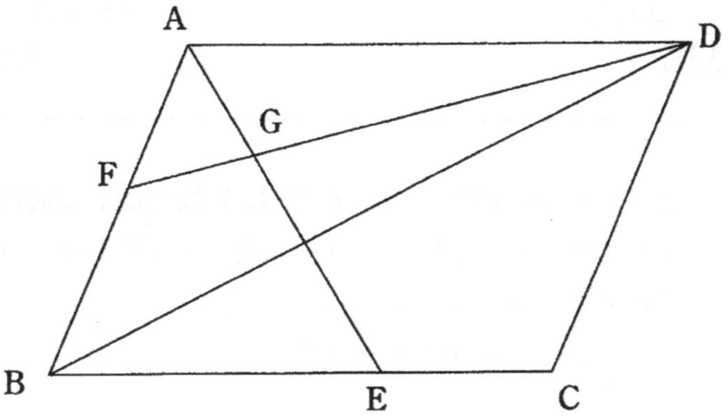

(1) AG : GE を求めなさい。

(2) 三角形AFGの面積は，四角形ABCDの面積の何倍ですか。

5 下の図のような階段があり，それぞれの位置に「右１段」～「右４段」，「５段」，「左１段」～「左４段」と名前をつけます。

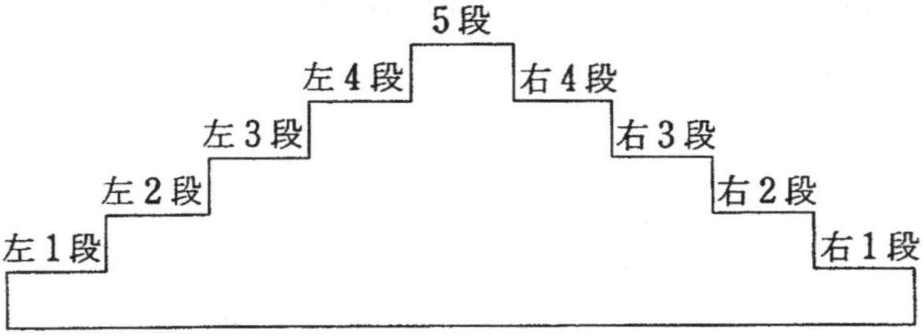

Ａさんは，「右１段」から出発し，１秒ごとに１段とばしで階段を昇《のぼ》り始め，
「右１段」→「右３段」→「５段」→「左３段」→「左１段」→「左３段」
→「５段」→「右３段」→「右１段」→ ……
と階段を昇り降りすることを繰《く》り返します。

Ｂ，Ｃ，Ｄの３人は，それぞれある段からＡさんと同時に出発し，１秒ごとに１段ずつ階段を昇り降りします。

「右１段」～「右４段」，「左１段」～「左４段」から出発するときは，まず階段を昇り始めます。「５段」まで昇ると昇ってきた階段とは反対側の階段を降り，「右１段」か「左１段」まで降りると再び昇り始めます。

例えば，「左３段」から出発したときは，
「左３段」→「左４段」→「５段」→「右４段」→「右３段」→「右２段」
→「右１段」→「右２段」→「右３段」→ ……
と階段を昇り降りすることを繰り返します。

また，「５段」から出発するときは，「右４段」か「左４段」に降り，「右１段」か「左１段」まで降りると再び昇り始め，「５段」まで昇ると昇ってきた階段とは反対側の階段を降ります。

例えば，「５段」から出発して「右４段」に降りたときは，
「５段」→「右４段」→「右３段」→「右２段」→「右１段」→「右２段」
→「右３段」→「右４段」→「５段」→「左４段」→ ……
と階段を昇り降りすることを繰り返します。

このとき，次の各問いに答えなさい。

(1) Bさんは「左1段」から出発し，AさんとBさんは8秒後に初めて同じ高さの同じ位置に立ちました。2回目にAさんとBさんが同じ高さの同じ位置に立っていたのは，出発してから何秒後でしたか。

(2) Cさんはある段から出発しました。AさんとCさんは13秒後に同じ高さの異なる位置に立ちました。このとき，Cさんはどの位置から出発しましたか。

(3) Dさんがどの位置から出発しても，□秒後にAさんとDさんは同じ高さの同じ位置にも，同じ高さの異なる位置にも立っていませんでした。このとき，□にあてはまる100に最も近い数を答えなさい。

6 下の図のように，全ての辺の長さが等しく体積が 1 cm^3 の正三角柱 ABC−DEF があります。辺 AB，BC，CA を 3 等分する点をそれぞれ，P，Q，R，S，T，Uとし，辺 BE を 4 等分する点で B に最も近い点を X とします。また，3 つの点 P，S，E を通る平面を（あ），3 つの点 R，U，F を通る平面を（い），3 つの点 Q，T，D を通る平面を（う），点 X を通り底面 DEF に平行な平面を（え）とします。
このとき，次の各問いに答えなさい。

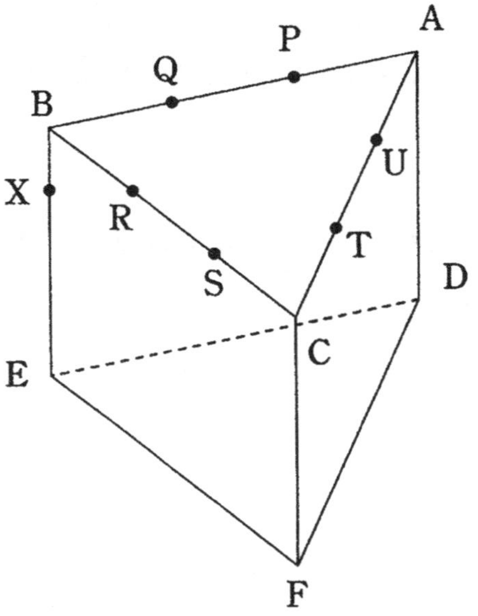

(1) 正三角柱 ABC−DEF を平面（あ）で切ったとき，底面 DEF を含《ふく》む立体の体積は何 cm^3 ですか。

(2) 正三角柱 ABC−DEF を平面（あ），（い）で切ったとき，底面 DEF を含む立体の体積は何 cm^3 ですか。

(3) 正三角柱 ABC−DEF を平面（あ），（い），（う），（え）で切ったとき，底面 DEF を含む立体の体積は何 cm^3 ですか。

— 計 算 用 紙 —

2023年度

豊島岡女子学園中学校

入学試験問題

（1回）

理　科

（理科・社会　2科目50分）

注意事項

1．合図があるまで，この冊子を開いてはいけません。
2．問題は [1] から [4] ，2ページから13ページまであります。
合図があったら確認してください。
3．解答は，すべて指示に従って解答らんに記入してください。
4．解答用紙は社会と共通で1枚になっており，社会の冊子にはさんであります。

1 以下の問いに答えなさい。

ボールAが床Bに衝突《しょうとつ》したとき，どのようにはね返るか調べました。

〈実験１〉

ボールAが秒速 5m の速さで，床Bに直角に衝突したとき，Aは秒速 3m の速さではね返った。

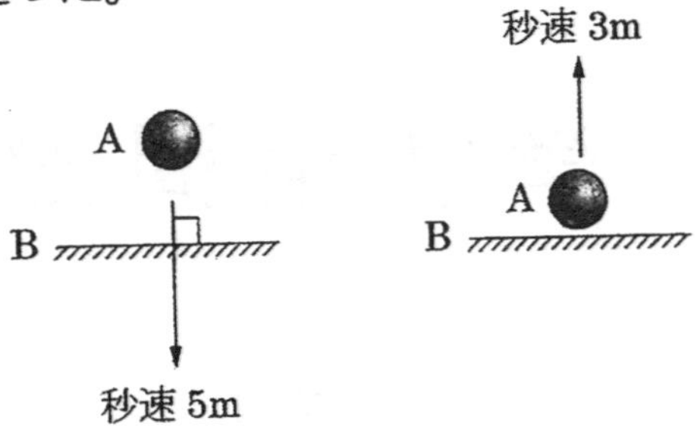

〈実験２〉

ボールAの速さを２倍にしたとき，はね返る速さも２倍になった。

《わかったこと①》

ボールAが床Bに衝突するときは，衝突するときの速さとはね返る速さはいつも同じ割合である。

〈実験３〉

ボールAを手に持ち，高さ 1m のところから放したら，床Bに直角に衝突し，0.36m はね上がった。

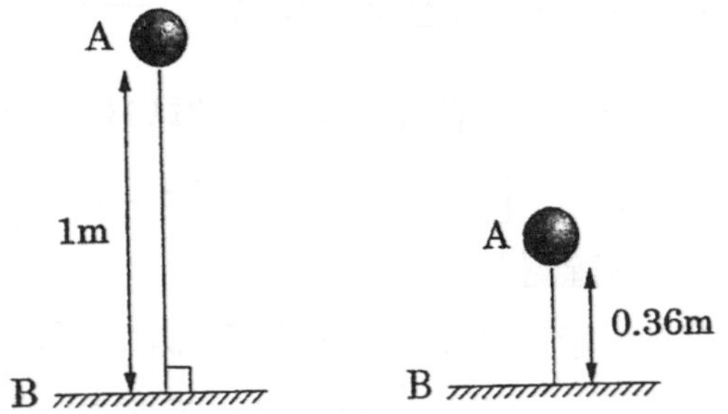

〈実験４〉

ボールAを放す高さを２倍にしたら，はね上がる高さも２倍になった。

《わかったこと②》

ボールAが床Bに衝突するときは，手を放す高さとはね上がる高さはいつも同じ割合である。

（1）「A が B に衝突するときの速さ」:「はね返る速さ」の比はいくらですか。最も簡単な整数の比で答えなさい。

（2）A が B に衝突し，はね返る速さが秒速 9m のとき，衝突したときの速さは秒速何 m でしたか。**四捨五入して整数で求めなさい。**

（3）A について「手を放す高さ」:「はね上がる高さ」の比はいくらですか。最も簡単な整数の比で答えなさい。

（4）A を高さ 1.5m のところで放したとき，はね上がる高さは何 m ですか。**四捨五入して小数第２位まで求めなさい。**

（5）（4）で，A が 1 度はね上がり，再び落下して B に直角に衝突したときは，はね上がる高さは何 m ですか。**四捨五入して小数第２位まで求めなさい。**

2 以下の問いに答えなさい。

10g のガラス容器に，赤色の粉末の銅をのせ，図 1 のように加熱する実験を行いました。すると銅は空気中の酸素と結びつき，すべて黒色の酸化銅という銅のさびに変化しました。下の表 1 は，銅の重さを 3 回変えて実験したときの，加熱前のガラス容器と銅の重さの合計（A），すべて酸化銅に変化した後のガラス容器と酸化銅の重さの合計（B）を表しています。

10g のガラス容器

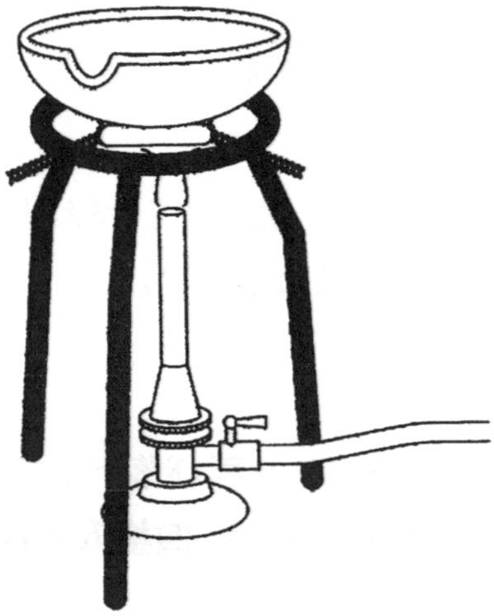

図 1

表 1

	1 回目	2 回目	3 回目
A	10.8g	11.0g	11.2g
B	11.0g	11.25g	11.5g

こんどは試験管の中に黒色の酸化銅と炭素の粉末を入れたのち，静かに窒《ちっ》素《そ》を入れて試験管の中に入っていた空気をすべて追い出しました。(※)

気体誘導管《ゆうどうかん》を取り付け，ガラス管の先は石灰水に入れた状態で試験管を加熱したところ，石灰水は白く濁《にご》り，試験管には赤色の銅ができました。このようすを表したのが図２です。

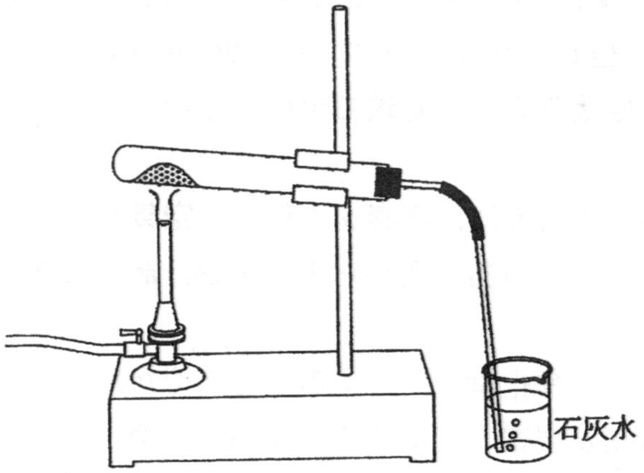

図２

黒色の酸化銅 20 g を過剰《かじょう》の炭素の粉末とともに加熱して，酸化銅を完全に銅に変えると石灰水の重さは 5.5g 増加しました。

加熱によってできたものは，気体と固体それぞれ１種類で，気体はすべて石灰水と反応して空気中には出てこないものとして以下の問いに答えなさい。

（１）銅 20g がすべて酸化銅になるとき，銅と結びついた酸素は何 g ですか。
四捨五入して整数で求めなさい。

（２）銅 28g がすべて酸化銅に変化する前に加熱を止めました。反応後のガラス容器以外の重さの合計は 30g であったとすると，反応せずに残っている銅の重さは何 g ですか。**四捨五入して整数で求めなさい。**

（３）20g の酸化銅と過不足なく反応する炭素の粉末の重さは何 g ですか。
四捨五入して小数第１位まで求めなさい。

（4）50g の酸化銅に 3g の炭素の粉末を入れて，気体の発生がなくなったところで加熱をやめ，試験管内の固体をすべて取り出して重さをはかると，この固体の重さは何 g になりますか。**四捨五入して整数で求めなさい。**

（5）酸化銅は炭素の粉末以外に水素と加熱しても赤色の銅に変えることができ，その際に銅以外に水だけができます。2g の水素が酸化銅と完全に反応すると，18g の水ができます。水素 2g が完全に反応してできた銅は何 g ですか。**四捨五入して整数で求めなさい。**

（6）下線部（※）のように，窒素を入れて，空気を追い出す理由として，最も適当なものを次の**あ～え**から 1 つ選び，記号で答えなさい。

あ．空気中の酸素が酸化銅と反応するのを防ぐため。
い．空気中の酸素が炭素と反応するのを防ぐため。
う．空気に含まれる酸素と窒素の割合が，常に一定ではないため。
え．石灰水に空気中の酸素が溶け込んで，石灰水の重さに大きな誤差が生じるため。

（7）220g の酸化銅を，ある量の炭素と反応させたところ，酸化銅が残りました。そこで，残りの酸化銅を水素と過不足なく反応させました。反応した炭素と水素の重さの合計は 10.5g でした。酸化銅と反応した水素の重さは何 g ですか。**四捨五入して整数で求めなさい。**

（8）（7）で発生した気体すべてを石灰水に入れたとすると，石灰水の重さは何 g 増加しますか。**四捨五入して小数第 1 位まで求めなさい。**

ー スペース ー

3 顕《けん》微《び》鏡《きょう》を用いて，池にいる小さな生物を観察しました。以下の問いに答えなさい。

（1）顕微鏡全体の倍率を 600 倍にするとき，接眼レンズの倍率が 15 倍の場合，対物レンズは何倍にすればよいですか。

（2）顕微鏡全体の倍率を 100 倍にして視《し》野《や》の中の正方形を見ていたとします。顕微鏡全体の倍率を 400 倍にすると，視野の中の正方形の面積は，倍率が 100 倍のときの何倍に見えますか。

（3）顕微鏡で観察していると，視野の中央に見えていた生物が左図のように移動してしまいました。この生物を視野の中央にもってくるためには右図のプレパラートをどの方向に移動させればよいですか。最も適当なものを図の**あ～え**から1つ選び，記号で答えなさい。

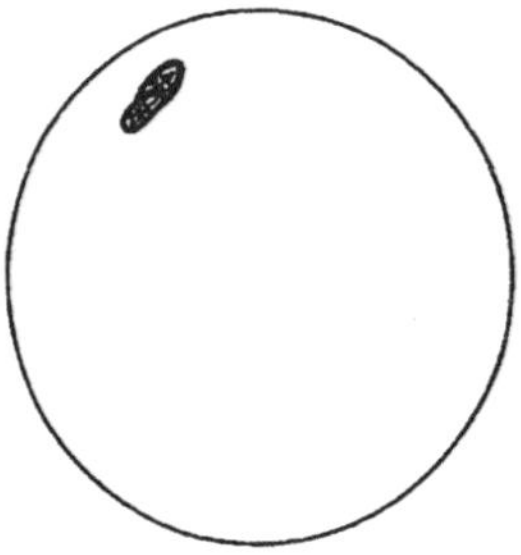

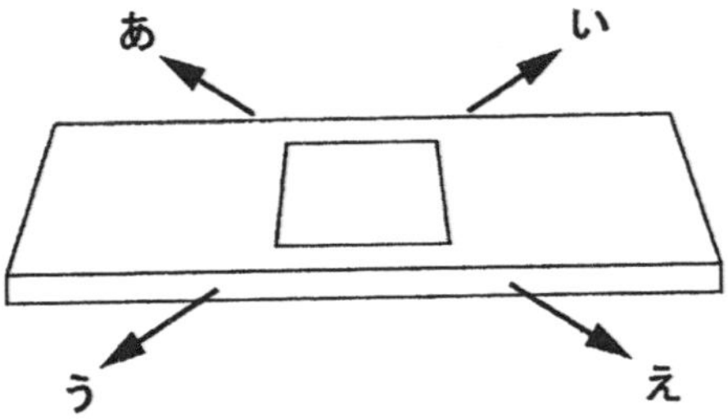

（4）下図は，接眼《せつがん》レンズ，対物《たいぶつ》レンズを横から見た模式図です。接眼レンズは5倍，10倍，15倍の3種類，対物レンズは4倍，10倍，40倍の3種類です。図の接眼レンズと対物レンズを組み合わせたとき，顕微鏡全体の倍率が4番目に低くなる組み合わせはどれですか。接眼レンズを**あ**～**う**から，対物レンズを**え**～**か**から 1 つずつ選び，記号で答えなさい。

接眼レンズ

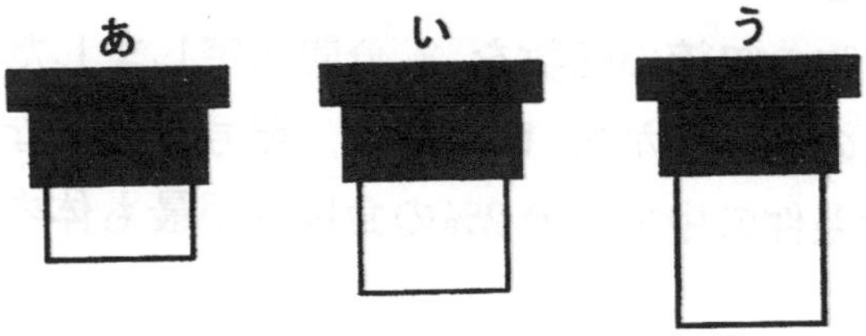

対物レンズ

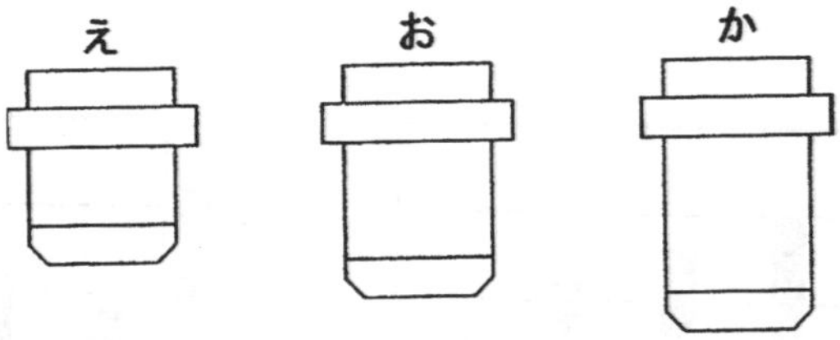

（5）池の水を採取して顕微鏡で観察したところ，下図の生物が観察されました。この生物の名前を答えなさい。

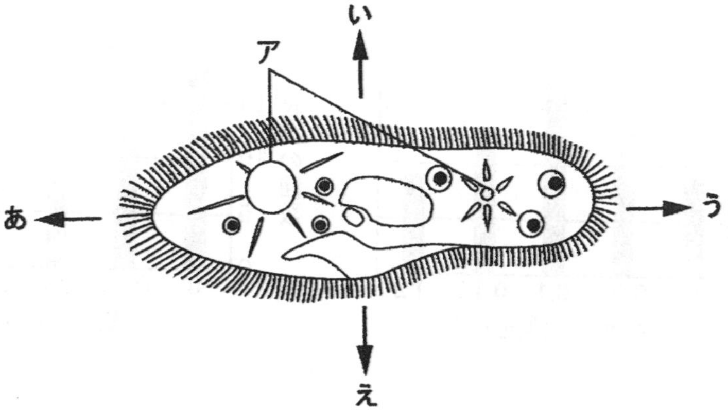

（6）（5）の生物はエサを得るときはどちらの方向に向かって泳ぎますか。（5）の図中の**あ**～**え**から1つ選び，記号で答えなさい。

一般的《いっぱんてき》に生物は体内の液体の濃度《のうど》を一定に保つようにしています。ヒトはこれを腎臓《じんぞう》で行っています。(5)の生物の図のアのつくりを収縮胞《しゅうしゅくほう》といい，ここを収縮させて体内の余分な水を体外に出しています。体内の液体の濃度より体外の液体の濃度の方が低いほどより多くの水が体内に入ってきます。

(7) シャーレに水，0.05％，0.1％，0.15％，0.2％ の食塩水をそれぞれ入れました。そこに(5)の生物を入れてしばらくそのままにしたのち，それぞれの収縮胞の収縮の回数を 3 分間測定しました。実験結果として適当なものを次の**あ～え**から 1 つ選び，記号で答えなさい。ただし，(5)の生物は実験条件の中では0.2%の食塩水が最も体内の濃度に近いものとします。

あ

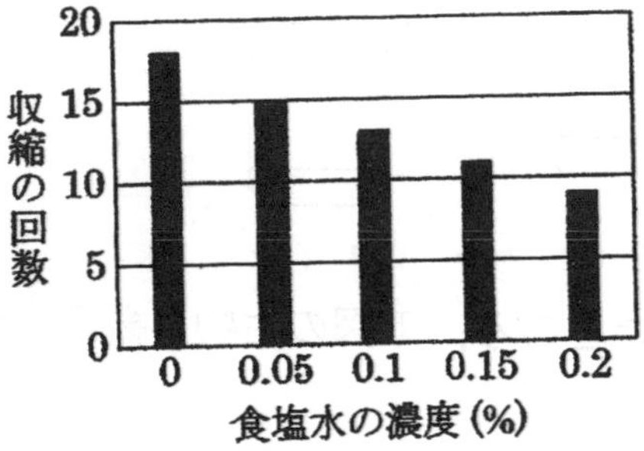

い

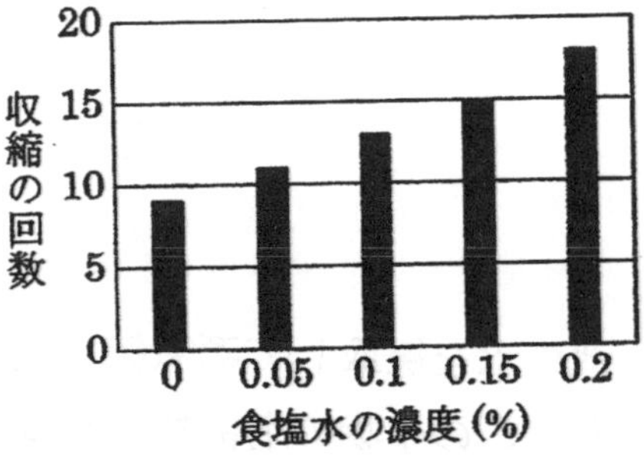

う

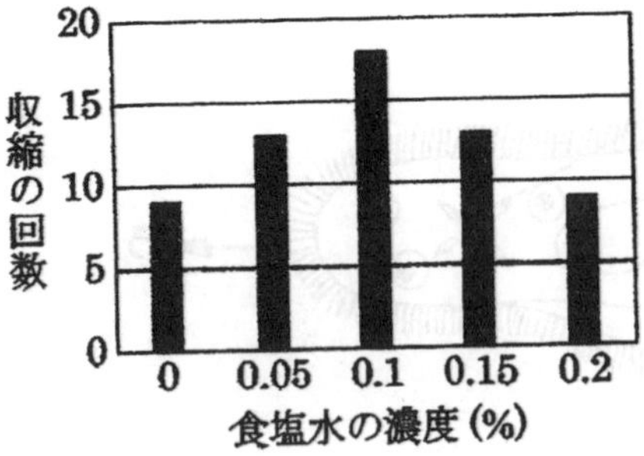

え

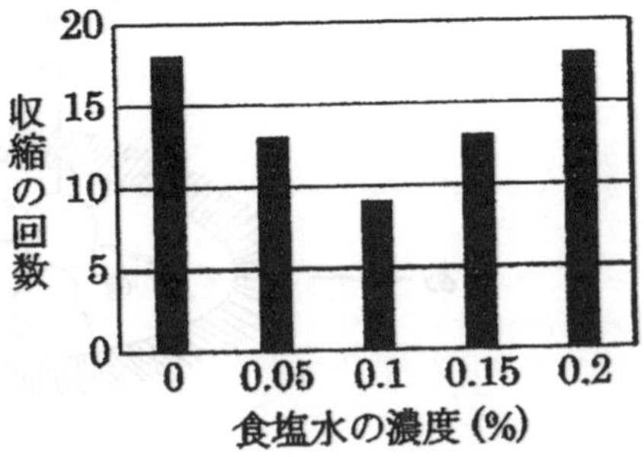

－　スペース　－

4 豊子さんの住んでいる地域（図 1）で，大規模な開発のために，図 1 の A から E で地面に穴をあけ，土を掘るボーリング調査を行いました。図 2 はそのボーリング試料をスケッチしたものです。以下の問いに答えなさい。

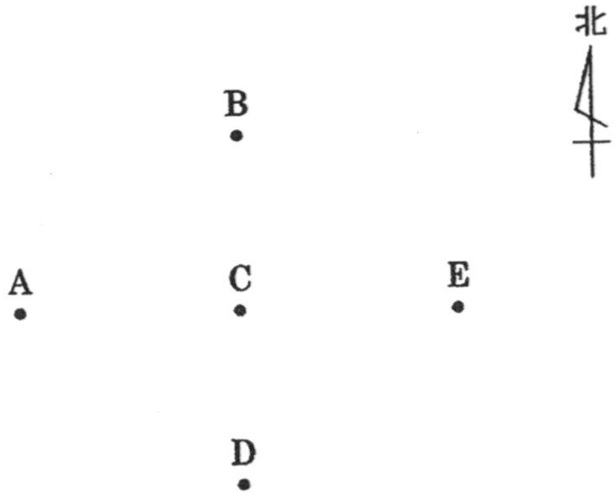

図 1

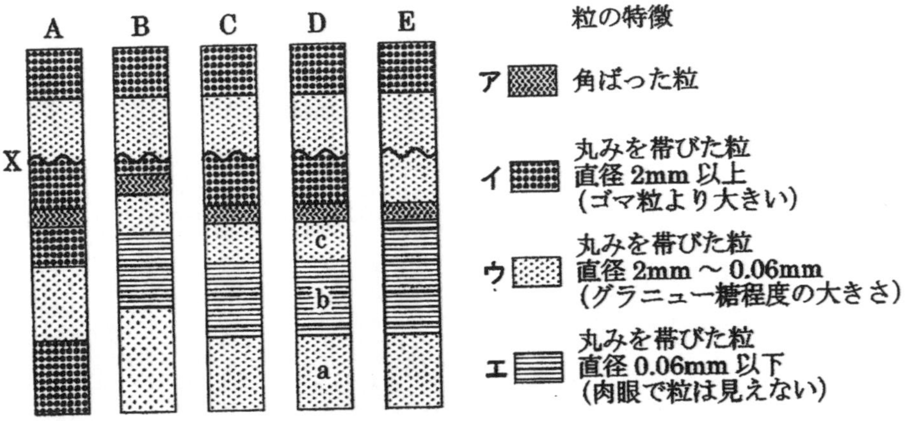

図 2

（1）層**ア**は，他の層と異《こと》なり粒が角ばっています。この層は，どのような活動によって形成された層ですか。

（2）層**ア**が堆積《たいせき》していた当時，川はどの方位から流れていたと考えられますか。東・西・南・北で答えなさい。

（3）このボーリング調査や他の調査から，この地域には断層が1か所あることがわかりました。その断層の位置を次の**あ〜え**から1つ選び，記号で答えなさい。

あ．AとCの間
い．BとCの間
う．CとDの間
え．CとEの間

（4）図2のDの層aから層bへと変化した原因として考えられるものを，次の**あ〜か**から**すべて**選び，記号で答えなさい。

あ．この地域全体が隆《りゅう》起《き》した
い．この地域全体が沈降《ちんこう》した
う．陸に対する海水面の高さが高くなった。
え．陸に対する海水面の高さが低くなった。
お．地球全体が温暖化した。
か．地球全体が寒冷化した。

（5）図2の層cには，ホタテ貝の化石が出土しました。この地層が出来たころのこの地域の環《かん》境《きょう》として最も適当なものを，次の**あ〜か**から1つ選び，記号で答えなさい。

あ．暖かい地域で水深が0〜1mあたりの海
い．暖かい地域で水深が10〜100mあたりの海
う．暖かい地域の湖
え．寒い地域で水深が0〜1mあたりの海
お．寒い地域で水深が10〜100mあたりの海
か．寒い地域の湖

（6）Xは，地層が風化・浸《しん》食《しょく》を受けた形跡《けいせき》です。このような層の重なりを何といいますか。漢字3文字で答えなさい。

2023年度

豊島岡女子学園中学校

入学試験問題

（1回）

社　会

（社会・理科　2科目50分）

注意事項

1．合図があるまで、この冊子を開いてはいけません。

2．問題は 1 から 3 、2ページから11ページまであります。
合図があったら確認してください。

3．解答は、すべて指示に従って解答らんに記入してください。

4．解答用紙は理科と共通で1枚になっており、この冊子にはさんであります。

1　次の文章を読んで問いに答えなさい。

数年前に政府が行政手続きを中心に、印《いん》（はんこ）を押《お》すことを廃止《はいし》する方針を打ち出したことを覚えている人も多いでしょう。その背景には、近年の社会のデジタル化・ペーパーレス化の進行や、新型コロナウイルス感染症《かんせんしょう》拡大によるテレワークの浸透《しんとう》によって、直接対面をしない活動が広がってきていることがあります。それでは、印は歴史的にどのような意味をもって使用されてきたのでしょうか。

印は古くから世界各地でみられ、宗教的な意味が認められるものも多くありました。日本における最も古い例は、１世紀に中国の（　ア　）の皇帝《こうてい》から授けられた金印で、その実物とされるものが江戸時代に九州で発見されていますが、権威《けんい》の象徴《しょうちょう》として使われたと考えられています。しかし、実際に印の利用が広まっていったのは**(イ)**律令制の文書行政を導入してからです。文書には印が押され、その内容が本物であることを保証する役割を果たしました。奈良時代に**(ウ)**藤原仲麻呂が反乱を起こした時、内裏で印の奪《うば》い合いがくり広げられたことは、印が正統性を示す重要なものであったことを物語っています。外交でも印は使用されています。室町時代の朝鮮との貿易では、倭寇と区別するために、朝鮮の発行する印の押された証明書が使用されましたが、印が偽造《ぎぞう》されることもあったようです。降《くだ》って、江戸時代の初期には朱印船《しゅいんせん》貿易が盛んでしたが、これは渡航《とこう》許可証として朱印状を所持していたのでそう呼ばれています。こうした公的な機関だけでなく、家の印や個人の印も作られていきました。**(エ)**鎌倉時代には、禅宗の僧侶《そうりょ》が自分の肖像画《しょうぞうが》を弟子に与《あた》える風習が中国から伝えられましたが、そこに個人の印が押されたりしています。**(オ)**戦国大名が発給した文書にも、多く個人の印がみられます。江戸時代になると、都市や村落でも印が使用されるようになっていきます。**(カ)**江戸の豪商三井家では、お金の出し入れや取引などから遺産分割にいたるまで印が使われていたことがわかっています。また、農村においても名主が国絵図《くにえず》（江戸時代に作られた国土基本図）の内容を不服として印を押すことを拒否《きょひ》した例があり、意思表示をする機能も有していたことが分かります。**(キ)**明治時代になると政府機構の整備にともなって、いわゆる「御名御璽《ぎょめいぎょじ》」、すなわち天皇の名前を署名し印を押して命令を発する形態が確立されました。そして、世界ではあまり民間には印が普及《ふきゅう》しなかったのとは対照的に、**(ク)**日本では個人の契約《けいやく》など民衆の間でも印が押されることが定着しました。

このように、日本において、印は文書の内容が事実を示し信用できることや、不当な改変が行われていないことを証明する意義をもち、時には印を押すことが決意を示すことにもつながっています。現在、印を押すことの問い直しがなされていますが、印の果たしてきた様々な機能がすべて他で代替《だいたい》できるようになって、ようやく印はその役割を終えるのではないでしょうか。

問1．空らん（　ア　）にあてはまる王朝名を漢字で答えなさい。

問2．下線部(イ)に関連して、律令制の導入と律令の内容について説明した次の文のうち、正しいものを一つ選び番号で答えなさい。

1．聖徳太子によって日本最初の律令である憲法十七条が定められた。

2．天皇のもとに太政官と神祇官がおかれ、太政官の決めた政策にもとづいて八つの省が実際に政治を行った。

3．地方は国・郡・里に分けられ、都から国司・郡司・里長が派遣《はけん》された。

4．口分田が与《あた》えられたのは戸籍《こせき》に記載《きさい》された成年男子のみで、そこから収穫《しゅうかく》される稲を租として納めた。

問3．下線部(ウ)に関連して、藤原氏について説明した次の文のうち、正しいものを**すべて**選び番号で答えなさい。

1．天武天皇を支えた中臣鎌足は、亡くなる直前にそれまでの功績が評価されて藤原の姓《せい》を与えられた。

2．光明皇后の甥《おい》だった藤原仲麻呂は、留学生として唐に渡り「天の原ふりさけ見れば春日なる三笠の山にいでし月かも」という歌を詠《よ》んだ。

3．藤原氏は、天皇が幼少のころには摂政、成人すると関白となって権力をふるう摂関政治を行った。

4．藤原氏は、遣唐使の停止を進言して実現させた菅原道真などの有力な貴族を朝廷から追放した。

5．藤原道長は三人の娘を天皇の后《きさき》として摂関政治の全盛を築き、宇治に平等院鳳凰堂を建立してこの世に極楽浄土を表した。

問4．下線部(エ)に関連して、鎌倉時代の仏教とその内容・特徴《とくちょう》や関連の深いことがらの組み合わせとして、正しいものを次から一つ選び番号で答えなさい。

1．時宗 ― 南無妙法蓮華経　　2．浄土宗 ― 踊念仏　　3．曹洞宗 ― 一向一揆

4．日蓮宗 ― 南無阿弥陀仏　　5．臨済宗 ― 座禅(坐禅)

問5． 下線部**(オ)**について、次の印《いん》はある戦国大名が使用したものとして知られていますが、それは誰《だれ》ですか、氏名を漢字で答えなさい。

問6． 下線部**(カ)**について、三井家が経営した呉服《ごふく》商の越後屋は「現金掛《か》け値《ね》なし」という新しい商法によって繁盛《はんじょう》したといいます。越後屋は他の店で主流だった売り方をどのように変えたのですか、「他の店 → 越後屋」の順になるように、次から選び番号で答えなさい。

1． 代金を店頭で受け取るかわりに定価どおりに売る

2． 代金を店頭で受け取るかわりに定価より高くして売る

3． 代金を後払《あとばら》いにするかわりに定価どおりに売る

4． 代金を後払いにするかわりに定価より高くして売る

問7． 下線部**(キ)**について、明治時代の機構整備に関する次の出来事を、年代の古い順に並べ番号で答えなさい。

1． 大日本帝国憲法の発布　　**2．** 朝鮮総督府の設置

3． 帝国議会の開設　　**4．** 内閣制度の創設

問8． 下線部**(ク)**に関連して、明治時代以降の民衆について説明した次の文のうち、**あやまっているもの**を一つ選び番号で答えなさい。

1． 明治時代の初め、農民は子どもを学校に通わせることで働き手が奪《うば》われ、重い税や兵役が課せられたことから、それらに反対する一揆を起こした。

2． 衆議院議員総選挙の選挙権が与えられた当初は財産制限があったが、大正デモクラシーの時期には男女とも普通選挙が行われるようになった。

3． 大正時代から昭和初期にかけてガス・水道・電話が都市の日常生活に普及《ふきゅう》し、ラジオ放送が始まり活動写真(映画)が娯楽《ごらく》として広まった。

4． 日中戦争の開始以降、国民が戦争に協力する体制が作られていき、生活物資が不足したり女学生が工場で働かされたりした。

2 次の問いに答えなさい。

問1．次のグラフは、牛乳・乳製品、米、野菜の１年間に一人あたりに対して供給されている量（消費者のもとにもたらされた量）の推移（1960年度～2019年度）を示したものです。**あ～う**にあてはまる項目《こうもく》の組み合わせとして、正しいものを下の表の**1～6**から選び番号で答えなさい。

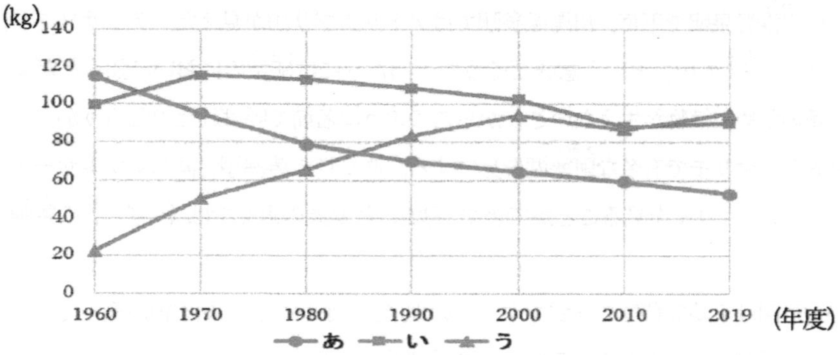

（『データブックオブザワールド2022』から作成）

	1	2	3	4	5	6
牛乳・乳製品	あ	あ	い	い	う	う
米	い	う	あ	う	あ	い
野菜	う	い	う	あ	い	あ

問2．次の表は、日本の海上貨物の主な輸出品目（2020年）のうち、重量ベースと金額ベースで上位５位までを示したもので、**あ～う**にはそれぞれセメント、鉄鋼、乗用自動車のいずれかがあてはまります。**あ～う**の品目の組み合わせとして、正しいものを下の表の**1～6**から選び番号で答えなさい。

重量ベース（万トン）		金額ベース（億円）	
あ	3, 182	機械類	152, 988
い	1, 095	**う**	86, 270
機械類	1, 032	電気製品	47, 665
う	493	**あ**	25, 564
電気製品	120	**い**	386

（『データブックオブザワールド2022』から作成）

	1	2	3	4	5	6
あ	セメント	セメント	鉄鋼	鉄鋼	乗用自動車	乗用自動車
い	鉄鋼	乗用自動車	セメント	乗用自動車	セメント	鉄鋼
う	乗用自動車	鉄鋼	乗用自動車	セメント	鉄鋼	セメント

問3． 次の文章は、ある生徒が夏に北海道へ行った旅行について書いた日記の一部です。これを読んで以下の問いに答えなさい。

8月6日　道東の女満別《めまんべつ》空港に着く。鉄道に乗って網走《あばしり》まで行く。網走監獄《かんごく》などを見学。

8月7日　釧網《せんもう》本線に乗る。すぐに**(ア)**右に濤沸湖《とうふつこ》、左にオホーツク海が見え、ここが二つの水域に挟《はさ》まれた細長い地形であることが分かった。そこを通り過ぎた後は一路南下する。途中の川湯《かわゆ》温泉駅で下車。川湯温泉駅ではアトサヌプリ山が見えた。アトサヌプリは（　**イ**　）語で「裸《はだか》の山」という意味だそうだ。あたりには硫黄《いおう》のにおいが強くただよっている。硫黄のために植物が生えないことからこのような名前で呼ばれたのだろうか。

8月8日　マリモで有名な阿寒湖《あかんこ》を見学する。昨日見た濤沸湖と同じくラムサール条約の登録地らしい。マリモを見ることができず、残念。阿寒湖の近くでは（　**イ**　）の舞踊《ぶよう》を見学した。

（1）次の地形図は下線部**(ア)**の地域です。この地形図において、釧網本線が通っている場所の地形名として適当なものを下の**1**～**5**から一つ選び番号で答えなさい。

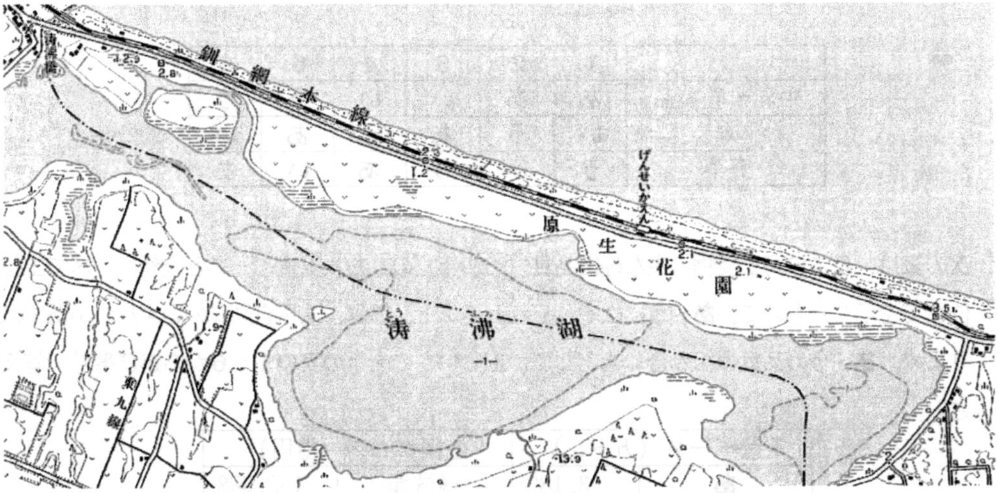

（国土地理院発行５万分の１地形図「小清水」より）

1． 海岸段丘　　**2．** 砂州　　**3．** 三角州　　**4．** 扇状地　　**5．** リアス海岸

（2）空らん（　**イ**　）にあてはまる語句を答えなさい。

2023(R5) 豊島岡女子学園中
教英出版

二〇二三年度　豊島岡女子学園中学校入学試験
国語解答用紙（一回）

※のらんには記入しないこと

座席番号
ー

受験番号					
1	1				

氏名

一

問一
A
B
C

問二

問三

問四

問五
X
Y

問六

問七

問八

問一．２点×３
問二．５点
問三．５点
問四．５点
問五．完答３点
問六．５点
問七．５点
問八．５点
問九．９点

※　※　※

得点 ※

※100点満点

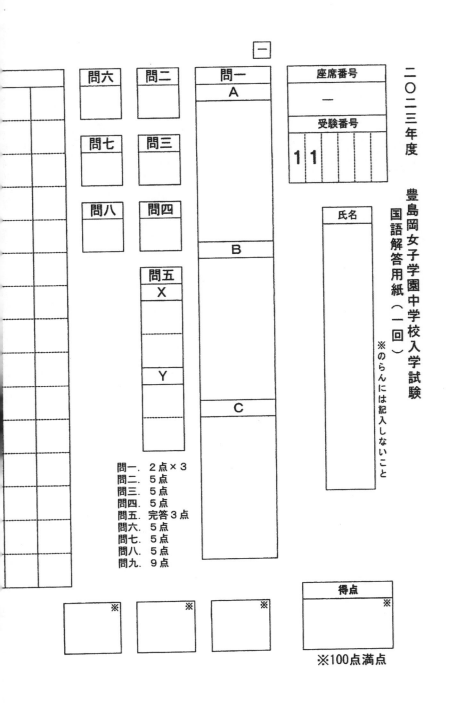

4	(1)	(2)
	：	倍

5	(1)	(2)	(3)
	秒後	段	

6	(1)	(2)	(3)
	cm^3	cm^3	cm^3

座席番号	—						氏名		得点	※ ※100点満点 （配点非公表）
受験番号	1	1								

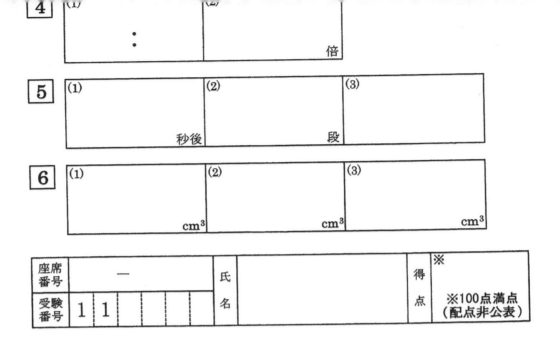

解答用紙（1回）

【理　科】

2点×5

1					
(1)	：	(2)	秒速　　　m	(3)	：
(4)	m	(5)	m		

(1) 1点　(2)〜(8) 2点×7

2							
(1)	g	(2)	g	(3)	g	(4)	g
(5)	g	(6)		(7)	g	(8)	g

(1) 1点　(2)〜(7) 2点×6　((4)は完答)

3							
(1)	倍	(2)	倍	(3)		(4)		
(5)		(6)		(7)			

2点×6

4					
(1)		(2)		(3)	
(4)		(5)		(6)	

＊印のらんには書かないこと

受験番号	1	1					氏名	

得点	＊

※50点満点

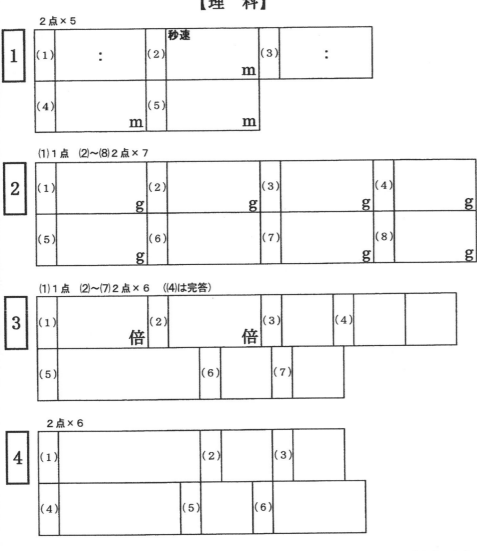

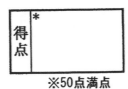

2023年度　豊島岡女子学園中学校入学試験

【社　会】

2点×8

1

問　1	問　2	問　3	問　4

問　5	問　6	問　7
	→	→　→　→

問　8

2点×9

2

問　1	問　2	問3(1)	問3(2)	問　4

問　5	問　6	問7(1)	問7(2)

2点×8(問4は完答)

3

問　1	問　2	問　3	問　4
	→　→　→		

問　5	問　6	問　7

問　8

得点	*

※50点満点

＊印のらんには書かないこと

座席番号	―

2023年度　豊島岡女子学園中学校入学試験　(1回)

算数解答用紙

※のらんには何も書かないこと

1

(1)	(2)	(3)ア	イ	(4)

2

(1)ア	イ	(2)	(3)	(4)
		通り	人	度

3

(1)	(2)

【解答

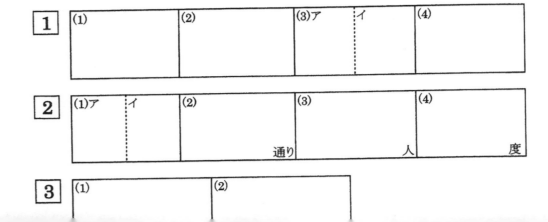

二

問一
a
b

問二

問三

問四

問五

問六

問七

60

問八
Ⅲ
Ⅳ

問九

90

70

問一．完答４点
問二．４点
問三．５点
問四．５点
問五．完答５点
問六．５点
問七．９点
問八．完答５点
問九．５点×２

※

※

※

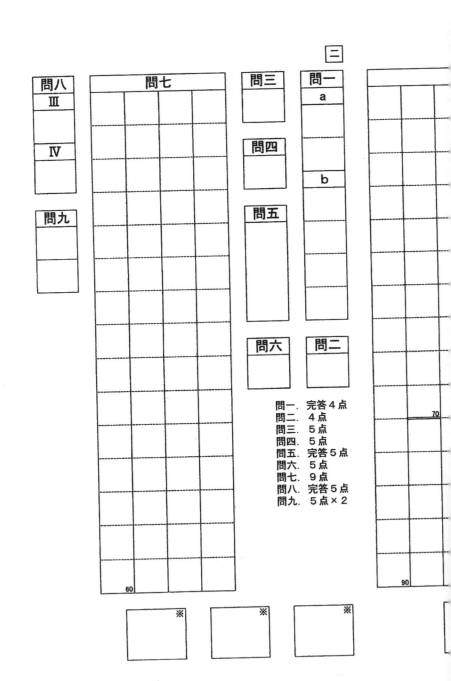

問4．次の表は、都道府県別に、15歳《さい》未満、15 歳～64 歳、65 歳以上の３区分において、各都道府県の総人口に占《し》める割合を示した時に、割合の大きい方から上位５都県までを表したものです (2020 年)。**あ**～**う**にあたる年齢《ねんれい》区分の組み合わせとして、正しいものを下の表の**1**～**6**から選び番号で答えなさい。

	あ	**い**	**う**
1位	秋田	沖縄	東京
2位	高知	滋賀	神奈川
3位	山口	佐賀	愛知
4位	島根	熊本	埼玉
5位	徳島	鹿児島	沖縄

（国勢調査より作成）

	1	**2**	**3**	**4**	**5**	**6**
15 歳未満	**あ**	**あ**	**い**	**い**	**う**	**う**
15 歳～64 歳	**い**	**う**	**あ**	**う**	**あ**	**い**
65 歳以上	**う**	**い**	**う**	**あ**	**い**	**あ**

問5．次の地図は、富山県魚津市の一部です。地図中の**あ**の記念碑《ひ》から**い**の城跡《しろあと》の標高差は約何メートルですか、最も近いものを下の**1**～**5**から一つ選び番号で答えなさい。

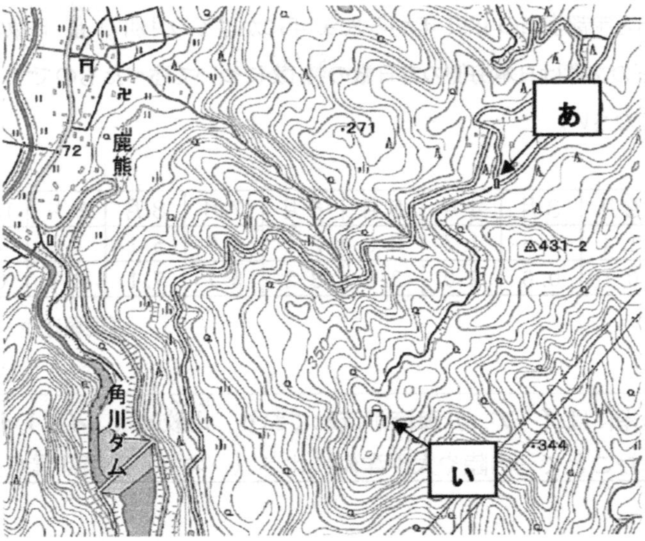

（「地理院地図」より）

1．30メートル　　**2**．50メートル　　**3**．80メートル

4．120メートル　　**5**．150メートル

問6． 次の図は、都道府県ごとの「かたつむり」の方言の割合を示したもので、左の図は1960年ごろ、右の図は2010年ごろに調査された結果です。２枚の図から「でんでんむし」という方言の分布にどのような変化があったことが読み取れますか、10字以内で答えなさい。

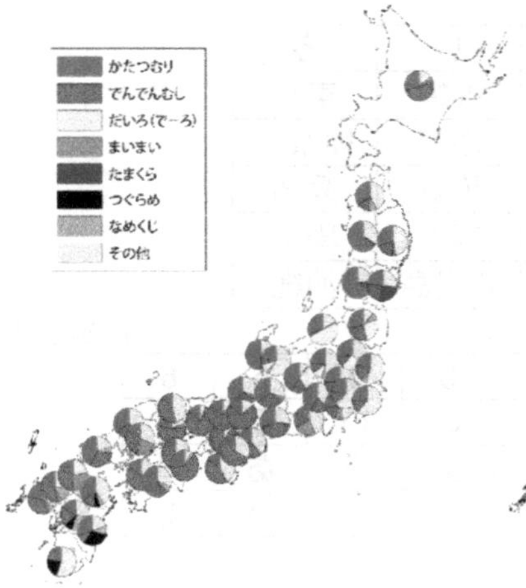

1960年ごろ

2010年ごろ

（国立国語研究所の「日本言語地図」ならびに「新日本言語地図」のデータを利用して作成）

問7． 次の表は富山市と宇都宮市の 1991 年から 2020 年にかけての月別の雷《かみなり》日数の平均を示したものです。また、下の文章は日本海側の雷日数の特徴《とくちょう》について述べたものです。これらをみて、以下の問いに答えなさい。

（表）

月	1月	2月	3月	4月	5月	6月	7月	8月	9月	10月	11月	12月
富山市	3.1	1.4	1.5	1.7	2.0	2.1	4.8	5.1	1.9	1.6	3.3	4.8
宇都宮市	0.0	0.1	0.6	2.0	3.5	3.2	5.7	7.1	2.7	0.9	0.3	0.2

（気象庁ホームページから作成）

（文章）

日本海側の沿岸には（　ア　）海流が流れており、比較的《ひかくてき》（　イ　）海面に（　ウ　）空気が流れ込《こ》むことで、内陸や太平洋側に比べ（　エ　）に積乱雲が発達しやすい。

（1）　空らん（　ア　）にあてはまる語句を答えなさい。

（2）　空らん（　イ　）～（　エ　）にあてはまる語句の組み合わせとして、正しいものを次の**1**～**4**から一つ選び番号で答えなさい。

1．イ：冷たい　**ウ**：あたたかい　**エ**：春　　**2．イ**：冷たい　**ウ**：あたたかい　**エ**：冬

3．イ：あたたかい　**ウ**：冷たい　**エ**：春　　**4．イ**：あたたかい　**ウ**：冷たい　**エ**：冬

3　次の文章を読んで問いに答えなさい。

まもなく皆《みな》さんは小学校を卒業し、４月からは中学生になります。ところで、１年の始まりは１月からなのに、年度の始まりは４月からというのを不思議だと思っている人もいるのではないでしょうか。**(ア)** 1月から12月までの暦年《れきねん》とは別に、特定の目的のために規定された１年間の区切り方を「年度」といって学校年度や会計年度などがあり、日本では学校年度と会計年度が一致《いっち》しています。

学校年度は**(イ)** 法律で４月１日から翌年３月31日までとなっていますが、大学や専修学校については校長が定めることができるため、９月や10月に入学する制度を設けている大学もあります。江戸時代の寺子屋や明治初期の学校では入学時期は自由で、**(ウ)** 各個人の能力に応じて進級する仕組みでしたが、おめでたいことなので気候の良い春先が選ばれることが多かったそうです。最終的には学制が公布されたことにより、日本では９月１日の一斉《いっせい》入学・一斉進級が多くみられるようになりました。

会計年度については、日本では律令国家の時代から、国の会計を１年間という単位で区切ることが行われていたとのことです。このころは旧暦《きゅうれき》１月から12月までという方式が導入され、これに基づいて**(エ)** 税の納付や実際の予算配分等が行われていたようです。会計年度という概念《がいねん》については、明治時代になってから制度化され、何度も会計年度が変更《へんこう》された末に1886年から４月始まりになったところ、学校年度もこれにならって４月１日開始となって今日に至ります。

会計年度が４月始まりである理由としては、農家が収穫《しゅうかく》した米を売って現金化したことに対して、**(オ)** 政府が税金を徴収《ちょうしゅう》して収支を把握《はあく》し予算編成を行うためには、１月では時期が早すぎるので４月がちょうど良かったという説と、**(カ)** 当時、世界に大きな影響《えいきょう》を与《あた》える大国であったイギリスの会計年度が４月から翌年の３月だったのでこれにならったという説があります。現在では、通常国会が１月に召集《しょうしゅう》され、４月からの新年度までに提出された**(キ)** 予算案について国会で審議《しんぎ》・可決しなくてはなりません。新年度の学校教育のための予算もここで審議されますから、みなさんの学校生活にも大いに関係があります。公立学校だけでなく私立学校も、政府から助成金を受け取っています。普段《ふだん》は気が付かないようなことでも、国会における審議はわたしたちの生活に深くかかわっているので、**(ク)** 国会議員を選ぶ選挙はとても大切です。

諸外国では、学校年度と会計年度が一致しない国が多いようですが、日本の学校年度は会計年度に合わせて４月始まりとなった結果、入学式や初々しい新入生が春の風物詩となりました。新しい年度が始まると、「今年度も頑張《がんば》ろう！」というあらたまった気持ちになる人も多いでしょう。冬が終わり、新しい命が活動を始める春とともに新年度が始まるのであるとすれば、日本の独特の年度の始まり方も良いものかもしれません。

問1． 下線部(ア)について、現在日本で使用されている暦年《れきねん》は、どの周期をもとにして構成されていますか、次から一つ選び番号で答えなさい。

1． 地球が太陽の周りを回る周期　　**2．** 川の氾濫《はんらん》の周期

3． 月の満ち欠けの周期　　**4．** 雨季と乾季《かんき》の周期

問2． 下線部(イ)について、次の過程をすべて経て法律が成立した場合、どのような順となりますか、番号で答えなさい。

1． 衆議院で過半数の賛成で可決される。

2． 衆議院で３分の２以上の賛成で可決される。

3． 衆議院で議決された法案が参議院へ送られる。

4． 両院協議会が開かれる。

問3． 下線部(ウ)について、日本国憲法で国民は「その能力に応じて、ひとしく教育を受ける権利を有する」とされていますが、これを実現するために行われていることとして、**適切でないもの**を次から一つ選び番号で答えなさい。

1． 小学校６年間と中学校３年間の義務教育は無償《むしょう》とする。

2． 子を持つ親に、子どもに教育を受けさせる義務を負わせる。

3． 小・中・高等学校用の教科書について国が検定を行う。

4． 地方公共団体が特別支援《しえん》学校を設置する。

問4． 下線部(エ)について、税金には国に納付される国税と地方公共団体に納付される地方税がありますが、このうち国税に分類されるものを、次から**三つ**選び番号で答えなさい。

1． 固定資産税　　**2．** 住民税　　**3．** 消費税　　**4．** 所得税　　**5．** 法人税

問5． 下線部(オ)について、次の図は、政府が独裁的権力を持たないための三権分立の仕組みを示したものです。この図において、矢印**あ**で示された権限を何と言いますか、漢字で答えなさい。

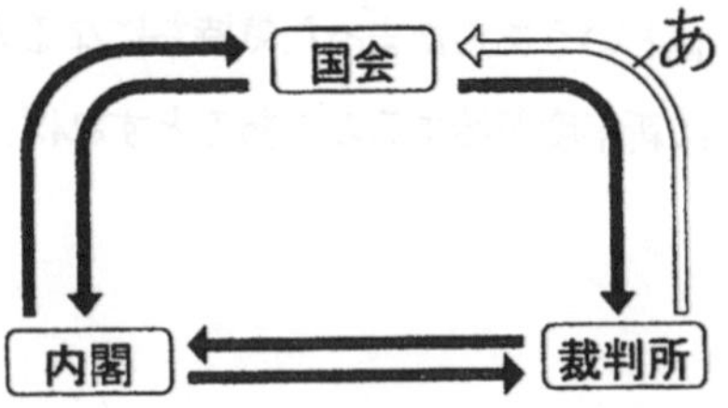

問6． 下線部(カ)に関連して、当時の日本はイギリスにならって二院制としましたが、現在の日本が二院制を採用している理由として、**適当でないもの**を次から一つ選び番号で答えなさい。

1．国民の様々な意見をできるだけ広く反映させることができるから。

2．一つの議院が決めたことを他の議院がさらに検討することで審議《しんぎ》を慎重《しんちょう》に行えるから。

3．一つの議院の行き過ぎをおさえたり、足りないところを補ったりできるから。

4．効率的に審議することができるので、政策決定が迅速《じんそく》に行えるから。

問7． 下線部(キ)について、予算と歳入《さいにゅう》・歳出について説明した次の文のうち、正しいものを一つ選び番号で答えなさい。

1．予算案は内閣以外にも国会議員が提出することができる。

2．予算案は、衆議院と参議院で可決されないと成立しない。

3．歳出のうち、昨年度の最大の項目は社会保障関係費である。

4．近年では、歳入における公債《こうさい》金収入の割合が減少し続けている。

問8． 下線部(ク)について、次のグラフは2001年から2019年までの参議院議員通常選挙における年代別投票率を示したもので、**あ〜き**は、それぞれ10歳《さい》代から60歳代までと70歳以上のいずれかの投票率にあたります。このグラフからは**か**や**き**の年齢《ねんれい》層の投票率が低いことが読み取れ、衆議院議員総選挙においても同様の傾向《けいこう》がみられます。そのことが一般《いっぱん》に政府の政策決定にどのような影《えい》響《きょう》を与《あた》えていると言われていますか、20字以内で説明しなさい。

参議院議員通常選挙における年代別投票率の推移

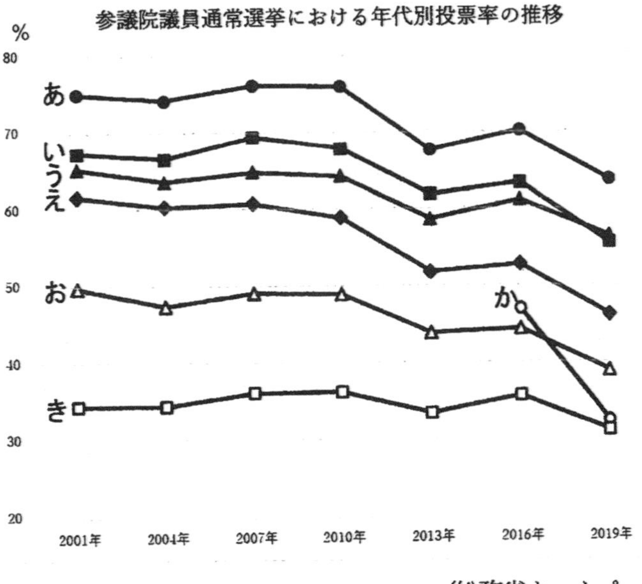

(総務省ホームページのデータから作成)

二〇二二年度

豊島岡女子学園中学校
入学試験問題
（一回）

国語

（50分）

注意事項

一．合図があるまで、この冊子を開いてはいけません。

二．問題は一から二、2ページから22ページまであります。
合図があったら確認してください。

三．解答は、すべて指示に従って解答らんに記入してください。

2022(R4) 豊島岡女子学園中
教英出版

一　次の文章を読んで、後の一から九までの各問いに答えなさい。
（ただし、字数指定のある問いはすべて句読点・記号も一字とする。）

この章では、商品を供給する生産者が、どのように生産するか、生産量と値段をどう判断しているかを学びます。

まず、そもそものを作るとは何でしょう。イチゴを例にとると、次の手順で進められます。まず、土地の上にイチゴを栽培《さいばい》するハウスを作ります。イチゴの苗《なえ》を植えて、肥料を与《あた》え、病害虫を防ぐために農薬を使い、生育していく。途中《とちゅう》では、日々、順調に生育しているかどうか、人手を使って確認します。収穫《しゅうかく》の時期を迎《むか》えると、一粒一粒《ひとつぶひとつぶ》でき具合を見て、収穫《しゅうかく》し、検査して、出荷のための包装をしていきます。

A

このように、ものを作るとは、最初は土地や[*1]パイプハウスなどの設備を用意し、栽培《さいばい》の段階では、苗《なえ》、水、肥料などの原材料を、人手や機械を使って生育し、最終的に出荷できる商品に作り上げていくことです。

しかし、問題は何をするにもお金が掛《か》かるという点にあります。土地がなければ、土地を買う、パイプハウスも作る。その設備が出来たら、今度は苗《なえ》や肥料、農薬を買ってくる。栽培《さいばい》中の生育の管理とか収穫《しゅうかく》時など人手や機械の手を借りるところでは、お願いした人たちへの賃金の支払《しはら》い、機械が必要であれば、その購入《こうにゅう》費用や借りる費用も用意しなければなりません。水や電気代の支払《しはら》いも必ずついてきます。これらの栽培《さいばい》、供給に掛《か》かるお金を「費用」と呼んでいます。

もう一つの問題は、この費用をどう支払《しはら》うかにあります。その支払《しはら》いのためのお金をどう用意するか。①これまでに蓄《たくわ》えた貯蓄《ちょちく》を崩《くず》すか、②その商品を売った収入の中から支払《しはら》うか、または③借金して払《はら》うなど、いろいろ考えられます。しかし、②の収入はまだ入っていない段階であり、③の借金も後々のXフタンになるので避《さ》けたい。とすれば、①の自分の貯蓄《ちょちく》から支払《しはら》うのがいいことになります。

B

それでは、この貯蓄《ちょちく》とは何でしょうか。貯蓄《ちょちく》は、それまで何年にもわたって栽培《さいばい》、出荷してきたことで得られた利益が積み重なったものです。例えば、昨年度５００万円の利益が出れば、それを貯蓄《ちょちく》として蓄《たくわ》えて、今年度の費用の支払《しはら》いに使うということになります。

イチゴの栽培《さいばい》にせよ、商品を供給することは、これからもずっと続けていく計画のもとで、行っているのは間違《まちが》いありません。とすれば、続けていくためには、どうしても利益を出さなければならないことになります。さらに農家であれば、くらしを支えるための費用も入ってきます。したがって、翌年のそれらの費用の支払《しはら》いができるように収益を出す必要があります。

C

このことからわかるのは、費用を上回る収入がないと、利益が出ないということです。費用は栽培《さいばい》の始めから出荷までに掛《か》かるものですから、あらかじめ、その費用総額はわかります。したがって、その明らかになっている費用総額を超《こ》えて必要な利益を出すためには、どれだけの収入が必要かはこの段階で明らかになっています。

仮に、イチゴの栽培《さいばい》費用が一パックあたり２００円、必要なくらしの費用が同じく２００円とすると、どれくらいの値段で売らなければならないでしょうか。

①５００円

②６００円

③８００円

答えは③の８００円です。計算式は次のとおりになります。

今年度の支払《しはら》い費用＝栽培《さいばい》費用２００円＋くらしの費用２００円

来年度に必要な費用＝栽培《さいばい》費用２００円＋くらしの費用２００円

来年度の費用を利益で賄《まかな》うとすると、利益は〔　あ　〕円必要になります。

来年度以降もイチゴを生産し続けるためには、今年度の収入で利益を出し、その利益で来年度の生産費用を賄《まかな》えるようにしなければなりません。したがって、今年度の利益は来年度の費用を超《こ》える金額にならなければなりません。

したがって、（今年度に必要な）収入は、

利益（〔　あ　〕円）＋費用（〔　い　〕円）＝〔　う　〕円

ここから、イチゴは一パック８００円としなければならないことがわかります。これが目標とする販売《はんばい》金額になります。

この収入と費用、利益の関係をグラフで確認してみましょう。

ところで、このようなグラフは、これからよく出てくるので、読み方を説明しておきましょう。わかっている人は、とばしてもかまいません。

縦軸《たてじく》は「費用金額」となっていますが、これは、上に行けば行くほど、金額が大きくなることを示しています。一方、横軸《よこじく》は「収入金額」となっていますが、これは右に行けば行くほど収入金額が大きくなることを表しています。また、収入線上のある点は、その左側に延ばした線が縦軸《たてじく》にぶつかるところにある「費用金額」と、下方に延ばした線が横軸《よこじく》にぶつかるところにある「収入金額」の組み合わせになります。

このグラフでは、Ａ点の費用は４００円、収入が４００円と等しくなっています。費用と収入が等しくなっていることがわかります。

ここでは仮に費用は収入金額とは関係なく、同じ金額だけ掛《か》かる、つまり金額が固定されているとします（厳密に言えば、収入金額が増えるのに連れて増える費用もあります）。また収入金額は、供給量を増やすことで、右側に行けば行くほど収入額は増えていきます。

このグラフのポイントは、Ａ点４００円よりも左側では、固定された費用に対して収入金額がまだ小さいので、利益が出ない、損失が出ている状況《じょうきょう》であること、逆にＡ点より右側では、費用より収入が大きくなって、利益が出ている状況《じょうきょう》を表している、ということにあります。

さらに、翌年にかかる費用のことを考えて、それを賄《まかな》える十分な利益を出すためには、Ｂ点８００円以上の収入金額が必要になることがわかります。

こうして見ると、売れない、期待より売れないことが最も生産者にとって困ることであることがわかります。売れなければ、十分な収入が入らず、事前に掛《か》かった費用を払《はら》えなくなります。〔　　ａ　　〕

しかも、イチゴであれば、最初の親株《おやかぶ》（最初の苗《なえ》）を植えるのは、収穫《しゅうかく》の一年前です。Ｙテントウに出るまで一年間掛《か》けて、最終的に売れるかどうかはまだわかりません。栽培《さいばい》したイチゴの先行きはまだまだ不透明《ふとうめい》です。

［　　Ｄ　　］

[＊2]第１章では、このように将来がどうなるかわからないことを「不確実性」、また将来、損をするかもしれない危険性を「リスク」

と呼びましたが、生産者は日々、その不確実性とリスクをどう克服《こくふく》していくかという難しい仕事をしているのです。

ところが、生産者にとって、やっかいな不確実性とリスクを生み出しているのは、他ならぬ私たち消費者なのです。

私たちの何げない消費行動がどのような不確実性とリスクを生み出しているのでしょうか。そもそも、イチゴであれば、一年間栽培《さいばい》し、出荷して、テントウに並ぶのはちょうど完熟するころの二、三日前に過ぎません。そもそも「不確実な」将来に向けて生産をしているのです。そして、その短期間に売り切れるかどうかもわかりません。困ったことに、私たちはそのイチゴについて、買うか、買わないかまたはどちらとも決めないという三つの異なる態度を取っています。

第一の「買う」場合。問題ないように思われますが必ずしもそうとは言えません。全部を買わないで、結果として売れ残りが出る場合、十分な販売《はんばい》収入を得られない「リスク」があります。また売れたとしても、想定していた値段で売れない「リスク」もあります。

売れ残りが出る場合、それだけ無駄《むだ》な生産をしたこと、また逆に売り切れて足りなくなった場合には、せっかくの収入を増やす機会をみすみす失ってしまうことにもなります。

第二の「買わない」場合。当然ながら、必要な収入を得られない大きな「リスク」につながります。その一年間に、消費者の好み、嗜好《しこう》が変わったり、経済環境《かんきょう》が変わり、不況《ふきょう》になったりすることで、売れなくなるリスクは常に存在しています。

第三の「買うか、買わないか、よくわからない」という曖昧《あいまい》な態度も、生産者には困りものです。例えば、出始めのまだ需要《じゅよう》が小さいときには、市場に出していいかどうかも、迷わせる「不確実」な話になります。しかし、生産者は、不確実な先行きでも生産を止めるわけにはいかないのです。

このように消費者に関わるリスク以外にも、他の生産者、他店との競争や、栽培途中《さいばいとちゅう》で台風とか自然災害に遭《あ》うリスクもつきものです。生産者は、多種多様なリスクと不確実性に囲まれています。

それと言うのも、イチゴを売って収入が得られるのが生産を始めてから一年後という点にあります。その一年間に何が起こるか、事前には把握《はあく》しきれません。

特に問題なのは、イチゴの生産、栽培《さいばい》過程では、苗代《なえだい》、肥料代、電気・水道代、資材費、人件費等々《などなど》、様々な費用が掛《か》かっており、おまけにそれらは、既《すで》に支払《しはら》い済《ず》みになっていることです。イチゴの販売《はんばい》価格の大体四割ぐらいが、その生産に掛《か》かった費用、「原価」になると言われています。

それらの費用を先払《さきばら》いしているのは、もちろん、売れた後に入ってくる収入をあてにしているからです。したがって、見込《みこ》み通りの収入を得るためにも、売る場合の値段は決定的に重要であることがわかります。次の式のとおり、販売《はんばい》数量が多くても、一パックあたりの値段が安ければ十分な販売《はんばい》収入は得られません。逆に一パックの値段が高くても、販売《はんばい》数量が少なければ、十分な販売《はんばい》収入を得られません。

一パックの値段×販売《はんばい》数量＝販売《はんばい》収入

単純に掛《か》かった費用を支払《しはら》い、十分な利益が出るように値段をつければいいかというと、そうとも言えません。仮に、台風被害《ひがい》で大損害が出た場合など、予期しがたい生産できなくなるリスクも勘案《かんあん》*3して、損害が大きくならないようにも値段を決めておきます。通常は、費用に期待する利益を上乗せして、値段を決めます。

E

しかし、そうやって、生産者が「勝手に」つけた値段で売れることはZホショウされていません。それこそ無数、多数のイチゴ生産者がイチゴを作っている中で、一件のイチゴ農家がつけた値段が他のイチゴよりも高すぎると当然ながら売れなくなります。

個々の生産者は、スーパーとかに出回っている多くのイチゴがどれくらいの値段で売られているか、一般《いっぱん》に売られている値段を「相場」といい、その相場を前提に値段をつけなければなりません。

（『値段がわかれば社会がわかる　はじめての経済学』　徳田《とくだ》　賢二《けんじ》　ちくまプリマー新書）

〔注〕　＊1　パイプハウス＝パイプを骨組みとしたビニールハウスのこと。
＊2　第1章＝問題文は第3章である。
＊3　勘案《かんあん》＝あれこれ考え合わせること。

問一　［A］〜［E］のうち、次の一文を入れるべき箇所《かしょ》として最も適当なものを一つ選び、A〜Eの記号で答えなさい。

ところで、利益とは、売り上げた収入から費用を差し引いたものです。

問二　本文で言う「費用」の具体例として不適当なものを次のア〜オの中から一つ選び、記号で答えなさい。

ア　イチゴを作る生産者が日々過ごし、生活するための費用。

イ　イチゴを作るための防水設備や棚《たな》など、資材を揃《そろ》えるお金。

ウ　イチゴの生産に必要な情報収集のための通信費。

エ　イチゴ栽培《さいばい》を趣味《しゅみ》とする人たちが集まる団体への寄付金。

オ　市場にイチゴを運ぶために必要な車とガソリン代。

問三　空らん〔　あ　〕〜〔　う　〕に入る数字として最も適当なものを次のア〜カの中からそれぞれ一つずつ選び、記号で答えなさい。（同じ記号を何度用いてもかまいません。）

ア　200　イ　400　ウ　500　エ　600　オ　700　カ　800

問四　波線「この収入と費用、利益の関係をグラフで確認してみましょう」とありますが、収入と費用、利益の関係を示したグラフとして最も適当なものを次の図ア〜オの中から一つ選び、図の記号で答えなさい。

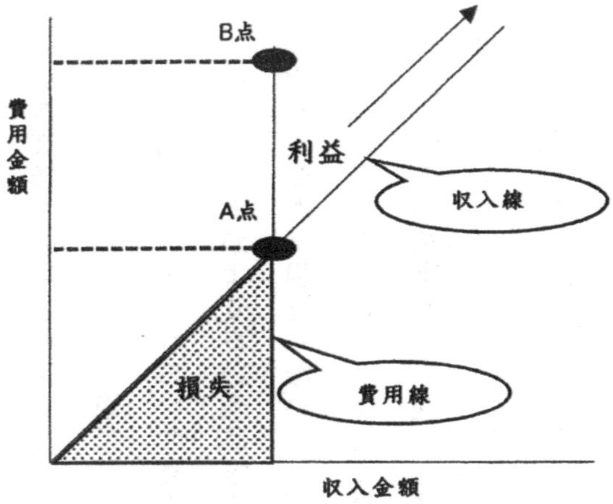

【図エ】 収入と費用、利益の関係

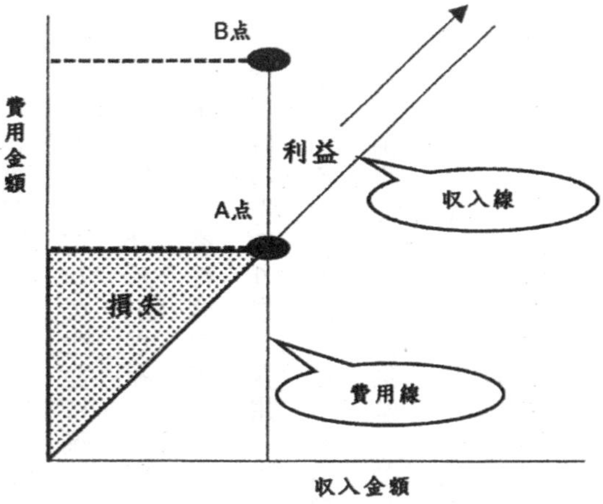

【図ア】 収入と費用、利益の関係

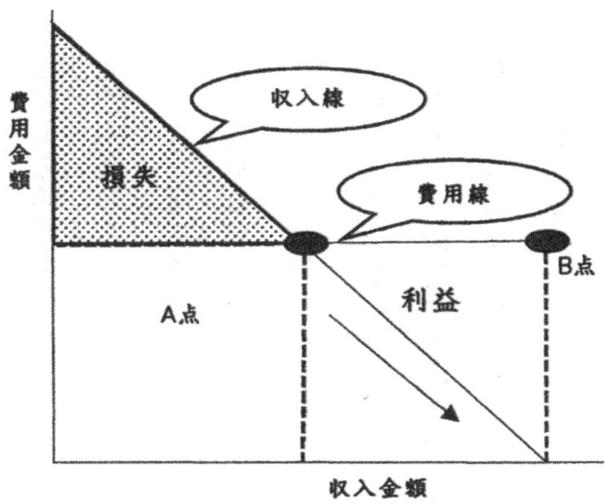

【図オ】 収入と費用、利益の関係

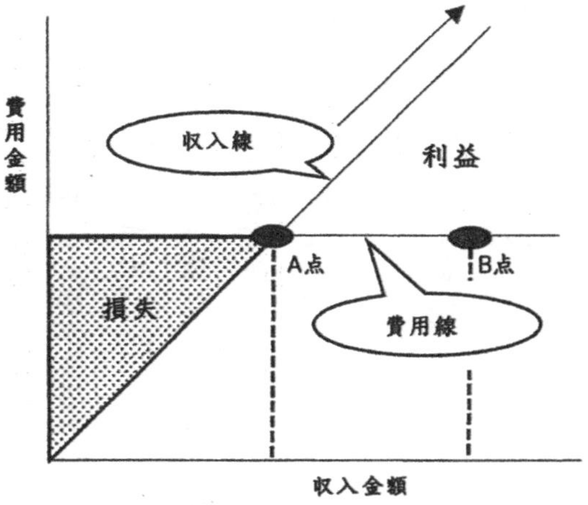

【図イ】 収入と費用、利益の関係

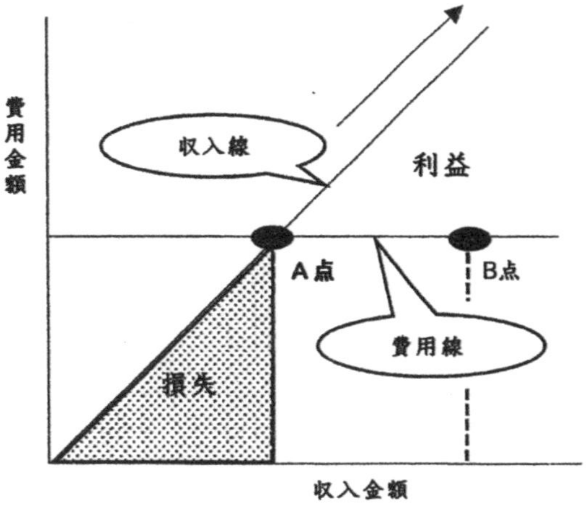

【図ウ】 収入と費用、利益の関係

問五　本文後半では「不確実性」と「リスク」についての論点が出されていますが、それによってどのような効果がありますか。その説明として最も適当なものを次のア～オの中から一つ選び、記号で答えなさい。

ア　消費者がどれくらいの費用を原価に上積みしているのかを、生産者の事情を出しつつ効果的に示している。

イ　生産者がより良い商品を作るために考えるべき点を、客観的に示すのに一役買っている。

ウ　生産者が損をしないよう、改善すべき点を挙げて値段をつける必要性に説得力をもたせている。

エ　生産者に的を絞《しぼ》っていた議論から消費者についても読者に注目させるはたらきがある。

オ　売る前の議論から売った後の議論に自然と筆を進め、値段について読者がより深く考えられるようにしている。

問六　空らん〔　a　〕に入る文として最も適当なものを次のア～オの中から一つ選び、記号で答えなさい。

ア　利益どころか大きな損失を被《こうむ》ることになるわけです。

イ　期待通りの結果にならなければ、リスクに耐《た》えられなくなるわけです。

ウ　消費者の求めに応じなければ、そもそも売ることもできないわけです。

エ　貯蓄《ちょちく》して次の生産に備えるためには、生産性を高める必要があるわけです。

オ　費用だけがかさみ、不確実性が高まってしまうわけです。

問七　本文の内容に合っているものを次のア～オの中から一つ選び、記号で答えなさい。

ア　貯蓄《ちょちく》を切り崩《くず》し費用を支払《しはら》うしか生産者に取り得る方法はない。

イ　ある程度の損失は、全体の利益のためには避《さ》けられない。

ウ　価格には先々の生産にかかる費用は含《ふく》まれていない。

エ　最も悩《なや》ましいのは、何をするにも費用がかかることである。

オ　消費者が生産者の不確実性を高めてしまうところがある。

問八　二重線「商品を供給する～どう判断しているか」とありますが、「商品を供給する生産者」はどのようなことを考え「値段」を判断していますか。四十五字以内で答えなさい。

問九　――線X「フタン」・Y「テントウ」・Z「ホショウ」のカタカナを正しい漢字に直しなさい。
（一画一画ていねいにはっきりと書くこと。）

二　次の文章は、あさのあつこの小説『ハリネズミは月を見上げる』の一節である。御蔵《みくら》さんと菊池《きくいけ》さんは同じ高校に通う同学年の生徒である。これを読んで、後の一から八までの各問いに答えなさい。

（ただし、字数指定のある問いはすべて句読点・記号も一字とする。）

菊池《きくいけ》さんは待ってくれなかった。
とんとんとリズムよく階段を降りていく。
菊池《きくいけ》さんを見ていると、揺《ゆ》らぐ。独りでもいいんだと、ふっと思ってしまう。独りになることを怖《こわ》がらなくていいんじゃないかと、考えてしまう。
怖《こわ》がらなくていい？　ほんとに？
わたしは怖《こわ》かった。今でも、怖《こわ》い。
集団の場で独りになることを恐《おそ》れている。一緒《いっしょ》にお昼を食べる友だちがいない。おしゃべりをする相手がいない。ラインの仲間に入れない。クラスメイトから距離《きょり》を置かれ、「あの子は独りだ」と烙印《らくいん》を押《お》される。
①怖《こわ》い。やっぱり怖《こわ》い。
学校という場は限りなく単一に近い。異物を嫌《きら》う。突出《とっしゅつ》したものを、独特のものを、規格外のものを厭《いと》う。わたしは誰《だれ》にも嫌《きら》われたくないし、厭《いと》われたくない。
独りになりたくない。
菊池《きくいけ》さんは平気なんだろうか。独りでいることにも、他人に嫌《きら》われることにも耐《た》えられるんだろうか。
制服の背中を目で追《お》いながら、考える。
わからない。

菊池《きくいけ》さんは謎《なぞ》だ。菊池《きくいけ》さんの背筋は〔　あ　〕と伸《の》びて、背中のフォルム＊1は強くてきれいだ。でも、内側はどうなのか。恐《おそ》れや怯《おび》えを抱《かか》え込《こ》んで震《ふる》えたりしていないのか。

菊池《きくいけ》さんには「?」がたくさんたくさん付きまとう。

ピイーッ。

甲高《かんだか》い鳥の声が響《ひび》いた。

菊池《きくいけ》さんが階段を降り切ったところで、顔を上げた。辺りに視線を巡《めぐ》らせる。指導室＊2にいたときより心持《こころもち》、幼く見えた。

「ヒヨドリだよ」

わたしは言った。

菊池《きくいけ》さんが振《ふ》り向《む》き、首を傾《かし》げる。この仕草《しぐさ》も幼い。

「今の、ヒヨドリの声」

「ヒヨドリ？　ああ、さっき＊3名郷《なごう》先生も言ってたね」

「うん。灰色っぽい、これくらいの」

わたしは両手を二十センチほど開いてみせた。

「大きさ。鳴き声がうるさいの。中庭にピラカンサの木があるでしょ。その枝によく止まってる」

「ピラカンサって、秋にきれいな実を付けるやつ？」

「そう、それ。冬まで実がなってるから、ヒヨドリのやつが餌《えさ》にしてるの。取り合いの喧嘩《けんか》なんかもしょっちゅうやってる」

菊池《きくいけ》さんが僅《わず》かに②目を細めた。知らなかったと呟《つぶや》く。

「うん、誰《だれ》も知らないと思う。中庭の鳥なんかに興味もたないもんね。でもね、すごかったの」

「すごい？」

「すごいの。一度だけなんだけど鷹《たか》が来たことがあったんだ。小鳥を狙《ねら》って現れたらしいんだけど、そのオーラ[*4]がすごくて、ヒヨドリなんか完全にびびっちゃってた」

菊池《きくいけ》さんが③笑った。

声は立てない。唇《くちびる》がすっと横に広がって、歯がのぞいた。口元も眼もちゃんと笑っている。本物の笑みだ。

とても美しかった。

「④やっぱりだね、御蔵《みくら》さん」

「え？　やっぱりって？」

「鳥、好きなんだ」

わたしは顎《あご》を引いた。手すりに軽く手を置いて、菊池《きくいけ》さんを見下ろす。今はわたしが踊《おど》り場に立っている。⑤背中が温かい。窓からの光を受けているからだ。さっき[*5]とは逆に、わたしが明かりを背負い、黒い影《かげ》になっているはずだ。

鳥は好きだ。

鶏《にわとり》でも鴉《からす》でもヒヨドリでも、燕《つばめ》も雁《かり》も雀《すずめ》も好きだ。羽のある生き物は見ていて飽《あ》きない。祖母は自分の家の庭木に、半分に切ったリンゴやミカンを突《つ》き刺《さ》していた。いろんな鳥がやってきて、さかんにつつき、リンゴもミカンも皮だけを薄《うす》く残してきれいにたいらげていた。

「ほら、今、飛んできた緑の鳥はメジロ、頭と喉《のど》が黒いのはシジュウカラ、あっちの大きな灰色の鳥がヒヨだよ。おや、根本にいるのはツグミだね」

祖母が教えてくれた。

枝から枝に軽やかに飛び回るメジロが愛らしくて、シジュウカラのピッピッと鳴き交わす声がかわいくて、小鳥たちを追《お》い払《はら》ってリンゴやミカンを独《ひと》り占《じ》めするヒヨドリが腹立たしくて、でも、憎《にく》めなくて、わたしはいつまでも鳥たちを眺《なが》めていた。

「うん、好き。昔、お祖母《ばあ》ちゃんの家でね……」

わたしは階段を降りて菊池《きくいけ》さんと並んだ。そして、同じ歩調で歩き出した。間をもたすためではなく、話したくて、聞いてもらいたくて、わたしはしゃべった。自分さえも忘れていた鳥たちとの記憶《きおく》を思い出すままに、〔　い　〕としゃべった。

この人は鳥になんか興味を持つだろうかとか、こんな話をしてA白《しら》けないだろうかとか、あたしのこと変人だと決めつけないだろうかとか、いつもは頭の中で〔　う　〕音を立てる危惧《きぐ》を、ほとんど感じないまま話し続けた。話しながら校舎を出た。

菊池《きくいけ》さんは相槌《あいづち》を打つことも首を傾《かし》げることもしなかった。でも、歩く速度はゆっくりになる。

聞いてくれているんだ。

確信できた。

グラウンドの端《はし》をなぞるように歩きながら、わたしはおしゃべりを続けた。

「じっと見てると、鳥ってすごく個性的なんだってわかるの。気が強くて挑戦的《ちょうせんてき》というか、生意気で意地悪なやつもいるし、臆病《おくびょう》で用心深いのもいるの。要領のいいやつも、のんびりしたのもいる。餌《えさ》を置いといてやると、気の強いのが真っ先に飛んできてばくばく食べちゃうのね。その後、臆病《おくびょう》なのが様子見ながら地面に落ちたリンゴのクズなんかを、すっごくびくつきながらつっついてるの。けど強いのが気が付くと、ぴいぴい怒《おこ》っちゃって、弱いのを追《お》い払《はら》うんだ。で、その隙《すき》に要領のいいのが横から残りのリンゴを持って行っちゃったりするの」

⑥あはっ。

不意に、菊池《きくいけ》さんが噴《ふ》き出した。

少し前屈《まえかが》みになって、口元にこぶしを当て、くすくすと笑う。

「いるよね。人間にも、そういう、Bちゃっかりしたやつ……」

笑いに言葉を途切《とぎ》らせながら、言う。

「あ、そうかな」
〃ちゃっかりしたやつ〃を思い起こそうとしたけれど、誰《だれ》の顔も浮《う》かばなかった。
⑦あははは。
菊池《きくいけ》さんの笑い声が震《ふる》えながら響《ひび》く。
こんな風に笑う人なんだ。
初めて耳にした菊池《きくいけ》さんの笑い声は、思いの外、⑧柔《やわ》らかくてかわいらしかった。
「おもしろいね、御蔵《みくら》さんは」
「えっ！」
「何？　なんでそんなに驚《おどろ》くの」
「あたし、おもしろいって言われたこと、今まで一度もなかった気がして……。ううん、間違《まちが》いなく一度もなかった」
一度もなかった。初めてだ。
おとなしいねとか、静かだねとはよく言われてきた。でも、〃おもしろい〃は、なかった。わたし自身もわたしを知っている他人も、わたしをおもしろいなんて思わない。
「おもしろいよ」
菊池《きくいけ》さんは前を向《む》いたまま、口を軽く開けた。風を吸《す》い込《こ》もうとしているみたいだ。
「御蔵《みくら》さんはおもしろいよ。それに鳥が好きだ。だから、[*6]『森の王国』みたいな物語が書ける。でしょ」
足が止まった。
菊池《きくいけ》さんも立ち止まる。でも、それはほんの二、三秒に過ぎなかった。瞬《まばた》きをして、前を向《む》き、菊池《きくいけ》さんはすぐにまた歩き出した。

「あ、あの……、待って、あの」
心持《こころもち》、足取りを速めた菊池《きくいけ》さんから、半歩遅《おく》れて歩いた。風が真正面から吹き付けてくる。強くはないけれど、埃《ほこり》っぽい。でも、清々とした葉っぱの匂《にお》いがした。
「あの、菊池《きくいけ》さん」
「おもしろかったよ」
歩きながら、菊池《きくいけ》さんが言った。わたしの方は見ていない。前だけを見ている。
「ストーリーはファンタジーなのに、鳥たちの生態がすごくリアルで、ヒヨドリの兵士が酔《よ》っぱらって暴れるところとか、卵を鴉《からす》に奪《うば》われそうになった小鳥たちが力を合わせて追《お》い払《はら》うところなんて、迫力《はくりょく》があって、読んでてどきどきした。何より、鷹《たか》の王がかっこよくて、凛《り》々《り》しくて、でもドジなところもあって個性的ですごいなって感じたの」
「あ、はい」
⑨我ながら間抜《まぬ》けな返事をしてしまった。でも、恥《は》ずかしいとは少しも感じない。驚《おどろ》きの方が何倍も勝っていた。

（『ハリネズミは月を見上げる』　あさの　あつこ　新潮社刊）

〔注〕
＊1　フォルム＝形。
＊2　指導室にいたとき＝「私」と菊池《きくいけ》さんは、指導室で今朝遅刻《ちこく》した理由を先生に話し終わって、帰宅しようとしている。
＊3　名郷《なごう》先生＝菊池《きくいけ》さんの担任の先生。
＊4　オーラ＝ある人や物が発する、一種独特な雰囲気《ふんいき》。
＊5　さっき＝指導室に向《む》かう階段の踊《おど》り場で居合わせたときのこと。

＊6　『森の王国』＝「私」が国語の課題で書いた物語。小冊子に載《の》せる作品の一つとして選ばれて、学年全体に配られていた。

問一　二重線Ａ「白《しら》けない」Ｂ「ちゃっかりした」とありますが、「白《しら》ける」「ちゃっかり」のここでの意味として最も適当なものを次のア～オの中からそれぞれ一つ選び、記号で答えなさい。

Ａ「白《しら》ける」

ア　間がのびる　イ　冷たく接する　ウ　気まずくなる

エ　場を盛り上げる　オ　気がぬける

Ｂ「ちゃっかり」

ア　抜《ぬ》け目ないさま　イ　おどけたさま　ウ　冷静なさま

エ　落ち着かないさま　オ　物怖《ものお》じしないさま

問二　空らん〔　あ　〕～〔　う　〕に入る言葉の組み合わせとして最も適当なものを次のア～オの中から一つ選び、記号で答えなさい。

ア　あ＝しゃん　い＝ぽつぽつ　う＝ぷちぷち

イ　あ＝しゃん　い＝さらさら　う＝ぷちぷち

ウ　あ＝しゃん　い＝ぽつぽつ　う＝そわそわ

エ　あ＝ゆらり　い＝さらさら　う＝そわそわ

オ　あ＝ゆらり　い＝ぽつぽつ　う＝そわそわ

問三　―線①「怖《こわ》い。やっぱり怖《こわ》い。」とありますが、御蔵《みくら》さんは何を「怖《こわ》い」と感じているのですか。その説明として最も適当なものを次のア～オの中から一つ選び、記号で答えなさい。

ア　クラスの輪から離《はな》れて一人で過ごさざるを得ない状況《じょうきょう》になると、学校という集団生活を学ぶ場で、昼食を一緒《いっしょ》にとったり、楽しく会話したりすることができなくなるということ。

イ　出る杭《くい》は打たれるというように、突出《とっしゅつ》して優れていることによってねたみや反感を買うことになり、クラスメイトから嫌《きら》われたり、仲間外れにされたりするということ。

ウ　均質な集団になりがちな学校という場において、みんなと違《ちが》う行動をすることによって、周囲から変わっていると思われて、嫌《きら》われたり孤立《こりつ》したりしてしまうこと。

エ　学校生活の中で、友達を積極的に作らないでいると、クラスメイトから一人でいることを好む者として見られてしまい、仲間にいれてもらえないということ。

オ　限りなく単一に近い学校という場では、周囲に合わせなかったり、変わった性質を持っていたりすると、それが原因となってみんなから協調性がないと思われてしまうということ。

問四　以下は本文を読んだ六人の生徒の発言です。文章の内容を踏《ふ》まえたものとして適当なものを次のア〜カの中から二つ選び、記号で答えなさい。ただし、解答の順番は問いません。

ア　生徒A　―線②の「目を細めた」は、御蔵《みくら》さんが持っている鳥への知識量に対して、菊池《きくいけ》さんが驚《おどろ》く様子を表しているね。御蔵《みくら》さんみたいな友達が近くにいたら、学校生活も楽しくなりそう。

イ　生徒B　―線③の「笑った」は、鳥が必死に自分の子を守っているときの様子をおもしろおかしく感じて笑っているわけだけど、ここはちょっとくすっと笑ってしまう場面なのかな。

ウ　生徒C　「笑い」を通して親密な関係になっていくことがうかがえるな。―線⑤「背中が温かい」のは窓から光を受けたからだけでなく、御蔵《みくら》さんの心が解きほぐされていくことも表していると思う。

エ　生徒D　―線⑥の「あはっ」は、エサを取り合う鳥たちの多様なふるまいを見て、菊池《きくいけ》さんが思わずこらえられなくなった笑いだね。生き物たちが時として意外なふるまいをすることってある気がする。

オ　生徒E　御蔵《みくら》さんは、人が見過ごしがちな鳥の生態に興味を持ってよく観察しているね。菊池《きくいけ》さんが御蔵《みくら》さんのこの独特なありようを好意的にとらえておもしろがったのが、―線⑦の「あはははは」だと思う。

カ　生徒F　御蔵《みくら》さんは、初めて目にした菊池《きくいけ》さんの笑う姿を―線⑧「柔《やわ》らかくてかわいらしかった」と評しているけれど、ここで菊池《きくいけ》さんへの憧《あこが》れが恋心に切り替《か》わったことが見て取れると思う。

問五 ―線④「やっぱりだね」とありますが、菊池《きくいけ》さんはなぜここでこのように述べているのですか。その説明として最も適当なものを次のア～オの中から一つ選び、記号で答えなさい。

ア 御蔵《みくら》さんの書いた『森の王国』をすでに読んでいたから。

イ 人よりも鳥に興味のある御蔵《みくら》さんの様子がうかがえたから。

ウ 御蔵《みくら》さんが中庭で餌《えさ》を取り合う鳥たちをじっとみていたから。

エ 好きなことを語る御蔵《みくら》さんは生き生きとしていて楽しそうだから。

オ 御蔵《みくら》さんが自身の祖母から聞いた話をわざわざしてくれたから。

問六 本文では、歩く描写《びょうしゃ》が多く見られます。それぞれの描写《びょうしゃ》の効果の説明として最も適当なものを次のア～オの中から一つ選び、記号で答えなさい。

ア 先を歩く菊池《きくいけ》さんを「わたし」が追《お》いかける冒頭《ぼうとう》の描写《びょうしゃ》では、他者の目線を気にせず、大人びたように見える菊池《きくいけ》さんの背中を追《お》いかける「わたし」の菊池《きくいけ》さんへの感情の高まりが表現されている。

イ 「わたし」が菊池《きくいけ》さんに追《お》いついて、横に並んで歩きながら、鳥について語る描写《びょうしゃ》では、二人の心的距離《きょり》が近づき、実際の位置関係と心的な距離《きょり》感を関連づけるような表現がなされている。

ウ 菊池《きくいけ》さんがグラウンドを歩く際、「わたし」との歩調がそろい、同じような行動をする部分は、「わたし」が菊池《きくいけ》さんの話にしっかり耳を傾《かたむ》けようとしていることが効果的に伝わるように表現されている。

エ 菊池《きくいけ》さんが「わたし」に「おもしろいよ」と言った後、二人が足を止める場面では、歩くことをやめて会話に集中しようとしていることや思いを打ち明けるときの緊張《きんちょう》感や物語としての高まりを表現している。

オ 終末部で、再び足取りを速めて「わたし」の前を歩く菊池《きくいけ》さんの描写《びょうしゃ》には、菊池《きくいけ》さんが「わたし」をほめることの照れくささや、顔を見られることの恥《は》ずかしさから話を変えようとする様子が表現されている。

問七　――線⑨「我ながら間抜《まぬ》けな返事をしてしまった」とありますが、この時の御蔵《みくら》さんについての説明として最も適当なものを次のア～オの中から一つ選び、記号で答えなさい。

ア　不器用ながらも菊池《きくいけ》さんが自分への思いを伝えてくれ、より彼女《かのじょ》と親密になれたことに驚《おどろ》いている。

イ　自分の才能に気が付けなかったことに半ば呆《あき》れつつ、菊池《きくいけ》さんが自分をよく見てくれていて、驚《おどろ》いている。

ウ　ストーリー展開や描写《びょうしゃ》の妙《みょう》を生き生きと伝える菊池《きくいけ》さんの姿に、自分と相容《あいい》れないものを感じ、驚《おどろ》いている。

エ　まさか自分が書いた物語を菊池《きくいけ》さんが読んでくれ、そのうえ評価もしてくれているとは思わず、驚《おどろ》いている。

オ　菊池《きくいけ》さんとのやりとりを通して、自分の感じていた怖《こわ》さが薄《うす》らいでいることに気づき驚《おどろ》いている。

問八　御蔵《みくら》さんの目には菊池《きくいけ》さんはどのように映っていますか。御蔵《みくら》さんから見た菊池《きくいけ》さんの人物像に触《ふ》れながら、六〇字以内で説明しなさい。

2022年度

豊島岡女子学園中学校

入学試験問題

（1回）

算　数

（50分）

注意事項

1．合図があるまで，この冊子を開いてはいけません。

2．問題は 1 から 6 ，3ページから 10ページまであります。
合図があったら確認してください。

3．解答は，すべて指示に従って解答らんに記入してください。

4．円周率は 3.14 とし，答えが比になる場合は，最も簡単な整数の比で答えなさい。

5．角すい・円すいの体積は，（底面積）×（高さ）÷3 で求めることができます。

— 計 算 用 紙 —

1 次の各問いに答えなさい。

(1) $4\frac{1}{6}-\left(2\frac{1}{3}-1.75\right)\times 1\frac{1}{7}\div 1.6$ を計算しなさい。

(2) 1以上216以下の整数のうち，216との公約数が1だけである整数は何個ありますか。

(3) 5%の食塩水60gと10%の食塩水60gと水を空《から》の容器に入れ，よくかき混ぜたところ，2%の食塩水になりました。容器に入れた水は何gでしたか。

(4) 2つの円A，Bがあり，円Bの半径は円Aの半径の1.4倍です。円A，Bの円周の合計が75.36cmであるとき，円Bの半径は何cmですか。

2 次の各問いに答えなさい。

(1) コップを1個800円で何個か仕入れ，2割の利益を見込んで定価をつけて販売しました。しかし，全体の5%が売れ残ったため，利益は17920円でした。仕入れたコップは全部で何個でしたか。

(2) ある仕事を2種類の機械AとBで行います。この仕事を終わらせるのにAを1台とBを6台で行うと24分かかり，Aを2台とBを1台で行うと45分かかります。Aを4台とBを4台で行うとこの仕事を終わらせるのに何分かかりますか。

(3) 下の図のように，1辺の長さが4cmの正方形があり，点E，Fはそれぞれ辺AD，DCの真ん中の点，点Gは直線BFの真ん中の点です。また，点H，Iは直線BE上でBH : HI : IE＝2 : 1 : 1となる点，点J，Kは直線EF上でEJ : JK : KF＝2 : 1 : 1となる点です。このとき，色のついた部分の面積は何cm^2ですか。

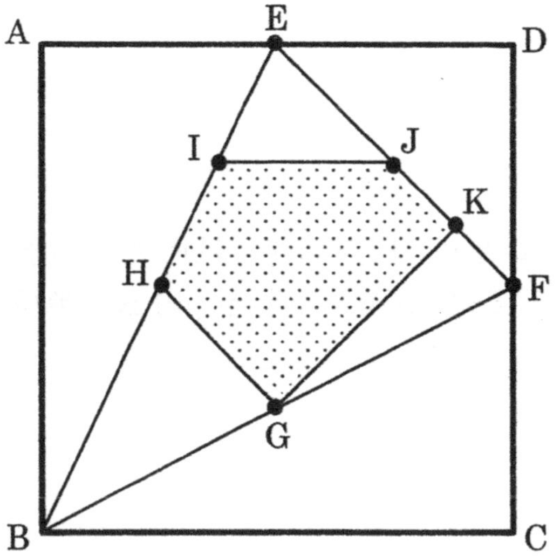

(4) 下の図のように，正三角形を 6 つ用いてできる立体 ABCDE があり，点 P，Q，R はそれぞれ辺 AB，BC，CE の真ん中の点です。直線 PR と平面 BCD の交わる点を S とするとき，点 D，S，Q は一直線上に並びます。このとき，DS : SQ を答えなさい。

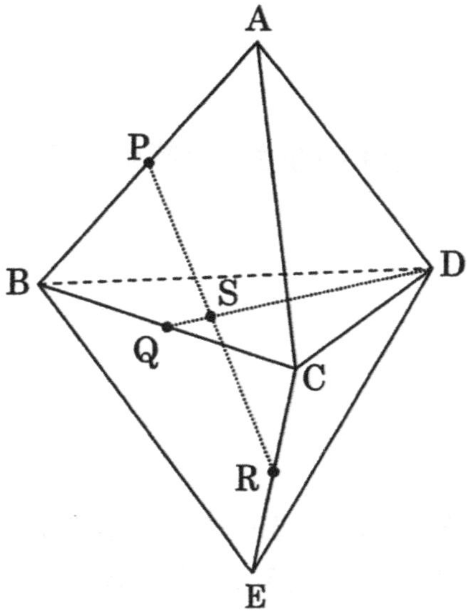

3 豊子さんは，学校から家まで下校するときはいつも，15 時ちょうどに学校を出発し，一定の速さで歩いて 15 時 30 分に家に着きます。ある日，家にいた母が，15 時 10 分に一定の速さで車で学校に向かいました。母は途《と》中で豊子さんと出会い，すぐに車に乗せ，行きと同じ速さで家に帰ったところ，家に着いた時刻は 15 時 14 分でした。このとき，次の各問いに答えなさい。

(1) (豊子さんの歩く速さ) : (車の速さ) を答えなさい。

(2) 母が 15 時 3 分に家を出ていたとしたら，学校から 342m の地点で 2 人は出会っていたそうです。このとき，家から学校までの距離《きょり》は何 m ですか。

4 部品Aが120個，部品Bが80個，部品Cがたくさんあります。部品Aが4個と部品Bが3個で製品Xを，部品Bが2個と部品Cが3個で製品Yを，部品Aが2個と部品Cが4個で製品Zを作ることができます。このとき，次の各問いに答えなさい。

(1) 製品X，製品Yを合わせて35個作り，製品Zをいくつか作ったところ，部品A，部品Bはすべて使い切ることができました。部品Cは何個使いましたか。

(2) 製品X，製品Y，製品Zを合わせて65個作ったところ，部品A，部品Bはすべて使い切ることができました。部品Cは何個使いましたか。

5 すべての整数を素数の積で表します。ただし，素数とは 2 以上の整数で，1 とその数の他に約数がない数です。このとき，2 または 5 のみで作られている数を以下のように小さい順に並べます。

2，4，5，8，10，16，20，25，32，…

例えば，200 を素数の積で表すと $2\times2\times2\times5\times5$ となり，これは 2 または 5 のみで作られているので，200 はこの数の並びの中に現れます。また，180 を素数の積で表すと $2\times2\times3\times3\times5$ となり，この中には 2 または 5 以外の素数 3 が含まれているので，180 はこの数の並びの中に現れません。このとき，次の各問いに答えなさい。

(1) 次の(ア)～(オ)の中で，この数の並びの中に現れる数をすべて選び記号で答えなさい。

(ア) 50　(イ) 60　(ウ) 70　(エ) 80　(オ) 90

(2) この数の並びの中に 300 以下の数は何個ありますか。

(3) この数の並びの中の 2 つの数 A，B に次のような関係があります。

$$A - B = 7392$$

このとき，B の値を 1 つ答えなさい。

— 計 算 用 紙 —

6　＜図1＞のように，1辺の長さが8cmの立方体ABCD-EFGHがあり，点Mは辺ABの真ん中の点，点Pは辺BC上でBP：PC＝1：3となる点，点Qは辺DC上でDQ：QC＝1：3となる点，点Rは辺GC上でGR：RC＝1：3となる点です。＜図2＞は，立方体ABCD-EFGHから，辺PC，辺QC，辺RCを3辺とする立方体を切り取った図形です。このとき，次の各問いに答えなさい。

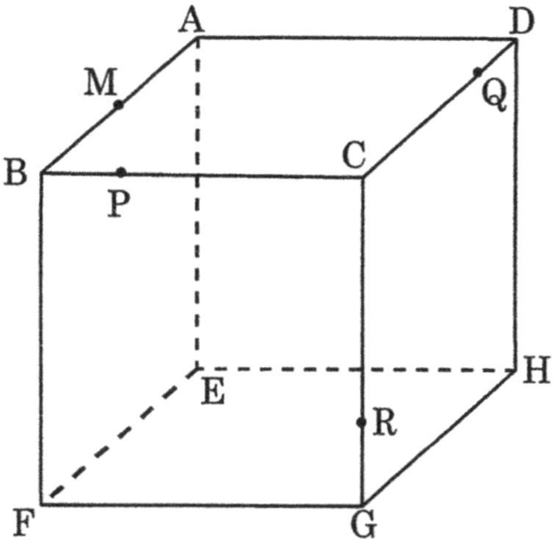

＜図1＞

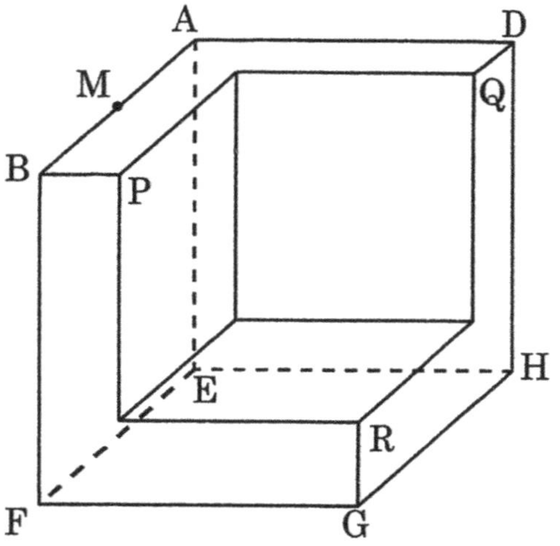

＜図2＞

(1) ＜図2＞の立体を3点A，F，Gを通る面で切断したとき，点Eを含む立体の体積は何cm^3ですか。

(2) ＜図2＞の立体を3点M，F，Hを通る面で切断したとき，点Eを含む立体の体積は何cm^3ですか。

(3) ＜図2＞の立体を3点M，D，Fを通る面で切断したとき，点Eを含む立体の体積は何cm^3ですか。

— 計 算 用 紙 —

2022年度

豊島岡女子学園中学校

入学試験問題

（1回）

理　科

（理科・社会　2科目50分）

注意事項

1．合図があるまで，この冊子を開いてはいけません。
2．問題は 1 から 4 ，2ページから14ページまであります。
　合図があったら確認してください。
3．解答は，すべて指示に従って解答らんに記入してください。
4．解答用紙は社会と共通になっています。

1 以下の問いに答えなさい。

図1のような側面に穴の開いた容器があります。容器には厚さの無視できる仕切りがあり，仕切りの下側には 10 cm のすき間があります。また，穴が開いていない側の上面からは，液体を注ぐことができるようになっています。ただし，水の密度（1 cm^3 あたりの重さ）を 1 g/cm^3，油の密度を 0.8 g/cm^3 とします。

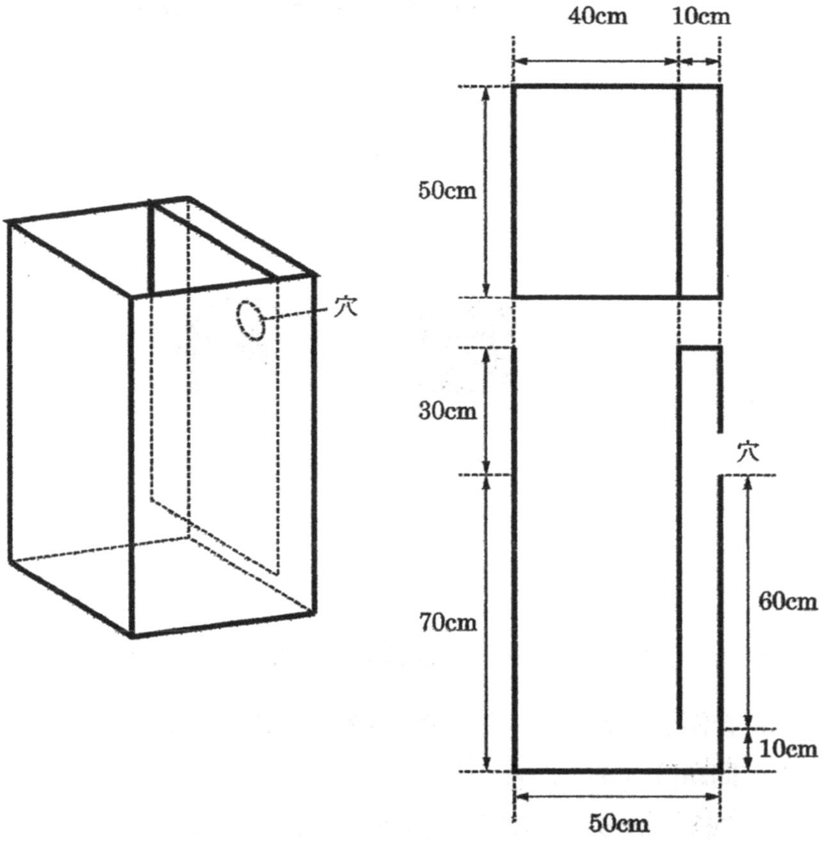

図1

（1）水が穴からあふれないようにいっぱいに注いだとき，図２のようになりました。このとき注いだ水は何Ｌですか。**四捨五入して整数で求めなさい。**

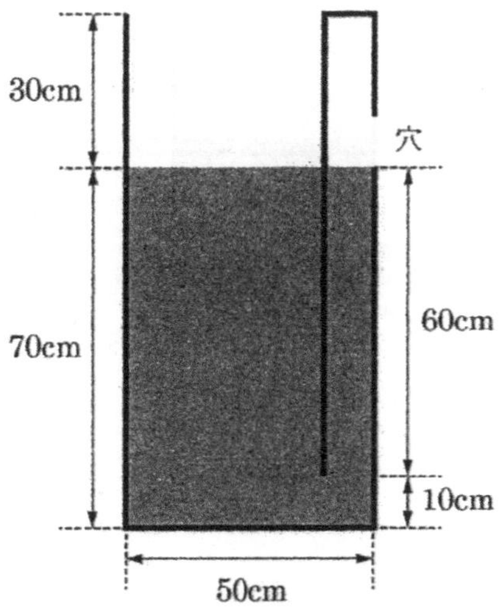

図２

図2の状態から油を容器にゆっくりと注ぐと，容器の穴から水があふれ，図3のようになりました。このとき，油には，おしのけてあふれた水の重さと同じ大きさの浮力《ふりょく》がはたらきます。

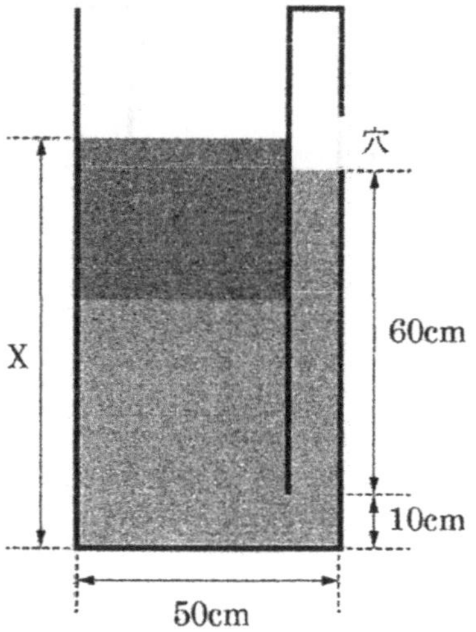

図3

（2）ある量の油をゆっくり注いだとき，穴からは48 Lの水があふれました。注いだ油は何Lですか。**四捨五入して整数で求めなさい。**

（3）（2）のとき，容器の底から測った油面の高さXは70 cmよりも大きくなります。この高さXは何cmですか。**四捨五入して整数で求めなさい。**

（4）図2の状態から，油が穴からあふれないようにしながら，油をゆっくりと注ぎました。注げる油は最大何Lですか。**四捨五入して整数で求めなさい。**ただし，油が穴からあふれる前に，油が容器の上面からあふれることはありません。

図2の状態から水と油が混ざった液体をゆっくりと注ぐと，水だけが穴からあふれ，油と水を分離《ぶんり》することができます。このような水槽《すいそう》は，油と水を分離することができるので，油水分離槽《ゆすいぶんりそう》といいます。

（5）油と水が混ざった液体250Lをゆっくり注いだとき，穴からは240Lの水があふれました。油と水が混ざった液体250Lのうち，油は何L含《ふく》まれていましたか。**四捨五入して小数第1位まで求めなさい。**

2 以下の問いに答えなさい。

二酸化炭素を石灰水に通すと，その溶液は白くにごります。これは炭酸カルシウムができたためで，しばらくすると底に沈《しず》みます。この底に沈んだものを沈殿《ちんでん》といいます。二酸化炭素 2.4 L を十分な量の石灰水と反応させると，10 g の沈殿ができます。

沈殿の量から呼気(ヒトが口からはく息)に含まれる二酸化炭素の割合を調べるために，次の実験をしました。

実験 1：二酸化炭素を石灰水に吹《ふ》きこむと，一部が逃げましたが，残りは沈殿になりました。沈殿をろ過によって取り出し，よく乾《かわ》かして重さをはかりました。吹きこんだ二酸化炭素の体積とできた沈殿の重さの関係は，次のようになりました。

吹きこんだ 二酸化炭素の体積〔L〕	0.5	0.8	1.2	1.5	2
沈殿の重さ〔g〕	1.25	2	3	3.75	5

実験 2：息を 1 回はくと 2 L はき出されました。石灰水に 2L の呼気を 3 回吹きこみました。沈殿をろ過によって取り出し，よく乾かして重さをはかりました。できた沈殿の重さは 0.55 g でした。

（1）二酸化炭素 1 L をどこにも逃げないようにして十分な量の石灰水と反応させたとき，何 g の沈殿ができますか。**四捨五入して小数第 1 位まで求めなさい。**

（2）実験 1 より，二酸化炭素 1 L を石灰水に吹きこんだときに逃げる二酸化炭素は何 L と考えられますか。**四捨五入して小数第 1 位まで求めなさい。**

（3）呼気全体の体積に対して，二酸化炭素の体積の割合は何%ですか。**四捨五入して小数第1位まで求めなさい。**ただし，呼気を石灰水に吹きこむとき，二酸化炭素の一部は逃げ，その割合は実験1と同じとします。

（4）次の①～③のような誤った操作をした場合，（3）で求めたものはどうなりますか。以下の**あ～う**からそれぞれ1つずつ選び，記号で答えなさい。ただし，それぞれの誤った操作以外は正しく操作したものとします。

① 実験2で，沈殿をろ過によって取り出すとき，沈殿はよく乾いていたが，ろ紙に沈殿を残したまま重さをはかってしまった。

② 実験2で，1回で息を2Lはいたのに，1.6Lはいたと記録してしまい，その数字で計算した。

③ 実験1で，石灰水の量が十分ではなく，次のようになってしまった。

吹きこんだ 二酸化炭素の体積〔L〕	0.5	0.8	1.2	1.5	2
沈殿の重さ〔g〕	1.25	2	3	3	3

実験2では，石灰水の量が十分だったので，できた沈殿の重さは0.55gで変わらなかった。

あ．大きくなる　**い**．小さくなる　**う**．変わらない

3 豊子さんは，夏になるとよく蚊《か》に刺《さ》されます。今年の夏は，蚊に刺されないよう，自由研究で蚊について調べてみました。

蚊は，いろいろな感染症《かんせんしょう》をもたらす昆虫《こんちゅう》で，その代表的な例として，日本脳炎《のうえん》，ウエストナイル熱，デング熱などがあげられます。日本脳炎はブタから蚊を介《かい》してヒトへ，ウエストナイル熱は鳥から蚊を介してヒトへ，デング熱はヒトから蚊を介してヒトへ感染します。

二酸化炭素の排出量《はいしゅつりょう》の多いヒト，体臭《たいしゅう》の強いヒト，体温の高いヒトは，蚊に刺されやすいといわれています。蚊はふだん，花のみつや果汁《かじゅう》などを食物としていますが，産卵前のメスは吸血もします。よく見かける蚊としては，アカイエカ，ヒトスジシマカがいます。その２種の生態をまとめて表にしました。

	活動期間	活動時間	活動気温 [℃]	飛行可能距離《きょり》	冬ごし
アカイエカ	4月～11月	夜間	20～30	200 m～1 km	成虫
ヒトスジシマカ	5月～11月	昼間（朝・夕）	25～30	数 m	卵

（1）蚊に関する特徴《とくちょう》として，最も適当なものを次の**あ**～**か**から１つ選び，記号で答えなさい。

あ．蚊は，ハエと同じで２枚のはねを持ち，さなぎはオニボウフラと呼ばれ，不完全変態をする昆虫である。

い．蚊は，アブと同じで２枚のはねを持ち，幼虫はオニボウフラと呼ばれ，不完全変態をする昆虫である。

う．蚊は，ハチと同じで４枚のはねを持ち，さなぎはオニボウフラと呼ばれ，完全変態をする昆虫である。

え．蚊は，アブと同じで２枚のはねを持ち，さなぎはボウフラと呼ばれ，完全変態をする昆虫である。

お．蚊は，ハエと同じで２枚のはねを持ち，幼虫はボウフラと呼ばれ，完全変態をする昆虫である。

か．蚊は，ハチと同じで４枚のはねを持ち，幼虫はボウフラと呼ばれ，不完全変態をする昆虫である。

（2）下線部の感染症以外の「蚊を介した感染症」を次の**あ〜え**から１つ選び，記号で答えなさい。

あ．ペスト　　　**い**．マラリア　　**う**．インフルエンザ　　**え**．結核《けっかく》

（3）ヒトの活動を考えると，蚊に刺されやすいのはどのようなときですか。次の**あ〜え**から最も適当なものを１つ選び，記号で答えなさい。

あ．起床後《きしょうご》　　　**い**．食事前　　　**う**．運動後　　　**え**．就寝前《しゅうしんまえ》

（4）左ページの表の活動期間を見ると，２種とも春から秋にかけて活動しますが，アカイエカの方が１カ月ほど早く活動を開始します。その理由として適当と考えられるものを次の**あ〜え**から**２つ**選び，記号で答えなさい。

あ．アカイエカの活動時間が夜間だから。
い．アカイエカの活動気温の最低温度が，ヒトスジシマカより低いから。
う．アカイエカの飛行可能距離がヒトスジシマカより長いから。
え．ヒトスジシマカは卵で冬ごしをするのに対して，アカイエカは成虫で冬ごしするから。

（5）次の**あ～か**のうち、**下線部が誤っている**ものを**3つ**選び、記号で答えなさい。

あ．日本には約 110 種の蚊が記録されている。温暖化の影響《えいきょう》により，ヒトスジシマカは分布を南へ広げている。

い．蚊の吸った血から，吸血していた動物を調べた研究がある。ある種類の蚊が吸血する動物の種類は，１種類とは限らない。

う．ヒトスジシマカは土の中に卵を産む。よって，公園や広場にある空き缶やペットボトル、古タイヤなどが放置されないように注意すると，幼虫の発生を防ぐことができる。

え．メスの蚊を解剖《かいぼう》して産卵回数を調べることができる。産卵の回数が多いほど，伝染病のヒトに伝わる危険が小さくなる。

お．殺虫剤の効き方を実験するため，蚊の飼育をしている会社がある。実験では殺虫剤の効き方が体重の差によって変わらないように均一な蚊をたくさん用意して行う。

か．蚊を飼育するために，エサとしては食塩水よりも砂糖水を与えた方がよい。

— スペース —

4 地球は季節によって太陽光の当たり方が異なります。そのため，季節によるさまざまな違《ちが》いが現れます。以下の問いに答えなさい。

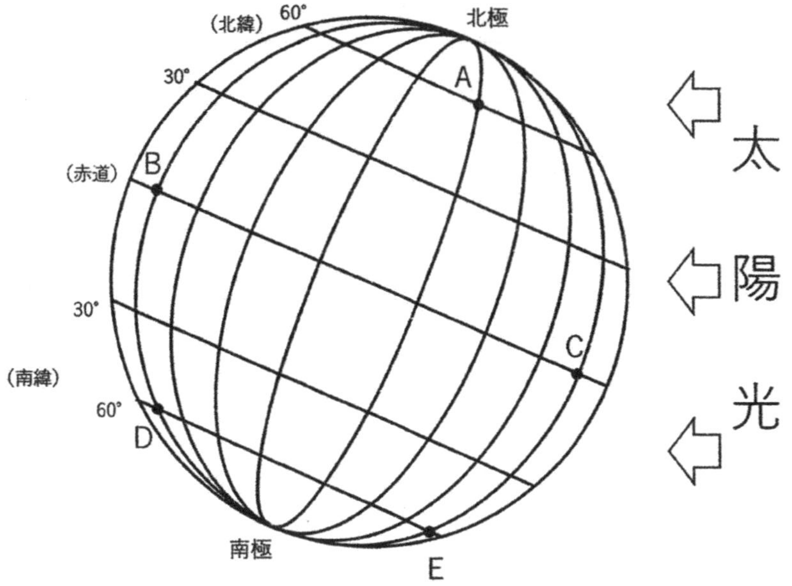

図１

（１）図１で，A～E の地点の夜の長さを比べるとどうなりますか。次の**あ～か**から１つ選び，記号で答えなさい。ただし，A>B=Cは，Aの地点の夜の長さが最も長く，B の地点と C の地点の夜の長さは同じであることを示しています。

あ．　A=B=C=D=E　　　**い**．　B=C>A=D=E

う．　A=D=E>B=C　　　**え**．　A>B=C>D=E

お．　D=E>B=C>A　　　**か**．　B=D>A>E>C

（２）図１の季節から半年後，B と D の地点で日の出の時刻が早いのはどちらですか。**あ～う**から１つ選び，記号で答えなさい。

あ．Bのほうが早い　　**い**．Dのほうが早い　**う**．BとDはほぼ同じ

（3）赤道上のC地点について説明した，次の**あ**～**か**の文から**誤っている**ものを**2つ**選び，記号で答えなさい。

あ．日本における春分のとき，Cでは真東から太陽が昇《のぼ》る。

い．日本における夏至のとき，Cでは真東より北寄りから太陽が昇る。

う．日本における冬至のとき，Cでは真西より北寄りに太陽が沈《しず》む。

え．日本における夏至のとき，Cでは太陽が最も高い位置にきたときの高度は90°より低い。

お．日本における春分のとき，Cでは太陽が最も高い位置にきたとき，地面に垂直に立てた棒のかげができない。

か．日本における春分から夏至にかけて，Cでは昼の長さが長くなる。

（4）日本の冬では「北西の季節風」と呼ばれる風がよく吹《ふ》きます。この風に関係することについて，適する文の組み合わせとして最も適当なものを以下の表の**あ**～**く**から1つ選び，記号で答えなさい。

ア　シベリア大陸の温度が太平洋の温度に比べて下がりやすい

イ　シベリア大陸の温度が太平洋の温度に比べて下がりにくい

ウ　大陸上の空気が上昇《じょうしょう》する（上昇気流になる）

エ　大陸上の空気が下降する（下降気流になる）

オ　シベリア大陸から太平洋へ空気が流れる

カ　太平洋からシベリア大陸へ空気が流れる

解答する記号	適する文		
あ	ア	ウ	オ
い	ア	ウ	カ
う	ア	エ	オ
え	ア	エ	カ
お	イ	ウ	オ
か	イ	ウ	カ
き	イ	エ	オ
く	イ	エ	カ

（5）日本の夏では「南東の季節風」と呼ばれる風がよく吹《ふ》きます。この風と同じようなしくみ（原理）で吹く風として最も適当なものを次の**あ**～**か**から１つ選び，記号で答えなさい。

あ．朝夕に吹く海風　　　**い**．朝夕に吹く陸風
う．昼間に吹く海風　　　**え**．昼間に吹く陸風
お．夜間に吹く海風　　　**か**．夜間に吹く陸風

（6）気温や気圧のように気象を表現するためのさまざまな要素を気象要素といいます。次の①～③の気象要素について，最も適当な単位を下の**あ**～**お**から１つずつ選び，記号で答えなさい。

〔気象要素〕
①　気圧　　②　降水量　　③　風速

〔単位〕
あ．%(パーセント)　　　**い**．hPa(ヘクトパスカル)
う．mm(ミリメートル)　　　**え**．m/秒(メートル毎秒)
お．単位なし

2022年度

豊島岡女子学園中学校

入学試験問題

（1回）

社　会

（社会・理科　2科目50分）

注意事項

1．合図があるまで、この冊子を開いてはいけません。

2．問題は 1 から 3 、2ページから10ページまであります。
　合図があったら確認してください。

3．解答は、すべて指示に従って解答らんに記入してください。

4．解答用紙は理科と共通になっています。

1 次の文章を読んで問いに答えなさい。

人間の体はそのほとんどが水でできています。子どもで体重の約70パーセント(%)、成人では約65%が水分であるといわれています。しかし、地球上に存在する水のうち、97.5%を占《し》めるのが海水で、飲み水や生活用水として利用できる淡水《たんすい》はたった2.5%ほどです。しかも人間が実際に取水して利用できるのは、(ア)地中のごく浅い所にある地下水か、(イ)川、湖、沼《ぬま》など地表にあるものだけで、これは、地球全体の水の0.02%程度の量にすぎません。ですから、古来より水の確保は人類にとって最優先の事柄《ことがら》でした。

多摩の羽村から四谷までつながる玉川上水は(ウ)17世紀に築かれ、江戸市中へ飲料水を供給していました。その一部区間は、現在でも(エ)東京都水道局の現役の水道施設《しせつ》として活用されています。(オ)近代日本の水道事業の始まりは1887年に横浜で敷設《ふせつ》された近代水道で、1890年に(カ)水道条例が制定されました。戦後には公衆衛生の改善が進むなかで、1957年には水道法が制定されて水道の整備が進み、現在の日本の水道普及《ふきゅう》率は98%となり(キ)国民皆水道《こくみんかいすいどう》がほぼ実現しています。

生活のための水を供給する施設である水道は、長らく政府の管理下で整備・運営されてきました。しかし、2018年12月に(ク)衆参両院で水道法改正法案が可決され、水道事業の民営化が可能となりました。水道法の改正の目的について（　ケ　）省は、「人口減少に伴《ともな》う水の需要《じゅよう》の減少、水道施設の老朽《ろうきゅう》化、深刻化する人材不足等に対応し、水道の基盤《きばん》強化を図るため」であると説明しています。水道事業は市区町村単位で運営されているため、人口が少ない自治体では水道を管理する人手が足りなかったり、水道事業が大きな負担となっていたりすることも少なくありません。水道料金がとても高くなってしまった自治体もあります。そのため、もっと広い範囲《はんい》で水道事業を運営できるようにしたり、民間企業《きぎょう》による競争を取り入れたりすることで、水道事業の抱《かか》える課題に対応し、水道環境《かんきょう》を維持《いじ》していこうというわけです。

水道法の改正を受けて、水道事業の運営権を民間に売却《ばいきゃく》する議案が可決された自治体もあります。しかし、水道事業の民営化による水質の悪化や料金の大幅《おおはば》な値上げへの不安を訴《うった》える声もあり、1990年代に水道事業を民営化したフランスやドイツなどが近年になって再公営化している事例を挙げて、民営化に反対する意見もあります。そのようななかで、岩手県矢巾《やはば》町では住民参画の水道サポーター制度を発足させ、住民と職員とで意見を重ねながら水道事業にあたっています。彼らは今の水質を維持し、未来の子どもたちに安全な水道を残すためにこのような決断に至ったということです。(コ)一般《いっぱん》の人々が自治体とともに水道事業に参画するという動きは、民営化とはまた違《ちが》った選択肢《せんたくし》といえるでしょう。

(サ)水道は私たちが生きていくためになくてはならないものです。今後どのような形であっても、安全な水を安定的に供給していくことが求められています。私たちの命の水を守っていくために水道事業はどうあるべきか、皆《みな》が考え、話し合っていかなければなりません。

問1．下線部(ア)について、地下水を生活用水などに利用するために、おもに地面に垂直な穴を掘《ほ》って作る、水を得るための設備を何といいますか、漢字２字で答えなさい。

問2．下線部(イ)について、流域が一つの県のみで他県にまたがっていない河川を、次から一つ選び番号で答えなさい。

１．北上川　　２．神通川　　３．利根川　　４．長良川　　５．最上川

問3．下線部(ウ)に関連して、同じころに江戸の市街地では、広い道路や空き地が作られました。これはある災害《さいがい》に関連して作られたものですが、そのような場所が作られた目的を、20字以内で説明しなさい。

問4．下線部(エ)について述べた次の文のうち、**あやまっているもの**を一つ選び番号で答えなさい。

１．衆議院議員選挙における小選挙区の数は、47都道府県のうちで最も多い。

２．生活に便利な街なので人口が集中しているが、2021年には人口が減少した月もみられた。

３．西部は山地や丘陵《りょう》地が多く、東部は台地や低地が多い。

４．都庁がある千代田区には、行政機関、金融《きんゆう》機関や大企業《きぎょう》の本社などが集中している。

問5．下線部(オ)について、日本の近代化は江戸時代の終わりごろから始まっていましたが、そのころの状況《じょうきょう》について説明した次の文のうち、正しいものを一つ選び番号で答えなさい。

１．ペリーが来航して開国を求めたため、日本はその翌年に日米修好通商条約を締結《ていけつ》してアメリカとの貿易を開始した。

２．吉田松陰らを処罰《しょばつ》した安政の大獄《たいごく》を行った井伊直弼は、桜田門外の変によって水戸藩出身の浪人たちに暗殺された。

３．尊王攘夷《そんのうじょうい》の考えを持っていた薩摩藩は、下関海峡《かいきょう》を通る外国船を砲撃《ほうげき》してイギリスとの戦争につながった。

４．鳥羽・伏見の戦いで敗れた徳川慶喜は、薩長両藩からの批判をかわすために朝廷に対して大政奉還を行った。

問6．下線部**(カ)**は現在の条例とは異なり元老院でその審議《しんぎ》が行われました。これに対して、日本国憲法下における現在の条例について説明した次の文のうち、最も適切なものを一つ選び番号で答えなさい。

1．内閣の閣議決定により制定されるもので、法律の範囲《はんい》内で定めることができる。

2．特定の地方公共団体にのみ適用されるもので、衆参両院で可決した後に住民投票での賛成を経て制定される。

3．地方公共団体が各地域の抱《かか》える課題に対応するため、地方議会において制定される。

4．国家間や国家と国際機関との約束事を文書化したもので、法的拘束《こうそく》力を持つ。

問7．下線部**(キ)**に関連して、「国民皆《こくみんかい》○○」とは、すべての国民がその制度を利用可能となっている状態を表していますが、このような状態になっているといえる制度を、次から**二つ**選び番号で答えなさい。

1．育児休業手当　**2**．健康保険　**3**．国民年金　**4**．雇用《こよう》保険　**5**．児童手当

問8．下線部**(ク)**について述べた次の文のうち、正しいものを一つ選び番号で答えなさい。

1．法律案について、衆参両院の議決が異なり、両院協議会でも合意が得られない場合は、衆議院の議決が国会の議決となる。

2．最高裁判所の裁判官は、任命後の衆議院議員総選挙または参議院議員選挙の際に、国民により審査《しんさ》される。

3．衆参両院の議員の定数は法律によって定められているので、定数変更の際に憲法の改正は必要ない。

4．内閣不信任の決議権は衆議院のみに付与《ふよ》されているが、参議院には法的拘束力のある内閣問責決議権がある。

問9．空らん（　**ケ**　）にあてはまる語句を漢字で答えなさい。

問10．下線部**(コ)**のように、一般《いっぱん》市民の意見を統治に取り入れる制度の一つに裁判員制度があります。裁判員裁判が行われる裁判所を、次から一つ選び番号で答えなさい。

1．簡易裁判所　**2**．高等裁判所　**3**．最高裁判所　**4**．地方裁判所　**5**．特別裁判所

問11．下線部**(サ)**について、飲み水が私たちのところに来るまでに、次の**1**～**4**の過程をすべて通るとしたら一般にどのような順番になりますか、番号で答えなさい。

1．浄水《じょうすい》場　**2**．水源林　**3**．ダム　**4**．取水施設《しせつ》（取水堰《せき》・取水塔《とう》）

2　**次の問いに答えなさい。**

問1． 大雨が降った時に発生する可能性のある災害《さいがい》として、**適切でないもの**を次から**二つ**選び番号で答えなさい。

1． 液状化現象　　**2．** がけ崩《くず》れ　　**3．** 洪水《こうずい》　　**4．** 津波　　**5．** 土石流

問2． 次のグラフは1年間の東京中央卸売《おろしうり》市場におけるレタスの月別入荷先(2020年)を示したものです。このグラフから推定されるレタスの栽培《さいばい》適温(℃)として、最も適切なものを下から一つ選び番号で答えなさい。

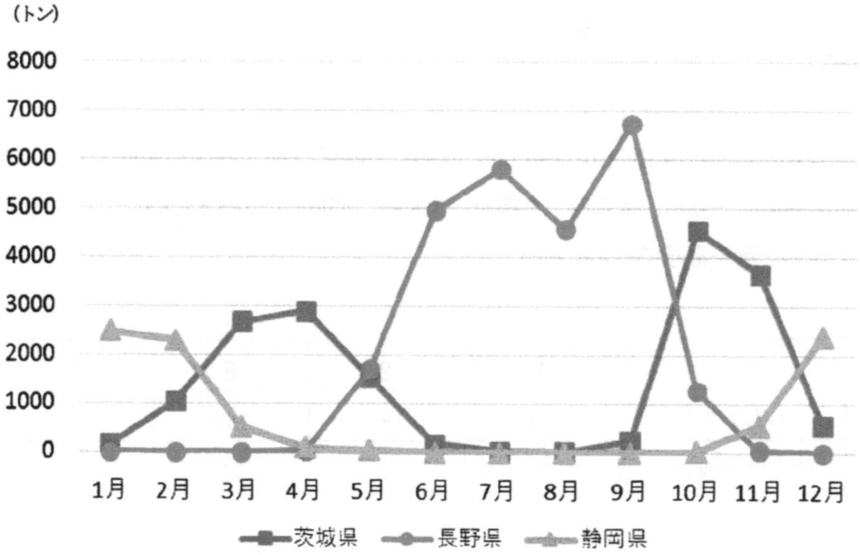

(東京都中央卸売市場「市場統計情報」より作成)

1． 0℃未満　　**2．** 5℃～10℃　　**3．** 15℃～20℃　　**4．** 25℃～30℃

問3． 次の地図中の**あ**～**う**の地域は、いずれも稲作があまり行われていない地域ですが、その要因としてそれぞれの地域に特徴的《とくちょうてき》な土・岩石が分布していることがあげられます。その組み合わせとして、最も適切なものを右の表の**1**～**6**から選び番号で答えなさい。

	1	2	3	4	5	6
火山灰土	**あ**	**あ**	**い**	**い**	**う**	**う**
石灰岩	**い**	**う**	**あ**	**う**	**あ**	**い**
泥炭《でいたん》	**う**	**い**	**う**	**あ**	**い**	**あ**

問4． 次の表は都府県別の国宝の指定件数(2021年9月1日時点)です。国宝は美術工芸品と建造物に分けられ、表中の**1**～**4**は、大阪府、京都府、東京都、奈良県のいずれかです。このうち、東京都にあたるものを選び番号で答えなさい。

	1	2	3	4
美術工芸品	281	185	142	57
建造物（棟《とう》数）	2	73	71	8

(文化庁ホームページより作成)

問5． 鉄鋼の主な原料は鉄鉱石、コークス、石灰石です。このうちコークスは、ある鉱産資源を加工して作られるものですが、その資源の名称を答えなさい。

二〇二二年度

豊島岡女子学園中学校入学試験
国語解答用紙（一回）

※のらんには記入しないこと

座席番号
ー

受験番号					
1	1				

氏名

一

問一

問二

問三
あ
い
う

問四
図

問五

問六

問七

問八

45

問一．５点
問二．５点
問三．５点
問四．５点
問五．５点
問六．５点
問七．５点
問八．９点
問九．３点×３

※

※

得点
※

※100点満点

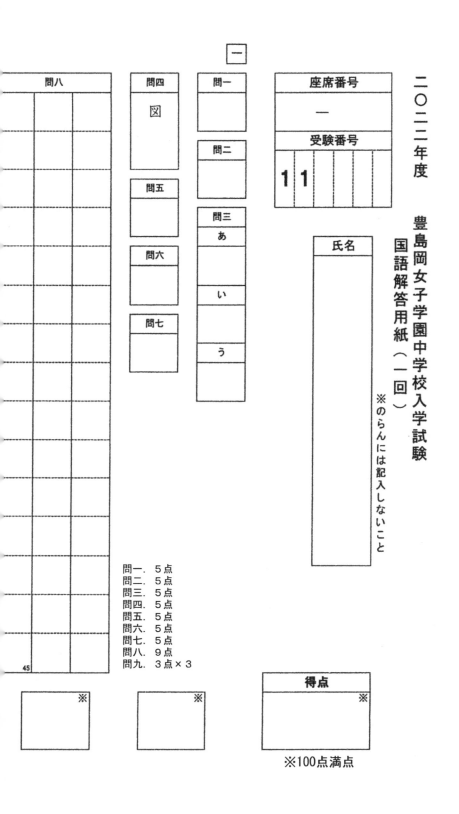

4 6点 ×2	(1) 個	(2) 個	
5 6点 ×3	(1)	(2) 個	(3)
6 6点 ×3	(1) cm^3	(2) cm^3	(3) cm^3

座席番号	一						氏名		得点	※
受験番号	1	1								

※100点満点

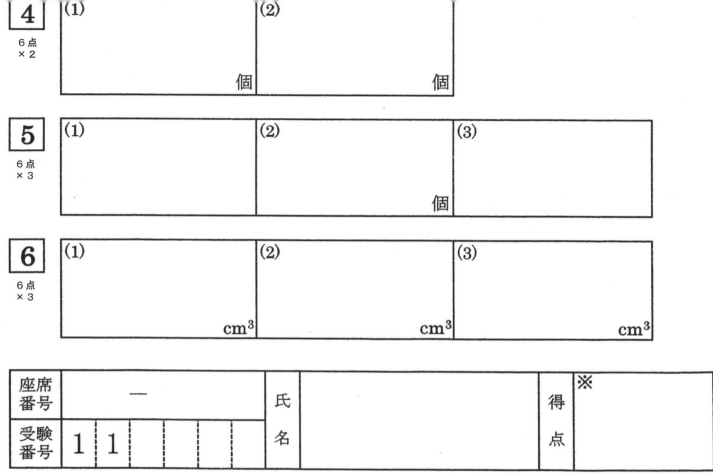

解答用紙（1回）

【理　科】

1

⑴2点　⑵3点　⑶3点　⑷3点　⑸3点

(1)	L	(2)	L	(3)	cm
(4)	L	(5)	L		

2

⑴2点　⑵3点　⑶3点　⑷2点×3

(1)	g	(2)	L	(3)	%
(4)	①	②	③		

3

2点×5

(1)		(2)		(3)		
(4)			(5)			

4

2点×6

(1)		(2)		(3)		
(4)		(5)		(6)	①	②	③

＊印のらんには書かないこと

受験番号	1	1					氏名	

得点	＊

※50点満点

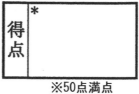

2022年度　豊島岡女子学園中学校入学試験

【社　会】

2点×11

1

問　1	問　2

問　3

問 4	問 5	問 6	問 7	問 8

問 9	問 10	問 11
		→　→　→

2点×7

2

問　1	問　2	問　3	問 4	問 5

問　6	問　7

2点×7

3

問　1	問　2	問 3	問 4

問　5	問　6	問　7
	→　→　→	

得点	*

※50点満点

＊印のらんには書かないこと

座席番号	—

2022年度　豊島岡女子学園中学校入学試験　（1回）

算数解答用紙

※のらんには何も書かないこと

	(1)	(2)	(3)	(4)
1 5点×4		個	g	cm
2 5点×4	個	分	cm^2	:

	(1)	(2)
3 6点×2	:	

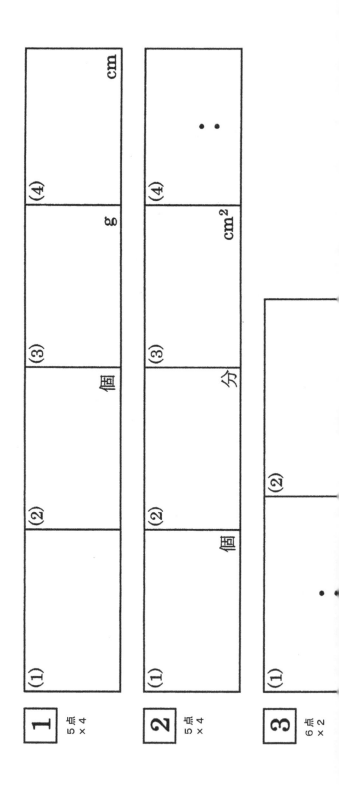

二

問九

X

Y

Z

問一

A

B

問二

問三

問四

問五

問六

問七

問八

60

問一. 3点×2
問二. 3点
問三. 3点
問四. 5点×2
問五. 5点
問六. 5点
問七. 5点
問八. 10点

※

※

※

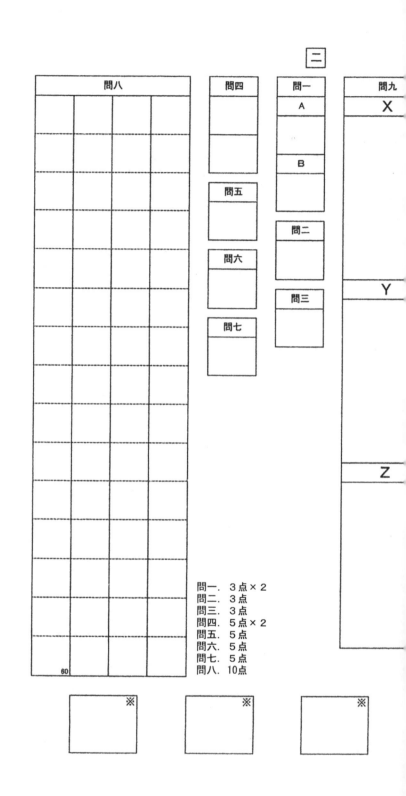

問6． 次の図は、国土地理院発行2万5千分の1地形図「砂川」の一部です。図中の砂川遊水地は、石狩川の洪水《こうずい》を防ぐための工事の結果、石狩川から切り離《はな》されることで生まれたある地形を利用して作られました。その地形を何といいますか、漢字で答えなさい。

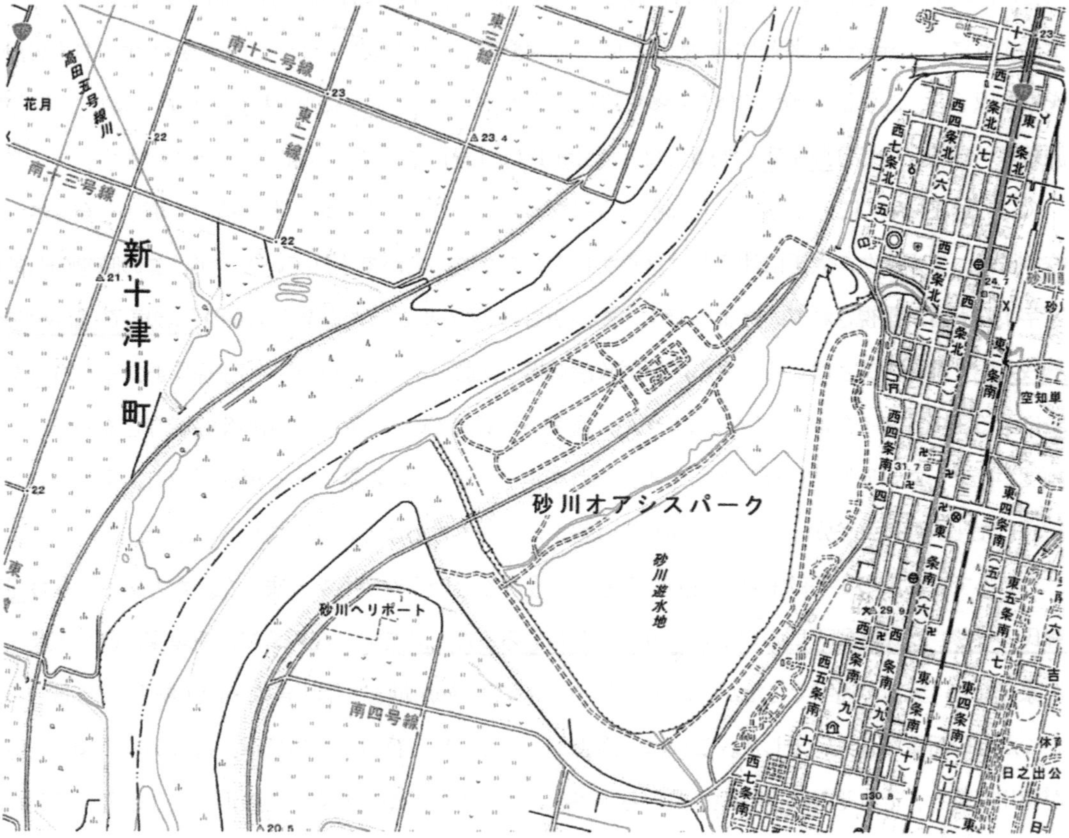

問7． 次のグラフは、コーヒー豆と衣類における日本の輸入金額の貿易相手国ごとの割合(2019年)を示したものです。グラフの**あ**にあてはまる国を、下から選び番号で答えなさい。

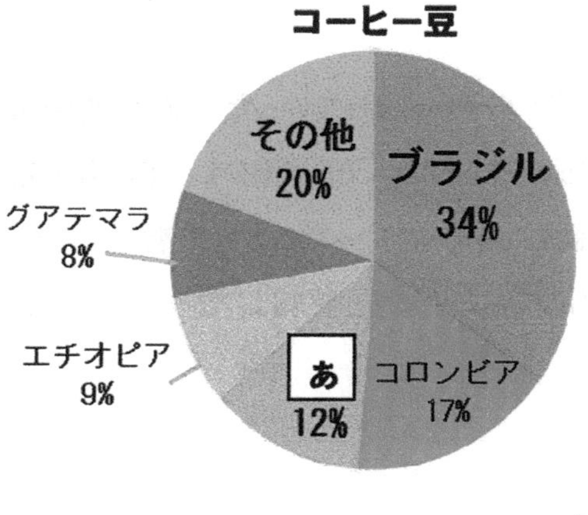

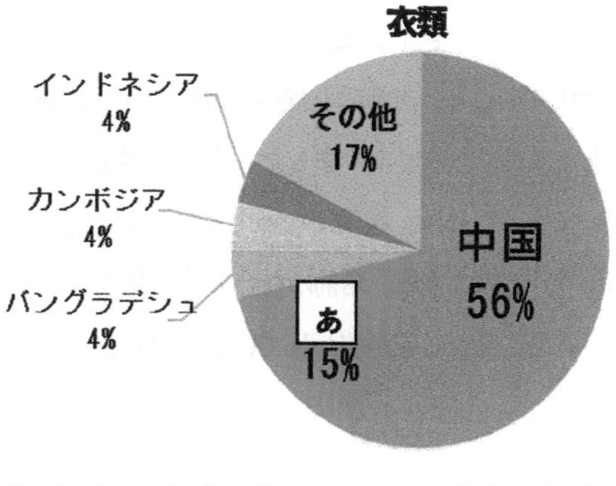

（『データブックオブ・ザ・ワールド2021』より作成）

1． アメリカ　**2．** イタリア　**3．** エジプト　**4．** ベトナム　**5．** メキシコ

3　次の文章を読んで問いに答えなさい。

承久の乱で勝利したのは北条義時、御成敗式目を制定したのは北条泰時、蒙古襲来《しゅうらい》で御家人をまとめたのは北条時宗と、鎌倉時代に権力を握《にぎ》った北条氏の人物は、「時」の字が名前につけられています。このように、一族で代々名前に継承《けいしょう》していく文字を通字(とおりじ・つうじ)といいます。日本の歴史を振《ふ》り返ると、こうした例はほかにも多くみられます。平清盛・平重盛など桓武平氏は「盛」、源頼義・源義家・源義経や(ア)源頼朝・源頼家など清和源氏は「義」や「頼」が通字となっています。

では、通字はいつごろからつけられるようになったのでしょうか。埼玉県稲荷山古墳から発見された鉄剣には、ワカタケル大王に仕えた「ヲワケ」の祖先たちの名が刻まれていますが、この時期の名前は文字よりも音が重視されていたようです。飛鳥時代に権力を振《ふ》るった蘇我氏も(イ)蘇我馬子・蘇我蝦夷・蘇我入鹿と共通の文字はなく、さらに摂関政治を担った藤原氏は、その直系の子孫にあたる(ウ)近衛文《このえふみ》麿《まろ》に至るまで定まった通字はみられません。通字が定着していったのは、領地や役職などを継承する家制度が確立した平安時代の後半からと考えられていて、武家の棟梁《とうりょう》である桓武平氏も、平将門の乱を鎮圧《ちんあつ》した平貞盛にあやかって平安後期から「盛」の字をつけるようになっていきました。

ところで、名前の1字は主君の名前からもらいうけるという習慣もありました。たとえば、(エ)足利尊氏の「尊」は後醍醐天皇の尊治《たかはる》という名前からもらったものです。江戸幕府の将軍家は徳川家康・徳川家光など「家」が通字でしたが、15代のうち徳川秀忠・徳川綱吉・徳川吉宗・徳川慶喜と名前に「家」がつかない将軍が4人いました。これは、秀忠が（　オ　）、綱吉が徳川家綱、吉宗が徳川綱吉、慶喜が徳川家慶と、それぞれ幼少時の主君から1字をつけたものだからです。このように、名前には(カ)主従関係の影響《えいきょう》も大きくみられるのです。

これに対し、(キ)女性の名前はどうだったのでしょうか。古代においては、持統天皇が鸕野讃良《うののさらら》、光明皇后が安宿媛《あすかべひめ》などという名前でしたが、平安時代になると皇女や貴族の娘《むすめ》に「子」の字をつけることが定着していきました。

近代になると、上流の女性への憧《あこが》れから庶民《しょみん》にも「子」の字が広まっていった一方で、男性の通字はあまり目立たなくなりました。さらに現在は、男性の通字や女性の「子」は減少し、名前も多様化しています。これは、戦後になって家制度や主従関係が急激に薄《うす》まっていったことも影響《えいきょう》しているのでしょう。このように、名前は社会の状況《じょうきょう》を反映するものでもあります。将来は、どのような社会となり、どのような名前が使われているのでしょうか。

問1． 下線部**(ア)**と同じ時に平家打倒《だとう》の兵を挙げた源義仲は、育った地にちなんで□□義仲とも呼ばれています。□□にあてはまる地名を漢字２字で答えなさい。

問2． 下線部**(イ)**の人々が生きていた時期について説明した次の文のうち、**あやまっているもの**を一つ選び番号で答えなさい。

1． 冠位十二階や憲法十七条が定められた。

2． 遣唐使がはじめて派遣《はけん》された。

3． 戸籍に基づいて民衆に土地を配分するようになった。

4． 四天王寺や法隆寺などの寺院が建立された。

問3． 下線部**(ウ)**は太平洋戦争の直前まで首相をつとめた人物ですが、日中戦争開戦から太平洋戦争開戦までの時期のことについて説明した次の文のうち、**あやまっているもの**を一つ選び番号で答えなさい。

1． アメリカは、ドイツと同盟を結んだ日本がインドシナ半島へ進出したことを批判し、日本へ石油などの輸出を禁止した。

2． 国の方針に協力する大政翼賛会《たいせいよくさんかい》が結成され、選挙で立憲政友会などの他の政党に勝利して一党独裁となった。

3． 国家総動員法を定め、議会の承認がなくても天皇の命令によって戦争に必要な物資や人を動員できるようにした。

4． 日本は中国の首都であった南京を占領《せんりょう》したが、アメリカの参戦を期待する中国は抵抗《ていこう》を続けて日中戦争は長期化した。

問4． 下線部**(エ)**について、後醍醐天皇の倒幕の呼びかけに応じた足利尊氏が攻め落とした京都の組織(役所)を何といいますか、漢字で答えなさい。

問5． 空らん（ **オ** ）にあてはまる人物の氏名を漢字で答えなさい。

問6． 下線部**(カ)**について説明した次の文を、時代の古い順に並べ替《か》えて番号で答えなさい。

1． 家臣が主君を倒す事件が起こるなど下剋上《げこくじょう》の風潮が強まり、全国的な戦乱が長期にわたって続いた。

2． 幕府と大名との主従関係を維持《いじ》するために参勤交代の制度を定めて、大名を領地と幕府所在地との間で往復させた。

3． 東国を中心に将軍と主従関係を結んだ武士は御家人と呼ばれ、各地の地頭に任じられ、先祖伝来の土地を守った。

4． 天皇家が分裂《ぶんれつ》して同時に二人の天皇が存在し、各地で対立していた武士がそれぞれに結びついて争った。

問7． 下線部**(キ)**に関連して、歴史上の女性について説明した次の文のうち、正しいものを一つ選び番号で答えなさい。

1． 天皇の后《きさき》となった紫式部は、現代でも高い評価を受けている仮名文学を著《あらわ》した。

2． 将軍の妻であった北条政子は、朝廷との戦いで武士たちをまとめた。

3． 戦国時代の出雲の阿国は、人形浄瑠璃《にんぎょうじょうるり》の芸能を創始した。

4． 津田梅子は、雑誌『青鞜《せいとう》』を発刊して女子教育に力を注いだ。

二〇二一年度

豊島岡女子学園中学校
入学試験問題
（一回）

国語

（50分）

注意事項

一．合図があるまで、この冊子を開いてはいけません。

二．問題は一から二、2ページから17ページまであります。
合図があったら確認してください。

三．解答は、すべて指示に従って解答らんに記入してください。

2021(R3) 豊島岡女子学園中
教英出版

一　次の文章を読んで、後の一から八までの各問いに答えなさい。
（ただし、字数指定のある問いはすべて句読点・記号も一字とする。）

学ぶというのは創造的な仕事です。

それが創造的であるのは、同じ先生から同じことを学ぶ生徒は二人といないからです。

だからこそ私たちは学ぶのです。

私たちが学ぶのは、万人向けの有用な知識や技術を習得するためではありません。自分がこの世界でただひとりのかけがえのない存在であるという事実を確認するために私たちは学ぶのです。

私たちが先生を敬愛するのは、先生が私の唯一《ゆいいつ》無二性の保証人であるからです。

もし、弟子たちがその先生から「同じこと」を学んだとしたら、それがどれほどすぐれた技法であっても、どれほど洞察《どうさつ》に富んだAチケンであっても、学んだものの唯一《ゆいいつ》無二性は損なわれます。だって、自分がいなくても、他の誰《だれ》かが先生の教えを伝えることができるからです。

だから、弟子たちは先生から決して同じことを学びません。ひとりひとりがその器に合わせて、それぞれ違《ちが》うことを学び取ってゆくこと。それが学びの創造性、学びの主体性ということです。

「この先生のこのすばらしさを知っているのは、あまたある弟子の中で私ひとりだ」という思いこみが弟子には絶対に必要です。

それを私は「誤解」というふうに申し上げたわけです。

それは恋愛《れんあい》において、恋人《こいびと》たちのかけがえのなさを伝えることばが「あなたの真の価値を理解しているのは、世界で私しかいない」であるのと同じことです。①この先生の真の価値を理解しているのは、私しかいない。

でも、「あなたの真価を理解しているのは、世界で私しかいない」という言い方は、よく考えると変ですよね。

それは、「あなたの真価」というのは、たいへんに「理解されにくいもの」であるということですから。つまり、あなたは、誰《だれ》もが認める美人や誰《だれ》にも敬愛される人格者ではないということですから。

不思議な話ですけれど、②愛の告白も、恩師への感謝のことばも、どちらも「あなたの真価は（私以外の）誰《だれ》にも認められないだろう」という「世間」からの否定的評価を前提にしているのです。

でも、その前提がなければ、じつは恋愛《れんあい》も師弟関係も始まらないのです。「自分がいなければ、あなたの真価を理解する人はいなくなる」という前提から導かれるのは、次のことばです。

だから私は生きなければならない。

そのようなロジック[*1]によって、私たちは［　③　］のです。

私たちが「学ぶ」ということを止《や》めないのは、ある種の情報や技術の習得を社会が要求しているからとか、そういうものがないと食っていけないからとか、そういうシビアな理由によるのではありません。

もちろん、そういう理由だけで学校や教育機関に通う人もいますけれど、そういう人たちは決して「先生」に出会うことができません。だって、その人たちは「他の人ができることを、自分もできるようになるため」にものを習いにゆくわけですから。資格を取るとか、ナントカ検定試験に受かるとか、免状《めんじょう》を手に入れるとか、そういうことは、「学び」の目的ではありません。「学び」にともなう副次的[*2]な現象ではありますけれど、それを目的にする限り、そのような場では、決して先生に出会うことはできません。

④先生というのは、「みんなと同じになりたい人間」の前には決して姿を現さないからです。

だって、そういう人たちにとって、先生は不要どころか邪魔《じゃま》なものだからです。

先生は「私がこの世に生まれたのは、私にしかできない仕事、私以外の誰《だれ》によっても代替《だいたい》できないような責務を果たすためではないか……」と思った人の前だけに姿を現します。この人のことばの本当の意味を理解し、このひとの本当の深みを知っているのは私だけではないか、という幸福な誤解が成り立つなら、どんな形態における情報伝達でも師弟関係の基盤《きばん》となりえます。

書物をBケイユしての師弟関係というのはもちろん可能ですし、TV画面を見て、「この人を先生と呼ぼう」と思うことだって、あって当然です。

要するに、先方が私のことを知っていようが知っていまいが、私の方に「このひとの真の価値を知っているのは私だけだ」という思い込《こ》みさえあれば、もう先生は先生であり、「学び」は起動するのです。

「学びの主体性」ということばを私はいま使いましたが、このことばが意味するのは、生徒がカリキュラム[*3]を決定するとか、生徒の人気投票で校長先生を選ぶとか、授業中に出入り自由であるとか、そういうことではありません。まさかね。

生徒自身を教育の主体にするというのは、そういう制度的な話ではありません。「学びの主体性」ということで私が言っているのは、人間は自分が学ぶことのできることしか学ぶことができない、学ぶことを欲望するものしか学ぶことができないというCジメイの事実です。

当たり前ですよね。

どんなにえらい先生が教壇《きょうだん》に立って、どれほど高尚《こうしょう》なる学説を説き聞かせても、生徒が居眠《いねむ》りをしていては「学ぶ」という行為《こうい》は成就しません。⑤日本の高校生の前でソクラテス[*4]がギリシャ語で哲学《てつがく》を語っても、それこそIt's Greek to me《ちんぷんかんぷん》です。

学びには二人の参加者が必要です。送信するものと受信するものです。そして、このドラマの主人公はあくまでも「受信者」です。

先生の発信するメッセージを弟子が、「教え」であると思い込《こ》んで受信してしまうというときに学びは成立します。⑥「教え」として受信されるのであれば、極端《きょくたん》な話、そのメッセージは「あくび」や「しゃっくり」であったってかまわないのです。「嘘《うそ》」だってかまわないのです。

（『先生はえらい』　内田《うちだ》　樹《たつる》　ちくまプリマー新書　）

〔注〕
＊1　ロジック＝論理。
＊2　副次的＝二次的なさま。
＊3　カリキュラム＝教育内容の計画。
＊4　ソクラテス＝古代ギリシャの哲学《てつがく》者。

問一　―線A「チケン」・B「ケイユ」・C「ジメイ」のカタカナを正しい漢字に直しなさい。
（一画一画ていねいにはっきりと書くこと。）

問二　―線①「この先生の真の価値を理解しているのは、私しかいない」とありますが、このようなとらえ方を筆者はどのように表現していますか。最も適当な言葉をこれより後の本文中より五字で探し、抜《ぬ》き出しなさい。

問三　―線②「愛の告白」を説明した以下の文の空らんに入る最も適当な言葉を本文中より七字で探し、抜《ぬ》き出しなさい。ただし、空らんには同じ言葉が入ります。

愛の告白は、相手の（　　　　）を伝える言葉であるとともに、相手に対する自分の（　　　　）を確認するものである。

問四　空らん［　③　］に入る言葉として最も適当なものを次のア～オの中から一つ選び、記号で答えなさい。

ア　人生の意義を教えられている
イ　師への否定的評価を覆《くつがえ》している
ウ　師への感謝を表している
エ　教育の真の意味を理解している
オ　自分の存在を根拠《こんきょ》づけている

問五　―線④「先生というのは、『みんなと同じになりたい人間』の前には決して姿を現さない」とありますが、これについて以下の問に答えなさい。

Ⅰ　「みんなと同じになりたい人間」の前に現れる人とはどのような人ですか。その説明として最も適当なものを次のア～オの中から一つ選び、記号で答えなさい。

ア　誰《だれ》もが教えられるようなある種の情報や技術を提示できる人。
イ　検定試験の合格や免状《めんじょう》の取得にも学びの価値を見い出せる人。
ウ　学びの副次的な事柄《ことがら》と本質的なものとを正しく区別できる人。
エ　他の誰《だれ》によっても代替《だいたい》できないような仕事を追い求める人。
オ　先生の人格を通して生きる上での現実的な知恵《ちえ》を学ぼうとする人。

Ⅱ　「先生」とはどのような人間の前に現れるのですか。次の説明文の空らんに入る最も適当な言葉を本文中より五字で探し、抜《ぬ》き出しなさい。

自己の（　　　　　）を求める人間。

問六　―線⑤「日本の高校生の前でソクラテスがギリシャ語で哲学《てつがく》を語っても」とありますが、ここでの「日本の高校生」とはどのような人間ですか。その説明として最も適当なものを次のア～オの中から一つ選び、記号で答えなさい。

ア　集中力が持続せず居眠《いねむ》りをする人間。
イ　ギリシャ語を理解できない人間。
ウ　人生における哲学《てつがく》の意義を理解できない人間。
エ　様々な学説に耳を傾《かたむ》けない人間。
オ　高尚《こうしょう》な哲学《てつがく》を学びたいと思っていない人間。

問七　―線⑥「『教え』として受信されるのであれば、極端《きょくたん》な話、そのメッセージは『あくび』や『しゃっくり』であったってかまわないのです」とありますが、なぜこのように言えるのですか。その理由として最も適当なものを次のア～オの中から一つ選び、記号で答えなさい。

ア　相手からのメッセージを「教え」として盲信《もうしん》している以上、どのような情報であれ何らかの価値を認めないわけにはいかないから。

イ　相手を真に理解しているのは自分だけだと思い込《こ》んでいれば、情報伝達の形態を問わず自ら学び、必ず何らかの価値を発見できるから。

ウ　相手がどのような形態で情報を伝達してきても、師弟関係の基盤《きばん》を整えていく上で特に問題にしなければならないことではないから。

エ　一見意味のないように見えても先生からのメッセージというだけで価値が生まれ、そこに学びがあるかどうかは問題ではないから。

オ　師弟関係において先生という存在は絶対的であり、どんな些細《ささい》なことからも教えを汲《く》み取ろうと努めることは弟子として当然だから。

問八　筆者は「学び」をどのようなものと考えていますか。五十字以内で説明しなさい。

二　次の文章を読んで、後の一から九までの各問いに答えなさい。
（ただし、字数指定のある問いはすべて句読点・記号も一字とする。）

授業が終わってぼくは、逃《に》げるように家に帰った。リュックをダイニングのフローリングに投げ出して、コップに水を入れて一気に飲んだ。それから自分の部屋に入ってベッドに仰向《あおむ》けにひっくり返った。

「どう考えても、これは好きってことだよな」とぼくは口にだして言ってみた。それだけでまたぼくの心臓はトクトクと勢いよく血を流し始めた。

目を閉じると中村のほほえみが浮《う》かんでくる。まずいと思ったぼくは目を開けた。

ぼくは、中村が好きだ……。

今日の中休み、ほほえみかけられるまでぼくは、中村を好きとか嫌《きら》いとか思ったことはなかったと思う。①どうしていつも大声で笑わないで、ほほえむのかなって気になっていたけど、それは好きとは関係ないだろう。違《ちが》うのかな？

なんだかよくわからなくてぼくは不安だった。

この日から、ぼくは自分がすっかり別の人間になってしまったような気がした。

ぼくの頭の中は中村のことで一杯《いっぱい》になり、気づくとすぐに中村を見ていた。教室でも廊下《ろうか》でも運動場でも、中村を探していた。

②中村を見ているとドキドキするけど、ホッとして、ちょっと泣きたくなって、そんな自分に腹が立ったりした。

タクトたちとは、今まで通り、話をしているつもりだけど、すぐに会話から離《はな》れてしまう。「イオリ、集中力をどこに置き忘れてしまったんだよ」とタクトにあきれられ、「調子の波は誰《だれ》にもあるし、イオリは今テンションが低い時期なんだよ」とルイになぐさめられた。

ルイにはそう言われたけど、ぼくのテンションはきっと高い。だって、中村のことで頭がいっぱいで、いつも熱いのだから。仲の良いタクトやルイより、中村のことの方が気になる。ぼくは友だちに冷たくなってしまった。

誰《だれ》かを好きになるっていうのは、少しずつ、ああ、いいなと思っていくのから始まるって考えていた。それから、付き合ってくださいって告白して、ＯＫなら、休みの日に一緒《いっしょ》に遊びに行ったりする。そんな風に考えていた。

まさか、ちょっとほほえまれただけで、突然《とつぜん》好きになってしまうとは思っていなかった。

アイドルをテレビやネットで見て、可愛《かわい》いなと思ってすぐに好きになるっていうのはあるかもしれない。でも、中村とは五年生から一緒《いっしょ》で、どんな女子かは詳《くわ》しく知らなくても、クラスのメンバーとして、見慣れた女子の一人だった。中村はぼくにとって、そしてぼくは中村にとって、別にＡ目新しい存在ではない。ぼくが六年二組のクラスの一員っていうのと同じように、中村もクラスの一員。それだけだった。それが、③どうして、こんな気持ちになるか、ぼくにはわからない。

好きになったとしても、ぼくは中村と付き合いたいとか、そんなことを全然思っていない。ただ、中村が気になって、中村を探して、中村を見ていたいだけだ。

だいたい、ぼくは中村のことをどれだけ知っているだろうか？

クラスの一員。大声で笑わない。話すときは小さな声。授業の時に自分から手を挙げたことはないような気がする。ぼくはこれまで中村を気にとめていなかったから、もしかしたら自分から手を挙げるのをぼくが知らないだけかもしれないけど。髪《かみ》はツインテール。これだって今まではどうだったか、ぼくは知らない。記憶《きおく》にない。

ぼくが持っている中村の情報はそれくらいだ。それなのにぼくは、中村を好きになっている。

十一年も生きてきたのにぼくは、好きになるってことを、全く誤解していたのだろうか？

家に帰ってからのぼくは、アルバムを広げて、遠足や運動会でのクラス写真を眺《なが》めるようになった。写真の中の中村を眺《なが》めていたかった。
五年生の遠足で行った科学館の前での集合写真の中村は右端《みぎはし》二列目に立っていて、無表情だ。小さな写真なのでぼくは、虫眼鏡《めがね》を出してきて拡大したけど、間違《まちが》いなく無表情だった。五年生の運動会クラス対抗《たいこう》で勝ったときの写真ではみんながはしゃいでいろんなポーズを決めて笑っているけど、中村はBぼそっと立って無表情。実はぼくもそうなんだけど、ぼくの場合は運動会が苦手だからだ。中村もそうなんだろうか？　中村は遠足も運動会も嫌《きら》いなんだろうか？
写真を見てわかったのは、中村は遠足でも、運動会でもツインテールだったってこと。それだったら今までも、ずっとツインテールなのかもしれない。
無表情で無愛想でも、ぼくは写真の中の中村も好きだった。
中休み、タクトとルイの隙間《すきま》から中村を眺《なが》め始めて一週間が過ぎた。ぼくはなるべく見ないように、見てしまってもすぐに目をそらすように努力したけど、それでも、すぐに見たくなった。ツインテールの左側に時々触《ふ》れるのとか、長いまつげがパチパチ動くのとか、ちょこっとだけ肩《かた》をすくめるのとか、そして薄《うす》いほほえみとか、それら全部が好きだった。
授業中、中村のツインテールも、首も、肩《かた》も、みんな見たいし、でも見たくないし、見るのが怖《こわ》いし、ぼくは下を向いたり、黒板に集中したりして、時間を過ごしていた。
ぼくは、誰《だれ》かを好きになると、浮《う》き浮《う》きして、楽しくなって、幸せになって、飛び回りたくなる、そんな想像をしていたけど、これってそういうのとは全然違《ちが》った。
いつも、落ち着きがなくて、友だちとの会話にも乗れなくて、息苦しい。
X好きって、きつい。
十日も過ぎた頃《ころ》、いつも目で追ったり、写真を眺《なが》めたりする自分ってストーカーみたいだって思った。

やっぱり、本当に好きになるって、段々気になり始めて、好きって告白するっていう順番に進むことで、ぼくのはおかしいんじゃないかって不安になり始めた。

中村ばかり見ている自分がいやで、ぼくは中休みに眼鏡《めがね》を外した。みんなの顔がボーッとしか見えない。

「イオリ、なんで眼鏡《めがね》を外しているの？」とルイ。

「こうしていたら、目ががんばって見ようとするから近視がよくなる」

「眼科で、そう言われたの？」とルイ。

「言われてない」

「なんだよそれ」とタクト。

「ぼくが考えた」

「なんだよ、それ。で、どうよ」とまたタクト。

ぼくは二人の間から教室のみんなを見た。輪郭《りんかく》がぼんやりしていて、誰《だれ》が誰《だれ》かはあんまりわからない。だけど、そのぼんやりとした輪郭《りんかく》の中のどれが中村かはわかった。いつも上野の席に座っているからかなと思ったけど、上野と高木はどっちがどっちかよくわからない。

「イオリ、聞いてる？」

ルイがぼくの顔を覗《のぞ》き込《こ》んでいた。

「あ、ごめん。やっぱり思いつきだったわ」

「あっさり、自分の仮説を引っ込《こ》めるのな」とタクトが笑った。

「間違《まちが》いはすぐにあらためるのが、ぼくの良いところ」

と言いながらぼくは、眼鏡《めがね》をかけた。

昼休み、校庭でぼくたちはいつものようにパス回しをして遊んだ。桜の木の下に、中村と上野と高木が集まって話をしているのが見える。ぼくの視線はまた中村に貼《は》り付いてしまった。

だめだ。

「イオリ、パス」

タクトの声がして、ぼくの横をサッカーボールが転がっていった。

「まじめに遊ぼうな」とルイが言って、「まじめに遊ぶのは変だろ」とタクトが笑った。

「あ、悪いけど、ぼく、疲《つか》れたから休憩《きゅうけい》」とぼくが言うと、「体力なさすぎだろ」とタクトが言いながら手を振《ふ》った。

ぼくはベンチに移動して座った。やっぱりぼくは中村から目を離《はな》せない。

ぼくはまた、眼鏡《めがね》を外してみた。そして中村たちのいる方を見た。上野と高木は、どっちがどっちか全然わからないけど、こんなに離《はな》れていても中村はわかった。中村だけにピントがあっているわけじゃない。中村もボーッとしか見えないけれど、あれが中村だってことはわかった。

そんなの、理屈《りくつ》に合わないって、ぼくの中のぼくが主張する。そして、ぼくも、そっちの意見の方が正しいと思う。だけど、ぼくの裸眼《らがん》は中村を他の人と区別できている。

一体ぼくはどうなってしまったんだ。好きになるって、変な能力をアップさせてしまうのだろうか？

五、六時間目の授業をなんとかクリアしたぼくだったけど、遠くから眺《なが》めていたり、背中を見ないように下を向いたり、このままの状態が続いていくのはなんだか耐《た》えられなくなってきた。

Y好きって、きついよ。

決心をしたぼくは、④校門で中村に声をかけた。

「中村、え～と」

「何？」

中村の無表情に、逃《に》げ出したくなったぼくは、何を言ったらいいかわからなくなった。

そしてぼくの口から出た言葉は、「なんで、いつも思い切り笑わないの？　なんでいつもほほえんでいるの？」だった。

最低だ、ぼく。失礼だ、ぼく。好きになるって、きつすぎる。

中村はぼくを見つめて、ほほえみを浮《う》かべ、答えた。

「だって、学校、嫌《きら》いだから。嫌《きら》いな場所で心から笑うなんてできないよ、西山」

え？

⑤そんな答えが返ってくるなんて思ってもみなかった。って、ぼくはどんな答えを期待していたんだろう。

「中村、勉強がきらいなの？」

「好きなのも嫌《きら》いなのもあるよ。算数は好き。国語は嫌《きら》い」

「そっか。ぼくも算数は割と好きだな。成績は悪いけど。国語は、漢字を覚えるのがたるいな。中村、勉強が嫌《きら》いってわけじゃないんだ」

「そう。学校が嫌《きら》いなだけ」

「え～と。じゃあ、学校の外では、ギャハハとか笑うの？」

だめだ。ぼくは何を言っているんだろう。ああ、もう、早くこの場から立ち去りたい。

でも、ぼくは中村から目をそらさなかった。ってか、やっぱり見ていたかった。
「ギャハハはないよね、西山」と中村はぼくをにらみつけた。
「ないか。ごめん」
「ハハハだったらあるかも」
「そっか。それ、見てみたい」
「なんだ、それ。西山、大丈夫《だいじょうぶ》?」
どうなんだろう。ぼくは答えた。
「大丈夫《だいじょうぶ》じゃないかも」

（ひこ・田中《たなか》『好きって、きつい。』「飛ぶ教室　第53号」所収　光村図書出版）

問一　「ぼく」の氏名を五字で答えなさい。表記は本文中のものに従うこと。
問二　—線A「目新しい」、B「ぼそっと」の本文中の意味として最も適当なものを次のア〜オの中から一つ選び、それぞれ記号で答えなさい。

A「目新しい」
ア　もの慣れない感じである　イ　いまの世にあった風である　ウ　清らかでけがれのない
エ　本当にまったく新しい　オ　いままで見たことがない

B「ぼそっと」

ア　小声でつぶやくように言うさま　　イ　暗い表情でひとり過ごしているさま
ウ　何もしないでぼんやりしているさま　　エ　穴があいたかのように空白の部分ができるさま
オ　事情がのみこめず目を見開いているさま

問三　――線①「どうして～のかな」の答えとして最も適当なものを次のア～オの中から一つ選び、記号で答えなさい。

ア　表情豊かに人と接することがそもそも得意ではないから。
イ　学校には遠足と運動会という避《さ》けたい行事があるから。
ウ　授業では漢字を覚えなければならず乗り気がしないから。
エ　人間関係を築いていくのがわずらわしく嫌《いや》になるから。
オ　学校自体好きではなくのびのびとふるまえないから。

問四　――線②「中村を見ていると～腹が立ったりした」の説明として最も適当なものを次のア～オの中から一つ選び、記号で答えなさい。

ア　なぜだか分からないが中村を好きになってしまい、思いを伝えられずに辛《つら》い。
イ　中村の気をひいても反応がとぼしく、どうすればいいのか途方《とほう》に暮れている。
ウ　親しい友達とは距離《きょり》が生まれたが、中村に好意を寄せることをやめられない。
エ　中村と話している友達を見て、うらやましく思うと同時に妬《ねた》ましく思っている。
オ　中村を好きになって以来、感情が制御《せいぎょ》できなくなり心がかき乱されている。

問五　―線③「どうして〜わからない」とはどのような心情ですか。次の説明文の空らんに入る最も適当な言葉を本文中よりそれぞれ二字で探し、抜《ぬ》き出しなさい。

好きになるというのは思いが（　A　）深まり告白するという（　B　）をとると思っていたのに、
中村を（　C　）好きになってしまった自分自身がいて、落ち着けないでいる。

問六　本文中には「ぼく」とその友だちとのかけあいが挿《はさ》まれています。その効果の説明として最も適当なものを次のア〜オの中から一つ選び、記号で答えなさい。

ア　友だちとの会話や遊びに集中できない様子を書くことで、恋《こい》する自分に酔《よ》う「ぼく」の内面を暗に示そうとしている。
イ　眼鏡《めがね》を外《はず》したり遊びの輪から外れる様子が、中村に夢中になる「ぼく」の様子を連想させる関係になっている。
ウ　友達に無愛想に応じる「ぼく」と対照させることで、中村の虜《とりこ》となっている「ぼく」を浮《う》き彫《ぼ》りにしようとしている。
エ　眼鏡《めがね》を外してもなお中村がはっきり見えてしまう「ぼく」の様子を描《えが》く呼び水のような役割を果たしている。
オ　落ちつかない言動を繰《く》り返す「ぼく」を描《えが》くことで、中村のことで地に足がつかない「ぼく」の様子を印象づけている。

問七　―線④「校門で中村に声をかけた」意図の説明として最も適当なものを次のア〜オの中から一つ選び、記号で答えなさい。

ア　どうしようもなく続く息苦しさをやりすごそうとした。
イ　自分が苦しむ状況《じょうきょう》にこれ以上逃《に》げずに向き合おうとした。
ウ　何をしてもうまくいかない辛《つら》い現状を共有しようとした。
エ　現状を打開すべく自分の思いを打ち明けようとした。
オ　好意を寄せている相手の気持ちを確認しようとした。

問八　――線⑤「そんな答え」とありますが、この部分についての説明として最も適当なものを次のア～オの中から一つ選び、記号で答えなさい。

ア　自分のもやもやした気持ちを晴らそうととりあえず言葉をかけたが、表情をあまり見せない相手に戸惑《とまど》い、苦し紛《まぎ》れでぶしつけな言い方をしてしまった。その結果得られた、好きな人が心に抱《いだ》く悩《なや》みが伺《うかが》える応答。

イ　ようやく辛《つら》い内面を理解してくれる友達と出会えてうれしかったが、はっきりうれしさを伝えるのも無粋《ぶすい》に思われた。そこでその場の雰囲気《ふんいき》を壊《こわ》さないよう、聞かれたことに対し簡潔に答えている応答。

ウ　自分が置かれた状況《じょうきょう》に耐《た》え切れず意を決して言葉をかけたが、親密な関係が築けていないのに内面に触《ふ》れるようなことを聞いてしまった。にもかかわらず素直に答えてくれている応答。

エ　クラスが同じだとはいえ、ほとんど話したこともない相手から突然《とつぜん》理不尽《りふじん》な言葉を投げかけられた。怒《いか》るべき部分は多々あるが、好意を不器用な形で表現してくる相手をかわいらしく思って出た応答。

オ　とにかく息苦しい状況《じょうきょう》から解放されるために言葉をかけたが、思いがけずある種の秘密を共有することができた。結果、お互《たが》いの息苦しさが解き放たれていくことに小気味よさがそこはかとなく感じられる応答。

問九　＝線X・Yの表現の効果について、心情の変化に触《ふ》れながら四十五字以内で説明しなさい。

2021年度

豊島岡女子学園中学校

入学試験問題

（1回）

算　数

（50分）

注意事項

1．合図があるまで，この冊子を開いてはいけません。

2．問題は 1 から 6 ，3ページから10ページまであります。
　合図があったら確認してください。

3．解答は，すべて指示に従って解答らんに記入してください。

4．円周率は3.14とし，答えが比になる場合は，最も簡単な整数の比で答えなさい。

5．角すいの体積は，（底面積）×（高さ）÷3で求めることができます。

— 計 算 用 紙 —

1 次の各問いに答えなさい。

(1) $6.2-\left(2.7\div\dfrac{3}{5}-\dfrac{9}{8}\times2.4\right)$ を計算しなさい。

(2) $\left(\boxed{}\times4\dfrac{1}{6}-\dfrac{3}{4}\right)\div\dfrac{5}{6}-6=\dfrac{1}{10}$ のとき，$\boxed{}$ に当てはまる数を求めなさい。

(3) 7で割ると2余り，9で割ると3余る整数のうち，2021に最も近いものを求めなさい。

(4) 5種類のカード $\boxed{0}$, $\boxed{1}$, $\boxed{2}$, $\boxed{5}$, $\boxed{6}$ がそれぞれ1枚ずつあります。この中から3枚を選んで並べ，3けたの整数を作ります。このとき，3の倍数は全部で何通りできますか。

2 次の各問いに答えなさい。

(1) 4つの整数A，B，C，Dがあります。AとBとCの和は210，AとBとDの和は195，AとCとDの和は223，BとCとDの和は206です。このとき，Aはいくつですか。

(2) 豊子さんと花子さんは，同時にA地点を出発し，A地点とB地点の間をそれぞれ一定の速さで1往復します。2人はB地点から140mの場所で出会い，豊子さんがA地点に戻ったとき，花子さんはB地点を折り返しており，A地点まで480mの場所にいました。このとき，(豊子さんの速さ)：(花子さんの速さ) を求めなさい。

(3) 下の図のように，円周を12等分した点をとり，点Aと点B，点Cと点Dをそれぞれまっすぐ結びました。直線ABの長さが6cmであるとき，色のついている部分の面積は何cm^2ですか。

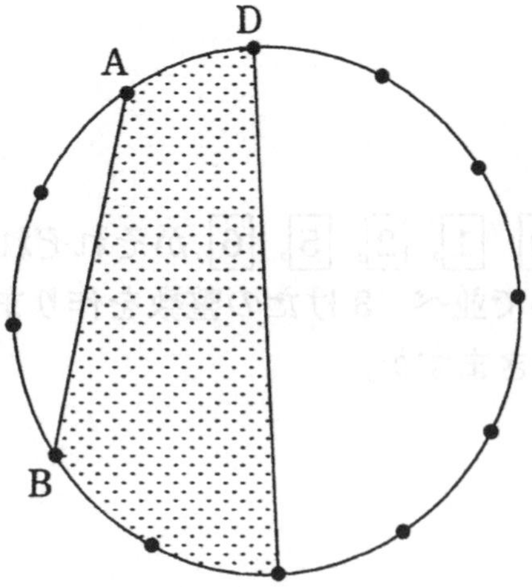

(4) 下の図の三角形 ABC において，AD＝9cm，DB＝6cm，AF＝8cm，FC＝2cm で，（三角形 BDE の面積）:（三角形 DEF の面積）＝2：3 です。このとき，（三角形 CEF の面積）:（三角形 ABC の面積）を求めなさい。

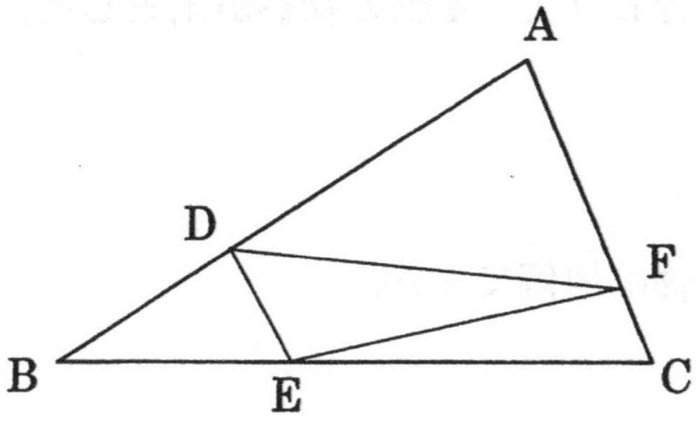

3 ある店では，同じ品物を 360 個仕入れ，5 割の利益を見込《こ》んで定価をつけ，売り始めました。1 日目が終わって一部が売れ残ったため，2 日目は定価の 2 割引きで売ったところ，全て売り切れました。このとき，1 日目と 2 日目を合わせて，4 割の利益が出ました。次の各問いに答えなさい。

(1) 1 日目に売れた品物は何個ですか。

(2) 3 日目に同じ品物をさらに 140 個仕入れ，2 日目と同じ，定価の 2 割引きで売り始めました。3 日目が終わって一部が売れ残ったため，4 日目は定価の 2 割引きからさらに 30 円引きで売ったところ，全て売り切れました。このとき，3 日目と 4 日目を合わせて，48600 円の売り上げになりました。もし，同じ値段のつけ方で 3 日目と 4 日目に売れた個数が逆であったら，48000 円の売り上げになります。このとき，この品物は 1 個当たりいくらで仕入れましたか。

4　下の図のように，1辺の長さが70cmの正三角形ABCと正三角形DCBがあります。点Pは正三角形ABCの辺の上を，点Aを出発して反時計回りに毎秒2cmの速さで進み，点Qは正三角形DCBの辺の上を，点Dを出発して反時計回りに毎秒5cmの速さで進みます。点Pと点Qが同時に出発するとき，次の各問いに答えなさい。

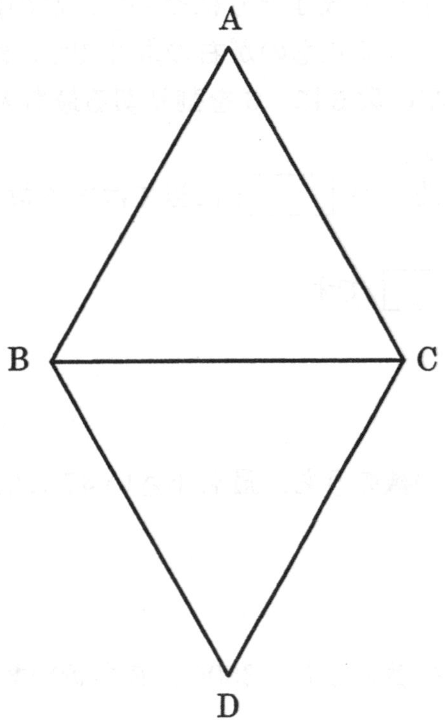

(1)　点Pと点Qが初めて重なるのは，この2点が出発してから何秒後ですか。

(2)　点Pと点Qが10回目に重なるのは，この2点が出発してから何秒後ですか。

5 次のように整数が並んでいます。

4，6，9，12，15，20，・・・

この数の並びの中の隣《とな》り合う2つの数について，

左の数に，その数を割り切る最も大きい素数を加えたものが右の数となっています。

例えば，隣り合う2つの数4と6について，左の数4に，4を割り切る最も大きい素数2を加えたものが右の数6です。また，隣り合う2つの数6と9について，左の数6に，6を割り切る最も大きい素数3を加えたものが右の数9です。

このとき，次の各問いの □ に当てはまる数をそれぞれ答えなさい。

(1) 15番目の数は □ です。

(2) この数の並びの中の数のうち，最も小さい47の倍数は □ です。

(3) この数の並びの中の数のうち，3500に最も近い数は □ です。

— 計 算 用 紙 —

6 下の図のように，1辺の長さが6cmの立方体ABCD−EFGHがあります。
辺BC，FGの上に，BI＝FJ＝2cmとなるような点I，Jをとります。
辺AD，BC，FG，EHの真ん中の点をそれぞれK，L，M，Nとするとき，次の各問いに答えなさい。

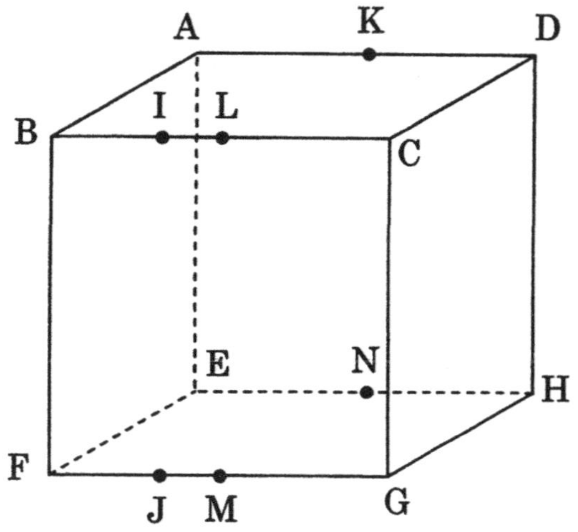

(1) 直方体ABLK−EFMNと三角柱ICD−JGHが重なった部分の体積は何cm^3ですか。

(2) 四角柱BFGL−AEHKと三角柱ICD−JGHが重なった部分の体積は何cm^3ですか。

(3) 四角柱BFGL−AEHKと三角すいD−JGHが重なった部分の体積は何cm^3ですか。

— 計 算 用 紙 —

2021年度

豊島岡女子学園中学校

入学試験問題

（1回）

理　科

（理科・社会　2科目50分）

注意事項

1．合図があるまで，この冊子を開いてはいけません。
2．問題は 1 から 4 ，2ページから15ページまであります。
　　合図があったら確認してください。
3．解答は，すべて指示に従って解答らんに記入してください。

1 電源装置や乾電《かんでん》池《ち》が，電流を流そうとするはたらきを電圧といい，電流の単位はA（アンペア），電圧の単位はV（ボルト）で表します。図1のように，電源装置と豆電球またはLED（発光ダイオード）をつなぎ，豆電球またはLEDにかかる電圧を0.05Vずつ変化させたときの電流の強さをそれぞれ調べたところ，図2のようになりました。この結果をもとに，以下の問いに答えなさい。

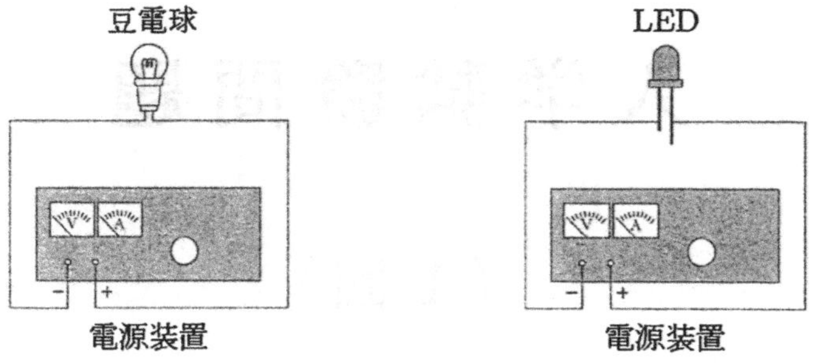

図1

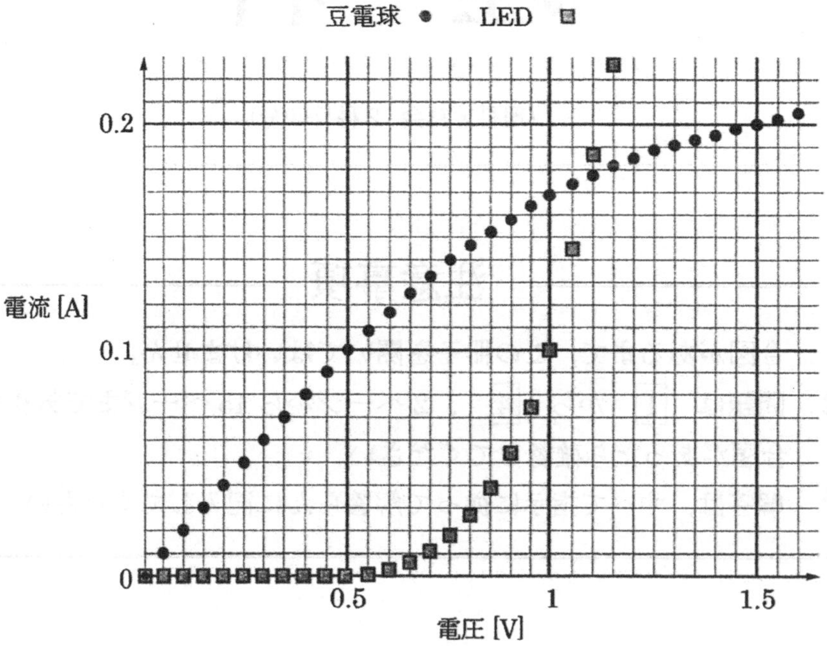

図2

（1）電圧（単位V）を電流の強さ（単位A）で割った値を抵抗《ていこう》といい，その値が大きいほど電流は流れにくくなります。抵抗の単位はΩ（オーム）で表します。豆電球に 0.5V と 1.5V の電圧をかけたときの豆電球の抵抗は，それぞれ何Ωになりますか。**割り切れない場合は四捨五入して小数第1位まで答えなさい。**

（2）豆電球も LED も，流れる電流が強くなるほど発熱して温度が上がります。**温度が上がると**それぞれの抵抗はどうなりますか。最も適当なものを，次の**あ～え**から1つ選び，記号で答えなさい。

あ．豆電球も LED も抵抗が大きくなる。

い．豆電球は抵抗が大きくなり，LED は抵抗が小さくなる。

う．豆電球は抵抗が小さくなり，LED は抵抗が大きくなる。

え．豆電球も LED も抵抗が小さくなる。

（3）図3-A，図3-B のように 1.5V の乾電池・同じ豆電球・電流計をつないだとき，すべての豆電球は同じ明るさで光りました。このとき，電流計の値は何Aになりますか。ただし，電流計にかかる電圧は無視できるものとします。

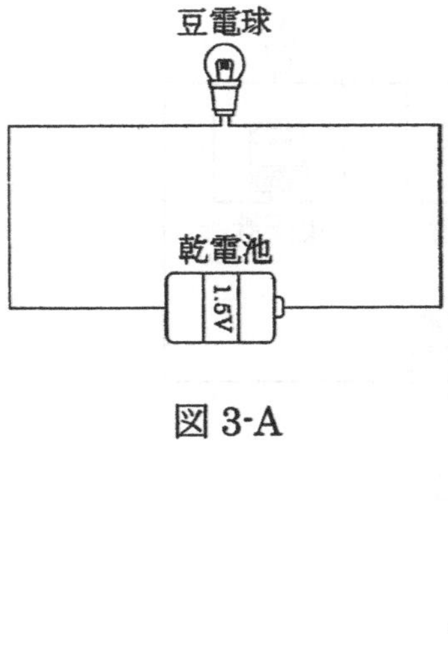

図3-A

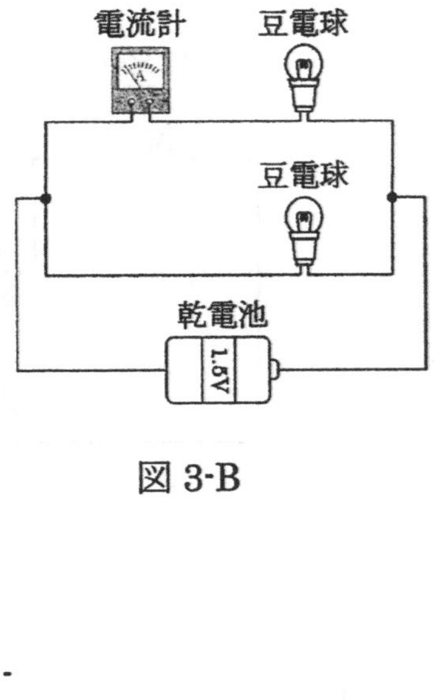

図3-B

（4）図4のように1.5Vの乾電《かんでん》池《ち》・同じ豆電球・電流計・電圧計をつないだとき，2つの豆電球に同じ強さの電流が流れ，2つの電圧計の値を足すと1.5Vになりました。このとき，電流計の値は何Aになりますか。ただし，電流計にかかる電圧と，電圧計に流れる電流は無視できるものとします。

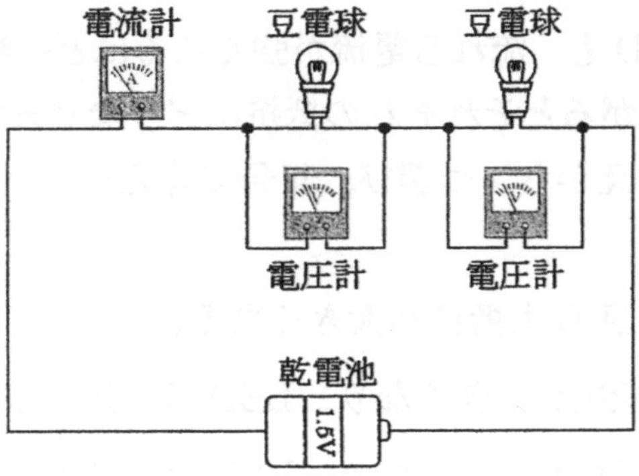

図4

（5）図5のように1.5Vの乾電池・豆電球・LED・電流計・電圧計をつないだとき，豆電球とLEDに同じ強さの電流が流れ，2つの電圧計の値を足すと1.5Vになりました。このとき，電流計の値は何Aになりますか。ただし，電流計にかかる電圧と，電圧計に流れる電流は無視できるものとします。

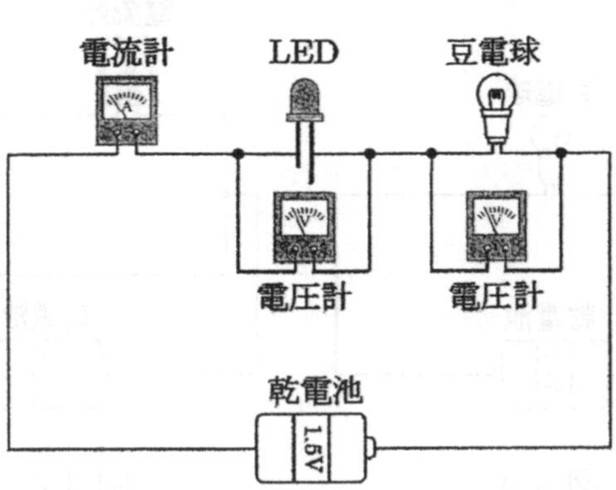

図5

ー ス ペ ー ス ー

（6）2個の乾電池《かんでんち》・金色の折紙・鉛筆《えんぴつ》の芯《しん》・水銀・フェライト磁石・5円玉を組み合わせて，図のような回路をつくると，豆電球がつくとき（図6）とつかないとき（図7）がありました。

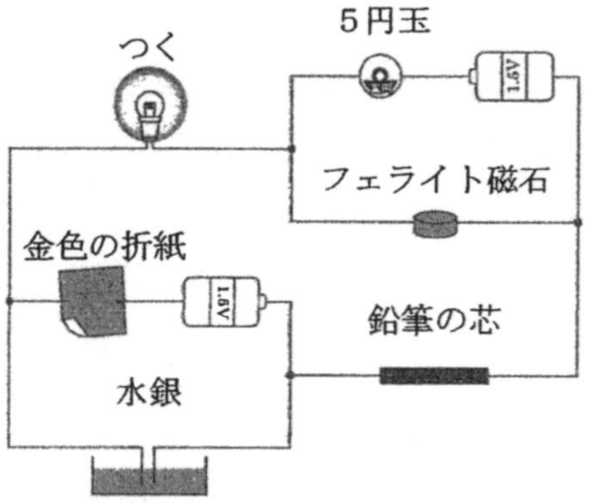

図6

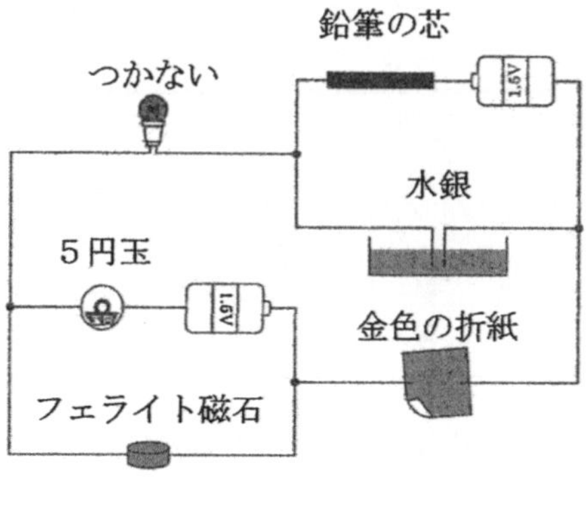

図7

この結果から，乾電池と豆電球からなる回路の間にはさんだときに，豆電球をつけることができると判断できるものを，次の**あ**～**お**から**3つ**選び，記号で答えなさい。

あ．金色の折紙

い．鉛筆の芯

う．水銀

え．フェライト磁石

お．5円玉

— ス ペ ー ス —

2 クエン酸と重曹《じゅうそう》（炭酸水素《たんさんすいそ》ナトリウム）および水酸化カルシウムの3つの固体から2つを選んで【反応①】～【反応③】を行いました。それぞれの反応は過不足なく起こり，次に示すような量的な関係がわかりました。この結果をもとに，以下の問いに答えなさい。ただし，気体の体積を測定する場合は，同じ条件下で測定しているものとします。

【反応①】**クエン酸と重曹の反応**

クエン酸を水に加えてクエン酸水溶液《すいようえき》をつくり，ここに重曹を加えました。

クエン酸	＋	重曹	→	気体Ａ	＋	クエン酸ナトリウム	＋	水
10.5g		12.6g		6.6g				

【反応②】**水酸化カルシウムと重曹の反応**

水酸化カルシウムを水に加えて水酸化カルシウム水溶液をつくり，ここに重曹を加えました。

水酸化カルシウム	＋	重曹	→	沈殿《ちんでん》B	＋	水	＋	炭酸ナトリウム
5.55g		12.6g		7.5g				

【反応③】**クエン酸と水酸化カルシウムの反応**

クエン酸を水に加えてクエン酸水溶液をつくり，ここに水酸化カルシウムを加えました。

クエン酸	＋	水酸化カルシウム	→	物質Ｘ	＋	水
10.5g		5.55g				

【気体Ａの性質】

気体Ａを石灰水に通じたところ石灰水は白くにごりました。気体Ａは冷やすとドライアイスになります。

気体Ａのみを 250 mL 集め重さを測ったところ，0.44 g でした。また，22 g の気体Ａを冷やしてドライアイスにしたところ体積は，13.75 cm^3 でした。

【物質Ｘの性質】

物質Ｘは重曹とは反応しません。

（1）気体Aの1Lあたりの重さは何gですか。**四捨五入して小数第2位まで答えなさい。**

（2）ドライアイスが気体になると，体積は何倍になりますか。**四捨五入して整数で答えなさい。**

（3）レモン汁《じる》の中にはクエン酸が含《ふく》まれています。レモン汁の中で重曹と反応するのはクエン酸のみで，レモン汁15mLを十分な量の重曹と反応させ，発生した気体Aを集めると275mLでした。レモン汁15mL中にあるクエン酸の重さは何gですか。**四捨五入して小数第2位まで答えなさい。**

（4）クエン酸12.6gを水に加えてクエン酸水溶液をつくり，ここに水酸化カルシウム8.88gを加えて十分に反応させました。この反応後の水溶液に，重曹10gを入れたとき，生じた気体Aと沈殿Bの重さはそれぞれ何gですか。**四捨五入して整数で答えなさい。生じなかった場合には0を記入しなさい。**

3 豊子さんは，「メダカの卵のふ化」を夏休みの自由研究のテーマにしました。そこで，メダカのオスとメスを購入《こうにゅう》し，a屋内の水槽《すいそう》に入れて飼育し始めました。

ある日の夕方，水槽を見てみると卵が産みつけられていました。そこで卵を取り，別の容器に移して日付を書きb卵の変化を観察することにしました。次の日の昼頃《ひるごろ》には，c卵が付いているメスを見つけました。その後，毎日メダカの観察をしていると卵を産む前に必ずdオスとメスの間で「ある行動」が見られることがわかりました。以下の問いに答えなさい。

（1）下線部aに関して，メダカの飼い方を説明した次の**あ**～**き**の文章のうち，良好なメダカの飼育環境《かんきょう》づくりとして**誤っている**ものを**2つ**選び，記号で答えなさい。

あ．よく洗った小石や砂を水槽の底にしく。

い．くみ置いた水道水を入れる。

う．水槽は直射日光の当たるところに置く。

え．水草を植える。

お．えさは，毎日２回，食べ残しが出るくらいの量を入れる。

か．水が汚《よご》れたら，くみ置いた水道水か，きれいな池の水と半分くらい入れかえる。

き．タニシやモノアラガイを入れる。

（2）下線部bの卵の変化に関して，次の**あ**～**お**は卵の変化をスケッチしたものです。卵を取った日からふ化する直前までの順番に並べかえ，記号で答えなさい。

あ.

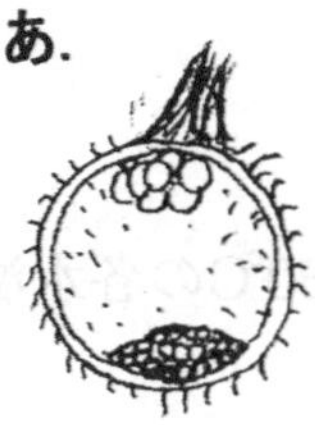

い.

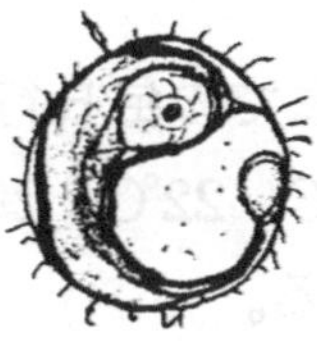

う.

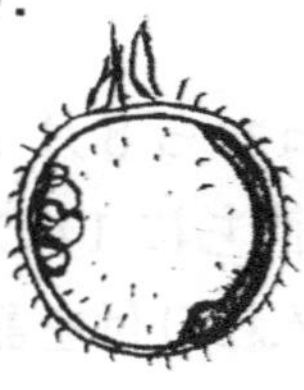

え.

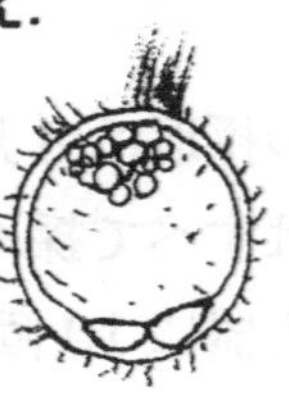

お.

（3）下線部cの卵が付いているメスのスケッチとして正しいものを次の**あ**～**か**から1つ選び，記号で答えなさい。

あ.

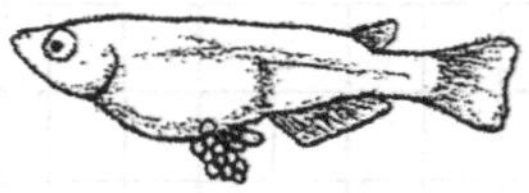

い.

う.

え.

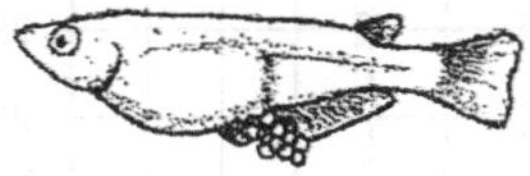

お.

か.

（4）下線部dのオスとメスの間でみられる「ある行動」を次の**あ**～**か**から**3つ**選び，見られる順番に並びかえ，記号で答えなさい。

あ. メスがオスの腹部を口でつつく。

い. メスがオスの周りを円を描《えが》くように泳ぐ。

う. メスとオスが並んで泳ぐ。

え. オスがメスを産卵場所へと誘導《ゆうどう》する。

お. オスが背びれと尻《しり》びれでメスをかかえて体をすりあわせる。

か. オスがメスの後を追うように泳ぐ。

（5）豊子さんは，水温とふ化率，平均ふ化日数の関係を表す下のグラフを本で見つけました。このグラフを利用して，夏休みの最終日 8 月 31 日までに得られる稚魚《ちぎょ》の数を推測《すいそく》してみることにしました。方法は次の通りです。

【方法】

① 卵の採取は 8 月 11 日から 8 月 17 日までの毎日行う。

② 卵はすべて採取し，直ちに 14℃，18℃，22℃，26℃，30℃の各水温の容器に 10 個ずつ入れ日付を記入する。

③ 8 月 31 日までの各水温での稚魚の総数を数える。

8 月 31 日に最も稚魚数が多くなると予想される水温と，この水温で得られる稚魚の総数を答えなさい。

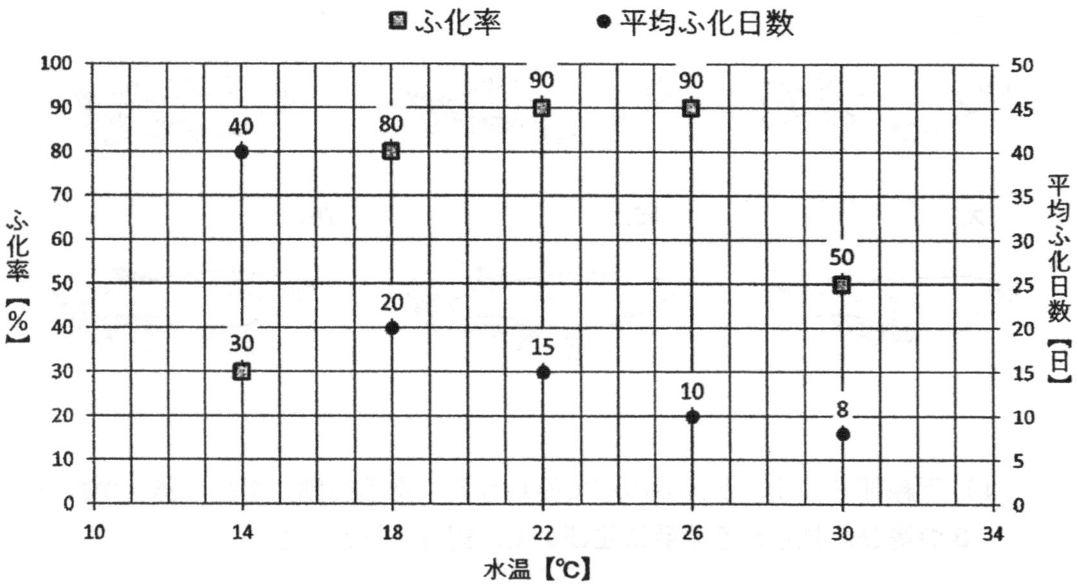

ふ化率：各水温のすべての卵の数に対するふ化した卵の数の割合。

平均ふ化日数：産卵してからふ化するまでの平均日数で，産卵した日の次の日にふ化した場合には，ふ化日数 1 日とする。

－スペース－

4 下の図は，地球の北極上空から見た太陽・地球・月の位置関係を模式的に表したものです。以下の問いに答えなさい。

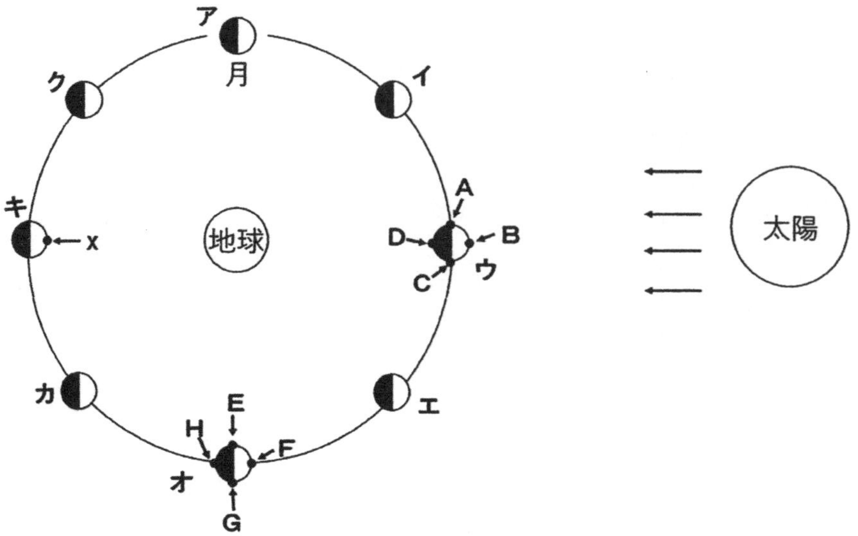

図

（1）月が図の**キ**の位置のときの月面上の点 x は，月が**ウ**，**オ**の位置のときでは，**A**～**D**，**E**～**H**のどの点にありますか。それぞれ選び，記号で答えなさい。

（2）東京の真南の空に，上弦《じょうげん》の月が見えました。この日から 15 日後の**【月の形】**を**あ**～**き**から，15 日後の月が地平線からのぼってくる**【時刻】**を**く**～**そ**から，最も適当なものをそれぞれ選び，記号で答えなさい。

【月の形】

あ.　**い.**　**う.**　**え.**　**お.**　**か.**　**き.**

【時刻】 **く.** 午前 3 時頃《ころ》　**け.** 午前 6 時頃　**こ.** 午前 9 時頃

さ. 正午頃　**し.** 午後 3 時頃　**す.** 午後 6 時頃

せ. 午後 9 時頃　**そ.** 真夜中頃

（3）次の文章の（　①　）～（　④　）に入る最も適当な語句をそれぞれの**【解答群】**から選び，記号で答えなさい。

月は 27.3 日で地球の周りを１周します。東京で翌日の同時刻に月を見ると，前日の位置より約（　①　）度，（　②　）へ移動して見えます。
また，月が南中する時刻は，翌日には約（　③　）分（　④　）なります。

【①の解答群】

あ．1　**い**．10　**う**．11　**え**．12
お．13　**か**．14　**き**．15

【②の解答群】

あ．東から西　**い**．西から東　**う**．南から北　**え**．北から南

【③の解答群】

あ．12　**い**．13　**う**．24　**え**．26
お．36　**か**．39　**き**．48　**く**．52
け．60　**こ**．65

【④の解答群】

あ．早く　**い**．遅《おそ》く

2021年度

豊島岡女子学園中学校

入学試験問題

（1回）

社会

（社会・理科　2科目50分）

注意事項

1．合図があるまで、この冊子を開いてはいけません。
2．問題は 1 から 3 、2ページから7ページまであります。
　合図があったら確認してください。
3．解答は、すべて指示に従って解答らんに記入してください。
4．解答用紙は理科と共通になっています。

1 次の文章を読んで問いに答えなさい。

皆《みな》さんは公園での外遊びは好きですか。(ア)新型コロナウイルス感染拡大防止のための休校期間中、運動不足を解消するために、近所の公園でジョギングや体操をした人もいたのではないでしょうか。公園の多くは誰《だれ》でも無料で自由に利用することができる社会的共通資本で、(イ)国や地方公共団体が提供しており、日本では、公園は(ウ)法律的に自然公園法にもとづく国立公園、国定公園、都道府県立自然公園と、都市公園法にもとづく都市公園とに分けられています。また、現代の公園は、憩《いこ》いの場としてだけではなく、(エ)防災機能を有し災害時の避難《ひなん》場所などとしても重要な役割を担っています。

一昨年の秋ごろ、東京都内の小学６年生が公園でのボール遊びを求めて区議会に(オ)陳情《ちんじょう》書を提出したことが話題となりました。少子高齢《こうれい》化にともなって公園が高齢者向けの健康器具を備えるようになるとともに、公園での禁止事項《じこう》が増加し、昨今の公園には「ボール遊び禁止」「木登り禁止」「大声禁止」などの注意書きの看板が多く見られるようになっています。こうした状況《じょうきょう》に対し、遊ぶことや大声を出すことは子どもの権利であるとする声もあります。東京都は、環境《かんきょう》確保条例で子どもの声はもちろん、足音、遊具音、楽器音などについても規制の対象から除外しました。また、1989年に国連総会で、すべての子どもに人権を保障する法的拘束《こうそく》力のある国際条約『（　カ　）』が採択《さいたく》されましたが、その第31条には、休んだり遊んだりする権利というのが記載《きさい》されていて、子どもたちが元気に遊ぶことは健やかな発達のための当然の権利と認識されています。

小学生たちの陳情は区議会で審査《しんさ》され、彼らの要望の一部が認められてボール遊びのできる場所や時間帯が拡大したようです。その小学生らは、もうすぐ中学校に進学するので、自分たちがボール遊びをする機会は減るかもしれないけれども、少しでも後輩《こうはい》たちのためになったのならやってよかったと言っています。時代の変化によって遊び場を奪《うば》われた子どもたちが、自らの手で遊ぶ権利を取り戻《もど》したと言っても良いでしょう。日本国憲法第12条には、国民は不断の努力によって(キ)基本的人権を保持しなければならない、と規定されています。憲法に記されている基本的人権を絵に描《か》いた餅《もち》とせず、実現していくのは私たち自身なのです。

問１． 下線部(ア)について、このような活動は各自治体で設置している保健所が中心となって行っています。保健所や保健センターの行っている業務について述べた次の文のうち、**適切でないもの**を一つ選び番号で答えなさい。

１． 飲食店が設置基準を満たしているか確認して営業許可を出している。

２． 水質汚濁《おだく》の検査などの環境《かんきょう》衛生、大気汚染《おせん》などの環境保健対策を行っている。

３． 乳幼児の発育状況や健康状態を定期的に検査している。

４． 年金受給者の問い合わせに応じて受給資格の確認を行っている。

問2．下線部(イ)に関連して、国会と内閣について述べた次の文のうち、**あやまっているもの**を一つ選び番号で答えなさい。

1．内閣が国会に提出する予算の原案は、省庁が作成に関わっている。

2．衆参両院で可決して成立した法案は、内閣総理大臣によって公布される。

3．内閣総理大臣は、国会の指名にもとづいて天皇が任命する。

4．内閣は、不信任案が可決されなくても、衆議院の解散を決めることができる。

問3．下線部(ウ)にもとづいて、刑事事件では検察官が容疑者を裁判所に訴《うった》えることになっていますが、そのことを何といいますか、漢字2字で答えなさい。

問4．下線部(エ)に関連して述べた次の文のうち、最も適切なものを一つ選び番号で答えなさい。

1．大雨などで自治体から警戒レベル3と発表されたら、高齢者《こうれいしゃ》などは避難《ひなん》を開始する。

2．大雨や台風接近時には、川や用水路を直接見に行き様子を確認するほうが良い。

3．大きな揺《ゆ》れの地震《じしん》が発生した際にガスコンロを使用していた時は、いち早くその火を消す。

4．小学校・中学校では、防災の日に避難場所まで避難する訓練が義務づけられている。

問5．下線部(オ)に関連して、国や地方公共団体に対して国民が請願《せいがん》する権利は憲法第16条で保障されています。このように、憲法の条文によって保障されている権利について述べた次の文のうち、**あやまっているもの**を一つ選び番号で答えなさい。

1．私有財産を公共のために収用されたときは、正当な補償《ほしょう》を求めることができる。

2．政府の過失によって損害を受けたときは、賠償《ばいしょう》を求めることができる。

3．刑事被告人は、裁判所での裁判を非公開にすることを求めることができる。

4．無実の罪で抑留《よくりゅう》・拘禁《こうきん》されていた場合は、補償を求めることができる。

問6．空らん（　カ　）にあてはまる条約名を答えなさい。

問7．下線部(キ)に関連して、基本的人権の尊重のほか、国民主権と平和主義が日本国憲法の三大基本原理とされています。このうち、憲法第9条で定められている平和主義の要素は、戦争の放棄《ほうき》（武力の不行使）、交戦権の否認と、あと一つを何といいますか、5字または6字で答えなさい。

2　次の文章を読んで問いに答えなさい。

昨年は、（　ア　）が完成してから1300年でした。（　ア　）は中国にならって編纂《へんさん》された正式な歴史書で、天地の始まりから持統天皇の治世までが記されています。しかし、神話の時代のことが書かれ、初代の神武天皇が即位したのが現在の時代区分では(イ)縄文時代にあたる紀元前660年のこととされるなど、実際の出来事とは思えないことも多く記されています。それは、過去の事実を単に記すのではなく、天皇や朝廷《ちょうてい》の正当性を示すという意図があって作られたものだからです。（　ア　）に続いて朝廷では五つの歴史書が作成されましたが、887年の記事を最後に正式な歴史書は途絶《とだ》えます。

武家政権の時代になると、幕府でも歴史書が編纂《へんさん》されるようになります。鎌倉時代の『吾妻鏡《あずまかがみ》』は、源頼朝の挙兵から(ウ)北条政村が７代執権に就いていた1266年に将軍宗尊《むねたか》親王が京都に送り還《かえ》されるまでが記されていますが、幕府の事情によって事実が改められて記述されたところもあります。また、(エ)江戸幕府のお抱《かか》えの学者である林家によって『本朝通鑑《ほんちょうつがん》』が作成され、神武天皇から江戸幕府が成立した時の後陽成《ごようぜい》天皇まで、儒教《じゅきょう》の考えにもとづいて書かれているとされています。

このほか、個人の手による歴史書にも有名なものがあります。摂関家《せっかんけ》に生まれながら延暦寺の僧の長である(オ)天台座主《ざす》となった慈円《じえん》が著した『愚管抄《ぐかんしょう》』は、鎌倉時代の初めに書かれ、道理によって歴史の変化をとらえています。南北朝時代の北畠親房《きたばたけちかふさ》が著わした『神皇正統記《じんのうしょうとうき》』は、(カ)南朝の正統性を歴史的に説き明かそうとしたといいます。さらに、江戸時代の学者で政治にも携《たずさ》わった新井白石は、『読史余論《とくしよろん》』において江戸幕府の成立に至る歴史を叙述《じょじゅつ》し、独自の時代区分を示しています。これらはいずれも、すぐれた歴史観によって書かれたものとして高く評価されています。

明治時代になると、(キ)欧米から多くの学者や技術者が招かれ、近代的な学問・技術がもたらされました。歴史学においても、(ク)文字で書かれた史料にもとづいて実証《じっしょう》的に研究する手法が採り入れられ、これによって、歴史の叙述も飛躍的《ひやくてき》に発展しました。その一方で、天皇制が強調されることにより、天皇の絶対性とその統治する日本の世界に対する優位性を説く皇国史観という歴史観も生まれ、それが(ケ)近代日本の海外進出を正当化する根拠《こんきょ》として利用されました。

歴史書における叙述は、過去の事実を客観的に記すのではなく、特定の意図をもって書かれることもしばしばです。現在の歴史学では、史料を利用するだけでなく、考古学・歴史地理学・文化人類学・民《みん》俗学《ぞくがく》など関係諸学の成果を採り入れた研究が進展しています。これに対し、自分の思い描《えが》く歴史を都合よく語っている書物やインターネット情報が多くみられるのも事実です。何が正しいのか、歴史を批判的に読み解く姿勢が大切です。

問1． 空らん（　ア　）にあてはまる歴史書を、漢字で答えなさい。

問2． 下線部(イ)の特徴《とくちょう》を説明した文として、最も適切なものを次から一つ選び番号で答えなさい。

1． 石を磨《みが》いて作った磨製《ませい》石器や、動物の骨や角で作った骨角器が使われた。

2． 牛馬を利用した耕作が行われ、草や木を灰にしたものが肥料とされた。

3． 日本列島は大陸と地続きで、ナウマン象やマンモスが渡《わた》ってきた。

4． 当時の生活の様子が描かれた銅鐸が作られ、祭りに使われた。

問3． 下線部(ウ)よりも後に起こった出来事を、次から**すべて**選び**年代の古い順**に番号で答えなさい。

1． 永仁の徳政令の発布　　**2．** 御成敗式目の制定　　**3．** 源実朝の暗殺

4． モンゴルの襲来《しゅうらい》　　**5．** 六波羅探題の設置

二〇二一年度　豊島岡女子学園中学校入学試験
国語解答用紙（一回）

座席番号

一

受験番号

11

氏名

※のらんには記入しないこと

得点

※

※100点満点

一

問一

A

B

C

問二

問三

問四

問五

Ⅰ

Ⅱ

問六

問七

問一．２点×３
問二．５点
問三．５点
問四．５点
問五．５点×２
問六．５点
問七．５点
問八．９点

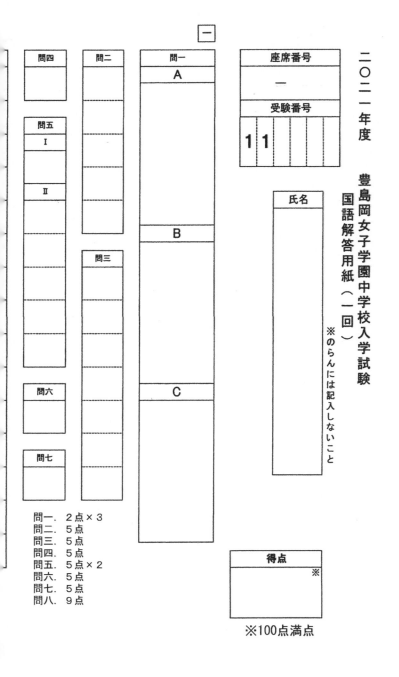

6点
×2

秒後	秒後

5

6点
×3

(1)	(2)	(3)

6

6点
×3

(1) cm^3	(2) cm^3	(3) cm^3

							氏名		得点	※
座席番号	—									
受験番号	1	1								

※100点満点

解答用紙（１回）

【理　科】

1

２点×７（(6)は完答）

(1)	0.5Vの電圧	1.5Vの電圧	(2)		(3)	
	Ω	Ω				A

(4)	A	(5)	A	(6)			

2

２点×５

(1)	g	(2)	倍	(3)	g

(4)	気体A	沈殿B
	g	g

3

２点×６（(1)は完答）

(1)			(2)	→　→　→　→

(3)		(4)	→　→	(5)	温度	稚魚数
					℃	ひき

4

(1) １点×２　(2) ２点×２　(3) ２点×４

(1)	月がウの位置	月がオの位置	(2)	形	時刻

(3)	①	②	③	④

＊印のらんには書かないこと

受験番号	1	1					氏名	

得点	＊

※50点満点

2021年度　豊島岡女子学園中学校入学試験

【社　会】

2点×7

1

問　1	問　2	問　3	問　4	問　5

問　6	問　7

2点×9

2

問　1	問　2	問　3	問　4

問　5	問　6	問　7	問　8	問　9

2点×9

3

問　1	問　2	問　3

問　4	問　5	問　6	問　7	問　8

問　9

※50点満点

得点	*

*印のらんには書かないこと

座席番号		—	

2021年度　豊島岡女子学園中学校入学試験　（1回）

算数解答用紙

※のらんには何も書かないこと

1　5点×4

(1)	(2)	(3)	(4)
			通り

2　5点×4

(1)	(2)	(3)	(4)
	：	cm²	：

3　6点×2

(1)	(2)

【解答

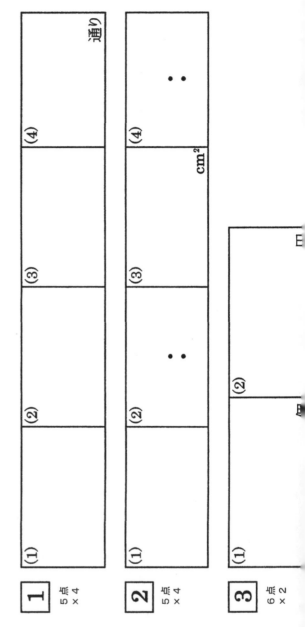

問八

二

問一

問二
A
B

問三

問四

問五
A
B
C

問六

問七

問八

問九

問一.　5点
問二.　3点×2
問三.　5点
問四.　5点
問五.　2点×3
問六.　5点
問七.　5点
問八.　5点
問九.　8点

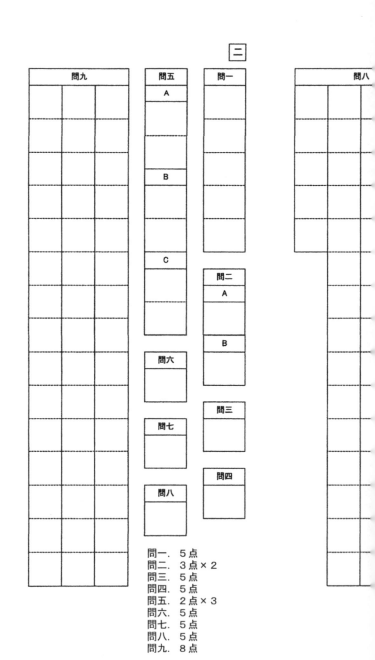

問4．下線部(エ)に関連して、江戸時代の学問について説明した次の文のうち、**あやまっているもの**を一つ選び番号で答えなさい。

1．外国の影響《えいきょう》を受けていない日本古来の考え方を明らかにしようとする国学が発展した。

2．鎖国体制をとっていたため、西洋の学問は採り入れられなかった。

3．諸藩は家臣を育成する藩校を創設したり、庶民《しょみん》は寺子屋で読み書きを習ったりした。

4．身分の区別を説く儒学《じゅがく》が重視され、そのうちの朱子学が正学とされた。

問5．下線部(オ)について、天台宗と同じころに日本にもたらされた宗派として真言宗がありますが、その教えの内容を説明した文として、正しいものを次から一つ選び番号で答えなさい。

1．阿弥陀仏にすがることにより極楽浄土《じょうど》に往生《おうじょう》することができる。

2．座禅《ざぜん》に集中することにより悟《さと》りに至る。

3．三密の修行をすることにより仏と一体化することができる。

4．南無妙法蓮華経と唱えることにより救われる。

問6．下線部(カ)に関連して、天皇の正統性を示す宝物と、戦後の高度経済成長期に人々の豊かさを象《しょう》徴《ちょう》した家電製品は、同じ用語で総称《そうしょう》されましたが、それを何といいますか、答えなさい。

問7．下線部(キ)の一人で、大日本帝国憲法発布の様子を日記にも記しているドイツ人医学者を、次から一人選び番号で答えなさい。

1．クラーク　　2．コンドル　　3．ビゴー　　4．ベルツ　　5．モース

問8．下線部(ク)について、次の史料は江戸時代のある事件に関するものです(現代語訳したものを一部省略)。この史料中の下線部について、その原因として最も適切なものを、下から一つ選び番号で答えなさい。

> この頃《ころ》は米価はますます高騰《こうとう》しているが、大坂(阪)の町奉行や役人たちは、好き勝手の政治をしている。彼らは江戸に米を回しているが、天皇のいらっしゃる京都には米を回さない。……その上勝手なお触書《ふれが》きなどを出し、大坂市内の大商人ばかりを大切に考えている。……隠居《いんきょ》している自分だが、もはや我慢《がまん》できず、……やむをえず天下のためと考え、……まず、民衆を苦しめてきた役人たちを討ち、さらにおごり高ぶってきた大坂の金持ちの町人たちも討つ。そして、彼らが持っている金銀銭や、蔵屋敷に隠《かく》している俵米を人々に配る。……

1．上げ米の制　　2．浅間山の噴火《ふんか》　　3．天保の飢饉《ききん》

4．日米修好通商条約の調印　　5．明暦の大火

問9． 下線部(ケ)について説明した次の文のうち、正しいものを一つ選び番号で答えなさい。

1．日清戦争に勝利した日本は、遼東半島と台湾を得てそれらを植民地とした。

2．日露戦争直前に日本は欧米諸国との不平等条約をすべて改正し、日英同盟を締結《ていけつ》した。

3．第一次世界大戦を機に日本は中国における利権を拡大させ、中国で反対運動が起きた。

4．国際連盟を脱退《だったい》した日本は、日独伊三国同盟や日ソ中立条約を結んで日中戦争を始めた。

3 次の問いに答えなさい。

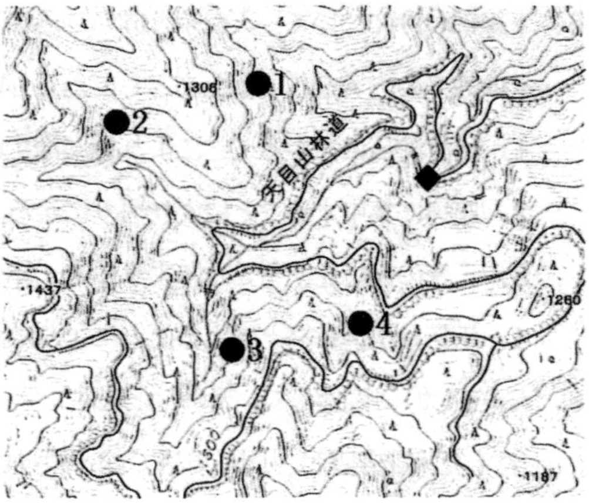

問1． 右の地図は、国土地理院発行2万5千分の1地形図「武蔵日原《にっぱら》」の一部です。図中の●1～4の地点のうち、降った雨が**◆のところを流れない**と読み取れる地点を一つ選び番号で答えなさい。

問2． 豊田市のように、ある特定の大きな会社を中心に地域の経済が発展した自治体のことを何と呼びますか、漢字５字で答えなさい。

問3． 春先に日本海で低気圧が発達し、南風が吹くことによって北陸地方で季節外れに気温が高くなることがあります。この時に起こっている現象を何といいますか、答えなさい。

問4． 右のグラフは、都道府県別の海岸線の長さを割合で示したものです(2017年)。図中の**あ**にあてはまる都県を次から一つ選び番号で答えなさい。

1．岩手　　2．高知　　3．東京

4．長崎　　5．三重

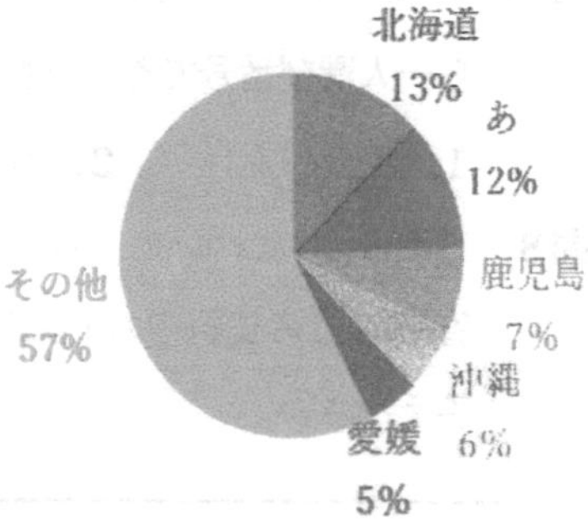

『日本国勢図会2020/21』より作成

問5． 右の図中の点は、セメント工場所在地を示したものです(『日本国勢図会2020/21』より作成)。この図から読み取れるセメント工場が分布する条件として、最も適切なものを次から一つ選び番号で答えなさい。

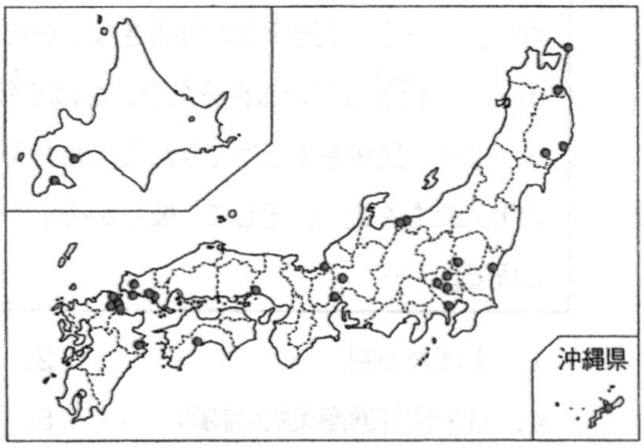

1．人口が多い大都市圏《けん》に分布する。

2．降雪量が多い地域に分布する。

3．石灰岩が採れるところに分布する。

4．大きな空港のそばに分布する。

問6． 次の表は、沖縄県、神奈川県、広島県における旅客輸送量(2017年)を示したもので、表中の**1**～**4**は、海上(千人)、航空(千人)、営業用自動車(百万人：路線バス・観光バス・タクシーを含《ふく》む)、鉄道(百万人)のいずれかの旅客輸送手段です。このうち、海上輸送にあたるものを選び番号で答えなさい。

	1	**2**	**3**	**4**
沖縄県	10464	4885	66	18
神奈川県	—	598	806	2916
広島県	1221	9551	144	208

『データでみる県勢2020』より作成

問7． 都道府県別の食料自給率が100パーセントを超《こ》える道県は北海道、秋田県、山形県、青森県、新潟県、岩手県の６道県です(2017年度、『データでみる県勢2020』以下出典同じ)。これらの道県の共通点として、最も適切なものを次から一つ選び番号で答えなさい。

1． 米の収穫量《しゅうかくりょう》上位15位(2017年)までにすべて含まれる。

2． 人口下位15位(2018年)までにすべて含まれる。

3． 肉用牛の飼養頭数上位15位(2018年)までにすべて含まれる。

4． 農業産出額上位15位(2017年)までにすべて含まれる。

問8． 右のグラフ中の**あ**～**う**は、長野市、新潟市、宮崎市の三都市における、気温の年較差《ねんかくさ》(最寒月と最暖月の平均気温の差)と、冬季(12～2月)の日照時間を示したものです(どちらも1981～2010年平均)。**あ**～**う**の都市名の組み合わせとして、正しいものを下の表の**1**～**6**から選び番号で答えなさい。

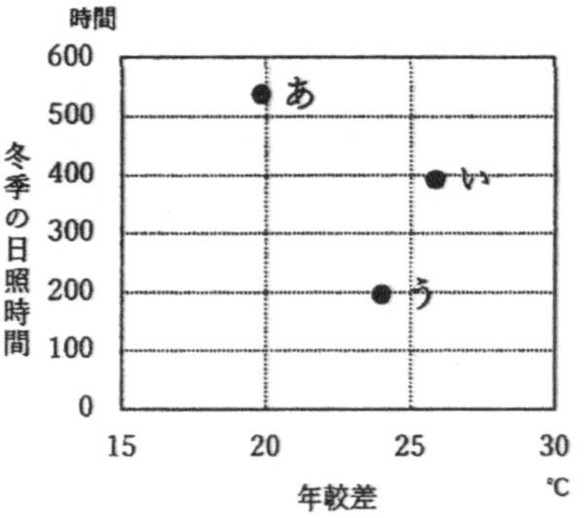

気象庁のデータより作成

	1	**2**	**3**	**4**	**5**	**6**
あ	長野	長野	新潟	新潟	宮崎	宮崎
い	新潟	宮崎	長野	宮崎	長野	新潟
う	宮崎	新潟	宮崎	長野	新潟	長野

問9． 近年、漁師が森に木を植える活動が各地でみられますが、それは林業だけでなく漁業にとっても大きな利点があるからです。漁業にとって植樹をする利点を30字以内で説明しなさい。その際、次の用語を必ず使用しなさい。

「**河川**」　　　「**好漁場**」

二〇二〇年度

豊島岡女子学園中学校
入学試験問題
（一回）

国語

(50分)

注意事項

一．合図があるまで、この冊子を開いてはいけません。

二．問題は一から二、2ページから19ページまであります。
合図があったら確認してください。

三．解答は、すべて指示に従って解答らんに記入してください。

一　次の文章を読んで、後の一から九までの各問いに答えなさい。
(ただし、字数指定のある問いはすべて句読点・記号も一字とする。)

私が初めてコミュニケーションワークショップ「聴《き》き方教室」を開講したころ、聞き方に関する本を随分《ずいぶん》探しました。ところが本屋に並んでいるのは、すべてが話し方に関する本で、聞き方に関する本はなかなか見つけることができませんでした。聞き方について書かれているのは、カウンセリングに関する本だけです。私はとくにカウンセリングという限られた領域だけではなく、広《こう》範囲《はんい》に「聞く」ことを学びたいと思っていました。二年程前に、ようやくタイトルに聞き方のついた本を見つけて喜んで買いましたが、中身はやはりほとんどが話し方で、聞き方についてはほんのちょっと書いてあるだけでした。どうやら①コミュニケーションは聞くことから始まるという考え方は、あまり一般的《いっぱんてき》ではなかったようです。さらに聞くという行為《こうい》は、私たちが学ぶことができる〝技術〟として認識されていなかったのです。「聞く」ことは心の問題であり、それは心理学や精神的な領域と捉《とら》えられてきたのです。ところがいまその認識が大きく変わりつつあります。

聞くことは話すことと同様の技術であり、話すことと同等、またはそれ以上にコミュニケーション能力として重要なものであると私は考えます。話す力は、私たちの理解力と比例しています。そしてその理解力は、聞くことにより、周りの情報をどれだけ取り入れることができるかによって決まってきます。

人の話に耳を傾《かたむ》けない人は、自分の考え方のみを信じているので、おのずとその理解力は制限されたものとなります。したがって、制限されたところからAハッシンされる話も柔軟性《じゅうなんせい》に欠けるものとなるでしょう。まるで酔《よ》ったかのように、自分の知識を話し続ける人に、うんざりしたことはありませんか？

一方、人の話をよく聞く人は、異なる価値観を吟味《ぎんみ》し、受け入れる努力をします。人の話を聞くときは、相手を理解しようと耳を傾《かたむ》けるので、自然と人に対する洞察《どうさつ》も深まります。単なる批判や判断を避《さ》け、異質なものを一つの見方として自分の中に取り入

れます。このような聞き上手がいったん話す側に回ると、非常に説得力のある話し手となることができるのです。〔 ア 〕

聞く努力は、自己革新の努力です。常に自分を成長させ、より深い知恵《ちえ》を身につけたとき、伝える技術を高めることができるのです。聞き方を、〔 ② 〕と触《ふ》れがたいところに押《お》しやらず、積極的に学べることとして取り組んだとしたら、それはおのずと伝える技術の向上を促進《そくしん》することになるのです。〔 イ 〕

聞くことの難しさは、相手の言葉を聞く以前に、自分の言葉を聞いてしまっているということにあります。③自己内コミュニケーションです。私たちの心の中には生まれてこの方、長年かけて作ってきた自己内コミュニケーションがあります。私たちの人生を支配している〃観念〃です。観念は自分に対して、人に対して、物事に対して、あらゆる出来事に対して、「こんなものだ」という判断を下している思考の習慣です。「初対面の人に、観念なんてもちようがないじゃないか」と思うかもしれません。でもその瞬《しゅん》間《かん》でさえ私たちは、過去のデータを検索《けんさく》し「この目線の鋭《するど》さ、これはBユダンのならない人だぞ、心を開くと危険だぞ」と自分に言い聞かせます。もちろん自己防衛は、社会で生きていく上においてとても重要な知恵《ちえ》ではあります。しかし、それによって人間関係が妨《さまた》げられていることもたくさんあるのです。〔 ウ 〕

そして、観念は人の話を聞くときにも働いています。あなたが「興味深く素敵だな」と思う人の話を聞くときと、「たいしたことがないな」と思う人の話を聞くときでは、聞こえてくるものが違《ちが》うのです。〔 エ 〕

また考え方の違《ちが》う人の話を聞くのも大変難しいものです。聞いているその瞬間《しゅんかん》にも、「いいや違《ちが》う」と思って聞いていますから、相手が〃聞いてもらった〃と感じる聞き方は非常に困難なのです。それどころか、私たちは人の話を〃まったく聞いてはいない〃と言ってもCカゴンではありません。さらに問題は、人の話を聞いていないとき、問題が解決しないだけではなく、私たちの知恵《ちえ》が深まらないところにあります。〔 オ 〕

私たちは観念という名の独特なメガネと翻訳器《ほんやくき》を耳につけて生きています。④そのメガネを通して見ているのは〃色のついた〃

相手であって、あるがままの相手ではありません。私たちに聞こえてくるのは、翻訳器《ほんやくき》を通して自分勝手に解釈《かいしゃく》した言葉であって、相手の気持ちをそのままを聞いている訳ではないのです。私たちは相手を見てはいません。私たちは相手を聞いてはいません。私が見ているのは、私のメガネに沿った相手で、私が聞いているのは、私の翻訳器《ほんやくき》が正しいと判断する内容だけなのです。

私には私の正しさのみを聞こうとする耳があり、相手には相手の正しさのみを聞こうとする耳があります。これでは、コミュニケーションが難しいのは当たり前です。だから人間関係は難しく、人の心をつかむのは一大仕事となるのです。それでは、どうしたら、その難しさを乗り越《こ》えて、コミュニケーション能力を自分の味方につけることができるのでしょうか？　それは、単純に自分勝手な耳に気づくことです。〝自分勝手な聞き方〟に気づくことができれば、それを変えることはそう複雑なことではありません。

ある経営者Mさんがこんな話をしてくれました。会社を設立して三年間、多くのスタッフが会社を辞めていったそうです。当時のMさんは自分の考え方や見方を一生懸命《いっしょうけんめい》スタッフに伝え、スタッフがそのように動くことを望みました。経営者としてスタッフに指示を出すのは、当たり前と言えば当たり前の話です。ところがスタッフは居つきませんでした。スタッフにはそのやり方が受け入れられなかったのです。

ところがあるとき、Mさんはスタッフにはスタッフの答えがあることに気づきます。そして彼《かれ》らの答えに耳を傾《かたむ》けるようになったのです。ああしろ、こうしろではなく、「どうするのがいいだろう？」と相手に[*1]下駄《げた》を預けるようになりました。どうしてもスタッフにいい考えがないときにだけ、「こういう考え方もあるよね」と彼《かれ》の考えも披露《ひろう》しますが、最終的に何をどうするかを決めるのはスタッフです。

そのやり方を学んでからは、人が会社を辞めなくなったとMさんは言います。最初、Mさんが指示・命令でスタッフを動かそうとしたとき、スタッフは抵抗《ていこう》を示しました。ところが、スタッフ自身が何をしたいのかを聞くと、彼《かれ》らは自分からやる気を起こし、会社の業績は成長し始めたのです。

そのプロセス＊2でMさんは葛藤《かっとう》したことでしょう。Mさんは天才肌《はだ》で、自分の考えをきちんともっている優秀《ゆうしゅう》な人物です。創造的な仕事のやり方がわかるからこそ、それをスタッフにも学んでほしいと自分のやり方を一生懸命《いっしょうけんめい》伝え、彼《かれ》らがその通りに動くことを望んでいたのです。

聞き方を変えることは複雑なことではありません。しかしそれは、自分と相手を完全に信頼《しんらい》することを意味しています。「やらせてやっても自分は大丈夫《だいじょうぶ》」「任せても彼《かれ》は大丈夫《だいじょうぶ》」と自分と相手を信じることです。複雑なことではありませんが、簡単なことではありません。それは、相手のあるがままを受け入れることなのです。

Mさんの会社は上場を目指して順調に成長しています。Mさんは聞き方を変えて、社員の信頼《しんらい》と会社の成長という欲しいものを手に入れたのです。

人間も組織も常に成長を望んでいます。会社であれば、安定した業績を上げて働く人々の生活を守りたいと考えます。個人であれば常に幸せを望んでいます。それを実現する基本中の基本がコミュニケーションです。しかも⑤相手の話をどう「聞く」かということのなかに⑥答えはあります。ところがそのとき、私たちが翻訳器《ほんやくき》付きの耳しかもっていなかったら、私たちは人々と一体となって成長するチャンスを失ってしまいます。

自己内コミュニケーションに関しても、本当に大切なことは何かを聞き分ける耳をもつことが必要です。間違《まちが》った考えに耳を傾《かたむ》けてしまっては、せっかくのチャンスを逃《のが》してしまうことになるのです。

（『聞く技術・伝える技術』　菅原《すがはら》　裕子《ゆうこ》）

〔注〕
＊1　下駄《げた》を預ける＝すべてを相手に頼《たの》んで一任する。
＊2　プロセス＝過程。

問一　―線Ａ「ハッシン」・Ｂ「ユダン」・Ｃ「カゴン」のカタカナを正しい漢字に直しなさい。
（一画一画ていねいにはっきりと書くこと。）

問二　本文からは次の一文が省略されています。どこに入れるのが正しいですか。最も適当な箇所《かしょ》を文中の〔ア〕〜〔オ〕から一つ選び、記号で答えなさい。

≪自分自身を成長させたり、自己革新するための情報が入ってこないのです。≫

問三　―線①「コミュニケーションは〜という考え方」とありますが、この考え方に当てはまるものとして最も適当なものを次のア〜オの中から一つ選び、記号で答えなさい。

ア　聞くことにより周囲の情報を幅《はば》広く取り入れることは、他者への理解力のみならず話す能力の向上にもつながるものであるということ。

イ　周囲の情報をうまく用い、批判精神を失うことなく相手と向き合うことは、聞く技術や話す技術における根本的な姿勢であるということ。

ウ　話す能力以上に聞き方について注意を払《はら》い、自分の考えを冷静に分析《ぶんせき》することは、コミュニケーションを円滑《えんかつ》にするための出発点であるということ。

エ　様々な意見に耳を傾《かたむ》け知識を増やし、その上で相手を説得する力を養うことは、対人関係を上手に築いていく知恵《ちえ》であるということ。

オ　聞き取った情報をうまく活用し、人の話を正しく理解しようとすることは、コミュニケーションにおいて必要不可欠な姿勢であるということ。

問四　空らん〔②〕に入れる言葉として最も適当なものを本文中から五字以内で探し、抜《ぬ》き出しなさい。

問五　―線③「自己内コミュニケーション」とありますが、その説明として当てはまらないものを次のア〜オの中から一つ選び、記号で答えなさい。

ア　自己内コミュニケーションは人間関係を良好にしていく社会生活上の知恵《ちえ》である。
イ　自己内コミュニケーションは個人が長年かけて作ってきた思考の習慣である。
ウ　自己内コミュニケーションは相手が初対面の人であっても生じるものである。
エ　自己内コミュニケーションは相手の話を正しく聞くことを困難にしがちなものである。
オ　自己内コミュニケーションは人を観察する際にも話を聞く際にも生じるものである。

問六　――線④「そのメガネを通して見ているのは～あるがままの相手ではありません」とありますが、「そのメガネを通して見ている」とはどういうことですか。その説明として最も適当なものを次のア～オの中から一つ選び、記号で答えなさい。

ア　相手の未来の姿まで見ているということ。
イ　相手が隠《かく》している部分まで見ているということ。
ウ　先入観を持って相手を見ているということ。
エ　何も考えずに相手を見ているということ。
オ　努力して相手を肯定的《こうていてき》に見ているということ。

問七　――線⑤「相手の話をどう『聞く』か」とありますが、筆者はどのような聞き方を良い聞き方と考えていますか。三十字以内で答えなさい。

問八　―線⑥「答え」とありますが、それは何に対する「答え」ですか。その内容として最も適当なものを次のア〜オの中から一つ選び、記号で答えなさい。

ア　個人や会社におけるコミュニケーションの役割はどういうものかという問いに対する答え。

イ　個人と会社が一体となって発展を目指すための基本は何かという問いに対する答え。

ウ　人や組織においてなぜコミュニケーションが重視されるのかという問いに対する答え。

エ　人はコミュニケーションにおいてどのような点に注意すべきかという問いに対する答え。

オ　人や組織を成長させていくためにはどのようにすればよいのかという問いに対する答え。

問九　本文の内容として最も適当なものを次のア〜オの中から一つ選び、記号で答えなさい。

ア　一般《いっぱん》に聞くことは話すこと以上に難しいものであり、努力して自己革新をしていくという強い意志なくしてはその能力が開花することはないのである。

イ　人は他人の本当の姿や言葉の真意を正しく把握《はあく》することは難しいが、自分の認識の間違《まちが》いに気づくだけでも相手に対する理解力は深まるものである。

ウ　人間関係を円滑《えんかつ》にしたいと願うならば、言葉の扱《あつか》い方はあくまでも一つの技術であるので、練習さえすれば誰《だれ》にでも習得可能なものだという認識を持つべきである。

エ　コミュニケーションにおいては聞く技術を高めることが大切であり、そのことが自分の成長のみならず豊かな人間関係の形成に役立つのである。

オ　人の心をつかむのは容易ではないが、辛抱《しんぼう》強く相手の話を聞く機会を重ねていくうちに、しだいにその人の真意がわかってくるようになるものである。

二　次の文章を読んで、後の一から九までの各問いに答えなさい。
（ただし、字数指定のある問いはすべて句読点・記号も一字とする）

青海学院《せいかいがくいん》高校の放送部は高校一年生の宮本正也《みやもとまさや》以下三名の活躍《かつやく》で、ＪＢＫ*1の主催《しゅさい》するコンクールで、ドラマ部門において全国大会出場が決まり、東京のＪＢＫホールで作品が放送されることになった。しかし学校の決まりで、東京に行けるのは一部門につき五人までとなっている。高校三年生は最後のチャンスであり、五人全員で東京に行けるものとはしゃいでいる。僕《ぼく》は三年生の様子に違和感《いわかん》を覚えている。

【登場人物】

三年生　月村《つきむら》部長　アツコ先輩《せんぱい》　ヒカル先輩《せんぱい》　ジュリ先輩《せんぱい》　スズカ先輩《せんぱい》

二年生　白井《しらい》先輩《せんぱい》　シュウサイ先輩《せんぱい》　ラグビー部先輩《せんぱい》　ミドリ先輩《せんぱい》

一年生　宮本正也《みやもとまさや》　僕《ぼく》（町田《まちだ》くん）　久米《くめ》さん

東京行きの話を、月村《つきむら》部長はどう切り出すのだろうと、緊張感《きんちょうかん》を持ってミーティングに臨んだはずなのに、ケーキを食べているあいだは気を緩《ゆる》めてしまっていた。気まずい話はそういうときに、突然《とつぜん》始まるものだ。

「これ、サイコー」

スズカ先輩《せんぱい》が三層に分かれたチーズケーキを食べながら、うっとりした表情でつぶやいた。どれどれ、と両隣《りょうどなり》のヒカル先輩《せんぱい》とジュリ先輩《せんぱい》が、そのケーキに自分のフォークを刺《さ》して、一口すくった。

「そういえば、昨日、ネットでちょっと調べてみたんだけど、ＪＢＫホールの近くにおいしいチーズケーキのお店があるんだって」

ジュリ先輩《せんぱい》が言った。

「えーっ、行きたい。みんなで行こうよ。それくらいの自由時間ってあるよね？」
アツコ先輩《せんぱい》がはしゃいだ様子で〔　Ａ　〕を挟《はさ》み、月村《つきむら》部長に訊《たず》ねた。
「うん、まあ……」
①曖昧《あいまい》に部長が頷《うなず》いたそのときだった。
「それ、本気で言ってるんですか？」
厳しい声が響《ひび》いた。
正也《まさや》の友だちでも同級生でもない。だけど、正也《まさや》を全国大会に連れて行かないのはおかしいと思っている。そして、②間違《まちが》ったことは正さないといけない。そう考えているのだろうか。
白井先輩《しらいせんぱい》が立ち上がった。
「おととい[*2]は、先輩《せんぱい》たち、〔　Ｂ　〕極まって深く考えずに、みんなで東京に行けるって喜んでいると思っていたんです。だけど、今日になってもまだそう思っているなんて」
白井先輩《しらいせんぱい》の剣幕《けんまく》に押《お》され、三年生の先輩《せんぱい》たちは全員、フォークを置いた。
「できれば仲良し五人組全員で行きたい。その気持ちはわかります。でも、『ケンガイ』[*3]は宮本《みやもと》くんがいたからできた作品です。どうして宮本《みやもと》くんが行くという選択肢《せんたくし》を、勝手に外しているんですか？」
三年生の先輩《せんぱい》たちは皆《みな》、俯《うつむ》いてしまった。だけど、今日ばかりは同情しない。そうだ、と口には出せないけれど、僕《ぼく》は大きく頷《うなず》いてみた。
「だって、毎年三年生が行ってるし……」
アツコ先輩《せんぱい》がモゴモゴと言い返した。さっきまでの歯切れの良さはどこにもない。
「それは、三年生が中心になって作ったからじゃないですか」

白井先輩《しらいせんぱい》の言うことはいつも正しい。アツコ先輩《せんぱい》は黙《だま》り込《こ》み、他の先輩《せんぱい》たちも口を開こうとしない。
ガマン大会だ。
三年生の先輩《せんぱい》たちは皆《みな》、正也《まさや》が一番貢献《こうけん》したことくらい理解している。だけど、それを少しでも口にして、話し合いが持たれることになってしまうと困るのだ。一人外れる誰《だれ》かを、決めなければならなくなるのだから。
私が行かなきゃいいんでしょ！　なんて気持ちを高ぶらせて、うっかり逆切れでもしてしまったら、即《そく》アウト。これ幸いと言わんばかりに周りは、ゴメンね、と泣きながらも、胸をなで下ろし、話を終わらせてしまうに違《ちが》いない。
③黙《だま》っているのが一番。ズルイやり方だ。

（中略）

「黙《だま》っていても解決しません。話し合いをしようともしないなんて。④そんなふうだから、自分たちだけでは、マトモな作品が作れないんですよ」
白井先輩《しらいせんぱい》は容赦《ようしゃ》ない。ちょっとそれは、と隣《となり》でシュウサイ先輩《せんぱい》が窘《たしな》めたものの、白井先輩《しらいせんぱい》は三年生の先輩《せんぱい》たちを睨《にら》みつけたままだ。
「⑤……ドキュメント＊4部門も、どっちか通過していればよかったのに」
アツコ先輩《せんぱい》がつぶやいた。普段《ふだん》おしゃべりな分、黙《だま》り続けていることに耐《た》えかねて、つい、うっかり、本音を漏《も》らしてしまったのだろう。決して、反撃《はんげき》するつもりで言ったのではない、はずだけど……、それはダメだ。
バン！　と白井先輩《しらいせんぱい》は両手をテーブルに思い切り打ちつけると、まだケーキの残っている紙皿をアツコ先輩《せんぱい》に向かって投げつけ、放送室から出て行った。
幸い、白井先輩《しらいせんぱい》が投げた食べかけのモンブランはアツコ先輩《せんぱい》の手前、テーブルの上に落下した。
どちらかのドキュメント部門で通過していれば、と僕《ぼく》だって考えた。二年生は四人だから、そこに正也《まさや》を入れてもらえたのに、と。だけど、そんなタラレバを言っても仕方ないということも、二年生の前で絶対に口にしてはいけないということだって、深く考えなくてもわかっている。

アツコ先輩《せんぱい》だって、しまった、と思っているはずだ。ケーキを投げられたことに文句を言わないのが、その証拠《しょうこ》だ。

「あの、二年はこれから白井《しらい》のあとを追いかけます。多分、中庭か図書室だと思うので」

そう言って、シュウサイ先輩《せんぱい》が立ち上がった。それから、月村《つきむら》部長の方を向いた。

「二年が思ってることは、白井《しらい》がほとんど言ったので、あとは残った人たちで決めてください。でも、一つ補足させてもらうなら、がんばったのは宮本《みやもと》だけじゃない。一年生三人で確定して、残り二枠《にわく》をくじ引きでもして決めればいいんじゃないですか？　留守番組の方が多ければ、今ほどギクシャクしないだろうし。じゃあ」

じゃあ、が示し合わせた合図だったかのように、ラグビー部先輩《せんぱい》とミドリ先輩《せんぱい》も立ち上がり、中途半端《ちゅうとはんぱ》に残したケーキの皿をテーブルに置いたまま、放送室を出て行った。

シュウサイ先輩《せんぱい》の提案は僕《ぼく》が一番理想とするものだけど、三年生の先輩《せんぱい》たちが簡単に受け入れるとは思えない。

アツコ先輩《せんぱい》、ヒカル先輩《せんぱい》、ジュリ先輩《せんぱい》、スズカ先輩《せんぱい》が、無言のまま、どうするの？　と訊《たず》ねるような顔を月村《つきむら》部長に向けた。部長は少し空に目を遣《や》り、「　Ｃ　」を決したような表情で口を開いた。

「私の代わりに、宮本《みやもと》くん、行ってくれないかな」

えっ、と三年生四人だけでなく、僕《ぼく》も驚《おどろ》きの声を上げてしまった。

「私、実は、お兄ちゃんにＪＢＫに連れて行ってもらったことがあるの。だから……」

「やめてください！」

正也《まさや》は静かに、だけど、力強く遮《さえぎ》った。

「僕《ぼく》、東京に行きたいなんて、一度も言っていませんけど」

正也《まさや》は月村《つきむら》部長にまっすぐ向き合った。

「だけど……」

部長が口ごもる。確かに、僕《ぼく》も白井《しらい》先輩《せんぱい》も三年生の先輩《せんぱい》たちも、正也《まさや》の気持ちを確認していたわけじゃない。

「そりゃあ、何人でも参加可能なら、喜んで行くけれど、他に行きたい人を蹴落《けお》としてまで、とは思ってません。だから、くだらない言い争いを、宮本《みやもと》のために、なんていう理由で続けるのなら、今すぐやめてください」

「でも、いいの？　本当に」

「僕《ぼく》は東京に行くために『ケンガイ』を書いたんじゃありません。どうしても伝えたい思いがあって、それを応募作《おうぼさく》として物語にする機会をもらえたから書いたんです。もちろん、それが県大会の予選を通過して、決勝で二位になって、全国大会に行けることになったのは、夢みたいに嬉《うれ》しかった。だけど、その嬉《うれ》しさは物語が多くの人に伝わって、もっと多くの人に聴《き》いてもらえるチャンスを得たことに対してで、決して、東京に行けるからじゃない」

正也《まさや》は落ち着いた口調で語ってはいるけれど、⑥僕《ぼく》は正也《まさや》の言葉の中に、怒《いか》りや悲しみを感じる。そして、僕《ぼく》自身も物語に本当の意味で向き合っていなかったことに、気付かされる。

東京に行かれないかもしれないから。

そんなことを気遣《きづか》って、正也《まさや》に連絡《れんらく》を取らなかったのがその証拠《しょうこ》だ。大会終了《しゅうりょう》後、普通《ふつう》に作品の話をすればよかったのだ。『ケンガイ』のこと、他校の作品のこと。

この場でだって、ケーキを食べながら、純粋《じゅんすい》に『ケンガイ』が評価されたことを喜び合い、反省会をすればよかったのだ。

なのに、みんなの頭の中には東京に行くことしかなかった。『ケンガイ』を置き去りにした東京行きなんて、正也《まさや》にとっては何の価値もないのかもしれない。

それでも……。本当に東京に行かなくてもいいのか？　とまだ思ってしまう。全国から集まった高校生が『ケンガイ』を聴《き》いているときの顔を、見たくはないのか？　と。
「それに……」
正也《まさや》は続けた。
「今年は、僕《ぼく》、行っちゃいけないような気がするんです。ビギナーズラック[*5]であっさり目標をクリアしてしまうと、来年、再来年、行き詰《づ》まったときに、まあいいや、って思ってしまいそうなんですよね。とりあえず、一回、行けたしって」
正也《まさや》はそう言って、ニッと笑った。そのまま、右手の人差し指で鼻の頭をポリポリとかく。
⑦僕《ぼく》には、正也《まさや》が自分自身を納得させようとがんばっているようにしか思えない。

（中略）

「宮本《みやもと》くん、本当にいいの？」
月村《つきむら》部長が神妙《しんみょう》な面持ちで訊《たず》ねた。
「はい。全国大会には、三年生の先輩《せんぱい》たちで行ってきてください。僕《ぼく》は今日、こういう話じゃなく、『ケンガイ』や他の作品の話を、先輩《せんぱい》たちとできることを期待していました」
さらりと放たれた正也《まさや》のひと言に、⑧部長は殴《なぐ》られたかのように顔をゆがめ、俯《うつむ》いた。
部長は部長なりに正也《まさや》のことを慮《おもんぱか》り、自分が引いて正也《まさや》を行かせる、という苦渋《くじゅう》の決断をしたのかもしれないけれど、それでも大切なことは見えていなかった。
何をしに全国大会へ行くのか。
Jコンは、田舎の高校生のご褒美《ほうび》旅行のために開催《かいさい》されるのではない。
「ありがとう、宮本《みやもと》くん……」
アツコ先輩《せんぱい》が目を真っ赤にして、鼻をぐずぐずとすすりながら言った。先輩《せんぱい》たちにも、正也《まさや》の思いは伝わったようだ。

「お土産《みやげ》買ってくるからね」
続いたヒカル先輩《せんぱい》の言葉に、僕《ぼく》はガクッとうなだれそうになった。ほおづえをついていなくてよかった。
何にも届いていない……。こんな人たち放っておいて、僕《ぼく》たちで東京に行こう。そう叫《さけ》んでやろうか。
「⑨そういうことじゃないでしょう！」
月村《つきむら》部長が自分の同級生たちの方を向き、言い放った。白井《しらい》先輩《せんぱい》よりも迫力《はくりょく》のある、腹の底にドカンと響《ひび》く声だ。
「宮本《みやもと》くんがＪコンに行けば、全国から集まったラジオドラマ作品の、あらゆる長所を吸収して、短所でさえも自作のことのように真剣《しんけん》に捉《とら》えて、次の作品に反映させることができるはず。白井《しらい》さんが行けば、時間が許す限り、他の部門の見学もして、来年のための傾向《けいこう》と対策を分析《ぶんせき》してくるはず。町田《まちだ》くんや久米《くめ》さん、他の二年生、誰《だれ》が行っても、来年のための何かを得て帰ってくる。そんなチャンスを、私たちは譲《ゆず》ってもらったの。私たちはＪコンを、少なくとも、Ｊコンでオンエアされた『ケンガイ』を、ここに持ち帰らなきゃならない。それが無理だと思うなら、五人の枠《わく》すべてを、後輩《こうはい》たちに譲《ゆず》ろう」
結局、Ｊコンには三年生の先輩《せんぱい》たち五人が行くことになった。

（『ブロードキャスト』　湊《みなと》かなえ　ＫＡＤＯＫＡＷＡ）

〔注〕
＊１　ＪＢＫ＝作品中で用いられる放送に関する架空《かくう》の組織で、通称《つうしょう》Ｊコンを主催《しゅさい》している。
＊２　おととい＝県大会が行われ、ドラマ部門に出品した『ケンガイ』が第二位となり全国大会出場が決まった。
＊３　ケンガイ＝Ｊコンのドラマ部門に出品した、ＳＮＳ上のいじめをテーマとした作品。
＊４　ドキュメント～よかったのに＝ドキュメント部門には二年生が二作品出品したが、全国大会へはいけなかったことを受けた発言。
＊５　ビギナーズラック＝初心者が幸運にめぐまれて好結果を収めること。

問一　文中の空らん〔　Ａ　〕～〔　Ｃ　〕に漢字を一字ずつ入れて慣用句を完成させなさい。

問二　―線①「曖昧《あいまい》に部長が頷《うなず》いた」とありますが、この時の月村《つきむら》部長の様子を「僕《ぼく》」はどのようなものと受け止めていますか。その説明として最も適当なものを次のア～オの中から一つ選び、記号で答えなさい。

ア　全国大会への参加をまるで旅行気分で捉《とら》えている三年生の緊張感《きんちょうかん》のなさにいら立つものの、三年生の仲間から孤立《こりつ》することをおそれ、それをこらえている。

イ　全国大会に行く気になっている三年生に、三年生は抽選《ちゅうせん》で二人しか行けないことを告げなければならない立場に追い込《こ》まれ、仲間を裏切るような罪悪感に打ちひしがれている。

ウ　全国大会には三年生五人で行けると確信してはしゃいでいる同級生に対し違和感《いわかん》を覚えるものの、それを口にすることにためらいも感じている。

エ　全国大会には一年生の宮本《みやもと》を連れていくべきであるが、それは毎回三年生が参加しているという伝統を覆《くつがえ》すことになり、どのように説明すればよいのか悩《なや》んでいる。

オ　全国大会には三年生五人で参加すると心に決めたが、同じように全国大会に行きたがっている二年生からの激しい批判の矢面に立つことを覚悟《かくご》し、緊張《きんちょう》している。

問三　―線②「間違《まちが》ったこと」とはどのようなことですか。その内容の説明として最も適当なものを次のア～オの中から一つ選び、記号で答えなさい。

ア　三年生が二年生にあてつけるように全国大会の話をしていること。

イ　宮本の活躍《かつやく》が三年生の間で全く評価されていないこと。

ウ　三年生が全国大会時に自由時間を求めてはしゃいでいること。

エ　三年生が自分たちの活躍《かつやく》で全国大会出場を決めたと信じていること。

オ　宮本が全国大会に行かないということが前提となっていること。

問四　――線③「黙《だま》っているのが一番。ズルイやり方だ」とありますが、「黙《だま》っていること」が、どのような点で「ズルイやり方」となるのですか。その説明として最も適当なものを次のア～オの中から一つ選び、記号で答えなさい。

ア　誰《だれ》かが根負けするのを待つことで、仲間同士の友情をとりつくろったまま、自分の思いをかなえようとしている点。

イ　全国大会出場に最も貢献《こうけん》した宮本《みやもと》を東京に行かせるべきだという主張を検討《けんとう》もせず、うやむやにしようとしている点。

ウ　黙《だま》り続けることで無駄《むだ》な時間の経過を周囲に意識させ、周囲に話し合いを持つことを諦《あきら》めさせようとしている点。

エ　内心では自分さえ東京に行ければいいと思っていながら、仲間を思いやっているという体裁を整えようとしている点。

オ　自分たちが黙《だま》っていることで宮本《みやもと》にも何も言わせない雰囲気《ふんいき》を作り、自分たちのわがままを正当化しようとしている点。

問五　―線④「そんなふうだから、自分たちだけでは、マトモな作品がつくれないんですよ」、―線⑤「……ドキュメント部門も、どっちか通過していればよかったのに」とありますが、このやり取りの説明として最も適当なものを次のア〜オの中から一つ選び、記号で答えなさい。

ア　白井《しらい》先輩《せんぱい》は三年生を叱咤激励《しったげきれい》するつもりで厳しいことを口にしたが、アツコ先輩《せんぱい》は自分たちが否定されたと思い、はっきりとに相手を傷つける意図をもって発言している。

イ　白井《しらい》先輩《せんぱい》は全国大会に臨む三年生の態度を非難しており、アツコ先輩《せんぱい》はまともに返す言葉が見つからず、今さら言っても仕方のないことを、つい口にしてしまっている。

ウ　白井《しらい》先輩《せんぱい》は三年生の自分勝手な姿勢に怒《いか》りを露骨《ろこつ》に表しているが、アツコ先輩《せんぱい》は上級生としての包容力《ほうようりょく》をもって、それとなく相手の誤りに気付かせようとしている。

エ　白井《しらい》先輩《せんぱい》は相手を論破する目的をもって、論理的に言葉を組み立てているが、アツコ先輩《せんぱい》は生意気な後輩《こうはい》に怒《いか》りを覚え、先輩《せんぱい》としての権威《けんい》を見せつけようとしている。

オ　白井《しらい》先輩《せんぱい》は正々堂々たった一人で三年生と向き合い論戦を仕掛《しか》けているが、アツコ先輩《せんぱい》は相手の正論にひるみ、周囲に同意を求めて味方を増やそうとしている。

問六　―線⑥「僕《ぼく》は正也《まさや》の言葉の中に、怒《いか》りや悲しみを感じる」とありますが、「僕《ぼく》」は「正也《まさや》」がどのような点に「怒《いか》りや悲しみ」を抱《いだ》いていると感じているのですか。その説明として最も適当なものを次のア〜オの中から一つ選び、記号で答えなさい。

ア　放送部として出品し、評価を受けた『ケンガイ』が、今や東京行きの道具のように扱《あつか》われている点。

イ　『ケンガイ』に最も貢献《こうけん》したのは自分であるのに、三年生の自分に対する評価が十分になされていない点。

ウ　自分が東京行きを主張すれば誰《だれ》も反対できないとわかっているから、あえて話をさせないようにしている点。

エ　『ケンガイ』を作り上げたのは自分だということを無視して、皆《みな》が東京行きの話題しかしていない点。

オ　『ケンガイ』をより良い作品に仕上げるための反省会が、ケーキを食べながら話すという程度のものになっている点。

問七　――線⑦「僕《ぼく》には、正也《まさや》が自分自身を納得させようとがんばっているようにしか思えない」とありますが、「僕《ぼく》」はこの時の「正《まさ》也《や》」の様子をどのように受け止めていますか。その説明として最も適当なものを次のア～オの中から一つ選び、記号で答えなさい。

ア　放送部がこれからもっと活躍《かつやく》するためにも、全国大会へは三年生が行くべきであると信じ切っている。

イ　月村《つきむら》部長が自分に気を遣《つか》って犠牲《ぎせい》になろうとしていることが悲しくて、自分が身を引こうとしている。

ウ　自分が未熟であることを自覚して、今年は全国大会を我慢《がまん》すべきであると、自分を客観的に評価している。

エ　今のくだらない争いを収めるために、一生懸命《いっしょうけんめい》に自分が東京に行くべきではない理由をこじつけている。

オ　本心は全国大会に行きたいが、一年生として、三年生が気持ちよく全国大会に行けるように遠慮《えんりょ》している。

問八　――線⑧「部長は殴《なぐ》られたかのように顔をゆがめ、俯《うつむ》いた」とありますが、この時の「部長」の気持ちを八十字以内で詳《くわ》しく説明しなさい。

問九　――線⑨「そういうことじゃないでしょう！」とありますが、「月村《つきむら》部長」が「重要なこと」と考えている内容として最も適当なものを次のア～オの中から一つ選び、記号で答えなさい。

ア　全国大会に出場しやすい作品の傾向《けいこう》をつかんでくること。

イ　全国大会における『ケンガイ』の評価を確認してくること。

ウ　来年の作品のための糧《かて》となるものを持ち帰ってくること。

エ　『ケンガイ』を全国大会でしっかりとアピールしてくること。

オ　全国大会に出場する作品のレベルの高さを体験してくること。

2020年度

豊島岡女子学園中学校

入学試験問題

（1回）

算　数

（50分）

注意事項

1．合図があるまで，この冊子を開いてはいけません。

2．問題は [1] から [6] ，3ページから 11ページまであります。
　合図があったら確認してください。

3．解答は，すべて指示に従って解答らんに記入してください。

4．円周率は 3.14 とし，答えが比になる場合は，最も簡単な整数の比で答えなさい。

5．角すいの体積は，（底面積）×（高さ）÷3 で求めることができます。

― 計 算 用 紙 ―

1 次の各問いに答えなさい。

(1) $\left(3\frac{3}{4}+\frac{1}{6}\div 0.3\right)\div 5-0.75$ を計算しなさい。

(2) 縦，横の長さがそれぞれ 4m，5m の長方形の紙を，長方形の辺と平行に切って，1辺の長さが 6cm の正方形をできるだけたくさん作ります。このとき，正方形の紙は何枚できますか。

(3) $\frac{1}{202}$，$\frac{2}{202}$，……，$\frac{202}{202}$ の 202 個の分数のうち，これ以上約分できない分数は何個ありますか。

(4) 2つの数 A，B について，記号「◎」を次のように約束します。

A◎B＝(A＋B)÷(B＋1)

このとき，下の□に当てはまる数を答えなさい。ただし，(　)の中を先に計算するものとします。

(□◎5)◎13＝$\frac{10}{7}$

2 次の各問いに答えなさい。

(1) 100本の鉛筆《えんぴつ》をAさん，Bさん，Cさんの3人で分けました。Bさんの鉛筆の本数はAさんの鉛筆の本数の2倍より3本少なく，Cさんの鉛筆の本数はAさんの鉛筆の本数の3倍より13本多くなりました。Aさんの鉛筆の本数は何本ですか。

(2) 22，262のように2を2回だけ用いて表される数のうち，2020は小さい方から数えて何番目の数ですか。

(3) 6時から7時の1時間で，時計の長針と短針でできる角のうち小さい方の角度が8の倍数となる時刻は何回ありますか。ただし，長針と短針が重なる場合は数えないものとします。

(4) 下の図のように，面積が 10cm^2 の直角二等辺三角形 ABC と，辺 AB, BC, CA をそれぞれ直径とする 3 つの半円があります。このとき，色のついた部分の面積は何 cm^2 ですか。

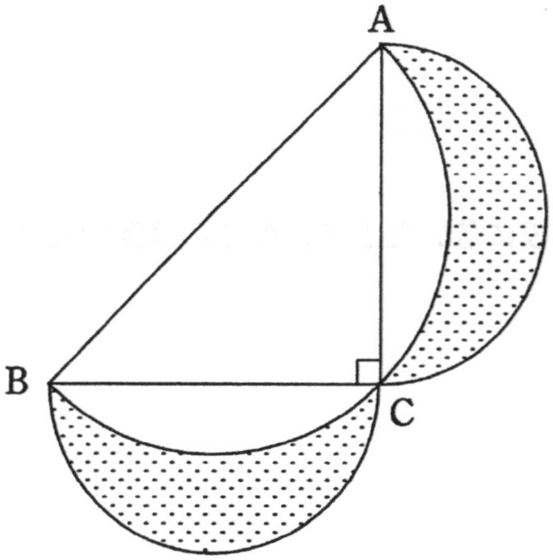

3 Aさんと B さんの姉妹 2 人が家から学校に向かい，学校に着くとすぐに家に帰ります。2 人は同時に家を出発し，A さんが 3km 進む間に，B さんは家から学校までの距離《きょり》の 3 分の 1 を進みました。その後，2 人とも速さを変えずに進み，A さんの方が B さんより 10 分早く学校に着きました。帰りは，A さんは行きと同じ速さで進み，B さんは行きの 1.5 倍の速さで進んだところ，2 人は同時に家に着きました。このとき，次の各問いに答えなさい。

(1) B さんが学校に着いたとき，A さんは家から何 km 離《はな》れた地点にいましたか。

(2) B さんの行きの速さは時速何 km でしたか。

4 下の図のように，AD と BC が平行で，AD の長さと BC の長さの比が 1 : 3 の台形 ABCD があります。A を通り DC と平行な直線と BC の交わる点を E，AB の真ん中の点を F，CF と AE の交わる点を G，2 点 D と G を結んだ直線と BC の交わる点を H とするとき，次の各問いに答えなさい。

(1) AG : GE を求めなさい。

(2) 四角形 BHGF の面積は平行四辺形 AECD の面積の何倍ですか。

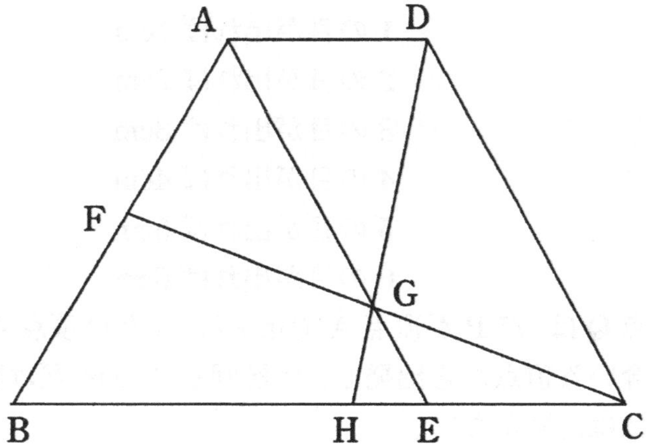

5　1辺の長さが1cmの正方形ABCDがあります。はじめに，頂点Aに2つの点P，Qがあり，P，Qは正方形の辺の上を，次の①，②を繰《く》り返して動いていきます。

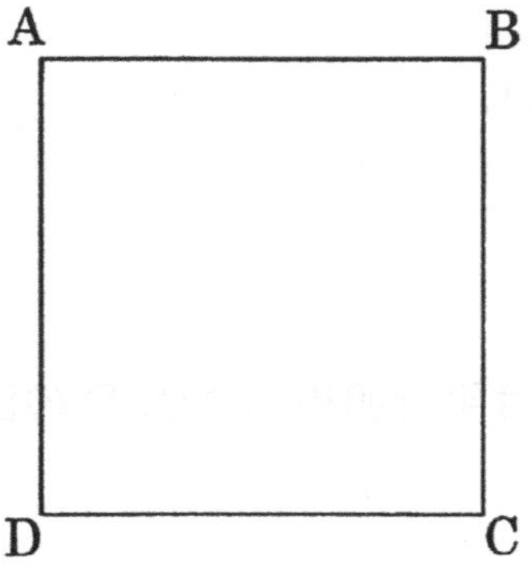

① 点Pは，さいころを1回投げたときに，今いる頂点から出発し，次の長さだけ時計回りに動く。

1の目が出れば1cm
2の目が出れば2cm
3の目が出れば3cm
4の目が出れば4cm
5の目が出れば5cm
6の目が出れば6cm

② 点Qは，点Pが頂点Aで止まる，または頂点Aを通過するごとに，今いる頂点から出発し，時計回りに1cmだけ動き，それ以外のときには，動かない。

例えば，さいころを1回投げて3の目が出たとき，点Pは，頂点B，Cを通過し，頂点Dで止まります。このとき点Qは動きません。

さらに，さいころを1回投げて5の目が出たとき，点Pは，頂点Dを出発し，頂点A，B，C，Dを通過して，頂点Aで止まります。このとき点Qは，点Pが頂点Aを通過したときに頂点Aを出発し，頂点Bで止まり，点Pが頂点Aで止まったときに頂点Bを出発し，頂点Cで止まります。

このとき，次の各問いに答えなさい。

(1) さいころを 2 回投げたところ，出た目の数の合計が 9 になりました。このとき，点 P，Q は最後にそれぞれどの頂点で止まりましたか。

(2) 点 Q が頂点 B で 3 回止まるには，最も少なくてさいころを何回投げればよいですか。

(3) さいころを何回か投げたところ，出た目の数の合計が 300 になりました。このとき，点 Q が頂点 B で止まった回数は何回でしたか。

6 下の<図1>のように，1辺の長さが 10cm の立方体 ABCD-EFGH があります。辺 BC，CD，DA の真ん中の点をそれぞれ L，M，N とするとき，次の各問いに答えなさい。

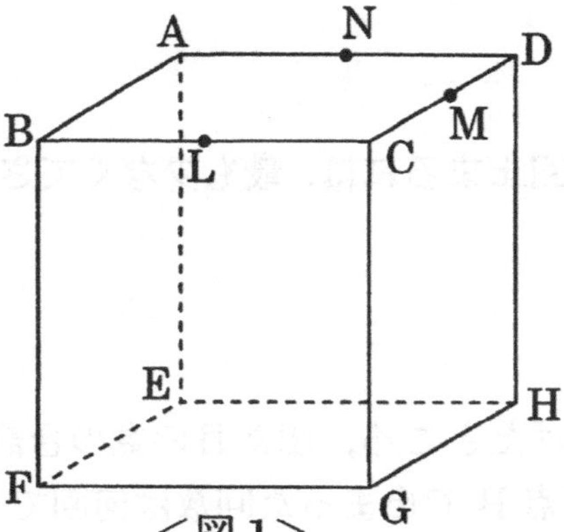

<図1>

(1) 4点 L，N，H，G を通る平面で立方体 ABCD-EFGH を切り，2つの立体に分けます。<図2>は2つの立体のうち頂点 E を含《ふく》む立体です。その中に，はみ出ないようにできるだけ大きい立方体を，1つの頂点が点 E と重なるように置きます。このとき，その立方体の1辺の長さを求めなさい。

(2) 3点 L，M，G を通る平面で立方体 ABCD-EFGH を切り，2つの立体に分けます。<図3>は2つの立体のうち頂点 E を含む立体です。その中に，はみ出ないようにできるだけ大きい立方体を，1つの頂点が点 E と重なるように置きます。このとき，その立方体の1辺の長さを求めなさい。

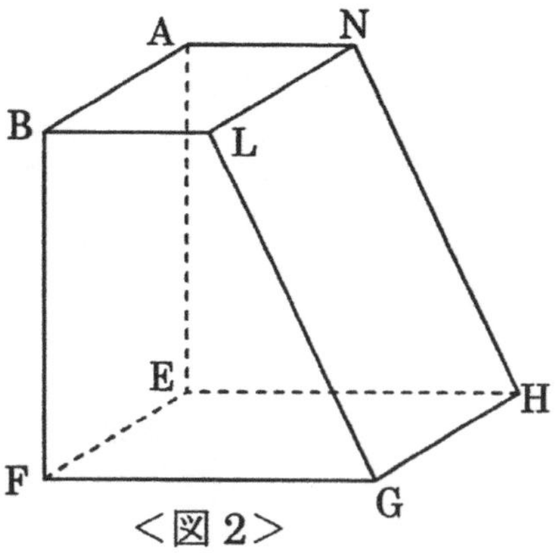

<図2>

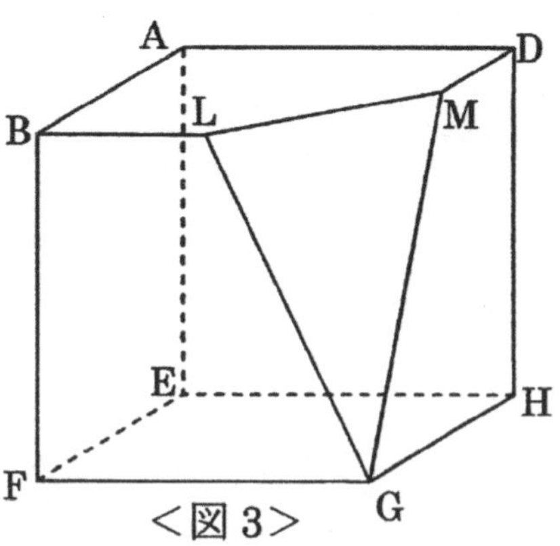

<図3>

(3) 下の<図 4>のように，辺 AD，BC 上にそれぞれ点 P，Q を，DP と CQ の長さが等しくなるようにとります。3 点 Q, M, G を通る平面と 3 点 P, M, H を通る平面で立方体 ABCD-EFGH を切り，3 つの立体に分けます。<図 5>は 3 つの立体のうち頂点 E を含む立体です。その中に，はみ出ないようにできるだけ大きい立方体を，1 つの辺が辺 EF と重なるように置きます。その立方体の 1 辺の長さが 8cm であったとき，元の立方体の DP の長さを求めなさい。

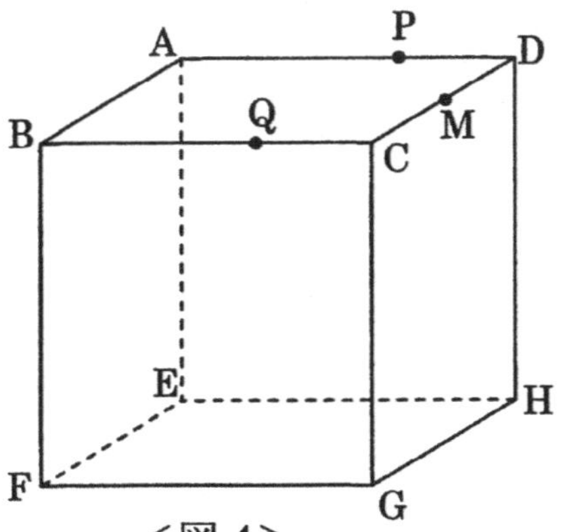

<図 4>

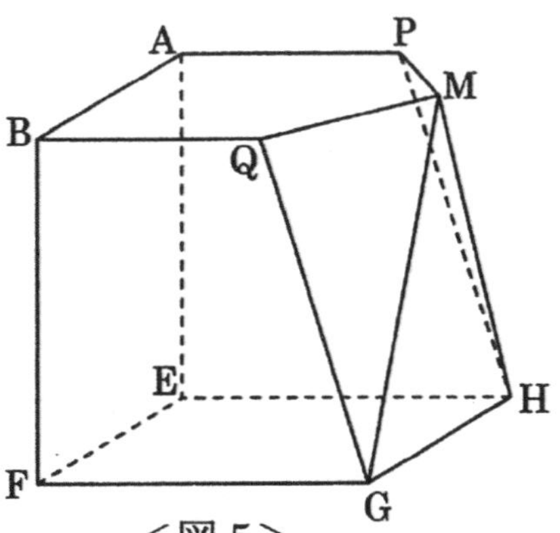

<図 5>

2020年度

豊島岡女子学園中学校

入学試験問題

（1回）

理　科

（理科・社会　2科目50分）

注意事項

1．合図があるまで，この冊子を開いてはいけません。
2．問題は 1 から 4 ，2ページから11ページまであります。
　合図があったら確認してください。
3．解答は，すべて指示に従って解答らんに記入してください。

1 以下の問いに答えなさい。

自然の長さが 10 cm で重さの無視できるばねを天井《てんじょう》につるしておもりを取りつけるとばねは伸《の》び，ばねを床《ゆか》に取りつけておもりをのせるとばねは縮《ちぢ》みます。このばねの長さとおもりの重さの関係は，グラフのようになります。

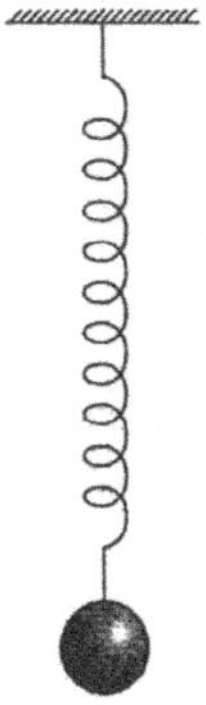

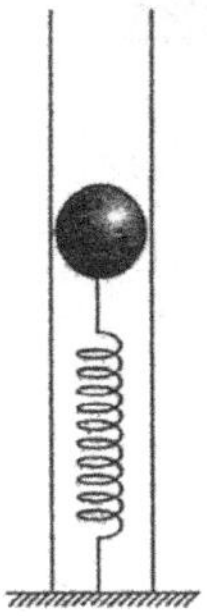

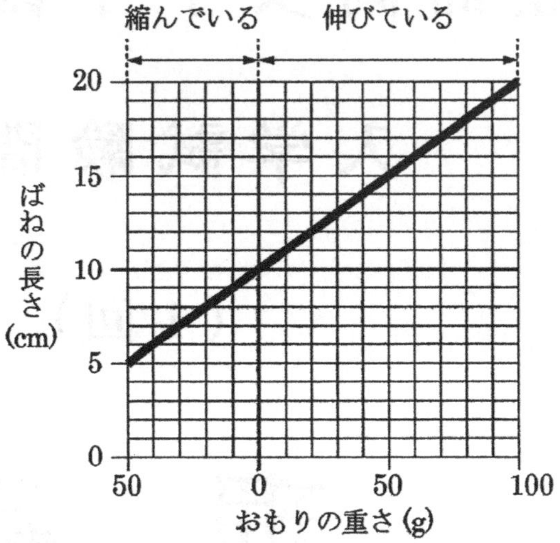

（1）このばねを 2 つ用意し，40 g のおもりの上下に取りつけました。上側のばね 1 の端《はし》を天井に，下側のばね 2 の端を床に取りつけ，ばね 1，ばね 2 の長さがそれぞれ 10 cm になるようにおもりを手で支えました。ばね 1，おもり，ばね 2 は一直線上にある状態になっていました。おもりを静かにはなしてしばらく待つと，ばね 1，おもり，ばね 2 は一直線上にある状態で静止しました。このとき，ばね 1 とばね 2 の長さはそれぞれ何 cm になりますか。**四捨五入して整数で求めなさい。**

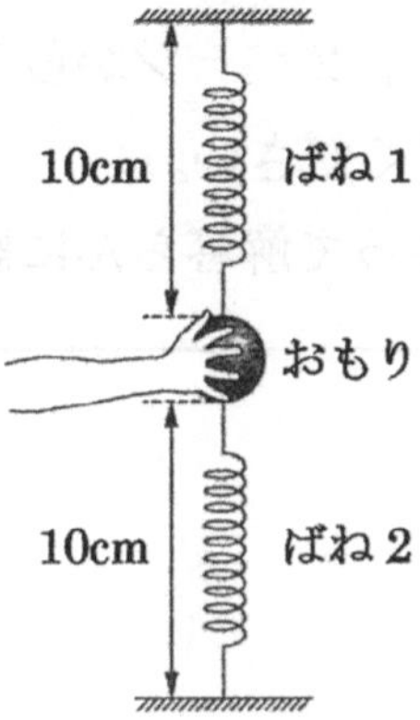

ばねの代わりに，自然の長さが 10 cm で重さの無視できるゴムひもを用いると，ゴムひもはばねと同じように伸びますが，縮めようとしてもたるんでしまうため，ゴムひもは 10 cm の長さのままです。ゴムひもの長さとおもりの重さの関係は，グラフのようになります。

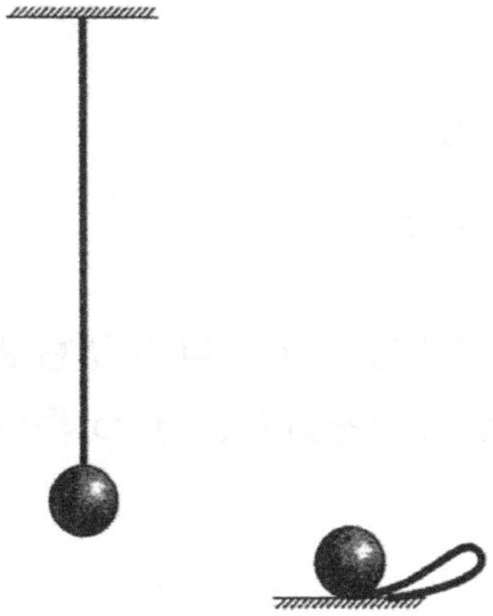

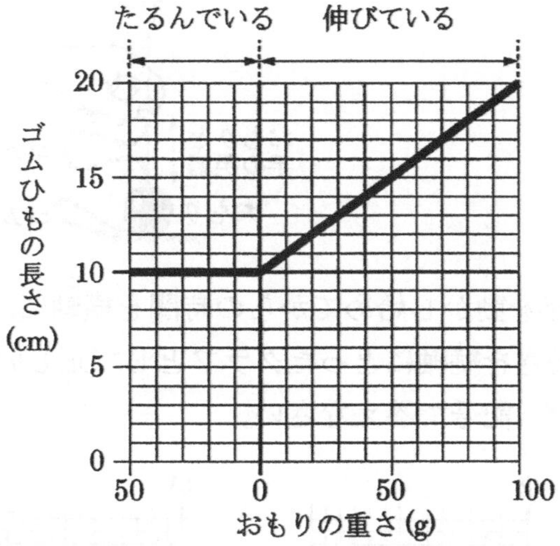

（2）このゴムひもを 2 つ用意し，（1）のばね 1，2 の代わりにゴムひも 1，2 を取りつけました。おもりを静かにはなして止まるまで待つと，ゴムひも 1 とゴムひも 2 の長さはそれぞれ何 cm になりますか。**四捨五入して整数で求めなさい。**

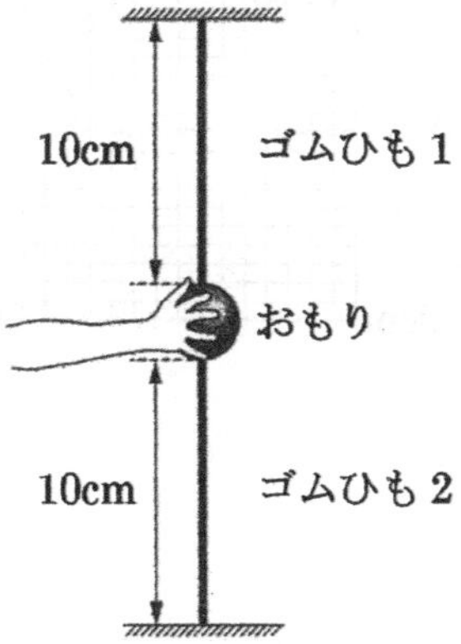

ゴムひも１の端《はし》を天井《てんじょう》から外して手で持ち，ゴムひも１とゴムひも２をたるんだ状態にして，おもりを床《ゆか》に置きました。はじめにおもりと手の距離《きょり》を０cmとしてから，ゴムひも１を持つ手をおもりの真上に向けて一定の速さでゆっくりと動かし，ゴムひもの合計の長さが30cmになるまで引っ張りました。

（３）手を動かし始めてからの時間を横軸《じく》に，ゴムひも１とゴムひも２の長さを縦軸にとったグラフとして正しいものをそれぞれ１つずつ選び，記号で答えなさい。

あ
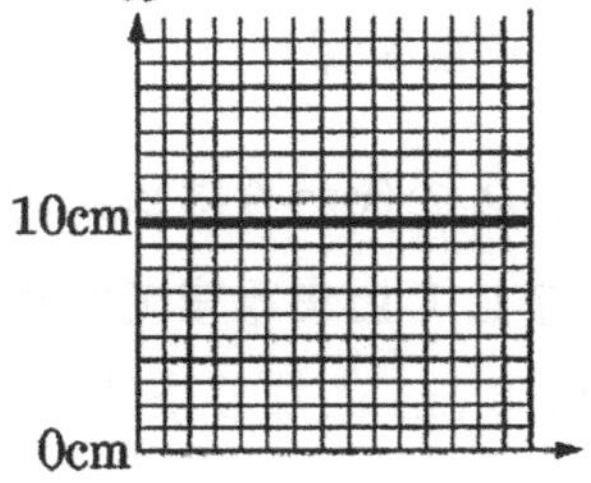

い
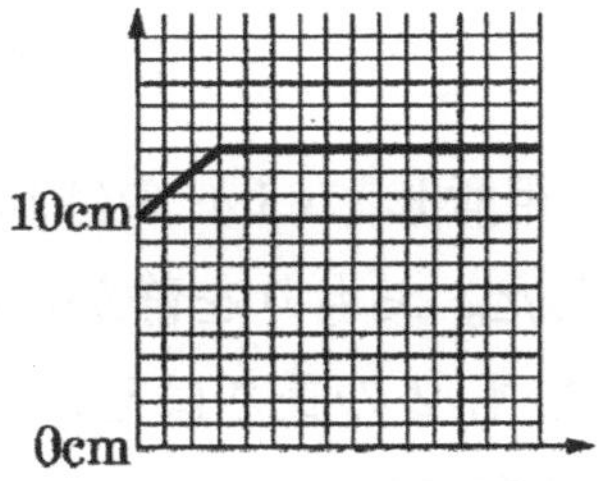

う
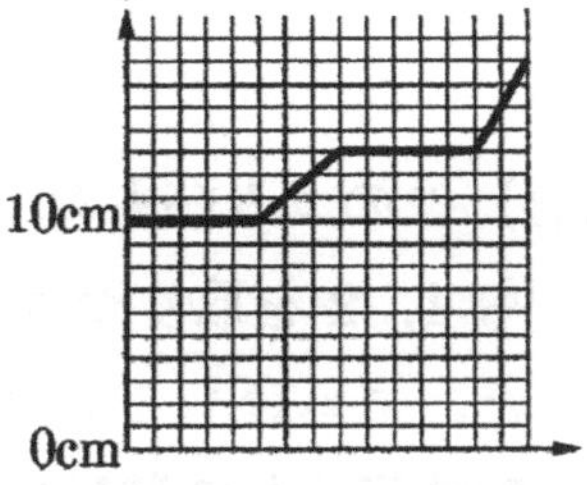

え
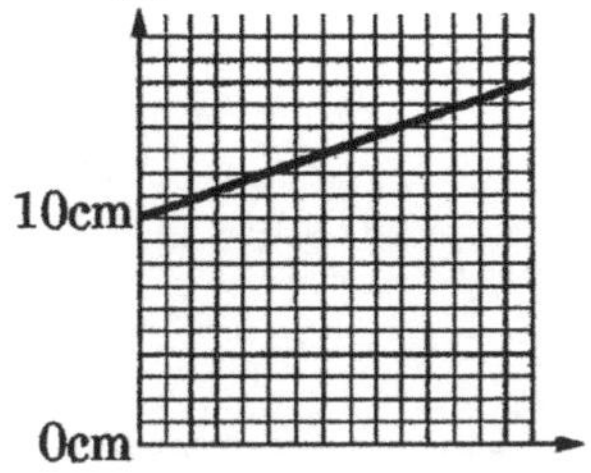

お
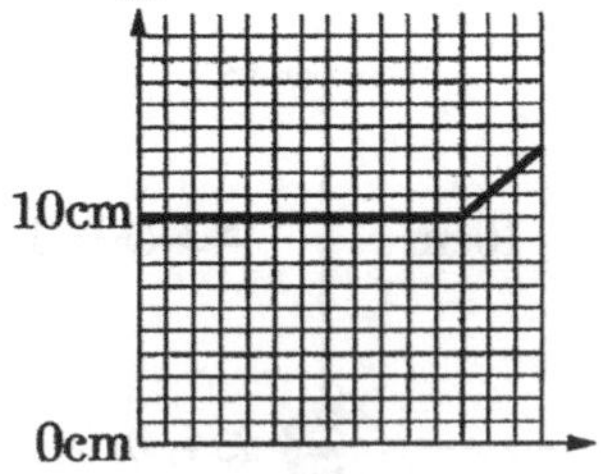

か
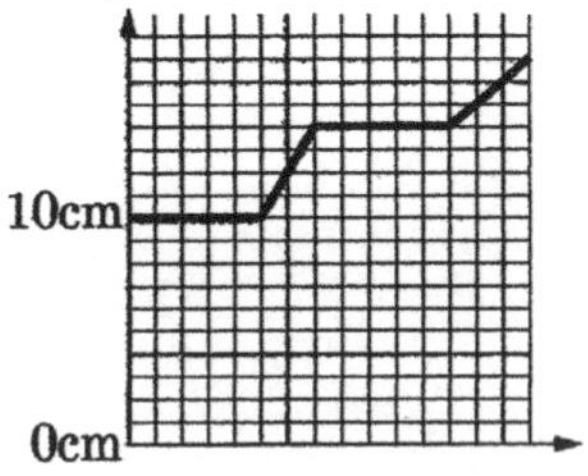

次に，下の図のように，太さが均一な 40 g の棒の左端をばねはかりで，右端をゴムひもでつるし，水平になるようにしました。ばねはかりは 1 kg まではかることができます。棒のちょうど中央におもりをつるせるようになっていて，中央におもりをつるしたときに，ゴムひもがどれだけ伸《の》びるか調べる実験をしました。

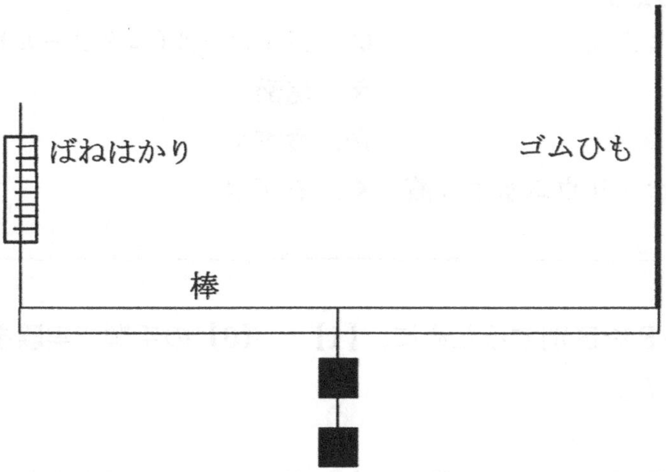

棒の中央に 100 g のおもりを 1 個ずつ増やしていった場合について，ゴムひもの長さを測定しました。その結果は，下の表のようになりました。

おもりの重さ[g]	100	200	300	400	500	600	700	800
ゴムひもの長さ[cm]	17	22	27	32	37	42	48	55

（4）おもりの重さが 200 g のとき，ばねはかりの目盛りは何 g を指していますか。**四捨五入して整数で求めなさい。**

（5）今度は，100 g のおもりを何個かゴムひもに直接つるしました。これまでの実験結果から，おもりの個数とゴムひもの伸びの比が変わらない（おもりの個数とゴムひもの伸びが比例している）のは，おもりが何個のときまでと考えられますか。

2 以下の問いに答えなさい。

6種類の水よう液A，B，C，D，E，Fは，次の9つの水よう液のどれかであることがわかっています。

「9つの水よう液」	
あ．アンモニア水	い．アルコール(エタノール)水よう液
う．酢《す》	え．塩酸
お．砂糖水	か．食塩水
き．水酸化ナトリウム水よう液	く．石灰水
け．炭酸水	

水よう液A～Fを区別するために，【1】～【6】の手順で実験を行い，結果を記録しました。

【1】 A～Fに電気が流れるか調べたところ，Aだけ電気が流れなかった。

【2】 A～Fに含《ふく》まれる液体を蒸発させたところ，B，C，Dでは何も残らなかった。

【3】 A～Fに赤色リトマス紙をつけたら，CとFは色が変化したが，A，B，D，Eは色の変化がなかった。

【4】 B，C，D，Fに緑色のBTBよう液を加えたところ，色が変化した。

【5】 DとFを混ぜたところ，反応した。このとき，Eに溶《と》けているものと同じものができた。

【6】 炭酸水素ナトリウムとBを混ぜたところ，反応して新たに気体が発生した。炭酸ナトリウムとBを混ぜたり，炭酸カルシウムとBを混ぜたりしても，同様に反応した。

（1）A～Dの水よう液を**「9つの水よう液」**から1つずつ選び，**あ～け** の記号で答えなさい。

（2）塩酸に含まれる塩化水素とアンモニア水に含まれるアンモニアが反応すると，塩化アンモニウムという固体ができます。この固体は水に溶けやすく，その水よう液の水を蒸発させると塩化アンモニウムの固体が残ります。この反応は次のようにして起こることがわかっています。

反応前		反応	反応後
塩化水素	アンモニア	→	塩化アンモニウム
75 g	35 g		110 g

10 %の塩酸 80 g と 5 %のアンモニア水 60 g を混ぜたところ，どちらかがなくなるまで反応しました。水をすべて蒸発させたときに残る固体は何 g ですか。**四捨五入して小数第1位まで求めなさい。**

（3）以下の文章を読み，［①］と［②］に当てはまる最も適切な水よう液を，**「9つの水よう液」**の**あ～く**の中からそれぞれ1つずつ選び，記号で答えなさい。

ブドウ糖（グルコース）は砂糖と同じ糖類（炭水化物）のなかまで，ヒトが活動するうえで大切なエネルギー源です。酵母《こうぼ》のはたらきによって，ブドウ糖から［①］に溶けているものと同じものができます。

また，［①］は，ある細菌《さいきん》のはたらきによって酸化《さんか》という反応が起こると，［②］に溶けているものと同じものができます。さらに長い時間酸化されると，**け**（炭酸水）に溶けているものと同じものができます。

3 以下の問いに答えなさい。

次の図1と図2はヒトの体の横断面を模式的《もしきてき》に示したものです。

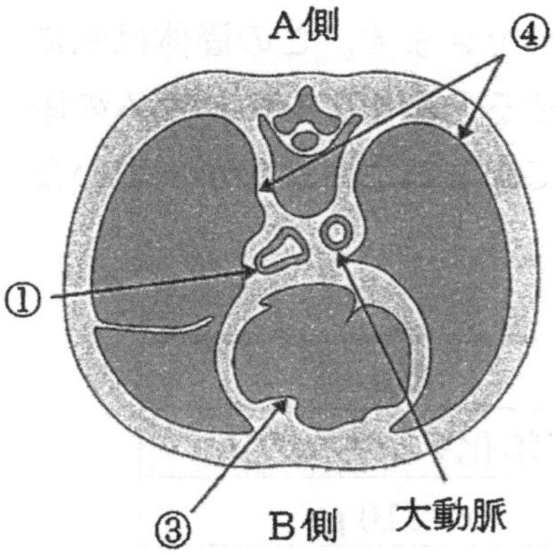

図1

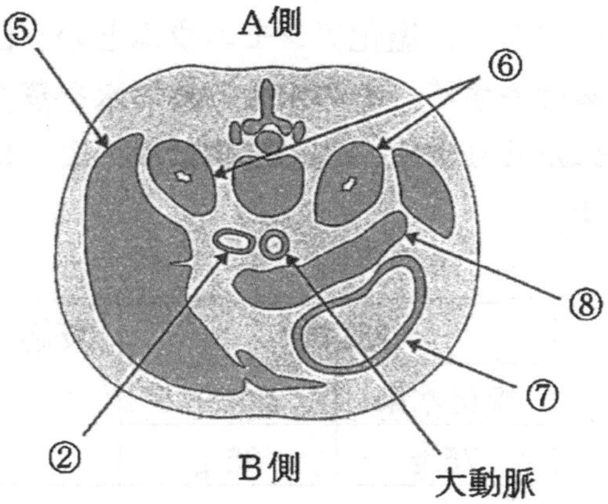

図2

図1と図2の①～⑧は次の「臓器や管」のどれかであることがわかっています。番号が違えば異なる「臓器や管」です。

「臓器や管」

〔　じん臓　かん臓　食道　肺　心臓　胃　すい臓　大静脈　〕

（1）図1・図2は，下のX・Y・Zのうちどの横断面ですか。それぞれ1つずつ選び，記号で答えなさい。

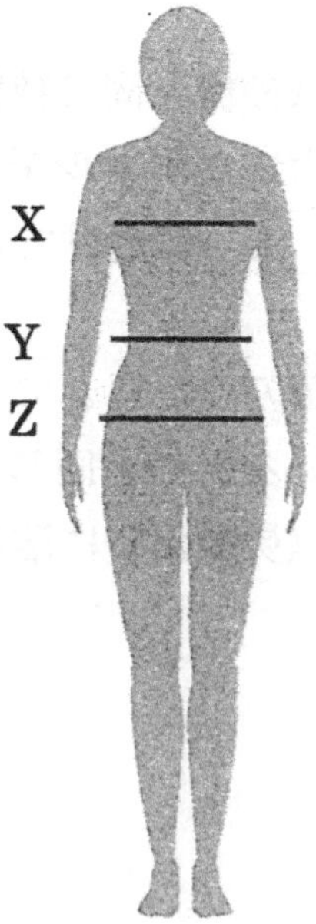

（2）図１と図２の背側は，Ａ側かＢ側のどちらですか。

（3）②，⑧に適するものを前ページの「臓器や管」の中からそれぞれ１つずつ選びなさい。

（4）③～⑦のはたらきを説明する文として正しいものをそれぞれ１つずつ選び，**あ～き**の記号で答えなさい。

あ．表面積を大きくして栄養分の吸収を高めている。
い．酸性の消化液を分泌《ぶんぴつ》して，主にタンパク質を消化する。
う．脂肪《しぼう》の消化にかかわる消化液をつくる。
え．強い筋肉でできており全身に血液を送り出す。
お．血液中から二酸化炭素以外の老廃物《ろうはいぶつ》をこしとる。
か．体内の二酸化炭素と外界の酸素を交換《こうかん》する。
き．じん臓でつくられた尿《にょう》をためる。

4 以下の問いに答えなさい。

地球はプレートとよばれるいくつかの動く岩板でおおわれています。日本付近は毎年数 cm という速さで動いている海洋のプレートが大陸のプレートの下にしずみこんでいて，大きな力がかかりやすい場所です。このため日本付近は地震《じしん》が多く起こります。

（1）地震の規模の大きさを何といいますか。

（2）下線部について，しずみこんだプレートの岩石がとけたものを何といいますか。

ある地震のゆれを地点 A と B で観測したところ，はじめに小さなゆれがあり，そのあとに大きなゆれが続くことがわかりました。下の表はこの 2 種類のゆれがはじまった時刻をまとめたものです。

	震源からの距離《きょり》	小さなゆれがはじまった時刻	大きなゆれがはじまった時刻
地点 A	60 km	7 時 34 分 5 秒	7 時 34 分 13 秒
地点 B	90 km	7 時 34 分 11 秒	7 時 34 分 23 秒

（3）この地震の小さなゆれと大きなゆれの伝わる速さは，それぞれ毎秒何 km ですか。**四捨五入して整数で求めなさい。**

（4）この地震が発生した時刻を答えなさい。

下の図はハワイ付近にある8つの島の位置関係を簡単に表したものです。

●1は火山島を表していて，現在でも火山活動をしています。●1の真下には，プレートよりも下にある岩石がとけた熱いものがたまっている部分があり，この部分をホットスポットとよびます。そして，ホットスポットから熱いものが真上に上昇して○2から○8の島がつくられたと考えられています。現在まで，ホットスポットの位置が移動しないと考えると，火山の生成とプレートの移動の関係を知ることができます。

火山島●1から島○6までの直線距離は2000 km，島○6から島○8までの直線距離は1000 kmです。また，火山島●1は現在，島○6は4000 万年前，島○8は5000 万年前に生成されたものです。

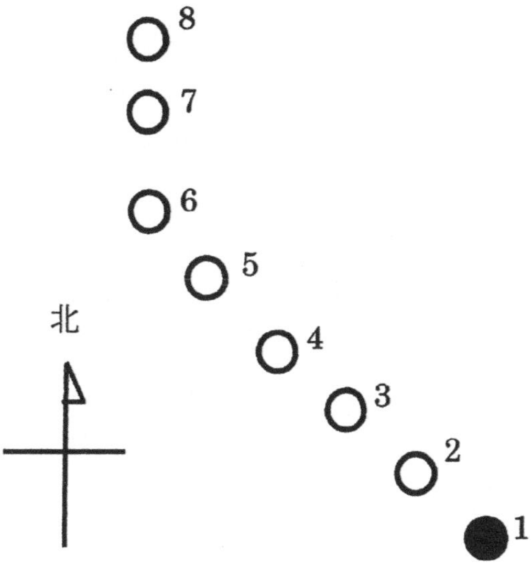

（5）4500 万年前，このプレートはどの方角へ移動していたと考えられますか。八方位で答えなさい。

（6）現在，プレートは1年間に平均何 cm 移動していますか。**四捨五入して整数で求めなさい。**

2020年度

豊島岡女子学園中学校

入学試験問題

（1回）

社　会

（社会・理科　2科目50分）

注意事項

1．合図があるまで、この冊子を開いてはいけません。
2．問題は 1 から 3 、2ページから7ページまであります。
　合図があったら確認してください。
3．解答は、すべて指示に従って解答らんに記入してください。
4．解答用紙は理科と区別するために、うすい水色になっています。

1　次の文章を読んで問いに答えなさい。

これからの時代を生きていくのに必要な能力として、問題の状況《じょうきょう》を正確に把握《はあく》し、その解決策を考えて実行することが注目されています。歴史はまさに、過去の人々の問題解決の積み重ねと言えますので、先人たちが困難な状況にどのように対処してきたのか、みてみましょう。

まず、国際情勢の大きな変化に対応する方法の一つとして、外から先進的な技術や制度を導入することで国力を強化したことがあげられます。（　　ア　　）ため、7世紀はじめには、(イ)日本列島では大陸の技術や制度を取り入れ、天皇を中心とする国づくりを進めることでこの状況に対処しました。降《くだ》って19世紀には、(ウ)アジアへの進出を強めてきた欧米《おうべい》諸国の脅威《きょうい》に対抗《たいこう》するため、(エ)日本は欧米に近づこうとする近代化政策を政府主導で進めていきました。

また、政治の面以外に、問題の発生から技術革新につながった例もみられます。例えば、江戸時代には農民の暮らしが苦しくなったことを受けて甘藷《かんしょ》の栽培《さいばい》が広まっていきました。1970年代には2度にわたって起こった石油危機をきっかけに、省エネ化の動きが進みました。

他方、直面する問題に武力を用いて対処しようとしたこともあります。武力と聞くと(オ)武士のことが思い出されるかもしれませんが、このような手段をとったのは武士だけではありません。皇位継承をめぐる問題の決着が武力によってはかられた例として（　カ　）などがあげられますし、(キ)僧侶《そうりょ》でさえ自らの要求を通すために、武装して武力に訴《うった》えることもありました。また、国内問題の打開を対外的な武力進出に求めることもありました。武力で朝鮮を開国させようという征韓論も、士族の不満を海外にそらそうとしたのが一つの要因です。他にも、アメリカでの株価暴落から始まった「（　ク　）」と呼ばれる経済の混乱の影響《えいきょう》もあって日本経済が低迷すると、その立て直しを(ケ)大陸への侵略《しんりゃく》で試みたことから、日本は戦争への道を進みアジア・太平洋戦争に至りました。

なぜ歴史を学ぶのかという問いに対する答えの一つは、過去の成功や失敗から、現代社会の問題解決のための教訓やヒントを得ることにあるといえます。皆《みな》さんも、歴史を学ぶことで、これまで以上に変化が激しく様々な問題を抱《かか》えるこれからの時代を生き抜《ぬ》くための能力を培《つちか》って欲しいと思います。

問1． 空らん（　　ア　　）にあてはまる文章として、適切なものを次から一つ選び番号で答えなさい。

1．唐と同盟した新羅が朝鮮半島を統一した
2．中国を統一した隋が周辺の国々にも勢力を伸《の》ばそうとした
3．中国で後漢が滅《ほろ》び、魏をはじめとする三国が分立した
4．モンゴルが朝鮮半島に攻め込《こ》み、高麗を従えた

問2． 下線部**(イ)**について、6世紀末にはすでに大陸から日本列島に伝来して取り入れられていたものを、次から**すべて**選び番号で答えなさい。

1．漢字　**2．**貨幣《かへい》　**3．**鉄　**4．**仏教　**5．**律令

問3． 下線部**(ウ)**について、そのような状況《じょうきょう》のなかで、幕府の対応を批判した渡辺崋山らが処罰《しょばつ》される事件が起きました。渡辺崋山らが批判したのはどのようなことが要因でしたか、正しいものを次から一つ選び番号で答えなさい。

1．それまでの対応を変え、外国船に水や燃料を与えることにした。

2．朝廷の許可をとらずに、日米修好通商条約を結んだ。

3．日本人漂流民《ひょうりゅうみん》を乗せて来航したアメリカ船のモリソン号を打ち払《はら》った。

4．日本との通商を求めたラクスマンの要求を拒否《きょひ》した。

問4． 下線部**(エ)**について、明治政府が行った次の政策を、年代の古い順に並べ番号で答えなさい。

1．大日本帝国憲法の発布　**2．**富岡製糸場の建設

3．内閣制度の創設　**4．**八幡製鉄所の建設

問5． 下線部**(オ)**について、武士による統治政策について述べた次の文のうち、正しいものを一つ選び番号で答えなさい。

1．鎌倉幕府は、御成敗式目により朝廷が守るべき決まりを示した。

2．室町幕府は、守護や地頭を置くのをやめて新たに管領をおいた。

3．戦国大名は、分国法を定めたり家来を城下町に住まわせたりした。

4．江戸幕府は、公事方御定書を定めて朝廷を管理・統制した。

問6． 空らん（　**カ**　）にあてはまる語句として、正しいものを次から一つ選び番号で答えなさい。

1．応仁の乱　**2．**大塩の乱　**3．**島原の乱　**4．**壬申の乱　**5．**平治の乱

問7． 下線部**(キ)**について、このような行為を「三不如意《ふにょい》」（思い通りにならない三つのもの）の一つにあげた権力者は誰《だれ》ですか、漢字で答えなさい。

問8． 空らん（　**ク**　）にあてはまる語句を、漢字4字で答えなさい。

問9． 下線部**(ケ)**について説明した次の文のうち、正しいものを一つ選び番号で答えなさい。

1．盧溝橋事件を機に日本は満州全域を占領《せんりょう》し、満州国を建てた。

2．二・二六事件で犬養毅首相が暗殺されると、軍部の力が強まった。

3．日中戦争が始まると、日本は国際連盟を脱退し国際的孤立《こりつ》を深めた。

4．東南アジア進出をめざした日本は、北方の安全のために日ソ中立条約を結んだ。

2 次の文章を読んで問いに答えなさい。

豊島岡女子学園中学校は**(ア)**東京およびその近郊《きんこう》から多くの生徒が通っています。本校に向かうための下車駅の一つが池袋駅です。この駅は西武池袋線や東武東上線、いくつかのＪＲ《ジェイアール》線や地下鉄の始発駅、終着駅、通過点になっていて、東京を代表する（　**イ**　）駅の一つです。

下の地形図のうち、**(ウ)**左図は大正８年発行の本校周辺の地形図です。本校はまだこの地になく、池袋駅の周りには師範学校や巣鴨監獄《かんごく》が見られます。**(エ)**右図は現在の地形図（国土地理院発行2万5千分の一地形図「東京西部」の一部）です。大正時代と違《ちが》い、**(オ)**農地や林地を表す地図記号がまったくなくなっています。このように、時代と共に東京という街は**(カ)**都市化を進め、拡大してきました。さらに近年では、住みやすさや**(キ)**持続可能性を追求した街づくりも進んできています。

今年行われる東京オリンピックでは、「**(ク)**都市鉱山からつくる！みんなのメダルプロジェクト」を行ったり、**(ケ)**ロボットを大会期間中に利用し快適な観戦環境《かんきょう》を作ったりするなど、様々な挑戦《ちょうせん》を行っています。これからの東京、日本、世界はどのようになっていくのでしょうか。

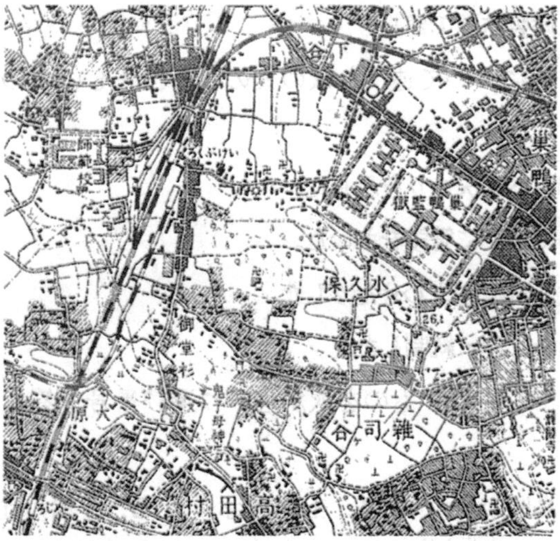

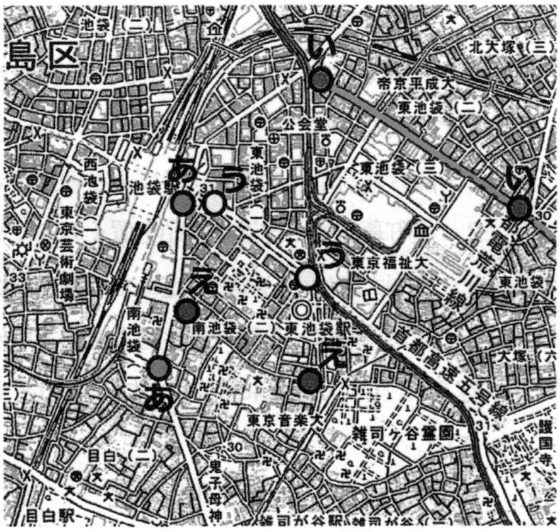

問１． 下線部**(ア)**について、次の表は東京都とその周辺の３県(神奈川県、埼玉県、千葉県)の鉄鋼業《てっこうぎょう》の出荷額、県庁所在地(東京都は23区)の家賃、１世帯当たりの乗用車保有台数を表したものです。このうち東京都にあたるものを、１～４から選び番号で答えなさい。

	1	2	3	4
鉄鋼業の出荷額（十億円：2016年）	1493	571	274	143
県庁所在地の家賃（円／1か月、3.3㎡：2016年）	5062	6981	6281	8620
１世帯当たりの乗用車保有台数（台：2018年）	1.01	0.73	1.01	0.47

『データブックオブザワールド2019』より作成

2020(R2) 豊島岡女子学園中
教英出版

二〇二〇年度　豊島岡女子学園中学校入学試験

国語解答用紙（一回）

※のらんには記入しないこと

受験番号　11

氏名

一

問一

A

B

C

問二

問三

問四

問五

問六

問七

問八

問九

問一．２点×３
問二．５点
問三．５点
問四．５点
問五．５点
問六．５点
問七．９点
問八．５点
問九．５点

得点　※

※100点満点

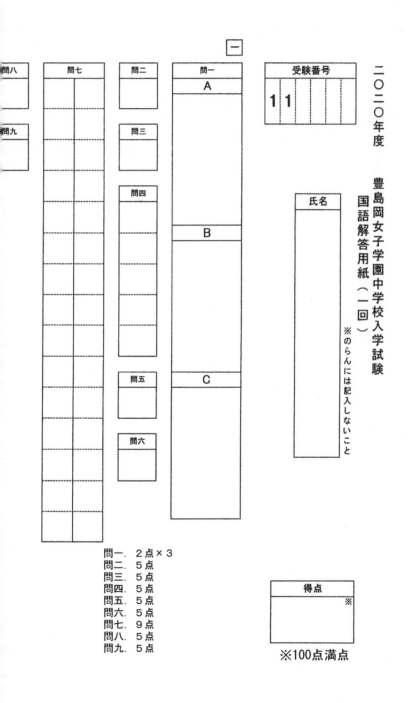

4	(1) :	(2) 倍

5	(1) P	Q	(2) 回	(3) 回

6	(1) cm	(2) cm	(3) cm

受験番号	1	1					氏名		得点	※

※100点満点
（配点非公表）

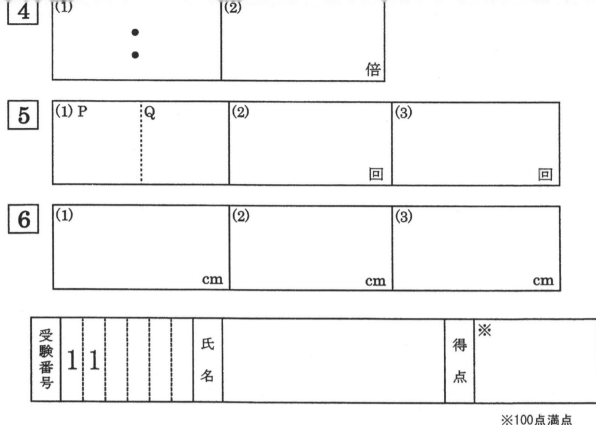

(4)	③		④		⑤		⑥		⑦	

２点×６（(3)は完答）

4

(1)			(2)		
(3)	小さなゆれ 毎秒　　km	大きなゆれ 毎秒　　km	(4)	時　分　秒	
(5)		(6)	cm		

受験番号	1	1					氏名	

得点	*

※50点満点

2点×8

3	問　1	問　2

問　3	問　4	問　5

問　6	問　7	問　8

受験番号	1	1					氏名	

得点	*

※50点満点

4	(1) :	(2) 倍

5	(1) P	Q	(2) 回	(3) 回

6	(1) cm	(2) cm	(3) cm

受験番号	1	1					氏名		得点	※

※100点満点
（配点非公表）

2020(R2) 豊島岡女子学園中
K 教英出版

(4)	③		④		⑤		⑥		⑦	

2点×6 ((3)は完答)

4

(1)		(2)	
(3)	小さなゆれ 毎秒　km	大きなゆれ 毎秒　km	(4)	時　分　秒
(5)		(6)	cm

受験番号	1	1					氏名	

得点	*

※50点満点

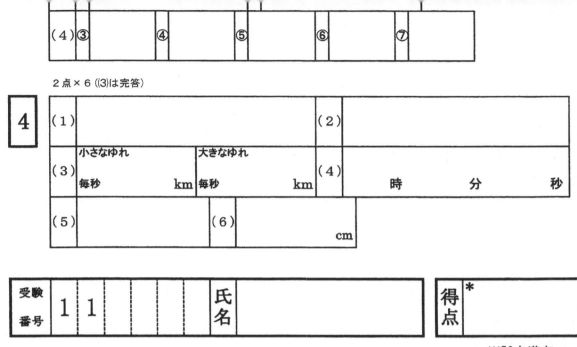

2点×8

3	問　1	問　2

問　3	問　4	問　5

問　6	問　7	問　8

受験番号	1	1					氏名	

得点	*

※50点満点

2020年度　豊島岡女子学園中学校入学試験

社会解答用紙（1回）

２点×９

＊印のらんには書かないこと

1	問　1	問　2	問　3	問　4
				→　→　→

	問　5	問　6	問　7	問　8	問　9

２点×８

2	問　1	問　2	問　3	問　4

	問　5	問　6	問　7	問　8

【解答

2020年度　豊島岡女子学園中学校入学試験

理科解答用紙（１回）

⑴完答２点　⑵完答２点　⑶完答３点　⑷２点　⑸３点　　　＊印のらんには書かないこと

1

(1)	ばね1　cm	ばね2　cm	(2)	ゴムひも1　cm	ゴムひも2　cm		
(3)	ゴムひも1	ゴムひも2	(4)	g		(5)	個

⑴２点×４　⑵３点　⑶完答２点

2

(1)	A		B		C		D	
(2)	g	(3)	①		②			

⑴完答２点　⑵２点　⑶２点×２　⑷１点×５

3

(1)	図1	図2	(2)	側

【解答

2020年度　豊島岡女子学園中学校入学試験　(1回)

算数解答用紙

※のらんには何も書かないこと

1

(1)	(2)	(3)	(4)
	枚	個	

2

(1)	(2)	(3)	(4)
本	番目	回	cm^2

3

(1)	(2)

【解答

二

問一

A

B

C

問二

問三

問四

問五

問六

問七

問八

問九

問一. 2点×3
問二. 5点
問三. 5点
問四. 5点
問五. 5点
問六. 5点
問七. 5点
問八. 9点
問九. 5点

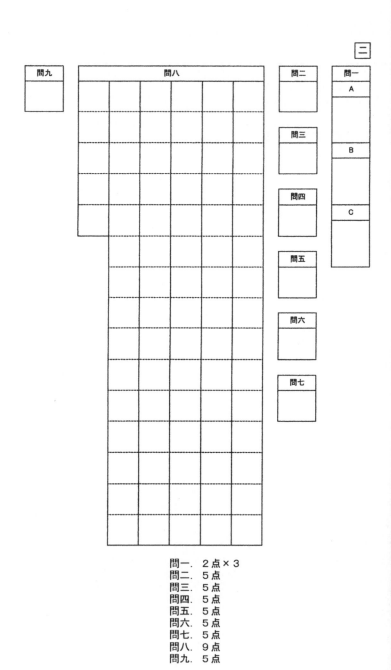

問2． 空らん（　**イ**　）にあてはまる語句をカタカナで答えなさい。

問3． 下線部**(エ)**に示した同じ色の丸をつなぐ**あ〜え**の道路のうち、下線部**(ウ)**の時代からほぼ同じ位置にあったものとして、**あやまっているもの**を一つ選び記号で答えなさい。

問4． 下線部**(オ)**について、下の表は、都道府県別の耕地率（農地面積÷総面積×100）と林野面積率（森林面積÷総面積×100）を示したもので、**1**〜**4**は大阪府、高知県、千葉県、山形県のいずれかです。このうち千葉県にあたるものを選び番号で答えなさい。

	1	**2**	**3**	**4**
耕地率（%：2016年）	24.5	12.8	6.9	3.9
林野面積率（%：2016年）	30.8	69.1	30.2	83.6

『データブックオブザワールド2019』より作成

問5． 下線部**(カ)**について、右の図は東京の市街地の拡大のようすを示したものです。図中の矢印が示すところのように、東京の都心から遠くても市街地が拡大しているところがありますが、その共通の要因を10〜15字で答えなさい。

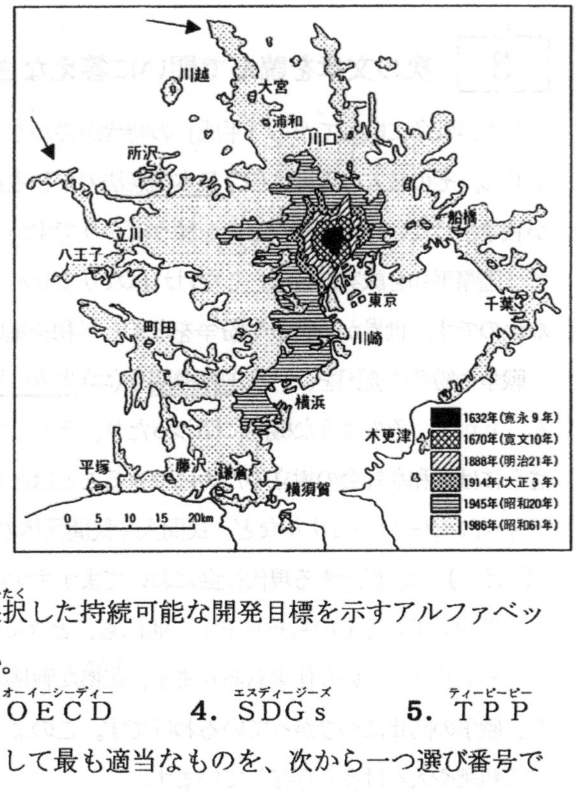

富田和暁・藤井正編『新版図説大都市圏』（古今書院、2010年）より

問6． 下線部**(キ)**について、2015年に国連が採択《さいたく》した持続可能な開発目標を示すアルファベットを、次から一つ選び番号で答えなさい。

1． APEC《エイペック》　**2．** NIEs《ニーズ》　**3．** OECD《オーイーシーディー》　**4．** SDGs《エスディージーズ》　**5．** TPP《ティーピーピー》

問7． 下線部**(ク)**について、都市鉱山の説明として最も適当なものを、次から一つ選び番号で答えなさい。

1． 使用済《ず》み携帯《けいたい》電話のような小型家電などから集められる金属。

2． 都市の地下を掘削《くっさく》して見つかる様々な金属。

3． 原料を輸入し、都市内で精製・加工された金属。

4． 大学などの研究施設《しせつ》で鉄やアルミニウムなどから生み出された金や銀などの金属。

問８． 下線部(ケ)について、左下のグラフは日本と韓国と中国における産業用ロボットの稼働《かどう》台数（千台）の推移を示したものです。国名と記号の組み合わせとして正しいものを、右下の表の１～６から選び番号で答えなさい。

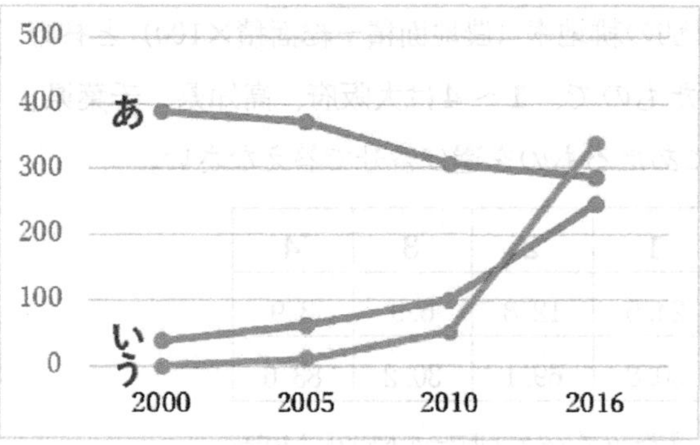

	1	2	3	4	5	6
日本	あ	あ	い	い	う	う
韓国	い	う	あ	う	あ	い
中国	う	い	う	あ	い	あ

『地理統計要覧2008年版』『地理統計要覧2019年版』より作成

3　次の文章を読んで問いに答えなさい。

日本が戦争に敗れてから「平成」の時代が終わるまでの70年以上、日本は幸いにも戦争を経験していません。その最大の理由は(ア)日本国憲法の平和主義にあるとも言われます。「令和」になっても日本が戦争をしない日々が続くことを願うばかりですが、(イ)憲法第９条にあるように日本国民は一歩進んで「国際平和を誠実に希求」しなければなりません。つまり、日本だけが戦争をしなければすむ話ではないのです。世界から戦争や紛争《ふんそう》をなくし平和を築いていくためにはどうしたらよいのでしょうか。

戦争や紛争の要因を、(ウ)国際機関や(エ)世界の指導者たちの力不足に求める人もいるかもしれません。しかし、そのような機関に関わったり、そうした立場に立ったりしなくとも、戦争や紛争の防止、さらには平和な社会の樹立のためにできることはあると考えられます。例えば、国際赤十字やアムネスティーインターナショナルなど、民間人や民間団体の作る（　オ　）と呼ばれる機構や組織があります。（　オ　）は、混迷する現代社会においてますます存在価値を高めており、国際連合にオブザーバーとして参加しているものもあります。他にも、ときに命をかけて危険な戦地に赴《おもむ》き、現状を伝える戦争ジャーナリストという仕事もあります。悲惨《ひさん》な戦地の状況《じょうきょう》を、彼らが少しでも伝えてくれることもまた、戦争の防止につながっているわけです。このように、戦争を防ぎ平和を目指すために努力を続けている組織や人々は多く存在しています。

そもそも、多くの戦争や紛争の背景には、意見の対立が存在します。対立が生まれた際に、武力に頼らずに合意形成を行えるようになることも、戦争や紛争を防ぐことにつながります。ここでの交渉《こうしょう》や合意は、どちらか一方が満足し、もう一方が不満の残るようなものでは、長続きしません。(カ)双方にとって満足のいくような結果を求め、話し合いが続けられていくべきでしょう。(キ)民主主義的な政治とは、単に(ク)国政選挙をはじめとする様々な選挙への参政権が認められることにとどまらず、話し合いによって物事を決めていくものなのです。

私たちは戦争を繰《く》り返してはなりません。日本のみならず、世界から戦争や紛争《ふんそう》を少しでも減らすため、自分に何ができるのかを考えていく必要があるのではないでしょうか。

問１．下線部**(ア)**の中には国民の義務も明記されていて、子どもに教育を受けさせる義務もその一つです。子どもに教育を受けさせる義務は、国民のある権利を守るために必要とされているものですが、その権利とは何ですか、答えなさい。

問２．下線部**(イ)**について、自由民主党が進める憲法の改正案では、ある組織をこの条文に明記すべきとしていますが、その組織とは何ですか、漢字で答えなさい。

問３．下線部**(ウ)**について、次にあげる国際機関のうち、日本が加盟しているものを**すべて**選び番号で答えなさい。

１．経済協力開発機構　　**２**．国際原子力機関　　**３**．世界貿易機関

４．石油輸出国機構　　**５**．東南アジア諸国連合

問４．下線部**(エ)**について、1975年以来主要国首脳《しゅのう》会議が毎年開催《かいさい》され、昨年８月にはフランスで開かれました。次にあげる国のうち、この会議を構成する主要国(Ｇ７《ジーセブン》)を**すべて**選び番号で答えなさい。

１．イギリス　　**２**．イラン　　**３**．オーストラリア　　**４**．日本　　**５**．ブラジル

問５．空らん **(　オ　)** にあてはまる語句を、漢字５字で答えなさい。

問６．下線部**(カ)**に関連して、裁判で確定した判決について、一定の要件を満たす重大な理由がある場合にもう１度裁判のやり直しをすることを何といいますか、漢字２字で答えなさい。

問７．下線部**(キ)**に関連して、日本で行政を執り行うのは内閣ですが、内閣が総辞職する場合として**適切でないもの**を次から一つ選び番号で答えなさい。

１．衆議院議員の任期が満了したとき。

２．衆議院議員総選挙後、はじめて国会が召集《しょうしゅう》されたとき。

３．内閣総理大臣が死亡したとき。

４．内閣不信任決議が可決されてから10日以内に衆議院が解散しないとき。

問８．下線部**(ク)**について、令和４年の夏に行われる予定の参議院議員選挙について述べた次の文のうち、**あやまっているもの**を一つ選び番号で答えなさい。

１．選挙区と比例代表あわせて124議席が改選される。

２．鳥取県と島根県は、一つの選挙区として１議席を改選する。

３．比例代表では、各政党は優先的に当選させたい候補者を特定することができる。

４．選挙区と比例代表の投票に加えて、最高裁判所裁判官の国民審査《しんさ》が行われる。